学校生命教育百例

XUEXIAO SHENGMING JIAOYU BAILI

曹专 吴云 / 主编

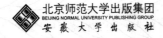

图书在版编目(CIP)数据

学校生命教育百例/曹专,吴云主编.—合肥:安徽大学出版社,2023.12
ISBN 978-7-5664-2703-8

Ⅰ.①学… Ⅱ.①曹… ②吴… Ⅲ.①生命哲学-通俗读物 Ⅳ.①B083-49

中国国家版本馆 CIP 数据核字(2023)第 226476 号

学校生命教育百例

曹 专 吴 云 主编

出版发行：	北京师范大学出版集团 安 徽 大 学 出 版 社 (安徽省合肥市肥西路3号 邮编230039) www.bnupg.com www.ahupress.com.cn
印　　刷：	安徽利民印务有限公司
经　　销：	全国新华书店
开　　本：	787 mm×1092 mm　1/16
印　　张：	21
字　　数：	465 千字
版　　次：	2023 年 12 月第 1 版
印　　次：	2023 年 12 月第 1 次印刷
定　　价：	70.00 元

ISBN 978-7-5664-2703-8

策划编辑：王　慧		装帧设计：李　军　孟献辉	
责任编辑：王　慧		美术编辑：李　军	
责任校对：刘　鹏		责任印制：赵明炎	

版权所有　侵权必究

反盗版、侵权举报电话：0551—65106311
外埠邮购电话：0551—65107716
本书如有印装质量问题,请与印制管理部联系调换。
印制管理部电话：0551—65106311

编委会

主　编　曹　专　吴　云
副主编　余国良　任丽杰
编　委（排名不分先后）

王晓玲	但汉国	刘景菲	杨　梅	王　彤	张再河	唐伯筠
楼曙光	王亚男	徐向东	陈黎芬	张雪晶	田思安	汤　佳
贺　霓	卢瑞霞	黄宇慧	赵丹妮	孙承平	魏善标	赵敏占
区淑玲	蔡友玲	孟祥忠	刘惠萍	陈　静	刘继军	贾俊苓
雷宝平	孙成艳	陈后林	李　佟	杨长军	陈国栋	李　丹
董向英	王淑敏	夏时江	默延杰	李晓萍	李春玲	关海燕
张纪文	卢志佳	方月森	吴忆军	吴树超	张海强	周玲平
罗冬云	胡雪滢	张丽琳	杨如松	黄志红	汪　洪	闫为佳
沈　成	盛成斌	赵文哲	崔丽珊	刘贵华	王善刚	苗翠强
李亚楠	薛憨虎	吴建华	梁筱莹	袁延昭	祁俊权	金虎成
隆铁军	黄晓萍	杨树吉	赵怀颖	周海燕	徐佑国	龚胜利
李卉霞	胡济光	金卫东	初逸侠	秦忠康	张国敏	刘文玉
漆高明	周艳杰	王继云	张丽润	朱葛群	刘茂秋	赵学斌
张利君	裘宏山	王丛军	沈建军	陈建军	吕洪杰	刘海洋
蒲元聪	茆艾磊	卢　干	李　波	张丽霞	叶　芹	姚　奉
康　娅	陈　阳	曾女兰	陈　辉	兰霞萍	侯慧玲	于　娜

序言

中国生命教育20年:回顾与反思

肖川　曹专

2001年,肖川教授应邀参加了台湾地区"生命教育年"的系列主题活动,向海峡两岸的学者同仁作了《生命教育的价值与目标》的报告,在报告中首次提出了"关注生命、尊重生命、珍爱生命、欣赏生命、敬畏生命、成全生命"六个核心理念。至今已经20余年了,生命教育理念已广泛而深刻地影响了我国的教育界,生命教育的理论研究与实践探索也取得了长足的发展。2022年9月,教育部《对十三届全国人大五次会议第6442号建议的答复》中提出:"教育部将指导各地各中小学校进一步加强生命教育,丰富育人载体和途径,促进家校社协同育人,进一步提高中小学生命教育工作水平。"

一、生命教育的理论研究

生命教育的理论研究主要集中在高校,比较突出的有北京师范大学、华东师范大学、南京师范大学、首都师范大学等。北京师范大学顾明远教授提出"教育的本质就是生命教育",华东师范大学叶澜教授提出"让课堂焕发出生命活力",南京师范大学冯建军教授提出"以生命教育整合道德教育,将道德教育融入生命教育之中,建构道德的生命教育",首都师范大学刘慧教授提出"生命之美:生命教育的至臻境界",这些观点在基础教育界产生了积极的反响。

我们团队参与和承担了全国教育科学"十一五"规划课题《中小学生命教育的理论与实践研究》、全国教育科学"十二五"规划课题《生命教育课程资源开发应用研究》、教育部人文社会科学规划项目《新形势下中小学生命教育的理论与实践探索》、北京市教育科学"十二五"规划课题《大学生生命教育研究》等研究工作,出版了《生命教育引论》《润泽生命的教育》《生命教育:朝向幸福的努力》等专著,提出了以下主要观点。

1. 生命教育:朝向幸福的努力

整个人类文明进步的历程就是有越来越多的人从谋生向乐生转变,在一个社会中,如果有更多的人能够感受到生活的幸福,这个社会将会变得更为安全、更为和谐、更为融洽、更有前途和更有活力。我国把人民对美好生活的向往当作奋斗目标就是一个体现。生命教育一个很重要的追求就是要在尽可能多的层面上帮助人发展与获得创造幸福的能力。我们认为学校生命教育的根本宗旨是"为学生的幸福人生奠基,为教师的美好生活添彩"。"生命教育:朝向幸福的努力"这个命题赋予我们的行为以方向与动力。

2. 生命教育:造就强健的个体

与个体相对的是社会。我们曾提出现代教育的两大支柱是公民教育与生命教育,公民教育更偏向于教育的社会功能,生命教育则更注重教育的个体价值。人这一辈子,真正拥有的就是自己的人生。生命教育要在每个人的心中不断地强化"自我实现""亲密关系""生命价值""生生不息"这些概念,彰显人的"生命自觉",培养具有乐观、开朗、主动、自信、友善精神的强健个体,使人有挺拔的、昂扬的生命姿态。这样的人也最有可能成为幸福人生的创造者和文明社会的建设者。

3. 课程化是生命教育的抓手

生命教育是一个有着明确价值追求而又涵括多重主题的教育实践领域,生命本身就是一门需要探索和学习的课程,这种探索和学习将伴随我们的一生。将作为幸福人生的创造者所必需的知识、技能、情感、态度、价值观系统化、课程化是生命教育的抓手。虽然通过学科渗透、专题教育、实践活动等方式也能实施生命教育,但将生命教育纳入学校的课程体系,有合理的内容、课时和授课教师,有研究、管理、实施和评价的保障,这样才能让生命教育有切实的保障和品质的提升。

4. 生命课堂是温暖的、开放的、分享的精神场域

学生生活的主要部分是校园生活,校园生活的主要部分是课堂生活,课堂生活对学生个性品质的形成有着重要影响。生命教育强调创造安全、尊重、激励与理智挑战的课堂氛围,让课堂充满关注生命的气息,让生命的活力充分涌流,让智慧之花尽情绽放,使课堂成为温暖的、开放的、分享的精神场域。

5. 从生命中学习

生命教育强调将成长历程中的欣喜、快慰、挫折、烦恼和困顿等等生命经历和生命感受,作为教育的契机和资源,引导学生正视自我,从生命中学习,通过反求诸己、反身而诚来获得人生的真理与智慧。

6. 优化了生命关系就优化了生命质量

生命关系对一个人的身体健康、情感生活、认知发展、事业成功和人生幸福都具有至关重要的作用。在青少年阶段,生命关系与健全人格的形成息息相关。如果一个人总是生活在恶劣的关系中,总是被冷落、被排斥、被孤立,他的身心一定会受到严重的伤害,他就难以形成健全人格,而健全人格的缺乏会进一步恶化他的生命关系,使之陷入一个恶性循环,从而出现一些棘手的生命问题和极端事件。生命教育要特别重视良好师生关系的建立,优化了生命关系就优化了生命质量。

二、生命教育的实践探索

生命教育的实践探索主要是以地方课程和校本课程的方式进行的。从政策背景和现实背景的助推来看,可以分为三个阶段。第一阶段是2004年至2008年。2004年,中共中央、国务院印发了《关于进一步加强和改进未成年人思想道德建设的若干意见》,作为贯彻此文件精神的一种实际行动,辽宁省随后颁布了《中小学生命教育专项工作方案》,推广实施生命教育地方课程;2005年,上海市颁布《上海市中小学生生命教育指导纲要(试行)》《上海市中小学学科教学中实施生命教育的指导意见》《专题教育中实施生命教育的内容与要求》,较早构建了"全员、全过程、全方位"的生命教育体系;2006年,湖北省咸宁市印发了《中小学生命教育实验教学指导意见》,在全市所有中小学三至九年级实施《生命教育》实验教学。辽宁省、上海市和湖北省是这一阶段生命教育实践探索的典型代表。第二阶段是2008至2010年。2008年发生的"5·12"汶川特大地震让国人重新审视生命。2008年,云南省颁布《中共云南省委高校工委、云南省教育厅关于实施生命教育、生存教育、生活教育的决定》《中共云南省委高校工委、云南省教育厅关于生命教育、生存教育、生活教育的实施意见》,以前所未有的力度在全省范围内实施"三生教育",在全国范围内都产生了不小的反响。同年,黑龙江省教育厅决定将生命教育作为地方课程在全省九年义务教育阶段全面开设。2009年秋季,四川省在义务教育各年级开设"生活·生命与安全"地方课程,包括"生命教育""心理健康""安全教育""环境教育"等内容。云南省、黑龙江省和四川省是这一阶段生命教育实践探索的典型代表。第三阶段是2010年至今。2010年,《国家中长期教育改革和发展规划纲要(2010—2020年)》在第一部分第二章战略主题中提出"重视安全教育、生命教育、国防教育、可持续发展教育"。这是"生命教育"一词首次正式出现在国家级纲领性文件中,生命教育的实践探索走向多样化,其中比较典型的是河北省石家庄市,该市成立了专门的生命教育指导中心,印发了《石家庄市学校生命教育指导纲要(2014—2018年)》,全市中小学普遍重视生命教育并作出了持续的探索。

我们团队在推动生命教育实践方面主要做了以下工作。

1. 编写生命教育教材

生命教育的课程化离不开教材建设,2005年,我们参与编写了第一套成系统的《生命教育》教材,编写思路是依据肖川教授在台湾交流时提出的六个核心理念;2013年,我们参与编写的第二套生命教育教材内容设计是依据"生命认知、生命技能、生命情怀、生命成长"四个层面展开的。2017年,我们参与编写的第三套生命教育教材以"认识生命、珍惜生命、尊重生命、爱护生命、享受生命、超越生命"为主线,串起了安全教育、心理健康教育、禁毒和预防艾滋病教育、生态教育、死亡教育等专题内容。此外,我们还编写了《大学生生命教育》教材。

2. 参与生命教育区域实践

第一阶段,我们重点参与指导了湖北省咸宁市的生命教育区域实践。2006年3月,全国生命教育实验教学研讨会在咸宁召开,我在会上作了"生命教育的三个层次"的专题发言。第二阶段,我们重点参与指导了云南省的"三生教育"区域实践。2009年5月,我们在"云南省中小学'三生教育'师资培训班暨《云南省中小学生命教育的理论与实践研究》课题研讨会"上作专题报告,随后两次受云南省教育厅邀请参加在人民大会堂举办的"三生教育"研讨会并作了专题发言。第三阶段,我们重点参与指导了河北省石家庄市的生命教育区域实践。2013年11月,我们参与论证了《石家庄市中小学生生命教育指导纲要(讨论稿)》,随后在石家庄市举办了两届全国生命教育创新高峰论坛。除了这三个典型区域,我们也与长沙市雨花区教育局、成都市成华区教育局、深圳市南山区教育局、十堰市教育局东风分局、佛山市顺德区大良街道教育部门等建立了联系与合作。

3. 指导生命教育校本教研

我们与全国多所生命教育实验学校建立了合作关系,发起成立了中国生命教育实验学校联盟,指导学校通过校园文化建设、校本课程开发、课堂教学和主题班会等多种途径实施生命教育。我们至少指导了10所学校建构了较成熟的生命教育体系,比较突出的有义乌市稠城第一小学教育集团、石家庄市东风西路小学、鸡西市第九中学、重庆市渝北实验中学、重庆市江北中学等,其中重庆市江北中学的生命教育成果获得全国基础教育教学成果一等奖,产生了较大的影响力。

4. 开发生命教育课程资源

针对学校,我们收录了全国200多所生命教育实验学校的实践经验和课堂教学案例,汇编出版了《生命校园:中国生命教育的实践探索》《为生命而教》《生命教育教师读本》等图书。针对班主任,我们汇编出版了《生命教育教师班会活动指导手册》《卓越班主任的教育智慧》等图书。针对青少年,我们汇编出版了《生命教育小学生读本》《生命教育中学生读本》。针对家长,我们汇编出版了《守护孩子的生命》《生命教育家长读本》。2020年我们组织全国生命教育实验学校编写了《生命教育——成长必修课》系列图书。

5. 搭建生命教育交流平台

2010年,我们成立了北京师范大学生命教育研究中心,这是我国较早的以生命教育为主题的学术机构。2017年,我们发起成立了北京生命教育科普促进会,这是国内首家由政府批准登记的、具有独立法人资格开展生命教育工作的一级学术社团。多年来,我们与地方教育局和学校合作举办了13届全国生命教育年会、9届全国生命教育创新高峰论坛、6期生命教育种子教师研习营(种子杯)、2期生命教育校长高级研修班。2015年在全国生命教育年会期间,我们组织了一期香港生命教育考察活动,与香港教育大学进行了友好交流。这些活动促进了生命教育的交流和分享,创新和丰富了生命教育的师资培训方式,深受教育界同仁的欢迎。

6. 开展生命教育公益活动

2017年、2018年,我们连续两年与中国宋庆龄基金会合作开展生命教育进校园公益巡讲活动,为北京、商丘、上海、杭州、湖口、东莞、佛山、中山、哈尔滨、吉林、深圳、长沙等地的学校带去了生命教育公益讲座。2019年,我们协助中国宋庆龄基金会在重庆举办了以"关注留守儿童"为主题的第十五届中华青少年生命教育论坛,在府学胡同小学朝阳学校开展了"生命教育与心理教育"公益工作坊。2020年,我们组织了四期以生命教育为主题的名班主任工作室公益云论坛,生命教育网公众号为广大师生、家长提供了生命教育微课、读本、视频等免费资源。2021年,我们与中华同心温暖工程基金会合作开展了"温暖工程健康教育行动"公益培训项目,2022年,我们与中国宋庆龄基金会合作开展了"生命教育国庆诗会"和"十万个生命礼赞"公益短视频征集。此外,我们还和接力出版社合作开展了"开学安全第一课"等公益活动。

三、生命教育的反思

1. 生命教育是新形态的教育学

生命教育之所以广泛而深刻地影响了21世纪的教育,是因为它为传统教育注入了新的活力,它反映了人们日益重视生命的品质以及对于美好生活向往的需求,是一种新形态的教育学。首先,它观照现实的、具体的人的处境、悲悯人的命运、彰显人的价值、呵护人的尊严、引领人夯实人生的根基、追求属于自己的幸福,是人文主义的教育学;其次,它涉及教育、学校工作的方方面面,旨在培养和成就"完整的人",是完整的教育学;再次,它观照教师的生存境况和生命姿态,强调"为教师的美好生活添彩",赋予教师的工作"以生命影响生命、以生命成全生命"的意义,鼓励教师享受工作及整个人生的意义与乐趣,是教师的教育学;最后,生命教育强调知行合一,强调将美好的生命情怀体现在我们的行为之中,在教育生活中收获独特、丰富、深刻的生命体验,是行动的教育学。

2. 生命教育需要国家层面的政策驱动

国家层面的政策对于教育的发展有着巨大的引领和推动作用。教育部对中小学许多学科都印发过课程标准,对安全教育、健康教育、心理教育、法制教育、优秀传统文化教育甚至礼仪教育颁发过指导纲要和意见,但对生命教育没有出过专门的指导性文件,这使得许多地方和学校对生命教育的重要性和专业性缺乏坚定而明确的认识,难以形成可持续发展,前面列举的开展生命教育实践探索的区域都出现了领导离任后就开始"降温"的现象。2021年,教育部印发了《生命安全与健康教育进中小学课程教材指南》,随着国家政策的出台,生命教育将会有更大的发展。

3. 加强生命教育专业教师队伍建设

目前生命教育的专业师资是很缺乏的,生命教育作为地方课程和校本课程得以实施主要是通过心理教师、班主任等群体。生命教育是生命影响生命的活动,教师是生命教育的关键力量,教师拥有良好的生命姿态和专业素养,师生之间的相互温暖和相互成全才更有可能。生命教育强调为教师的美好生活添彩,关注教师校园生活质量,关注教师生活幸福指数的提升,关注教师职业的认同感、自豪感和成就感,使教师这个职业真正成为既受人尊敬又令人羡慕的职业。教育领导者如果不关注教师的生存境况和生命境界,不关注教师的文化底蕴和专业素养,一味地关注学校的升学率和品牌营造,无异于舍本逐末。

4. 生命教育课程建设需要凸显自身特色

当前的生命教育课程开发多是依据一定的设计思路和教育部相关文件,整合了"安全教育""健康教育""心理教育""环境教育""综合实践教育""优秀传统文化教育"等专题教育内容。它们的优点是博采众长,比较系统,缺点是缺乏生命教育的特色与味道。独一无二的概念和专业化的网络不仅是一门课程区别于其他课程的重要特性,也是课程开发者和实践者所共有的关注焦点和思想支撑。生命教育课程建设也要形成自己的核心概念和专业化的网络,不是"什么都往里装",而是要找出具有生命教育特质的元素,搭建出具有生命教育特质的结构,发挥生命教育的独特价值与功能,这样的生命教育课程才会受到人们的认可和肯定。

5. 保持开放的心态汲取多种力量

生命本身具有开放性,生命教育也一样。生命教育的开展要从社会中汲取力量,在我国生命教育的发展历程中,民间组织和出版单位等力量起到了重要的推动作用。生命教育的开展也要从历史中汲取力量,比如系统梳理中华优秀传统文化中关于"保护生命""敬畏生命""成就生命"的思想资源和人文典故。生命教育的开展还要借鉴国际的先进经验、有效策略与途径。

6. 使生命教育由理念变为信念

对于生命教育的理解需要一个不断丰富和深化的过程,才能使它从一个观念变成信念。所谓"信念"就是我们坚信不疑的观念。要使一个观念变成信念就需要我们彻底地思考、充分地分享和不断地强化。为了总结 20 多年来生命教育实践取得的成效,为全国各地学校进一步探索和实践生命教育提供典例和参考,我们和北京师范大学出版集团安徽大学出版社合作出版这本《学校生命教育百例》,是全国百所生命教育优秀单位的成果汇编和集中展示,感谢全国生命教育实验同仁一路同行和辛苦付出,我们与志同道合者力图通过种种努力,让生命教育在更多的教育者心中深深地扎根,并成为更多的教育者生命成长源源不断的力量源泉。

目 录

幼儿园·小学篇

关注体验,悦享生命	2
生命教育沁润　善美儿童发展	5
让生命充满爱和力量	7
小学生命教育四维课程的建构与实施	12
在小学语文教学中渗透生命教育	15
数字解码生命课堂	18
生命教育助师生增活力,促学校新发展	20
精彩生命文化教育背景下特色育人模式的探究	23
用劳动点亮生命的色彩	26
培智学校"生命成长"育人体系建设	29
"五自育人"让生命卓越成长	32
呵护每一个生命　筑教育高位均衡	35
让每个生命获得理想发展	38
用爱成就每一个孩子	41
给予每个孩子向上生长的力量	44
以点画圆　共筑生命安全美好家园	47
陪一程　助一生	50
聚焦"学为中心"　打造"活力课堂"	53
"四步方略"赋能生命成长	56
构建生命教育体系　共育少年君子	59
培根铸魂　让生命之花绽放	61
生命教育课程实践在新城	64
在童话中滋养学生身心成长	67
注重生命文化引领　打造课程育人特色	70
点亮生命的希望	74
小学生命幸福教育"课程化"实施的校本探索	77

生命教育点亮师生"和美人生" ……………………………………………… 80
幸福学堂　打造孩子的"生命发展场" …………………………………… 83
尊重生命　做有温度的教育 ………………………………………………… 86
农村小学生命教育探索之路 ………………………………………………… 89
生命教育课程 SIPS 模式初探 ……………………………………………… 92
让责任教育绽放生命之花 …………………………………………………… 96
生命教育的课程实践 ………………………………………………………… 99
"怡"泽童心　涵养生命 ……………………………………………………… 103
匠心沃土　成就最美花开 …………………………………………………… 106
激扬生命教育课堂教学模式的构建 ………………………………………… 109
七大举措全方位助力学生成长 ……………………………………………… 112
延课堂之智　兴生命之光 …………………………………………………… 116
让生命教育的种子在校园萌芽 ……………………………………………… 119
实施生命教育　培育阳光学子 ……………………………………………… 121
生命教育让每个孩子成为更好的自己 ……………………………………… 124
跃动至善生命　活出最美自我 ……………………………………………… 127
生命影响生命 ………………………………………………………………… 130
生命本美　课程育人 ………………………………………………………… 134
让教育充满生命的温暖 ……………………………………………………… 137

初中·高中篇

生命教育融通成美五育 ……………………………………………………… 142
康和：一所农村初中生命教育的校本实践 ………………………………… 146
当生命教育邂逅美育 ………………………………………………………… 149
以生命教育涵养时代新人 …………………………………………………… 152
用"一体两翼三强"的生命教育唤醒学生的生命自觉 …………………… 155
指向完整人的生命教育 ……………………………………………………… 158
生命教育在德育课程中绽放 ………………………………………………… 161
诗教承传统　诗花洒校园 …………………………………………………… 164
打造幸福课程　成就丰实生命 ……………………………………………… 167
"行走"的教育　"走心"的教育 …………………………………………… 171
知行乐成　生命前行 ………………………………………………………… 173

点点星光　映照生命之花	176
守护生命　赋能生命	179
构建360°生命教育生态圈	182
生命课堂焕发生命活力	185
一抹稻田红	188
打造"善水文化"　谱写生命华章	191
用美好的教育成全珍贵的生命	194
数字化赋能生命成长	197
赋能生命　幸福成长	200
全面发展　无"体"不全	203
生命教育让人生更幸福	206
师生为本　激扬生命	209
田园养正　赋能生命快乐成长	212
基于生态文化的生命教育实践	215
用"生命+"模式打造幸福校园	218
生命教育正当时　用心呵护青春路	221
积极心理培育视角下的"体验式"生命教育实践探索	224
用爱润泽生命之花	228
守望生命的幸福美好　深耕高质量发展之路	231
做有生命质感的心理健康教育	234
生命教育点亮精彩人生	237
积极心态涵育生命品格	240
共筑生命梦想　引领特色发展	242
"双减"与"生命教育"双向赋能的成果推广实践	245
生命教育促进人的全面发展	249

职业院校·大学篇

乐活·提质·赋彩——"活力中德"育人模式的实践研究	254
基于"船行文化"的生命教育创新实践	257
运用红十字应急救护体验馆丰富生命教育资源	260
呵护心灵　坚守教育的生命立场	263
"三自"品质　助力成长	267

— 3 —

生命教育之花芳馨中职校园 …………………………………………… 270
健康寝室创建:开展生命教育的有效路径 ……………………………… 273
专业为生命护航 …………………………………………………………… 276
阜新市第一中等职业技术专业学校心理社团建设的探索 …………… 279
做"中国芯"职教 育"中国心"人才 ……………………………… 282
尚正大道走出生命新精彩 ………………………………………………… 284
用心呵护种发芽,迎面阳光枝开花 ……………………………………… 288
绽放生命的精彩 …………………………………………………………… 291
生命银行机制育人模式 …………………………………………………… 294
完善生命认知 走向高品质生活 ……………………………………… 297
用地域民族文化之美浸润"双苗" ……………………………………… 300
密织三圈工作网络 扎实做好生命教育队伍建设 …………………… 303
珍爱生命 管理育人——一枚天鹅蛋的故事 ………………………… 307
生命教育理念下教育类专业人才培养模式的实践探索 ……………… 310
以生命的名义践行师道:高校生命教育课程开发与实践路径探索 …… 313
附录1 中国教育电视台专访:为生命教育,让生命精彩 …………… 316
附录2 生命教育实践出版成果 ………………………………………… 320

幼儿园·小学篇

关注体验,悦享生命

黑龙江省鸡西市示范幼儿园　孙成艳

一、学校简介

黑龙江省鸡西市示范幼儿园成立于1988年,1995年晋升省级示范类幼儿园。幼儿园现有一园两址,总建筑面积近6000平方米。园所遵循"尊重生命,热爱生命,促进每个幼儿健康成长"的办园理念,科学建构生命文化,助力生命健康成长,全面实施生命教育,师幼共同悦享生命。学校先后荣获全国环境教育示范学校、全国生命教育课题研究实验学校等荣誉称号。

二、措施与方法

(一)发展卓越生命团队,优化队伍建设

教育,就是用生命影响生命的旅程。打造一支专业精良的师资队伍,才能确保幼儿园高质量可持续发展。幼儿园将重研培、提内涵作为优化队伍建设的主要途径。成立"示范名师工作坊",以"'悦'享生命"为特色命名,创设"'悦妙'美术、'悦韵'音乐、'悦艺'舞蹈、'悦声'绘本、'悦动'课堂"五个名师工作坊,以教育部颁布的《幼儿园保育教育质量评估指南》和《3—6岁儿童学习与发展指南》等文件为依托,从教学和专业基础入手,采取"研训一体"的培训方式,进行教师梯队建设。由耕耘在保教一线三十余年的经验丰富、专业资深的老教师带教,使年轻教师茁壮成长为教学骨干、教学精英,团队带教、师徒结对、跟踪指导,形成食育教育、安吉游戏等教师专业研究共同体,赋能教师专业成长,实现良性循环。

幼儿园作为黑龙江省成长型党建工作示范点,通过"党员领航"在行动、"阵地领航"加速度、"园所领航"聚合力,在幼儿园管理、师德建设、专业提升、课堂实践、班级管理、教育科研等六个方面共创设党员领航岗九个,实现"推动发展、服务师幼、凝聚人心、促进和谐"的党员领航目标。立足园所发展,深入推进"五有五亮",积极打造一支品德高尚、素质优良、充满活力的当代幼教队伍,为高质量发展注内驱。作为全国生命教育成员单位,鸡西市"示范名师工作室",幼儿园充分发挥阵地作用,积极整合资源,以"名园长+名师"全力推进"团队带教、师徒结对、跟踪指导"的工作方法,构建发展共同体,在全区形成覆盖、全市树立典范、全省联动影响,最终实现培养一批、带动一片、辐射全区的共同体模式,为高质量发展加速。学校积极推进集团化办园,勇担鸡西市示范总园领办园任务,探索出"统一管理、延展理念、融合课程、整合资源"的名园领新园高起点办学新路径,实现优势资源共享、基准制度共建、管理模式同步,为高质量发展聚合力。

(二)酿特色园本课程,打造"示范"文化

2017年11月,幼儿园被授予国家"十三五"生命教育实验基地;2021年4月,被正式命名为全国生命教育实验学校。学校依托生命教育理念,在健康领域,通过身心状况曲线记录、安吉游戏等体能活动关注幼儿动作发展,培养生活习惯与生活能力,珍爱生命;在语言领域通过绘本阅读与创编做好阅读与书写准备,延伸幼儿戏剧表演做好倾听与表达能力的培养,悦纳生命;在社会领域通过礼仪教育、区域活动等培养人际交往能力,延伸家园共育、生活化课程培养社会适应能力,尊重生命;在科学领域通过科学探究、科学小实验、食育教育等加深数学认知,认识生命;在艺术领域通过感受与欣赏,表现与创造,欣赏生命,在五大领域全面实施生命教育。学校逐步开发了蕴涵生命教育的相关园本课程。

一是品德启蒙、热爱生命。学校成立示范幼儿园品德启蒙绘本馆,教师通过绘本故事、诗歌、看图讲述等形式,引导幼儿学习"爱祖国、爱同伴、爱护公物"等教育,使幼儿理解爱;培养诚实、善良、谦虚、尊重、合作、宽容、节俭、勇敢、坚强的品质;养成活泼开朗、乐观进取的性格,进而养成良好的品德、生活和学习习惯,从而促进幼儿身心健康成长,热爱生命。

二是体能培养、优化生命。按季节开展集体户外操、每日安吉游戏打卡、花样跳绳、花样拍球、传统游戏等体能培养活动,在活动中加强幼儿运动协调性和平衡性等方面的发展,使幼儿的速度、力量、耐力、灵敏性等得到有效提高,增强体质,培养幼儿积极向上的情绪,形成良好的性格,懂得合作、谦让,促进幼儿良好行为习惯养成和身心健康发展。

三是食育活动、滋养生命。食育活动是幼儿园生命教育特色的主要策略,通过帮助幼儿感受食知、食操、食趣、食礼,引领幼儿在劳动中体验种植文化;在游戏中体验烹饪文化;在品尝中体验饮食和节日文化。

四是区域活动、丰盈生命。区域活动是幼儿一日活动中的重要组成部分。幼儿到美工区、益智区、科学区、角色扮演区、建构游戏区、阅读区、乐高搭建区等自选区域活动,通过体验、观察、操作、思索、发现、创造来自我学习、自我探索、自我发现、自我完善,真正体现"做中玩、玩中学",从中获得各种能力的锻炼,更好地促进幼儿自由、快乐、健康地成长。

五是家园共育、润泽生命。学校坚持利用网络实现家园多维互动,成立"家长课堂",组织多样化的家园共育活动,定期交流科学育儿知识;办好家委会,开好线上家长会,创设家长园地等,让家长真正成为幼儿园的同盟军,家园共育、滋养生命。

三、成效与心得

幼儿园先后获得全国环境教育示范学校、全国生命教育科研课题实验学校、全国"家园共育"示范幼儿园、黑龙江省首批基础教育教研基地、省级德育工作先进集体、省级语言文字规范化示范校、省学前教育理事单位、省学前教育培训实践基地园、全省成长型党建工作示范点、北京礼仪品格六加一实践基地、省学前教育研究会年度优秀会员等荣誉称号,并成功承办了全国《儿童心理素质养成教育研究》重点课题幼儿园现场会、全省学前教育年会现场会等,在行业内树立了良好的口碑,赢得了赞誉。

学校将生命教育作为园所发展的主要特色,聚焦"关注幼儿、关注体验、关注自然、关注生命",积极构建生命教育文化,把"生命教育"内容有效融入幼儿园的一日活动中,厘清教师核心素养,赋能教师专业成长。教师以科学的专业理论支撑开展保教实践,培养了幼儿良好的品格、独立的个体,促进了每个生命个体自然健康地成长,师幼同心,悦享生命,逐光而行。教育是爱的奉献,鸡西市示范幼儿园的教师愿做冰心老师笔下的那盏小桔灯,让温暖的灯光照亮孩子们前行的路;家园合力,用知识和能力帮助幼儿健康成长,用心守护幼儿游戏的童年,在爱与智慧的启迪中鼓舞孩子们用镇定、勇敢、乐观的精神"育"见未来。

生命教育沁润 善美儿童发展

北京市大兴区第九幼儿园 关海燕 刘千千

一、学校简介

大兴区第九幼儿园建于2010年，经过十余年的发展，分别于2018年和2020年接收金科分园和枣园尚城分园，现为一园三址。2013年11月通过北京市一级一类园验收，2017年5月通过北京市示范园验收。我园通过党建引领和文化积淀，在分析发展优势和亮点的基础上，构建了"美雅"文化体系，同时致力于打造一个有传统、有故事、有温度的美雅园所。

二、措施与方法

（一）育师，创新模式，注重生命教育实施中的"言、研、延"

一是成立以园长为核心的生命教育领导研究组，抓住生命教育引领与指导要点，聘请专家进行教育实践与理论研究方向引领，鼓励教师多说之所想，多问之所疑；二是组建生命课程实施中心组，引领支持实现共研；三是借助多元化师资培训资源，为教师搭建学习平台，提升实施教育研究和创新的能力。

（二）育幼，多方支持，注重生命教育实践中的"馨、新、心"

1. 环境育人显温馨，认识与珍视生命

生命教育是爱的教育，生命教育首先意味着珍视儿童的生命价值，向生命学习，认同儿童是有价值、有智慧、有能量的生命个体，需要我们去关注和理解儿童，走进儿童，实现每个孩子富有个性地发展。

为此，我园创设愉快和谐的学习环境、丰富多彩的活动环境、优化美化的育人环境（园所氛围和环境）、融洽和谐的人际环境等，如童雅书舍，提供生命教育主题绘本；又如美雅故事盒，亲子共同讲述生命故事，建立故事分享资源；再如种植小菜园，幼儿在一年四季中不断体验播种与丰收的快乐。总之，园所整体环境透着生命的气息，我们注重发挥幼儿自身的学习积极性、主动性和参与性，使幼儿在亲身体验，动手操作中获得生命认知。

2. 育人途径有创新，爱护与尊重生命

（1）生活教育。学校将生命教育融入幼儿一日生活之中，强调实际生活与生命教育的联系，选择幼儿常接触的、具有丰富的生活经验的教育内容，促使幼儿能够理解生命、欣赏生命。如倡导大班孩子在日常生活中"快乐劳动"的活动，使生命的宽度、深度和广度进一步升华，使生命的价值更为凸显。

(2)课程教学。教学活动是幼儿在园一日活动中的重要部分。学校结合教学活动融入生命教育,能使幼儿潜移默化地加深对生命的认识。如小班开展主题教学"我爱我的幼儿园""感恩的心";中班开展主题教学"我爱北京""我长大了";大班开展主题教学"我是中国人""我要上小学"等,小班关注自然生命,中班关注社会生命,大班关注精神生命。在贴近幼儿生活的同时,把生命与教育真正地结合在一起。

(3)游戏活动。游戏是幼儿最喜欢的活动。丰富的游戏活动使幼儿在亲身体验、互动交往中感知生命、理解生活、关心生命。如依托园本课题《民间游戏下幼儿生命自我认知教育的策略研究》发现可采用两种形式。一种是基于游戏内容本身,即挖掘游戏内容中蕴含的生命指标要素,在游戏的过程中实现生命自我认知的过程。另一种是基于教师指导的,就是民间游戏的内容本身并不涉及生命教育的内容,但是在组织进行游戏的过程中偶发的游戏行为是关联幼儿生命自我认知方面的,教师在观察和指导的过程就是在实施生命自我认知教育的过程。辅以室内外生态养殖的场地,幼儿在游戏的同时,能够感受到无所不在的生命气息。

(4)文化体验。传承优良传统美德是生命教育的重要内容,了解中华优秀传统文化的幼儿更懂得尊重生命;体验民俗中扩展幼儿的生活方式,懂得关爱生活;营造文化氛围中增加文化体验感,感受生命教育的多姿多彩,增强文化自信。包括节日、节气、纪念日活动、社会实践活动等,以"家园社"合力,让生命充满仪式感为主题,达到用文化润泽生命的过程。如特色节日活动"冬储节",伴随着问题的产生,引发了激烈的讨论与猜想,孩子们借助阅读绘本、搜索网站、请教家长、走进图书馆等方式找寻真相,乐此不疲地参与到食物保鲜行动中,探究保鲜的方法。孩子们沉浸在民俗文化世界中,多种感官的调动使幼儿体验道生命的神奇与价值。

3. 生命育人有重心,热爱与提升生命

唤醒儿童的生命意识、生命潜能和生命智慧,最终提升生命质量,这是生命教育的落脚点。如去敬老院献爱心体验,又如了解身残志坚的口足画家的故事,从而懂得生命培育生命、生命善待生命的可贵,更明确用自己的价值去回报他人和社会。

三、成效与心得

通过多途径挖掘生命自我认知教育价值,培养幼儿自我认知意识,改善认知能力,有益于幼儿接纳自我,悦纳自我,提升自信。通过提升教师的资源开发与资源利用的意识和能力,完善教育资源观与育人的生命至上的生命观,通过研究探索探寻教育的本源,打造园所生命至上的办园特色和育人理念。

让生命充满爱和力量

威海爱大地幼儿园　大地爷爷　姜洪键

一、学校简介

威海爱大地幼儿园创办于2002年,坐落于威海市经济技术开发区。爱大地幼儿园的生命教育是用生命感动生命,用生命影响生命的"爱的教育"。让幼儿在爱中成长、认识生命、珍惜生命、欣赏生命。我园的教育理念是生于自然,合于自然,育人目标是自食其力,自得其乐。

二、措施与方法

（一）给孩子有生命力的课程

有生命力的课程应该是贴近自然的,因为大自然生生不息,最有力量。有生命力的课程应该是贴近社会的,因为社会不断发展进步,也有自己内在的力量。有生命力的课程应该是充满爱的,因为爱可以产生无穷无尽的力量,让人不惧困难。所以我们就让自己的课程去贴近自然、贴近社会,贴近生活,让它充满爱。

1. 给孩子真实、自然、有生命力的环境

你如果仔细观察过,就会发现,孩子是哪儿不好走就走哪里,马路牙子、倒在地上的大树、路边的小水洼、一堆小石子、所有的洞洞,这些都能引得他们驻足逗留。其实不是孩子不好好走路,孩子的发展恰恰需要这样的路。孩子很敏锐地捕捉那些能促进他们发展的环境,丰富自己的体验,努力发展自己的生命感官能力。

基于对幼儿的理解,我们非常注重引导幼儿走到大自然中,去唤醒自然生命,享受自然美好,丰富幼儿的认知体验。

（1）以自然为体,在园内打造感官公园。幼儿园围绕海滨城市的千里海岸线,一幅山水画的山海文化,创建无边界园所,引导幼儿在自然主题活动探究中积累有益经验,帮助幼儿与大自然建立紧密的联系。做他们的同路人,陪伴他们自己去看、去听、去触摸,去品尝,去感受,在亲历观察记录中实现,这样能促进幼儿自然探究能力的有效提升。

我们在幼儿园里设计了一座感官公园,高高低低的,堆起来好几个小山坡、洼地,弯弯曲曲起伏不平的小路里面有很多好玩的游戏区域。孩子还给每个区域取了名字。打造这样一个感官公园,目的是让孩子有机会发展自己的感官,丰富自己的生命体验,成长生命的力量。

感官小路,由很多材质组成,木棍、竹子、石板、鹅卵石、磨盘、木柱等。还有一定的坡度,天气暖和的时候,老师会带着孩子光着脚在上面走,丰富脚底的触觉。从感官瀑布里面钻过去,不同材质接触到皮肤的感受,听到的声音都是不一样的。

轮胎山锻炼孩子的攀爬能力。独木桥的木头是从戈壁上运回来的,是有故事的。有的孩子需要老师拉着手,有的孩子自己趴在上面爬过去,有的孩子蹲在上面走,个子高的孩子拉着上面的木棍,强壮一些的孩子不用扶任何东西就可以通过。随着年龄的增长,孩子们的胆量越来越大,也越来越自信。

清泉石上流,这里可以玩水,所以这里是孩子的乐园,下面就是沙水池。

感官公园有多个大草坡,孩子爬上去,滑下来,玩得不亦乐乎。冬天下雪的时候,我们会把院子里的雪都堆到这里,它就变成了长长的雪滑梯,玩起来很刺激,孩子喜欢的不得了。所以在寒冷的冬日,大地的孩子依然坚持按时起床,而且请爸爸妈妈早点把他们送到幼儿园,雪是这个冬天里他们最牵挂的朋友。

七星阵的木头也是从戈壁上运回来的,七根柱子高低不同,大地的孩子胆子很大,他们喜欢这样的挑战。当然玩这些活动的时候老师都是在旁边陪着的。

在回归自然中习得对环境安全的评估,在小小心灵中建立起安全的意识,让孩子在与大自然的互动的过程中迸发生机,实现着教育的有效性。

(2)通过种植活动感受生命的历程。幼儿园里还种了很多的蔬菜瓜果,有葫芦、丝瓜、黄瓜、葡萄、桃子、杏子、海棠果等。幼儿园的所有种植不是以食和用为主要目的。葫芦、丝瓜还有一些果子是不摘的。有的可以在架子上直到腐烂后种子落地,有的是给鸟儿准备的餐食。孩子会去观察这些植物的变化,夏天的葫芦小小的,很可爱。孩子发现,小葫芦的身上有很多毛毛,老师告诉他们,这是葫芦的绒毛,就像宝宝刚出生时身上的胎毛一样。孩子继续发问,绒毛有什么用? 老师就带着他们一起探索。葫芦越长越大,藤蔓越爬越远,孩子很好奇,葫芦没有手,为什么"抓"得那么牢。

葫芦越长越大,孩子会发现每一个葫芦都有不一样的美。架子上的葫芦越来越多,形态各异,深浅不同,新旧葫芦同时出现在葫芦架上,给孩子带来无尽的思索与想象。瞧,这就是生命的过程。孩子认识到每个葫芦都会从小,到大,到老。这就和人是一样的。通过观察植物,孩子了解到它的一生,从中悟出了生命的循环,知道了我们每个人都是父母的种子。

(3)通过饲养活动培养温柔和责任。大地爷爷从海驴岛上带回两枚海鸥蛋,让孩子悉心照顾蛋宝宝。十几天过去了,一只可爱的小海鸥破壳而出。孩子兴奋极了,每天悉心地照料,周末由值日生带回家去照料,小海鸥在孩子的照料下在幼儿园生活了四十七天,直到它想飞了,全幼儿园的小朋友一起乘船去海岛上为海鸥放飞。海鸥在园所的日子里,它把孩子的期盼都聚到一起了,这是一件多么难忘的事情。

还有一次,我们发现了一个螳螂卵鞘,天气暖和的时候,好多小螳螂宝宝从卵鞘里钻了出来,孩子开心又惊讶,然后用纸杯把螳螂宝宝送到菜园里面去了。

幼儿园里还养着小羊、大公鸡、母鸡、孔雀、鸽子和兔子,孩子轮流照看它们。通过这些活动,热爱自然,自然万物相互依存的意识得以在孩子幼小的心灵里牢牢树立起来。

2. 以自然为法,顺应幼儿天性发展

走进大自然,丰富孩子的自然体验,自然是有神奇魔力的,它生生不息,很有力量。

我们一直崇尚"生于自然,合于自然,自食其力,自得其乐"的教育理念,不论春夏秋冬,我们都会陪着孩子走出校园,去感受四季的变化,以及自然的美好与力量。

春天,我们陪着孩子看望大地松林,那是十二年前我们的老师家长和孩子一起种下的千棵小树,现在已长到四五米高。我们还陪着孩子去花海赏花,真美呀!

夏天,我们会陪着孩子去海边戏水挖沙、挖蛤蜊,还坐船去海岛探秘,海鸥一路跟着我们的船儿盘旋,孩子把自己带的食物分享给海鸥。

秋天,是采摘收获的季节,我们去果园里摘无花果,挖地瓜,收获萝卜、白菜,体会秋收的喜悦。深秋的圣水观,两棵千年的老银杏树满树金黄,孩子从山脚一路爬到山顶,陡坡的地方孩子们都是手脚并用。大树下,孩子趴在柔软的银杏树叶里,享受宁静的秋天。

冬天,我们去天鹅湖看美丽的天鹅,将玉米投喂给美丽的天鹅,孩子知道天鹅从遥远的西伯利亚飞越万里到威海越冬,第二年还要原路返回。孩子非常惊讶,没想到鸟儿竟然有这样的毅力和能量。

在体验四时之美的同时,热爱自然、热爱生命、热爱生活的种子在孩子的心里悄悄地发芽。

走进大自然,不仅可以锻炼身体,也能陶冶心灵。我们陪着孩子去翻越一座很高的山,也连续五年组织迎新年亲子徒步行,十公里的路程,孩子完全自己走下来,家长们都非常惊讶。

我们通过这样的活动培养孩子的坚强意志和能力,因为意志与能力的培养不能通过讲道理,只能通过动作和肌肉的训练、亲身体验获得发展。让孩子在细雨中奔跑,感受雨露;让他们在与动物的和谐共处中,感受爱意;在阳光下肆意玩耍,挥洒汗水;在雪洞里钻来钻去,形成耐寒的能力。

3. 走进大社会,丰富孩子的社会体验

每次去公园的时候,我们会多带一些水,让孩子送给环卫工人,因为孩子们已经感受到了他们为城市的整洁付出的辛劳。去海边游玩的时候,顺便带着孩子进行净滩活动,把沙滩上的垃圾都清理干净。我们的孩子不仅不会随便乱扔垃圾,甚至路上看到垃圾都主动捡起来扔进垃圾桶,这是非常美好的品质。

我们组织孩子进行义卖,用所得收入购买一些尿不湿和衣服等生活用品,送到福利院,让孩子知道自己的付出可以帮助别人,温暖别人。我们举办拍卖会,获得三万多元现金捐给四川省雅安市芦山县一个因地震受灾的幼儿园。直到现在,那所幼儿园每年都会寄过来当地野生的猕猴桃,孩子捧着猕猴桃也能感受到,我们帮助了别人也温暖了自己。

我们还陪着孩子去农村看望107岁的老奶奶,孩子看着老奶奶满是皱纹的脸,摸着老人家的手,感受到老人的体温。孩子不但看到了一个人年迈的样子,也透过她的故事了解了时代的变迁。

我们陪着孩子了解威海,了解中国,了解世界。期望他们有大视野,大胸怀。

（二）关注教师的生命状态

在幼儿园里，每天陪伴孩子的是老师，老师的状态直接影响到教育的质量，所以我们也非常关注老师的成长。除了专业知识和技能方面的培训，我们还通过多种途径为教师赋能。

比如，我们会定期举行户外体验活动，让年轻人打开心扉，放飞自我；会定期请老师来给老师们讲课，让老师们感受什么是人生，人生的价值和意义。工作中，生活中，时时处处都可以过美好生活，老师要关注自己的能量，要修自己的心与行，老师们的内心美好，能量满满，孩子自然而然就定了，就正了。

我们请老师来给老师们培训十二感官，每年连续两天的培训下来老师们一点不觉得累，反而一身轻松，充满力量。

我们还请专业模特给老师做形体培训，提升老师的形象和礼仪，让老师们看见更美好的、充满魅力的自己。

（三）以生命教育引领家长共同成长

家庭和幼儿园就像自行车的两个轮子，如果只有一个轮子转，自行车是无法向前行的。家庭和幼儿园又像两个鱼缸，如果两个鱼缸里的水质差异太大，鱼儿是没法存活的。所以教育永远不是园所一方的事，所以我们用心引领家长一起成长。

我们成立了家长学校，开展了"优秀父母养成计划"项目，我们带着家长一起读书，一起学习。我们幼儿园的蒲公英家委会，还成立了蒲公英讲师团，组织家长沙龙，由讲师团里的优秀的家长分享育儿经验。讲师团每两周一期活动，每次活动只限二十个人参加，这种小范围的沙龙活动收效很好。

三、成效与心得

我们为孩子打造自然的环境，陪着孩子走进大自然，大社会，一方面是因为我们坚信陈鹤琴老先生说的话，"大自然、大社会就是活教材"，另一方面，我们也看到我们的课程是如何滋养到了孩子的心灵，促进了孩子的发展，使他们的生命充满了爱和能量。

当老师开始关注自己的能量时，他们变得更加积极主动，老师组建了英语学习群、健身群，他们知道自己要的是什么，也知道如何付诸实践。

通过这样的引领，家长的儿童观和教育观发生了改变。随着生命教育活动走进家庭，幼儿园提出家长的三种权利，即对幼儿园的保育工作家长有知情权、话语权、参与权。现在家长们开始动起来，在讲师团的引领下，我们成立了大地跑团，家长义工进课堂，家长们相互带动和影响，慢慢改变观念，改变自己的生活。除此之外，热爱运动的家长在周末以及业余时间还组织亲子登山、徒步、采摘、赶海等活动，家长们陪着孩子一起行动。

教育是一个系统的工程，不能只朝着孩子使劲儿。我们带着老师、家长和孩子一起提升自己，一起好好生活。

小学生命教育四维课程的建构与实施

重庆市巴南区鱼洞第四小学校 龚胜利

一、学校简介

重庆市巴南区鱼洞第四小学校以"润泽生命,静待花开"为办学理念,秉承"根向下,心向上"的校训,唱响"一叶一世界,片片都精彩"的发展口号,突出生命教育特色,为儿童的生命成长奠基。学校先后获得全国创新教育实验学校、信息技术教育先进单位、艺术教育先进单位、体育工作示范学校、青少年校园篮球特色学校,重庆市示范小学、德育示范学校、卫生示范学校、智慧校园建设示范学校、最美校园等殊荣。

二、措施与方法

学校课程是发展学生核心素养的重要载体。学校在近十年的生命教育实践探索中,构建并实施的生命四维课程体系,创造性地实现五育并举,有效地促进学生的全面发展。

(一)系统规划生命教育课程体系

教育的本质是促进人的成长。学校依据自然、智慧、社会、精神生命的四个维度,分别通过人与自我、人与文化、人与社会、人与自然四大课程内容,朝向生命存在、生生不息、生命质量、快乐生活四个教育目标,力求达成生命的长度、生命的厚度、生命的高度、生命的温度四大教育追求。

(二)科学建构生命教育课程谱系

在实施生命教育的过程中,学校紧扣生命的四个维度,构建了"两层一四类"生命教育课程体系。两层分别指学科基础课程和校本拓展课程,四类是指向生命发展的"强身""启智""达用"和"润心"课程。四类课程群的实施,为培育学生学习力、创造力、审美力、健康力奠定了基础。

(三)着力开发生命教育课程资源

立足"五个结合"开发校本特色生命课程资源,丰富课程内容。一是结合地域和学校特点,开发了种植园课程、环境教育等课程。二是结合学校传统优势项目,开发了篮球课程、民乐吹管乐课程、线编等课程。三是结合师资情况,开发了心理健康、棋类、英语剧场等课程。四是结合家长特长,开发了西餐、消防、礼仪等系列实践活动课程。五是结合学生个性需求,开发了小记者、轮滑、机器人等课程。

（四）全力保障生命教育课程实施

三个融合保障课程实施，实现国家课程的校本化实践。

1. 夯实基础，开齐开足开好国家课程

学校通过大力提升教师专业能力促进课堂提质。一是通过开展观课评课改进课、区、校（集团）两级工作坊，问题教研，学科特点，作业设计等活动提高课堂实效。二是研讨碰撞。通过教师课堂教学和专业技能赛、观摩课、研讨课、同课异构、大教研、送教、经验分享等搭建交流平台。三是引领发展。通过银杏讲坛、骨干示范课、师徒结对、成立学科核心团队、磨课团队等形式让骨干引领学科发展和教师专业成长。

2. 学科课程与活动课程融合

为了兼顾学生的个体差异与个性发展，学校通过各类活动课程来体现生命课程的育人价值，实施活动化生命课程。如科技文化实践月、体艺体验实践月、体验式德育活动等。以生命德育主题体验系列课程为例，一年级"红色基因与生命启蒙"，二年级"科技文明与生命发展"，三年级"劳动创造与生命探索"，四年级"文化传承与生命成长"，五年级"革命精神与生命力量"，六年级"责任担当与生命价值"。

3. 生命课程与校园文化课程融合

学校以生命文化为"核"，校园物理空间为"体"，开发学校文化系列课程资源。如根据场地布局、功能分区、廊道结构等方面将校园文化分成绿化区、展示区、体验区、活动室四个区域。每个区域都进行课程化的构建，绿化区（审美力课程）体现自然生命形之"美"，美在色、形、意。体验区（学习力课程）展示生命成长之"趣"，趣在玩、乐、思。展示区（审美力课程）焕发生命色彩之"绚"，绚在精、特、志。活动室（创造力课程）展现丰盈生命之"慧"，慧在创、灵、悟。

（五）多元落实生命教育课程评价

1. 对校本课程的评价实行"四注重"

一是注重科学开发。拟定校本课程开发指南、基本原则，对教师及课程资源进行综合评估，确定开设科目和时间供学生选择。二是注重师资建设。加强教师选拔，定期学习，邀请专家指导。三是注重过程管理。加强实施计划和内容管理。四是注重评价导向。定期召开会议听取意见，对实施年级进行问卷和座谈，关注学生、家长、社会人士的意见。

2. 对生命课堂的评价聚焦"四生"

倡导课堂上要充分体现以学生为本的理念，培养创新精神和实践能力，构建生态、生动、生成、生长的"四生"课堂评价体系。生态指课堂氛围和谐，学生、教师间相互尊重；生动指教学情境趣味化，学生热情投入；生成指教学多维、开放、灵活，在互动中实现动态生成，并对所学内容有整体思维和系统建构；生长指课堂教学有实效，培养学生"自我发展"的意识。

3. 对学生的评价关注过程

通过学生综合素养评价平台，实施过程性评价和发展性评价，增加质性评价，实行自评与家长、教师互评相结合；设立学生过程评价电子档案，关注学生在校、在家学习生活全过程；实现多元化评价，实时反馈。

4. 对教师的考核评价重多元

做到两激活，一是激活内力，开展自我反思性评价；二是激活外力，开展督察评价，建立教师自评与互评、学生和家长他评、学校和社会共同参与的多元评价模式。

三、成效与心得

生命教育四维课程的实施，使学生综合素养稳步提高。

启智课程的实施，让学生形成较为扎实的人文科学素养和文化底蕴，学生在语文、数学、英语等基础学科素养上的提升成效显著。

强身课程，尤其是篮球、心理健康特色课程的实施成效显著。全校 3000 余名学生的篮球技能得到普遍提升，学校女子篮球队参加市区、国家级比赛获冠军 20 余次，在 2019 年全国篮球特色校比赛中获 U13 组综合冠军。学校被评为全国体育工作示范学校、全国青少年校园篮球特色学校、重庆市心理健康教育特色学校。轮滑等特色体育课程和生命教育等课程的实施，让学生具有了强健的身体和健全的人格。

润心课程的实施，使学生的身心健康和艺术审美素养发展突出，"每一个学生都能掌握一种艺术技能"成为区域内家长广泛认可的教育特色。通过音乐、美术、书法等基础课程和民乐、线编、乱针绣等课程，整体提升学生艺术审美能力。学校被评为重庆市书画特色学校；学校民乐队多次在市区展演，并获得 2021 年重庆市学生艺术节器乐比赛一等奖；2022 年参加重庆市大课间比赛荣获一等奖；2022 年重庆市第八届中小学合唱比赛中获一等奖。

达用课程的实施，使学生的环保意识、科技创新意识和能力、劳动意识和能力得到普遍提高。学生的科技作品多次获得市区级全国创新发明奖，获得发明专利几十项。学校先后被评为重庆市"绿色学校"、重庆市中小学卫生示范学校、重庆市科技特色学校。

自生命教育四维课程实施以来，学生的核心素养得到全面培育，学校课程改革与实践先后被《中国教育报》《中国德育》等国家和省级媒体报道 30 余次，接待国内外访学团 40 余次，产生广泛的影响。生命教育四维课程体系的建构和实施，既有力地促进了师生的成长，也全面推进了整个教育集团各校区地持续、健康、优质地发展。

在小学语文教学中渗透生命教育

北京市大兴区第二小学　张国敏　宋聪影

一、学校简介

北京市大兴区第二小学,自1960年建校至今,在长期的办学实践中形成了特有的奉献之"魂"、质量之"根"、创造之"美"。学校围绕立德树人的根本任务,走内涵发展的道路;遵循"善教以能、立人怀志、乐教以情、育人有品"的办学理念,以社会主义核心价值观教育为指导,大力推行情润教育,根植于课堂,立足于学生,深化课堂教学改革,开展丰富多彩的学生实践活动,通过思想立校、制度立校、人才立校、情感立校,联合社会力量办好教育。

二、措施与方法

(一)在阅读教学中贯穿生命教育

阅读是语文重要的组成部分,小学语文教材编选的课文都是文字优美、意义深刻的文章,值得学生深入学习。教师善用语文教材,通过阅读教学引导学生学会尊重生命,欣赏生命,热爱生命,勇于面对生活中的各种坎坷,使语文教学成为学生健康快乐成长的奠基石,进而达到"以文化人"的目标。

1. 利用教材,引导学生树立正确的人生观、价值观

教材是实施教育的有力媒介,要充分发挥教材培根铸魂、启智增慧的作用,充分利用教材,培养学生树立正确的世界观、人生观、价值观。

以统编版六年级上册第四单元为例,本单元共安排了《桥》《穷人》《金色的鱼钩》这三篇文章。这三篇文章都是以生活为题材,刻画了普通人物在面对困境和抉择时所闪现的人性光辉。因此,充分挖掘教材中的生命教育点,可引导学生树立正确的世界观、人生观、价值观。

2. 在阅读中获得生命的启示

教师通过阅读,带领学生走进文本,走进作者的内心,从中获得生命的启示。

统编版教材一年级下册第三单元以"伙伴"为主题,共编排了《小公鸡和小鸭子》《树和喜鹊》两篇童话和儿童诗《怎么都快乐》。这三篇课文从不同的角度阐释了小伙伴之间要相互帮助、友好共处的道理,同时让学生懂得和小伙伴一起学习和玩耍,是件非常快乐的事情。在教学中指导学生反复朗读,悟出其中所蕴含的道理。《树和喜鹊》一课,在阅读的过程中抓住"从前"和"后来"的变化,通过对比阅读,学生展开想象,感受到一棵树、一只喜鹊和一片树林、许多喜鹊的生活变化。最后才感受到,有了伙伴,有了陪伴,生活就不会孤单、寂寞。

学生刚刚迈入小学学校的大门,需要伙伴的陪伴,需要开启快乐的学习生活,他们最需要这样的精神引领。语文教学中注重阅读的广度、深度,更有利于生命教育在学科中的渗透。

二年级下册第一单元,围绕"春天"这一主题,共安排了《古诗二首》《找春天》《开满鲜花的小路》《邓小平爷爷种树》四篇课文。这四篇课文从多个角度展现了春天的美景、春天的美好,写出了人们热爱春天的思想感情。教师结合"春天"的这个主题,让学生联系生活实际寻找春天的影子,如金黄的迎春花、嫩绿的柳枝、探出头的小草,河里的小鸭等,这些景象都充满了生命的活力。学生通过走进自然,感受自然的生命力,教师结合学生所见所闻开展生命教育,从而激发学生对生命的尊重以及对自然的热爱。

(二)在写作教学中强化生命教育

写作是学生自身情感表达的重要延伸,所以教师在进行生命教育课程时需重视学生的写作教学。写作教学中,教师不仅仅关注写作方法的指导,更注意学生作文中的情感与心理的表达,倾听其内心的声音。注重学生所表现出的情感,同时对其进行正确的引导,通过这种交流和沟通进一步强化生命教育。

(三)在整本书阅读中深化生命教育

对学生而言,读整本书是成长的必修课。整本书阅读,能够提高学生整体认知水平,丰富精神世界,利用整本书的阅读深化生命教育。

如《假如给我三天光明》是美国当代作家海伦·凯勒的代表作。她从一个身残志坚女子的视角,告诉人们应珍惜生命,热爱生活,珍惜我们现在拥有的一切。

每读完一本书就像是经历了一场美妙的旅行,学生从中不仅收获了知识、智慧、勇气与力量,同时收获了成长的快乐。

(四)在语文实践活动中渗透生命教育

生命教育是服务生活的,因此要将生命教育付诸实践,让学生走进生活、走入社会。教师设计丰富多彩的语文实践活动,在实践活动中渗透生命教育,也是进行生命教育的有效途径。

在进行活动前教师需要合理地选取实践地点,比如让学生参观博物馆、纪念馆等,在参观博物馆的过程中学生会从文物当中感受到历史的沉重感,更加清晰地认识到时间的流逝与变化;在参观纪念馆或名人故居的过程中,了解人物事迹,感受他们对于生命的态度,从而引发学生对于生命的思考。

因此在进行实践活动前教师应当提前做好设计,保证生命教育与活动环节相融合,在活动的过程中对学生进行正确的引导,活动结束后引导学生进行总结与思考,与他人交流心得体会。

总而言之,在对学生进行生命教育的过程中,教师不能拘泥于课堂教学这一种方

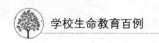

式,还需要重视语文实践活动,将其作为课堂教学的有力补充。

三、成效与心得

(一)开展课题研究,深化生命教育

我校"小学语文学科教学渗透生命教育的实践研究"成功立项,经过 3 年的研究,顺利结项。教师利用多种途径、多种资源,在课堂中实施生命教育,取得一定成效,生命教育研究落到实处。

(二)梳理生命教育研究成果,并推广使用

我校对小学语文学科 12 册教材生命教育知识点的系统梳理,一至六年级下册和六年级上册已经完成,一至五年级上册的知识点课题组在梳理中。该成果已经运用到语文教学之中。多名教师生命教育论文在市区科研征文中获奖。多名学生参加生命教育科普促进会举办的国际生命教育童诗会,5 名学生获奖。张国敏老师在北京市教委组织的北京市骨干教师的培训会上,对语文学科进行生命教育进行深入细致的培训,指导教师在语文教学中渗透生命教育。

(三)语文课,是生命的觉醒和成长

学习的主阵地是课堂,通过师生和文本、作者间的对话,触动学生内心深处,不仅使其在语文综合素养方面有所提高,对学生的心灵也会有所触动。一段优美的文字,一次心灵的对话,一个问题的思考,一个灵感的闪现,都会触动学生的心灵。那份温暖,那份勇敢,那蓬勃的朝气,都会在学生心灵的沃土中生根、发芽,渐渐长大。这种影响,不是孤立地存在于某一节课、某篇文章或某一本书中,而是蕴含在学生学习的成长过程之中。

(四)语文课,是生命的构建和远途

教育的根本任务是立德树人。要把学生培养成为合格的社会主义建设者和接班人,就需要引导学生在学习与实践的过程中,逐步完成完整意义上的"人"的成长,逐步做到自我认知与构建、自我突破与成长,在时间的长河中不断更新与完善,在生命的旅途中成为最好的自己。

数字解码生命课堂

北京市朝阳区芳草地国际学校慈云分校　蔡友玲　黄芳

一、学校简介

芳草地国际学校慈云分校市区级骨干教师比例33％，先后获得全国国防教育先进学校、全国生命教育先进学校、北京市文明校园、北京市美育特色学校、朝阳区素质教育示范学校等荣誉称号。

二、措施与方法

在教育改革进程中，学校梳理出"让生命绽放精彩"办学理念，提出"校亲师慈、云济精彩"校园口号和孕育"精彩文化"、创建"精彩空间"、发展"精彩教育"、享受"精彩幸福"的办学目标，力争打造"温暖＋智慧"的教师队伍和"全面＋个性"的慈云学子，实现让师生绽放生命之精彩。

学校立足课堂，通过数字切分后形成的教学模式开展实践探索。

（一）优化结构，构建生命课堂教学模式

生命教育的核心是促进学生的自主成长、个性成长和幸福成长。它深刻地诠释了我校的办学目标"让生命绽放精彩"。在特色理念引领下，学校在课堂中融入生命教育，以学生为主体，课堂为阵地，开展人与人之间的一种充满生命活力的思想、文化、情感交流，引导师生成为有智慧和德行的人。

在今天的课程改革实践中，我们倡导生命教育课堂以促进学生全面发展为培养目标。学校于2017年创建生命教育工作室，2019年成为北京生命教育科普促进会会员校，相继确立了《利用童谣开展小学生生命教育的行动研究》《小学课堂教学中融入生命教育的行动研究》科研课题，努力探索行之有效的方法和策略。数学学科"6＋3"教学模式、语文学科"四看教学法"、英语学科"361"教学模式一起形成了"三维目标，四字贯穿，六步落实"的生命课堂教学模式。

（二）融洽关系，重构生命课堂精神维度

生命教育课堂需要搭建生命视角的解释框架，构建课堂的精神维度，形成生命关怀的语言样态，呈现开放生成的教学过程，建立互助同行的"学习共同体"，完善课堂教学评价办法。在特色理念引领下，学校建构生命教育课程体系，制订"生命＋五有"课堂教学评价标准，从"教师状态、学生状态、师生关系、教学效果"四个维度细化二级指标，赋予评价分值。在课堂中，按照"三维目标，四字贯穿，六步落实"教学策略打造生命课堂。此

时,"生命在场"的课堂里,师生共同进入教学情境之中,一起观察和思考,一起好奇和发问,一起分享和陶醉,彼此激励、共同成长。此时此刻,教师是导演和主持人,组织和调动学生始终参与学习活动,关注每位学生的学习状态,使之高速运转;学生是演员和主角,在老师创设问题情境和交流空间里,学生认真听讲、静心思考、乐于表达、敢于质疑、勇于辩论,坚持而不执拗,虚心吸纳同伴的观点并不断完善自己的思路。课堂中,学生彼此尊重、彼此欣赏、彼此鼓励,真诚地表达对同伴的感谢与肯定;对老师的付出充满敬意和感激。在"校亲师慈、云济精彩"的办学理念下,"温暖+智慧"的教师、"全面+个性"的学生,使师生样态正在生命教育课堂生根发芽,课堂无走神、课堂有见解、课堂有掌声已成为和谐师生关系的标志。

(三)创新模式,让课堂焕发生命活力

生命教育强调创造安全、尊重的课堂氛围,使课堂成为温暖的、开放的、分享的精神场域。学校在数学学科教学中提出了"6+3"教学模式,"6"是六步走,"3"是三体现。"六步走"指创设学习活动情境;提出研讨的开放性问题;提出贴切的探究要求;学生自主探究,教师搜集资源;分享资源,组织研讨;引领学生提升认识。"三体现"指体现学习习惯培养;体现学情分析落实;体现课堂监测。在"6+3"教学模式探究中,教师为学生创设良好的学习情境,激发学生在需求中产生学习的愿望,成为课堂的主角;在开放性问题的引导下,学生主动参与学习探究活动;在同伴交流、分享评价中拓宽了思路,更新了学习方法,此时,教师成为学生学习的激励者、组织者和欣赏者,与学生共同经历一段美好的生命历程,让学生在课堂上感受到老师的关注与关爱、尊重与欣赏,学生对老师的付出充满敬意和感恩。整个教育过程既充满生命情怀,又体现了生命教育中注重情感、态度、价值观的形成。在语文课堂教学中,教师运用"四看教学法",组织学生通过一看大概主张,二看文势规模,三看纲目要领,四看警策句法的学习策略,让学生都有学习任务,激发积极情感;让学生自主选择学习板块,都能成为"我自己";让学生坚持积累表达,最终实现"我之为我"的生命价值。

三、成效与心得

以课堂为载体提高生命质量,不仅要让师生懂得人生的意义和价值,还要懂得在体验探究学习中掌握新的方法,获取成功的快乐,更要懂得把生命中的美好奉献给他人和社会,使生命得到升华。

首先,教师要灵活转变自身角色,把课堂真正还给学生。教师在努力探索课堂教学融入生命教育的方法和策略之路上,要深入探究"361"教学模式、"6+3"教学模式、"四看教学法",采用同桌交流、小组合作、组际交流、全班互动等课堂教学组织形式激发学生的学习热情,引导学生全面发展。生命课堂中,教师要给学生创设学习氛围、提供探究时间、调控教学进度、照顾个体差异,为学生的发展提供有价值的指导,帮助学生认识他人的优点和不足,认识到他人的潜力,着力培养学生对他人的表现作出积极回应的意识和能力。在生命课堂中把学生当成学习的主体,自己则是学习的组织者、引导者和合作者,实现高效的教学活动。

其次,教师要关注学生的精神世界,在课堂中提高生命质量。课堂是师生生命成长的主渠道,因此,课堂教学"三维"目标要能促进师生生命成长,对书本中传授的知识要赋予生命意义。课堂上,教师要尊重学生、相信学生,尊重教育规律,发现学生潜能。课堂教学过程不仅包括认识,还应该包括理解、体验和感悟,要引导学生理解现象背后的本质,体验发现的满足,感悟生命的意义,让课堂充满关注生命的气息,让生命的活力充分涌流,让智慧之花尽情绽放。

再次,教师要培养学生正确的价值观,在课堂中促进个体发展。学生是学习的主体,学习任务的完成要依靠学生,教师不仅要为全体学生提供合适的学习成长环境,还要关注个体,为每个学生提供平等参与、共同进步的机会和条件。教师要用较高的专业素养引导其求真、向善、爱美,不让一个学生掉队,最终实现让每个学生都全面发展的教育理想,让每一个生命都绽放精彩。

最后,让我们每一位教育工作者共同努力,携手打造生命课堂,为生命而教,从生命中学习,以生命影响生命,共同绽放生命之精彩。

生命教育助师生增活力,促学校新发展

北京市东方德才学校　赵怀颖　李学颖　孙红

一、学校简介

北京市东方德才学校是一所具有五十多年办学历史的公立十二年一贯制学校,设有小学部、初中部、高中部和国际部。学校以培养学生成为"德才兼备的德才人"为办学特色。学校十分重视开展生命教育工作,由北京市生命教育科普促进会获批成立了"生命教育工作室",是全国生命教育课题研究实验学校,在"十三五"期间申报课题"家校协同开展生命教育的实践研究",成立课题小组进行研究并取得成效,已顺利结题。

二、措施与方法

学校开展的各类教育教学工作,无不关乎对生命的教育,为了有效提高学生的身心健康水平,学校十分重视生命教育工作,有计划地开展了系列教育活动,并取得较好的效果。

（一）搭建平台,引领师生关注生命

为了让更多的老师了解生命教育的内涵和外延、开展此项活动的意义以及如何在教育教学工作中实施,学校特邀请生命教育专家到校指导,组织老师学习、分享感受。学校也组织老师参加了丰富的生命教育活动,如寻找生命的猎奇活动、同理心讲座等。学校设有生命教育教研组,由区级学科带头人担任组长,带领老师一同进行生命教育研究工作,并延伸至各个学科。2022年10月,学校开展了"生命教育融入各学科的课堂实践研究"活动,不同学科老师上了展示课,将关爱生命、珍惜生命的理念在学科学习中向学生潜移默化地传递和渗透,从而使师生再次提高对生命教育的认识,并落实到实际教育教学工作中。

（二）开展活动,助力师生爱护生命

1. 主动学习,积极参与

学校支持教师全面发展,尤其对生命教育这一融合教育,以"走出去,引进来"为宗旨,希望更多的老师主动学习、探讨。每年的生命教育高峰论坛,学校都会派教师前往观摩、交流。老师们也通过网络观看、学习生命教育理论,并融入工作实践中,参加活动的老师们都有不小的收获。学校也被评为全国生命教育实验校,开设了以校长为负责人的生命教育工作室。

2. 课题研究，引领前行

学校领导重视心理健康教师队伍的培养，早在2008年开始派教师参加市区级心理健康教育培训，着手打造一支心理健康教育的师资梯队，自2008年至今，我校所有教师都参与过心理健康培训，各种培训使教师具有更专业的心理知识，在开展生命教育活动中能够更有效地组织学生开展活动。2016年在学校领导的支持下，心理组申报了区规划办的"十三五"课题"家校协同开展生命教育的实践研究"，课题融各学科于一体，有7名课题组老师开始了生命教育的探索和研究，老师们运用问卷、数据分析等多种调研法开展研究，低年级以绘本、高年级以戏剧表演等形式引导学生感悟生命的价值。在研究过程中还带动很多老师参与其中，使更多的老师关注生命教育，有力地推动了学校生命教育工作的开展。

3. 开设课程，融入课堂

2017年我校成为北京市朝阳区教委指定的积极心理课程实验校。学校为师生订制教材，在课程中正式推出积极心理课，并配备心理教师，主管校长参与教学的各项实施过程，保障全校各年级均开展心理健康活动课，确保每班每学期不少于10节心理活动课。作为生命教育实验校，我们把生命教育融入课程，形成我校生命教育的一大亮点。

学校还着力对全体班主任进行专业培训，通过专题讲座、集体备课、听评课等形式，有计划、有组织地辅导班主任针对学生特点开设丰富多彩的心理活动课，发挥育人主渠道作用。

4. 活动丰富，助力成长

学校在每年5月都会设计一系列的心理活动组织师生参加，丰富多彩的生命教育体验活动采取个人体验与团队合作相结合的形式，每年的活动都受到师生欢迎，在活动中师生再次懂得尊重生命、热爱生命的意义。学生通过活动了解心理健康知识，增强自我心理保健意识，有效提升了学生之间的相互协作能力，增强了集体凝聚力和向心力，培养了学生勇敢尝试、坚持不懈和迎难而上的坚强意志。学生付出了劳动，收获了友情和温暖，体验了生命的意义。

此外，学校还组织学生开展"一人一故事"活动，学生进行心理剧本的编写和演出，并邀请有经验的"一人一故事"剧场老师，为学生讲解、演绎精彩的故事，也邀请家长参与，让家长多去了解自己的孩子，更加尊重孩子，助孩子健康成长。这一活动能够帮助学生正确处理人际关系，调整好心理状态，通过活动培养朝气蓬勃、健康乐观的学生。

学校还给学生和家长开展各种心理讲座，如青春期教育讲座，让学生了解到生命的可贵；同时教给家长一些方法，指导家长用适当的方法与孩子交流，教孩子做好自我保护等。

（三）凸显特色，成为学校发展新风向

通过多年的努力，学校心理特色进一步彰显，成为全国生命教育实验校、朝阳区心理特色校，成立了全国生命教育工作室。生命教育工作在我校有计划地稳步推进，从绘本故事到教育戏剧再到"一人一故事"，学生从认识生命到关爱生命再到了解死亡，生命中的每一个阶段都让学生感受到生命的意义。同时,学校积极组建家长委员会,开办家长学校,组织讲座,告知学生及家长心理咨询地点、热线电话等,通过多种途径对家长和学生进行心理辅导,转变家长对孩子的教育观念、引导方式等,让家长学习心理辅导的基本方法,倡导家长注重学生的全面发展,尊重学生的人格,避免家长对孩子过分迁就或丧失信心、放任不管的现象出现。家校的有效沟通,对学生的心理健康教育起到了促进作用,收到了良好的效果。

学校已将生命教育纳入日常的教育教学管理中,今后将进一步探索、研究,要把生命教育工作做得更加有声有色。

三、成效与心得

学校开展生命教育的目的是提高学生的心理健康水平,帮助学生树立正确的价值观、人生观和远大的理想。

对学生的生命教育要让学生充分体验、实践,学生在亲身感受和同伴合作中,更深刻地认识到生命的意义。如利用班队活动、节日活动、纪念日活动等多种途径,让学生在实践中学会简单的防范和自救方法,规避危险与伤害。学校定期开展安全演习活动,为学生创设地震、洪灾等情境,指导学生如何有序、安全地到达安全地点;组织学生开展养殖实践活动,学生亲手种植黄瓜、西红柿等蔬菜,养殖蚕宝宝、小鱼等小动物,增强了学生对生命整个过程的关注,体会到从初生到死亡每一阶段的变化,感悟生命的形成与消亡,增强学生的心理素养。

学校每个学期举办体育运动会、科技节等活动,学生在拼搏中强身健体,在创新中展示动手、动脑能力,培养了积极向上、顽强拼搏的品质。

在各项活动中渗透生命教育很重要,对学生进行生命教育应体现在日常教育教学的各个环节,落实到每一节课上,每一次班级管理中,每一次和学生的谈心中。每一次教育,都是对学生生命的启迪,老师要关注到每一个生命个体的独特性,学生受家庭和生长环境的影响各具特点,老师在教育过程中要尊重学生的个性,只有多姿多彩,才能体现生命之花的多样性,世界才绚丽丰富。

精彩生命文化教育背景下特色育人模式的探究

河北省石家庄市东风西路小学　王华　田志瑞　贾烨

一、学校简介

石家庄市东风西路小学创建于1981年。2011年,学校确立了以"精彩生命文化"作为学校的主题文化,构建了特色鲜明的"精彩生命文化"发展体系,把办学目标和办学使命定位为"精彩学苑·点亮精彩人生",努力把学校建成独特的、卓越的、精彩的,为学生幸福人生奠基的校园。多年来,东风西路小学始终坚持走文化立校、文化兴校、文化发展学校的现代化办学之路,以"课程改革、多元化社团"为抓手,全方位开展实践活动,逐渐实现了教师幸福、学生精彩,为学生一生奠基的目标。

二、措施与方法

(一)环境育人——关注心灵,自由栖息,提升师生的生命质量

环境浸润,大象无形。在环境文化建设方面,东风西路小学依托"精彩生命文化"的理论定位,全力打造具有生命活力的优美校园。大门东侧的文化墙由立体墙柱构成,寓意着少年儿童将会成长为祖国、民族坚实的脊梁;西侧的泰山石上镌刻着时任总理温家宝的题词,鼓励孩子们做有理想、有思想的人。

整个校园共分四个教育区:景观文化教育区以构建"四园一廊一塑一墙一树"景观为主体,四园即省园、品园、知园、思园,与之相呼应的有生命长廊、生命依伴雕塑、生命文化墙和生命树。长廊文化教育区每个楼层体现一个精彩生命文化主题,即认识生命、关爱生命、绽放生命。特色文化教育区为两座功能楼,分为六大功能区,即科海泛舟、书香园林、时光隧道、体育中心、艺术雅苑和生命绿洲。尤其是书香园林的经典长廊、孔子课堂,为学生创设了一种墨香盈袖的环境,让学生在不知不觉中受到了古代先贤的精神引领。班级文化教育区彰显个性色彩,使学生的身心得到文明的启迪、智慧的熏陶和情感的升华。

(二)课程育人——助力心智,激发活力,让生命充满智慧火花

1. 探索生命课堂

东风西路小学开发了"四要素,三原则,六环节"的精彩生命课堂模式。在精彩生命课堂上每一个学生焕发着生命的活力,教师也不断收获各种荣誉:连续几年区教师素质赛评优课中,学校所有参赛教师都取得一等奖,并且多人多次代表区参加国家、省、市级比赛,并屡获佳绩。

2. 开发校本教材

东风西路小学把学生的生命发展作为着眼点,出版了9套共计100余册校本教材。在践行社会主义核心价值观过程中,学校师生和家长撰写童谣、故事、随笔等,结集成书。

3. 创办特色课程

校园是孩子们的、是童真的、有活力的,每天放学后各种社团活动在校园里百花齐放——操场上,足球、篮球、排球等;音乐厅,器乐、合唱、舞蹈散发魅力;科技中心,编程、设计、拆装,手脑口心联动,校园里处处涌动生命的韵律。学生连续多次在河北省机器人大赛中,获得全省一等奖第一名的好成绩;2017年6月"金百灵"合唱团作为唯一的以学校为单位的中国参赛队,赴匈牙利参加第21届"柯达伊国际童声合唱节"并获得最佳童谣合唱奖。一场场精彩的表演,印证了东风师生的卓越。

(三)活动育人——追求卓越,全面优质,让生命处处精彩绽放

1. 传统特色活动

学校形成了"三礼六节主题月"的固定活动。"三礼"就是六一入队礼、六月毕业礼、九月开笔礼,通过学生喜闻乐见的仪式教育,引导学生从小树立起当好共产主义事业接班人的崇高志向;"六节"即"读书节""体育节""生命节""艺术节""科技节""英语节",让学生在特色活动中快乐学习、学会感恩、热爱生活、舒展身心、锻炼本领;"主题月"即每月一个活动主题,如雷锋精神学习月、清明学英烈争做好少年实践月、"最美劳动者"寻访月等,让学生在实践中学做人、学做事。

学校还与家长合力,分主题进行社会实践活动,有自然篇、励志篇、历史篇、科技篇,比如走进科技馆、军营、现代化生产企业、博物馆等。学生通过各种活动得到多方位锻炼,体验感在活动中不断增强。

2. 文化交流活动

学校在国际化道路上逐渐打开思路,到多地参观学习交流,并与部分学校建立了长期稳固的友好关系。一系列的交流活动,开阔了师生的国际视野,提升了综合素质。学校与北京、上海、厦门、成都等各地一流学校结为同盟,与香港潮阳小学的互访活动已连续开展多年。学校成立了小学教育共同体,为教师交流学习提供平台,为学生发展搭建了更广阔的舞台,也为学校向着国际化、内涵化的发展奠定了坚实基础。

(四)文化育人——搭建平台,彰显价值,让生命成长共享共赢

一所学校,能有新的发展和跨越,关键在教师。生命校园中,不光是孩子们的绽放,更是教师实现自我价值的园地,学校努力让每一位教师成为学校的名片。学校积极践行"新教育、新技术、新评价"管理模式,以生命教育为教育理念,以"让每一个生命都异彩绽放"为奋斗目标,确定了一系列教育新理念和教育新实践。

学校大力推进实施"青蓝、新秀、骨干、名师"四大培养工程,通过设立名师工作坊,开展"名师创名法带名徒"活动,发挥名师骨干传帮带作用,培养出一大批骨干和名师。白茹老师被评为全国优秀教师,马贝贝等老师在河北省班主任素质赛中荣获一等奖,在

"京津冀中小学班主任交流会"进行展示。学校培养各科优秀教师,成功召开个人研讨会,实现每年都推出名师的目标;建立用外出培训奖励优秀教师的机制。东风的每一位教师都秉承着这样一种信念:一个人走得快,一群人会走得更远!在东风这个团队中,每个人都感受到自身存在的价值,每个人都渴望成为更好的自己。

三、成效与心得

学校在全国生命教育高峰论坛,作生命教育主题经验分享,得到专家及同仁的高度赞扬;河北省德育共同体成立大会、省教育厅基础教育工作现场会、市中小学结对帮扶推进会……一次又一次典型发言,一场又一场经验推广;2019年六一前夕,河北省委书记莅临学校慰问师生,参与学生社团活动,并批示在全省推广东风西路小学工作经验。东风稳抓机遇有担当!学校先后荣获全国文明单位、首届全国文明校园、全国百所德育科研名校、全国生命教育先进单位、全国少先队红旗大队、全国最美校园书屋、全国体育传统项目学校、全国青少年校园冰雪体育特色示范校和传统特色学校、全国青少年校园足球特色学校等荣誉称号。

学生的发展与成长,有赖于作为个体的教师的努力,更有赖于作为教师团队的努力。生命教育强调打造一个有着良好生命姿态的教师团队,因为这是办好学校最为重要的工作之一。东风西路小学的每一位教育者将坚守这份理念,在精彩生命教育的探索之路上继续前行!

用劳动点亮生命的色彩

四川大学西航港实验小学　何晓敏　赵方冬　李雄

一、学校简介

四川大学西航港实验小学开发了许多的劳动场所,将以往保洁工人负责的区域与学生劳动场所结合,坚持以劳动教育实现生命教育,形成了学校、家庭、社区三大阵地劳动教育的合作闭环;实施了综合评价固本的基本策略,充分发挥劳动教育的综合育人功能,螺旋上升地推进我校劳动教育体系建设,以劳动教育为载体,让学生接触自然、感悟生命。

二、措施与方法

(一)学校发力,持续优化

1. 搭建劳动平台

学校开垦了一块耕地,取名炫彩农场,由每班认领,根据各班需求种植相应的蔬菜,学生通过耕地、播种、浇水,了解到了植物生长所需的条件,这既是对生命起源的探索,也使学生感受到生命的来之不易;在照顾植物的过程中,人人有事做,人人会观察,在潜移默化中,学生学会了欣赏生命、珍惜生命。同时,我们丰富了学校劳动空间,开发了更多的劳动场所,将以往保洁工人负责的区域与学生劳动场所结合。今年3月初,我校增设了劳动体验岗位,班级轮流进行校园劳动服务日活动,每班42人,每天专人专岗巡视校园每个角落的卫生,活动结束后,总结填写实践活动评价表,让学生在劳动服务中感受生命的多样和独特性。

2. 多元评价助推学生发展

为了提高校园劳动服务日活动的有效性,我校改进了原有的评价机制,丰富了评价手段,缩短了评价时间。首先,劳动志愿者观察记录当日情况,劳动教师通过描述性评语再次总结。其次,学校广播每日中午宣传、反馈前一日校园服务情况,以榜样为引领,引导学生明确劳动责任,以校园劳动志愿者为荣。除学生评、教师评,德育处还安排校园小卫士进行抽测评比,所得分数将纳入少先队阵地及少先队志愿服务活动考评中,以此加强每位少先队员的荣誉感,促进自我发展,表现优异的班级和个人将有机会入选校级志愿者服务队伍,参与到社区服务活动中,促进学生生命全面而充分的发展。

（二）家庭主力，协同共育

1. 明确提出家庭劳动教育责任人

家庭是孩子终身的学校，是进行劳动教育的重要场所，我校明确提出家长是家庭劳动教育的主要责任人，学校助推家长们认识到他们在劳动教育中承担的主要职责，营造家庭劳动氛围，促进家长参与到学生的劳动教育之中，借助家校共育的力量，提升了劳动教育的效果。

按照综合交叉，循序渐进思路，整体设计了各学段的家庭劳动教育内容。每日家庭劳动课程依据不同学段的特点，制订了不同的劳动任务，以达到学生能主动参与、能自我整理、能为他人服务三个目标，用学校助推家庭的形式，保障劳动教育的实施。让劳动教育回归家庭，回归生活，让学生去感受自然与生命的奥秘，体验生命的价值。

2. 成果评价形式促坚持

任务驱动明晰了家庭劳动教育的内容，先进典型带动则提高了学生的积极性和家长的重视度。首先，借助家长会，展示家庭劳动成果，触动家长，改变轻视劳动教育的观念，让家长从小注重培养孩子的生活能力，提高了劳动意识。其次，每周家长自愿选取劳动照片上传班级群，劳动教师进行记录，作为学生评优选先的参考和毕业依据。有了积极的氛围，家长的参与度变得更高了。再次，劳动老师每周会选取适量的照片上传给学校，经由学校宣传部汇总、编辑，通过学校公众号统一推送给家长，以此达到一种良性的竞争状态。最后，家庭劳动作业完成优异的，可由劳动老师推荐到学校的志愿者服务队伍，将有机会参与一月一次的社区活动，以此引导学生形成劳动最光荣、劳动最伟大的思想观念，懂得人生因为劳动而精彩、劳动让生命更有价值。

（三）社区助力，拓宽途径

1. 评价升级为奖励，助力社区劳动服务

以往，我校开展社区劳动活动均由班级推选，未将学生劳动表现作为选拔的条件。在今年的社区服务活动中，学校明确提出了"推荐"条件——由劳动教师结合学生在学校、家庭参与劳动的综合评价表现，以奖励形式推荐进入学校的志愿者队伍，参与各项社区劳动的活动中，以此激励学生以更高的积极性、更强的责任感参与到社区服务性、公益性的劳动中，并引领学生树立"为社会服务　以此为荣"的价值观；同时也激励更多学生在平常的学校、家庭劳动中更加坚持地去锻炼自己的劳动能力，才能做好随时为社会劳动服务的准备。

2. 整合社会力量，开发社区劳动项目

人的劳动习惯在生活中形成，劳动教育要根植于学生的生活，我们将教育空间扩展到学校、家庭、社区等生活的各个空间，将班级小课堂与社会大课堂充分结合。

为了让社区劳动课程更丰富，本年度我校规划了四大社区劳动课程。一是参加义工活动，如社区种植活动、清洁街道等。二是开展绿色环保活动，如宣传垃圾分类、开展节约用水、保护水资源的宣传活动等。三是开展献爱心活动，发扬助人精神，如看望敬老院老人、开展义卖活动,为巴塘小学的孩子献爱心等。四是开展社会调查活动,如对江安河水污染的调查等。这些活动让学生拓宽了参与面,走进了农民、售货员、交警、环卫工人等职业,用自己的劳动为更多人提供服务,通过社区劳动活动整合社会各方力量,使学校对学生的劳动教育管理得到进一步延伸。通过一系列的社区劳动课程,让学生意识到社区服务的不易,体会到劳动的艰辛,营造健康的生命环境。

三、成效与心得

我校劳动教育初成体系,劳动场所有所保证,学生能更自律地参与到学校、家庭、社区的劳动之中。在学校、家庭、社区三管齐下,生命教育通过劳动渗透到每个孩子的心中,使生命的意识和理念在学生的心中得以内化,让个体生命全面充分、可持续发展。教育路漫漫,未来的时间,我们将坚持用劳动教育点亮学生生命的色彩。

培智学校"生命成长"育人体系建设

北京市朝阳区安华学校　刘继军　李雁　刘晓静

一、学校简介

北京市朝阳区安华学校是一所集学前康复教育、九年义务教育、职业高中教育和成人培训教育为一体的区属公办综合性特殊教育学校。学校尊重每个特殊需要学生生命的自觉和兴趣,构建了"尊重生命"的学校文化,通过"生命成长"育人体系的实施,促进学生的自主发展,培养具有积极的生活方式、德智体美劳全面发展的、适应社会发展的公民,为每一个特殊学生的生命成长奠基。

二、措施与方法

(一)坚持文化引领,构建"尊重生命"学校文化

学校以"有生命就有希望,有希望就不放弃"作为教育理念,以"满足特殊需要,提升生活品质"作为教育宗旨,以"尊重、关爱、健康、快乐"作为校训,以绿底儿、白色牵牛花为校旗,以《我是一朵牵牛花》为校歌,以牵牵和牛牛作为文化小使者,不放弃每一个学生,努力满足每一个学生的教育需求,提升学生的生活品质。学校始终以"爱心、细心、耐心和高度的责任心"为教师师德基本标准,以培养研究型、高素质的专家型教师队伍为目标,注重教师的师德培养和专业建设。

学校充分发掘牵牛花的内涵,打造"牵牛花"文化品牌,通过文化引领和成果梳理,努力做到在育人效果上体现品牌,活动品质有提升,行为塑造有转变,构建"牵牛花"文化成果体系。在环境文化方面,学校系统规划,努力打造温馨舒适、和谐安全具有特教特色的校园环境文化,建立与"牵牛花"文化相匹配的校园环境、楼道环境和班级环境。校园文化环境主要以"海迪精神"为引领,塑造励志长廊、展示墙、互动沙池、灵动池塘。楼道环境主要为3+1+n:3是三层楼道按照牵牛花"种子、成长、绽放"的成长过程打造"牵牛花"的主旨环境;1是贯穿三层的楼梯间环境,楼梯间就像"牵牛花"在生命成长过程中的支撑(教师、领导、社会、爱心单位等),支撑牵牛花不断向上攀爬,最终开出绚丽的花朵;n是若干个学生作品展区,寓意精彩绽放的牵牛花。班级环境充分展示个性化特点,依据学生情况打造独具特色的班级班徽、班规、班训、班级电子屏、班级板报、班级角落文化,功能性分区等,让学生在温馨、舒适的班级环境中成长。在物质文化方面,学校创设了牵牛花爱心区以及丰富的牵牛花文化标识。牵牛花爱心区包括教室里的教师办公区、家长座位和学校里的涂鸦墙、戏剧小剧场等。牵牛花文化标识包括校徽、校旗、文化小使者牵牵和牛牛、文化卡。在制度文化方面,学校构建了完备的制度体系,特别是保障

了全体教师作为制度建设的主体,参与学校制度建设,体现以人为本的管理理念。在管理文化方面,学校充分尊重每位老师,特别是将课程的主导权交给了每一位老师,并在过程中充分发挥教师团队的作用,建设教师发展共同体。

(二)坚持立德树人,实施"生命成长"育人体系

学校以个别化教育模式为基础,协同推进资源整合、教学实施、课程评价等各环节的改革,构建"生命成长"育人体系,全面提升育人质量。

学校课程设置以国家课程标准为依据,坚持五育并举,兼顾共性与个性,课程科目兼顾学生的发展水平进行整合。学校开设生命奠基、生命拓展和生命绽放三类课程。生命奠基课程针对学生共性,开足开齐国家必修的七门课程,引导学生树立正确的生命观,认识生命、保护生命,并进行跨学科整合,将绘画与手工、唱游与律动进行整合,通过"美丽的大自然""健康安全伴我行"等十大主题实施。随着学生能力水平的提升,课程逐步回到分科设置。生命拓展课程着重满足学生在思想品德发展、康复、兴趣拓展方面的个性化发展需求,引导学生珍爱生命、欣赏生命,开设团队教育、心理健康、情绪行为管理、动作康复、游戏治疗等课程。生命绽放课程着重带领学生探索生命意义,实现生命价值,提升生命质量,开设富有探究性、开放性的课程,包括戏剧教育、生命教育、传统文化等课程。此外,学校每月与课程相结合开展多样的社会实践活动,鼓励学生平等和全面地参与社区和社会生活,并开展文化节系列活动、游学、远足等课程活动。多元的课程结构、丰富的课程活动以及品质化课堂教学成为学校"生命成长"育人体系的核心,个别化教育模式保障了育人体系的有效开展。

(三)坚持同向共育,汇聚"生命成长"新合力

培智学校课堂是一种多方主体共同参与、多种资源(环境、人力、物力等)支持下的教育教学活动,学校坚持家庭、学校、社会同向共育,并提供丰富的资源支持,确保育人体系的顺利实施。

我校构建了家庭、学校和社会三结合教育网络,推进同向共育和协同育人机制建设。一方面,学校成立三结合教育领导小组,校长、书记为组长,成员有干部、家委会成员、志愿者负责人、街道办事处社区教育委员会主任等。主要工作有制订学校三结合教育规划,审定家长教师协会章程、家长学校章程、家长志愿者章程,协商社区教育规划,审议家长活动、亲子活动方案等。另一方面,学校通过多渠道促进家校沟通与合作,引导家庭和学校的教育理念保持一致。针对学生程度不同,师资不足的问题,为了更好地满足学生的个别化教育需求,学校和家长共同商议,允许部分家长来校陪读。此外,学校不断完善家校委员会制度,学校重大事项组织家委会一起研讨协商。学校每学期为家长提供不同层面和内容的专业培训,这些培训为家长提供咨询服务和专业支持,让家长熟悉教育内容,掌握专业的教育方法,最终与教师合作完成教育任务,促进学生的发展。

三、成效与心得

通过多年的生命教育实践,学生的个性化教育需求得到较好的满足,课堂参与度、独立性和社区融合能力得到很大的提升。基于包班制的模式,所有和学生相关的教育者更容易采用一致的教育方法,提供积极的支持,帮助学生改变原有生活方式,享受高质量的生活。在动态开放的、共同建构的、个性化的、丰富的各类活动中,学生充分体验美好有趣的生活,提升了学习兴趣。通过多年的实践,我校大部分学生都能建立积极的生活方式,能够具备基本的社会适应能力和职业技能。我校也积极联系各大企业,为学生就业创造条件,近五年来,我校职业高中学生的就业率保持在30%以上。在家长层面,通过问卷、访谈等方式,家长每学年对学校的满意度均能达到90%以上,家长更加认可学校理念、课程理念,支持学校开展的各项工作,沟通渠道畅通,家长零投诉。

在生命教育的实践过程中,学校充分尊重教师的主导作用,提供多样的成长平台。学校从原来的只有部分老师参与课题,到现在人人参与或自己立项课题,从传统的教学讲授到生成具有自我风格的课堂教学模式,从固定的教学内容到基于情境创设与学生个性需求自主研发的多主题教学,有越来越多的教师逐渐成长为复合型、专家型教师。更可贵的是,在包班制团队文化的引领下,教师们相互协作和支持,都能始终抱有积极的期望和平和的心态,坚信每一位学生都能成功。教师与时俱进、脚踏实地的研究能力也成了学校优质内涵发展的关键力量。学校借助行动研究,逐渐成了师生的精神家园、学习中心和创新的沃土。

"五自育人"让生命卓越成长

北京师范大学任丘附属学校　贾俊苓

一、学校简介

北京师范大学任丘附属学校位于河北省任丘市裕华西路教育园区,是一所涵盖幼儿园、小学、初中、高中的十五年一贯制创新学校。自2017年办学以来,学校以"自强不息、厚德行远"为校训,将生命教育作为教育的起点,将立德树人作为教育的最高目标,深入实施"五自育人",在环境育人、课程育人、活动育人中激励每一个生命卓越成长。

二、措施与方法

(一)提出"五自育人"

为全方位落实生命教育理念,推进养成教育,以校长为核心的领导团队,从成就每一个生命的角度,提出"五自育人"的思想和途径。

"五自"指五自养成教育,其内容是生活自理、学习自主、行为自律、安全自护、信心自强。其中,生活自理是基础,学习自主是重点,行为自律是关键,安全自护是保障,信心自强是灵魂。五自教育有着"全面、全方位、全过程、全路径"的优势和特点,适合幼、小、初、高各学段,贯通学校、家庭、社会各领域,浸润学生的身心与生活,引领学生的生命成长。

(二)实施"五自育人"

遵循生命成长的规律,结合各学段学生身心特点,学校面向全体老师和家长进行"五自育人"的现状调查,以调查结果为依据,分别对生活自理、学习自主、行为自律、安全自护、信心自强的内涵和内容进行了界定,顶层设计了培养目标、训练内容、培养策略和评价方式,以课程和活动为主要途径,引领和服务学生的生命成长。

1. 在学校课程的建设与落实中实施

课程是学校的核心。在学校"做扎根的教育"文化体系中,学校把引领学生"尊重生命、珍爱生命,感悟生命的真谛与美好,探寻生命的意义与价值"作为生命教育的追求,并浸润在学校的课程体系中。

通过整体规划,学校初步建构起三个课程发展体系,其中,国家课程以认知和人本主义心理学为基础,以语文学科为特色学科,以双主体互动为教学模式,以多种课程整合、学习型组织构建为策略,落实学生主体性,实现学生学习方式的转变。地方课程以法制和心理健康教育为读本,为不同学段的学生认识自己、做最好的自己引领方向。学校立足于北京师范大学生命教育促进会指导下的《不同学段学生生命教育的内容和方法》

的课题研究,把五自育人的理念、方法,分学段开发了校本教材,以校本课程的方式组织学习。在校本教材中,我们把学生在校的一日生活作为一个特色课程,从晨起的洒扫整理到用餐的绿色节俭,从早操的铿锵口号到课堂的勤学善思,把"生活自理、学习自主、行为自律、安全自护、信心自强"的五自养成教育浸润在学生学校生活的每一个环节。同时,劳动教育课程、家校协作课程、社团活动等也让学生充分感受生命的真谛和美好。

2. 在特色教育活动和多元评价的激励中实施

在"五自育人"的教育实践中,学校特别注重于常规主题教育和特色实践活动中培养学生健康成长的能力。

作为寄宿制学校,一年级入学教育,既是特色课程又是生命教育的主题活动。七、八岁的孩子,离开父母将生活在陌生的校园,面对这个重大转折,学校把蕴含着"呵护孩子生命健康,培养他们的生活能力"的生命教育作为送给孩子们的礼物。

别开生面的入班仪式让孩子感受家的温暖,全天候的温馨陪伴让孩子获得归属感,讲述绘本故事对学生进行规则教育、安全教育,一日活动训练他们用餐、整理和学习技能,每日的快乐分享则激发了学生的自信心,一周下来,孩子们一扫入学时的恐惧和焦虑,呈现出了阳光自信的生命样态。

丰富的特色活动是学生喜闻乐见的,学校运用"小卡片磨炼大意志、小舞台展现大作为、小格言体现大志向、小榜样显示大梦想"四个维度生动推进五自育人目标。比如学校设计"毅力卡"激励学生自定目标和任务;组织开展"28天共同见证好习惯"主题竞赛活动;搭建"家务劳动我能行""我的课堂我做主"等形式多样的小舞台,锻炼和培养学生的关键的能力和品质;通过让学生每天诵读自己喜欢的格言,鼓励他们确立修身的坐标和人生价值的准绳。在这些丰富多彩的特色实践活动中,每个学生学有目标,赶有榜样,每个学生都能怀揣梦想向上生长。

生命需要激励。全员、全过程的多元评价是我们推进五自生命教育的重要手段。我们分年段制订了五自教育的内容和评价标准,采用自评、师评、家长评三方评价,定期为学生在学校,在家庭,在社会的表现打分,不合格者在矫正巩固栏填写矫正的项目、矫正的目标、矫正的期限和矫正的效果,同时,辅之以"五自达人""百优十佳"等评选活动进行激励,学生在全员、全程中感受到了持续不断的支持和激励,并在激励中不断努力超越自己。

三、成效与心得

"五自育人"的实施,促进了生命教育文化体系的形成,构建了学校良好的育人环境,在这里,亦师亦友的师生关系和老师的温情陪伴,让学生有了家一样的归属感,在这样的环境中,学生热爱学习、喜欢锻炼、乐于表达。学生生机勃勃的面孔,朴素自然的微笑,大方得体的言谈,呈现了良好的生命样态。

"五自育人"的实施,形成了学校双主体互动的教学模式,实现了学生学习方式的转变,最大可能地创设了自主学习的情境与氛围,形成了"独立思考,主动探究,乐学、会学、学会"的课堂文化。课堂上学生表现出的是一种专注的眼神、诚实、求实的姿态,那琅琅的书声、静默的思考、充满个性的表达,积蓄了学识,涵养了才情。

"五自育人"的实施,既唤醒了教师生命教育的意识,提升了生命教育的能力,也强健了学生的生命个体,让学生成为自己成长和发展的主人。在持续不断的激励和鼓舞中,五自达人不断涌现,每年在市级以上的科技、体艺、文学、数学和主题活动中,学生都能积极参与并斩获大奖。

"五自育人"的实施,和谐了亲子关系,亲密了家校合作,家长给予了学校更多的信任和支持。

"五自育人"的实施,保证了我们在任何情形下都能优质的完成各学段的教育教学任务,连续几年来,学校超一流的中高考成绩,在当地树起了优质教育的标杆,各学段生命教育的浸润与五自育人的实践也在社会产生了良好的影响。

带着"五自"播种在生命里自理、自护、自律、自主、自强的种子,每一个孩子都怀揣梦想行走在通往卓越的路上。

呵护每一个生命　筑教育高位均衡

四川省金堂县杨柳小学　雷宝平　杨蓉　陈静

一、学校简介

在美丽的天府花园水城西南角的毗河之滨,有一所拥有百年办学史的老校——金堂县杨柳小学。学校以"抓铁有痕、踏石留印"的坚韧劲头,秉持"唯勤唯实·贵诚贵新"的精神,坚持"秀外慧中·以文化人"的理念,循着"以课程建设推动学校文化发展"的思路,围绕新生命教育"为学生的幸福人生奠基,为教师的美好生活添彩"的根本宗旨,通过三位一体式"三课联动"(以课程为引领,以课题为抓手,以课堂为阵地)用心呵护每一个生命,着力培养具有杨小特质的秀外慧中的礼智少年,构建新时代杨小新格局,擘画杨小新未来。

二、措施与方法

(一)立体多维建构"生命课程"育人体系

课程是一切教育活动的集合,是学校发展生命所系,关键所在。学校根据国家义务教育课程标准,结合校情,重构学校"礼智教育"发展蓝图,从"礼·智·行"三个维度,对国家课程进行二次开发和整合,形成了"基础课程(国家课程＋地方课程)、学科拓展课程、综合实践课程"三大课程板块框架,构建起"一体三维三类"课程体系。

(二)五育融合研发"生命课题"育人模式

2011年11月,学校作为金堂首批实验学校加入新教育实验,以"过一种幸福完整的教育生活"为核心理念,开始着手"新生命教育"研究,研发市级规划课题《生命教育课程促成农村孩子幸福成长》,从五个维度建构生命教育课程,以此初探"五育并举",丰盈农村家庭孩子的生命,成就幸福的教育和教育的幸福,此课题已结题,并获得了2016年成都市优秀教学成果奖。

2016年,学校成功申报市级农村专项课题《以"每月一事"为平台实施新生命教育》,根据小学生的认知发展规律,继续深入"新生命教育"课程研发,从"自然生命、社会生命和精神生命"三个维度螺旋式研发新生命教育课程。不同的课程体系启蒙、唤醒、丰盈学生的"身、心、灵",引导师生在新生命教育中延长自然生命之长,拓展社会生命之宽,提升精神生命之高。"每月一事"推进班级均衡建设,将"五育"融合,伴"思政"同行,让每个生命享受最优质的教育,成为最好的自己,成就幸福完整的人生。此课题研究是学校对"五育并举"的进一步实践,研究成果在县内外多所学校分享交流,荣获"成都市课题研究一等奖""全国新教育卓越课程"等荣誉。

新生命教育服务"双减"落地,助推学校优质均衡发展。2021年,在前两项市级课题的引领下,学校再次发现新的突破口,市级课题《以"新生命教育学科节"为载体推进课程思政实践研究》成功申报,目前在研。学校通过定期开展"春季阅读节、夏季艺术节、秋季数学节和冬季体育节"让校园生活四时多彩,以"新生命教育学科节"校本课程破解学科课程、活动课程与思政课程"两张皮"现象。此课题研究突出课程融合育人内涵,是学校对"五育并举"的丰富和完善。

(三)守正创新发挥"生命课堂"育人作用

课堂是学校教育的主阵地,课堂教学实践是落实新课程要求、改进教育方式、达成教育目标、实现教育理想的主战场。学校基于"533"生命课堂,围绕学校发展目标和理念,利用教研、集体备课等活动持续推进课堂改革,形成了杨小"四度—361"主体学堂教学模式。

"361"主体学堂:"三导六环一得"全方位、结构化课堂学习模式。即整个课堂以自主、合作、探究为教学活动的核心,全面调动教学活动中的全部信息资源,激发学生的全部感知能力,面向全体学生的全面体验,是一种全方位、结构化的学习方式。361的另一层含义,即在班级均衡建设的指引下,推行"多一度关爱"。(360°意为努力让班上每个孩子都能享有公平而有质量的教育,1°意为给孩子多一分耐心与关爱,落实因材施教、个性发展的教育理念。)

四度即课堂有"温度"、有"深度"、有"厚度"、有"效度"。

有"温度"即教师用361主体学堂教学模式,努力让班上每个孩子都能享有公平而有质量的教育,用"多一度关爱"给孩子多一分耐心与关爱。

有"深度"即深化学生思维,培养学生能力,达到举一反三的效果。教师努力创设情境,层层设疑、环环相扣,带领学生逐步走向深入,不仅让学生对教材内容深刻理解,形成学科知识体系,更要培养其思维的深度,做到"懂、会、准、活、实"。

有"厚度"即教师立足每堂课都是独一无二的,从生命的高度、用动态生成的观点看课堂教学,不仅要深下去,知识面还要宽起来,做到书本与生活相融合,知识与技能相融通。

有"效度"即教师以"学生为主体,教师为主导,训练为主线",运用一种全方位、结构化的"361"主体学堂教学模式来提高课堂效率,做好每堂课知识"得意、得言、得法"融合训练。

学校推行"四度—361"主体学堂教学模式,彰显了学校课堂教学主张,获得了良好的工作成效。近年,钟燕、唐琰、赵婷等老师代表学校参加赛课,或执教县级以上示范课均获得优异成绩。王胜英、徐婷等老师参加市级教师技能大赛分获一、二等奖。

三、成效与心得

学校致力于新生命教育,育礼智好少年,创特色品牌。2011年11月,学校加入新教育实验,在"寻找尺码相同人"的十多年间,围绕学校办学思想和顶层设计,结合新教育主张和校情、学情,持续融合式推进新教育"四大改变"和"十大行动",以改变教师行走方式促学生生存状态改变,以营造书香校园、缔造完美教室、坚持"每月一事"、研发卓越课程,提升学生自然生命、社会生命和精神生命质量,培育礼智少年。

新生命教育实验十多年间,杨小先后被授予"全国新生命基地校""全国新教育实验优秀实验学校""全国新教育实验示范学校""全国新生命卓越课程""全国五好小公民教育读书活动示范学校""四川省绿色学校""成都市科研先进单位"等多项殊荣。

杨小百年的丰厚历史,简约大气的育人环境,阳光向上的师生面貌,让学校已经站在了更高的起点上。学校立足"立德树人"根本任务,坚持"五育并举"根本要求,构建科学、"立体多维"的育人体系,用心呵护每一个生命,共同见证了新生命教育在杨小创造的奇迹。未来,学校将继续深耕"新生命教育"提升学校品质、铸就学校品牌,让教育高位均衡发展的希望之花在杨柳这片土地绚丽绽放!

让每个生命获得理想发展

江西省九江市湖口县第一小学　黄晓萍　陈王刚　刘美华

一、学校简介

湖口县第一小学始创于1916年,学校秉承"让每个生命获得理想发展"的办学理念和"诚毅"文化理念,努力建设"学生向往的乐园""教师留恋的家园""社会满意的学园";办好"有温度、有内涵、有魅力"的教育,努力营造"绿色生命教育"育人氛围。学校先后获江西省重点小学、省文明单位、省卫生先进单位、全国雏鹰大队、全国读书报先进集体、国家级教学实验学校、省现代教育技术示范学校、省小学德育示范学校等荣誉称号。

二、措施与方法

(一)习惯——夯实生命基础

学校坚持把"一生好习惯"作为育人目标的落脚点,注重习惯培养,为学生埋下"好习惯、好人生"的种子,成就生命的精彩。

1. 强化习惯养成教育

一是开展习惯养成教育。学校把学生习惯养成教育作为德育的切入点,从小事着手,从细节抓起,扎实有效地进行学生学习、生活、行为习惯养成教育。

二是创建习惯教育主题阵地。学校开辟楼层文化阵地,培养学生做人、学习、阅读、运动、劳动的好习惯。通过环境文化对学生进行耳濡目染、潜移默化的教育熏陶。

2. 加强习惯养成的监督

一是设立红领巾监督岗。在校门口设置"容止镜",入校前整理仪容成为每位学生的必修课。"面必净、发必理、衣必整、钮必结;头容正、肩容平、胸容宽、背容直"的24字容止格言已深入学生心灵。设立红领巾监督岗,督促引导学生自觉养成良好学习、生活、行为习惯。

二是实行楼层自治。建立楼层管理年级组长负责、教师学生自治制度。每天教师和学生共同巡视,值周领导负责巡查楼道秩序,了解楼层自治情况,如实记录,并作为年级组考核依据。

(二)经典——润泽生命气质

胸藏文墨虚若谷,腹有诗书气自华。经典文学作品是宝贵的文化遗产,其中蕴含的哲理和智慧流淌在一代又一代中国人的血液中。

名著是思想的艺术,蕴涵着丰富的人文精神,能彰显语文魅力、丰富文化底蕴、净化学生心灵、浸润学生生命。学校积极宣传、精心组织,让学生在经典阅读中有获得感、成就感,实现"腹有诗书气自华"。

成立诵读小组,"同其心,一其力,勇者不畏进。";开展晨读暮醒活动,在晨读、放学时诵读经典;在课前微课开展朗读者、古诗讲坛等活动;开设阅读课程,让师生静下心来,共享悦读;开展亲子共读活动,家长陪伴学生共读经典,分享心得;整理我县优秀民谣,摘录经典诗词,编写诵读教材,为学生提供更优质的诵读材料。

在引导学生养成良好阅读习惯的同时,做好阅读展示,借助微信公众号、广播站、升旗诵读、社团考核、读书节、艺术节、推普周等形式进行展示。

(三)劳动——创造生命价值

1. 劳动教育提升学生的生活能力

根据学生年龄特征,科学设置劳动教育内容、劳动时间,让学生在劳动中提升生活能力。如低年级学会解决学习生活中的简单问题,中年级培养服务他人的意识和能力,高年级关注劳动技能和责任感的培养。

2. 劳动教育贯穿学生生活过程

构建学校、家庭、社会劳动教育网络,引导学生形成正确的劳动观念,提升劳动技能,培养劳动习惯。

学校把日常值日和劳动基地有机融合,培养学生良好的劳动习惯和劳动精神。开设烘焙课程,让学生知道劳动可以创造美好生活。建设小神农空中菜园,创造开放的时空,让学生经历播种、施肥、松土、除草除虫、收获过程,感受劳动的价值;引导学生坚持做力所能及的家务劳动,培养自理能力,增强家庭责任感;开展社会实践活动,在丰富生活体验的同时,磨炼品质。

(四)艺术——点亮生命历程

为响应教育部办特色学校的号召,突出"一校一品",推动艺术教育深入开展,实现"一项好才艺"的育人目标,学校确定创建艺术特色学校,为学生终身发展和幸福人生打下坚实基础。

构建艺术教育校本课程体系。结合学校实际构建课堂教学和课外活动相配合、学校教育和社会教育相融通的艺术校本课程体系。

建设特色教师队伍。以艺术特色学校创建为契机,建设一支有创造性,具备较高的文化素质和艺术修养的教师队伍。

设立丰富的艺术社团。学校设立合唱、绘画、书法、舞蹈、管乐、葫芦丝、非洲鼓、健美操等艺术社团,供学生自主选择。社团活动做到时间、场地、对象、教师"四落实",计划、内容、组织、教学、检查、考评"六到位",努力做到校有特色、生有特长。在活动中加强学生艺术素养修炼,培养审美意识,陶冶情操,促进学生个性发展。

打造学校艺术教育品牌。优化艺术教育与学科教学、课外活动的整合,创建良好的育人环境。结合节庆活动,举办各项艺术展示活动;每年一届的校园文化艺术节更是融书画展览、歌咏比赛、器乐演奏、体育运动于一体,让每一位学生都能展示艺术才华,接受艺术熏陶,用艺术点缀生活,丰富校园文化。

三、成效与心得

生命的教育不仅要呵护学生的自然生命,为学生创造清新自然、充满人文关怀的学习与生活空间,教会学生生存技能为学生的身心发展提供坚实、良好的生存基础;还要不断地完善学生的社会生命,培养学生同情之心、关爱之心,让学生学会宽容、学会尊重差异、懂得欣赏他人、学会合作、学会沟通与交流;更要启迪学生的精神生命,使学生的生命充满智慧和激情,使他们的人生绚丽多彩。

我校自2018年正式加入生命教育实验校后,积极探索生命教育的意义。学校教育在启蒙学生生命,启迪学生智慧,绽放学生生命的光彩,同时,还让我们的教师在感受学生生命活力的过程中,享受教育的幸福。在学校深厚的文化积淀和众多的优良传统中,锤炼出"诚毅"的文化精髓,尊重学生的个性差异,因材施教,重视对学生的品德教育,特别注重对学生生命的关怀,真正为学生的生命绽放光彩奠定了基础。

我们都是生命教育的践行者,将一直坚定地走在实践和创新的路上,努力让每个生命获得理想发展。

用爱成就每一个孩子

河北省石家庄市私立第一中学附属小学　耿敬京　周晓霞　黄炜甜

一、学校简介

石家庄私立一中于1995年建校,是一所规模大、设施全、管理严、学风正、质量高、办学条件现代化的老牌名校。构建立人课程体系,撬动学校高质量发展。让每位学生都朝向美好,让每个生命都精彩绽放!这是私立一中附小的教育目标。私立一中附小人更是把"立人"作为我们的培养目标,让每一个孩子眼里有光,心中有爱,是每一个附小人所追求的教育的最终目的!

学校把五育并举结合我校改革的特点,设立了"立人课程",即立德,立志,立身,立心,立行,让每一个孩子都能够成为完整、幸福的人。立人课程,其实就是我们的五育。立德,即德育;立志,立下自己的志向,才能取得智慧的结晶,即智;立身,即锻炼身体;立心,人品最重要,心灵要美,即美育;立行,热爱劳动。

二、措施与方法

1. 立人德育活动——"四礼三盛典"

每个学生都是不可替代的生命个体,我们需要尊重个体差异,关注成长体验,开发无限潜能,以每个孩子的健康成长和终身幸福为本,让每个孩子都成为最好的自己,让每个孩子都成为健康的人、智慧的人、自信的人、幸福的人。学校基于立德树人根本任务探索生命教育,开展了下列德育活动。

四礼:	9月28日	一年级开笔礼	三盛典:	1月	全学段新年盛典
	10月13日	二年级入队礼		6月	六年级毕业盛典
	5月12日	四年级感恩礼		9月	一年级入学盛典
	6月1日	五年级成长礼			

2. 立人德育课程,多元开发学生的潜能

学校围绕育人目标,关注学生的身心健康与道德素养,基于国家课程又开发了一系列的德育课程。比如一年级新生的《好习惯养成微课》,先教学生基本生活技能,再教上课需要注意的方方面面,教育学生守规矩,有礼貌,养成好的学习习惯。中年级段的《二十四节气课程》,让学生了解大自然的规律,从而热爱自然,热爱生命。高年级的跨学科多元教学从学科内的局部整合到学科间的主题整合为导向设计实践类课程。假期里的研学实践活动将跨学科式学习活动真正做到学科内有整合,学科间也有联系,让学习不再纸上谈兵。学校的"社团课程"更是丰富完善了"五育并举"的内涵。将国家课程、地方课程与校本课程固化融合。

我们有大而美的学校。学校打造书香浓郁的书法教室、充满艺术氛围的美术教室、合唱教室、舞蹈教室、编程空间等功能室,展示了学校美育的思考和追求,一师一特点,一生一特长。

3. 夯实课堂基础,学科中融合渗透德育教育

好的课堂是需要点燃的。我们的课堂教学改革以学生为主体,让学生都参与进来,让每堂课充满生命活力,成为师生难忘的生命经历。打造高效和有趣的课堂是学校的目标:让学生眼里有光,心中有爱。在课堂上,教师为学生营造好的课堂氛围,为学生提供一个平台、一个机会,因材施教,让每一个学生都有不同程度的收获。学校为满足学生个性化发展需求,开设了40余门社团课程,得到了学生和家长们的肯定。

4. 暑期研学体验活动,在"做"中精彩生命

在大语文的背景下,让孩子于生活中学习知识,提高阅读兴趣,我们相信,不久的将来,他们绝对可以在同龄人中更加出色!

跟着课本去旅行,让学习不再纸上谈兵。一次次的研学,我们收获了家长的肯定,改变了家长对研学的态度,更重要的是,孩子们身临其境走进文化古迹,老师们实地实景讲故事,在故事中触摸历史,感知文化。不同于课堂教学,孩子们在研学中会调动全部感官来接受各种知识,效率更高,而且,走进古迹,也是对课本上所学知识的印证,更是让孩子们收获了课堂上没有的知识。

在研学中,大部分孩子离开父母,独自跟团,也让孩子锻炼了自己独立解决问题的能力,学会和同伴协作,提高孩子团体意识。在研学旅行的大环境中,与自己并不认识的孩子相处,会使孩子的语言表达能力得到锻炼,沟通能力会有大幅度提高。

走出从"学校到学校""从课本到课本"的封闭圈,生活即教育,社会即学校,只有在行走中的课堂,才能打开眼界,提高格局,为孩子的未来创造无限可能!

5. 教学节暨家长开放日,家校共同演绎生命教育的精彩

学校第一届教学节暨家长开放日,在5月25日绚丽绽放:附小立娃们用稚嫩的画笔,感恩父母养育恩,感恩老师教诲恩,感恩朋友陪伴恩……爱国主义教育是骨子里的责任,爱国这节课,我们不曾落下。

粽子和龙舟、博物馆主题的青花、中国传统文化中的京剧、神话故事等,都让我们感受到中华文化的博大精深,教学节上,丰富多彩又妙趣横生的课堂,让家长们大开眼界,直呼想回学生时代。

教学节使家长参与到学生的日常学习中,看到了学生在校的真实表现,对于学校的工作给予了认可,也为我们的家校共育打下了良好的基础!

6. 主题班会,渗透生命教育

老师充分利用班会,对学生进行教育,用学生喜欢的方式,使他们认识到只有爱自己,才能爱他人。生命只有一次,学会欣赏自己,认识到自己是这个世界上独一无二的存在,让每个学生都充满自信地接受自己的优点和缺点,肯定自我,敬畏生命,心怀感恩,才是生命教育的关键。

7. 读书蕴成长，借助书籍的力量感悟生命

每个班级都有自己的图书角，学生可以尽情从书籍中汲取知识，获取力量，得到指引。教师也会借助课本和师生日常，让每位学生，无畏挫折和艰难，带着理想和憧憬，热爱和柔情，拼搏和坚韧，融入丰富多彩的世界。

三、成效与心得

在生命教育思想的指引下，学校一直在思考和探索如何使学生成为完整、幸福的人，延伸生命的长度、拓展生命的宽度、提升生命的高度。为此，学校成立了"立人"课题组进行研究，确定了"构建立人课程体系，撬动学校高质量发展"的办学理念，找到了适合本校教育特色的道路。

1. 以课程、校园活动为载体，渗透生命教育

在课程方面，学校注重国家课程与校本课程的整合，并有效地融入生命教育。比如语文学科，在授课过程中渗透生命教育，引导学生形成正确的价值观，爱生活，明事理。在扎实开展基础课程的前提下，合理开展第二课堂，创办了羽毛球、篮球、足球、乐器、航模社、学科兴趣组等形式多样的社团，提高学生的人文素养和艺术素养。并在此基础上加入劳动课程，每个班级设有一块种植园，让学生都参与其中，进一步丰富生命教育的内涵。同时，课外举办丰富多彩的校园活动。例如运动会、合唱节、辩论赛、教学节等，为学生提供展示自我的平台，在活动中快乐地学习。生命教育促进了学生素质的提高，近几年来学生在市级、区级运动会、艺术节、学科竞赛等各项比赛中崭露头角。

2. 加强爱国主义教育，铭记历史

学校组织学生利用假期去西柏坡、城市馆等红色教育基地研学，让学生坚定了信念，拼搏奋斗，以饱满的精神投入学习生活中。

3. 家校携手，共育成长

生命教育需要学校、家庭、社会的配合。学校开设家委会课堂，定期举办"家长课堂"，引导父母关注亲子陪伴质量，指导家长如何与孩子进行有效沟通。同时，学校整合图书馆，体育馆为学生实践活动基地，设计主题活动，让家长走进学校，补充拓展生命教育内容。经过整合，有效实现了家校融合，共育成长的良好态势。

给予每个孩子向上生长的力量

四川省遂宁市河东实验小学校　杨长军　胡春兰

一、学校简介

遂宁市河东实验小学校前身为旗山书院,学校将"邑中人士得附近以安弦,乡达先生各因材而乐育"的书院文脉,延续为河东实小守正出新教育之道,凝聚成"旗之志·山之德"校训,把"为每个学生的个性化成长需求提供适合的教育"作为办学目标,以"共创共享幸福的教育生活"为共同教育愿景,三千余名师生知行合一地践行着"生活教育+生命教育"。学校在课程、课堂、活动和文化浸润下,为学生"更健康、更快乐、更幸福地生活"奠定坚实的基础,生动谱写着全国文明校园、全国青少年足球特色学校、全国未成年人思想道德建设工作先进单位的辉煌篇章。

二、措施与方法

学校基于立德树人的根本任务探索生命教育、生活教育,逐步完善"旗山志"生命教育体系。该体系以文化为土壤,以课程为总纲,以课堂为天地,以活动为载体,多元浸润与塑造完整的人,致力于让每个学生成为身心健康、品德高尚、综合素养优良、个性特长鲜明的人。

(一)传承书院文脉,以文化人润泽生命

学校将"显性文化"与"隐性文化"并重提升为文化建设理念。

学校有大而美的学校。学校将学科元素融入教室文化建设中,打造了书法教室、国画教室、合唱教室、舞蹈教室、创客空间、书院文化室等功能室,极富国风韵味的"旗山书院"让书院课程传承延续。"以美育美,育人之美"的美育文化长廊,展示了学校美育的思考和追求。"我是一面旗帜"的党建阵地文化建设,建立了党员与队员之间的价值联系。学校文化从儿童视角出发,学校将区域育人功能充分发挥,每一步皆是景,每一处都育人。

学校有优而雅的师生。书院文化浸润下,师生自觉践行"旗之志,山之德"校训,树立旗帜一样高高飘扬的志向,拥有大山一样厚重的德行。让一群有理想信念的人去带领一群有理想信念的人是我们的追求。学校更关注如何让师生外有颜值,内有气质品质。学校通过价值引领与浸润,静态与动态文化相融使学校成为师生的生态田园、幸福家园、书香校园和成长乐园,生成河东实小特有的生命教育文化场域,培养出一批批优雅师生。

(二)顶层设计"书院课程",多维育人关爱生命

学校围绕育人目标,以"一切为了学生"为初心使命开发正德课程,善学课程与和雅课程三大门类为主体的"书院课程"体系。正德课程重点关注学生的身心健康与道德素养。善学课程重点关注学生人文基础与科学技术,和雅课程重点关注学生艺术特长与实践体验。整合主题课程培育一个完整的人是课程设计重点。

1. 书院课程多维育人

学校基于国家课程,加强"书院课程"实施制度建设,建设特色校本生命教育微课程。如校长课程、"向我看齐""我是一面旗帜"系列课程,把不同学段生命教育目标变成具体的事,教学生如何做事、如何做人。如低学段的《我们上一年级啦》新生入学教育课程就是先教学生基本生活技能与礼仪,及碰到灾难怎么应对等特定技能。学生在诵读《旗山书韵》中充盈生命,《旗山儿童文学报》则是师生展示精神生命的舞台。

2. 学科整合渗透育人

从学科内的局部整合到学科间的主题整合为导向设计实践类课程。特别是假期综合实践活动指南的跨学科项目式学习活动真正做到了学科内有整合,学科间也有整合,让学习跨越了课堂、教室的限制。

因此,学校的"书院课程"经历了近些年的探索,丰富完善了"五育"并举内涵并对其务实执行,将国家课程、地方课程与校本课程融合,分层设计学校的课程实施体系,在传承中赋予生命教育的时代动力。

3. 夯实课堂主阵地,学科中生命意蕴点亮生命

学校致力于构建"自主体验、合作探究"为主要学习方式的高品质生命课堂,做到学用结合,学以致用。我们的课堂教学改革以学生为主体,打造朝气蓬勃的生命课堂,让每堂课充满生命活力,促进生命健康发展。

"以人育人,以生命影响生命"的理念在艺术课上更为凸显。我们为满足学生个性化发展需求,开设了40余门活动课程,特别是创客教育和青少年足球队取得了瞩目的成绩,作为全国青少年足球特色学校,学校培养了一批好苗子。

(三)体验式生命活动,在"做"中丰盈生命

学校育人活动体系将育人过程变为具体的事,以活动为载体,顶层设计学校的学科活动体系和生命活动体系。生命教育活动基于学校"旗山德育工作坊"工作之上,将原来碎片化的生命教育活动进行统整,将学校生命教育活动、家庭生命教育活动和生命教育活动进行统整,形成"3+N"生命教育活动体系。"3"是指根据学校、家庭、社区三大实施主体的资源与生命主题分层设计相关的活动,"3+N"是指在三大主题活动下,用主题统整思路设计多个子项目式活动、改变原来自上而下的活动设计模式、根据自下而上的愿景与需求设计活动,这个愿景与需求源于学生、源于教师、源于家长、源于社会资源。从而建立"主题化大型活动"和"课程化常规活动"组成的生命教育活动体系,设计真正的入心化行的活动。例如学校品牌活动"旗山书韵"父母身教读书节。每年确定不同的节日

主题,活动历时两个月,分为五个层次的读书活动,即校级大型读书活动、年级读书活动、班级读书活动、家庭亲子读书活动及读书活动的社会实践活动。师生参与每个层次的活动精心设计并形成方案,这样就做到了活动的设计者也就是活动的实施者,在活动实施的过程中,实施者会根据设计时的理念去做实每一项活动,确保体验式生命教育活动让每个生命都精彩。

三、成效与心得

(一)以文化为土壤,用影响和浸润作为生命教育的主要养分

在生命教育思想的指引下,学校文化从三个层次建设:第一个层次为生命应该是安全的、完整的,功能是教育学生珍惜生命,善待生命;第二个层次为生命应该是健康的、阳光的,功能是教育学生养成良好的习惯,形成高尚的品德;第三个层次为生命应该是精彩的、有意义的,展示师生精彩的生命活动,展示生命中的爱和亮点,充分激发师生实现生命的意义,提升生命的价值。

(二)以课程、活动为载体,将传承和创新作为生命教育重要方法

学校将生命教育与学校课程、活动深度融合,避免生命教育与学校教育教学活动出现"两张皮",将传承和创新作为生命教育重要方法,在传承学校的文化、价值观和一以贯之的好做法的基础上创新拔高。近年来,学校在原有课程体系的基础上又增设了"书院农耕"劳动教育课程,从立德树人的视角对劳动教育进行重新架构,其目的是在传统劳动教育的基础上,进一步丰富生命教育内涵,提升生命教育的效果。

(三)学校、家长、社会形成有效的教育互动态势

生命教育需要学校、家庭和社区的无缝融合。学校建立健全家长素养发展委员会,定期举办"亲情大讲堂""父母身教""小手牵大手""走进社区""小小志愿者"等活动,强化父母教育孩子的责任意识,通过亲子共学让每个人体验生命的美好,"家长微课堂"让家长走进课堂,拓展补充学校生命教育内容。同时,学校整合地方文化场馆成为学生实践活动基地,用主题建构的思维设计活动,培养学生收集、探索、创新、表达的综合能力,有效实现学校、家庭和社区的无缝融合大教育,形成了良好教育互动态势。

经过持续的文化浸润,课程、活动全面渗透,校园、家庭、社会的资源整合,学生在活动中健康成长、陶冶情操、热爱生活、珍爱生命,感受到生命的美好。现在,河东实小的学生呈现出来的热爱生活、积极生活的精神面貌让人欢喜,真正实现了"幸福教育、快乐成长"的办学愿景。

以点画圆 共筑生命安全美好家园

浙江省金华市武义县熟溪小学 陈国栋 贾宏英 李云

一、学校简介

坐落在熟溪河畔的熟溪小学,晨闻熟溪潮水涌,夜伴熟溪廊桥眠。熟溪小学把母亲河和熟溪桥设计为校徽主图案,寓意学校和当地母亲河的源远流长和深厚的文化积淀。一代代熟小人用"敢为人先 求真务实"的精神,开创武川大地上一个又一个教育先例,培育熟水两岸一批又一批优秀学子。

二、措施与方法

"生命教育"即在生命中的教育和为了生命的教育,是为帮助学生认识生命、爱护生命,发现生命的价值和意义,挖掘生命的潜能,使学生学会尊重与珍惜自己的生命,获得身体与个性全面、健康地发展。

生命安全教育课程包含防溺水安全、防诈骗安全、防拐骗安全、交通安全、校园安全、禁毒安全等多个方面。面对可能的危险,知识和智慧才是解题的钥匙。

(一)开展消防安全教育

1. 一次采集,拨动心底警示弦

大数据下利用网络电视、电脑收集信息。学生利用课外时间去收集与消防相关的生活中的真实案例,或者身边的真实案例让学生受到震撼和教育。

2. 一类主题,深化学生认知度

在确定生命安全教育的主题之后,学校安排一个班级承担生命课程教育的展示活动,根据不同的主题采取不同的展示形式,或幽默风趣的小品,或朗朗上口的快板,或知识互动等在全校学生面前进行展示,让学生在喜闻乐见的形式中学习生命安全知识。

3. 一课班队,学习自救新技能

邀请县消防员来班演示,让学生通过主题班队课,学习消防安全的自救自护技能。

4. 一种实践,提升自我保护力

在理论学习的基础上,让学生进行实践操作,提升自我保护的能力。如开展消防安全疏散演练活动,参观消防安全大队,学习灭火器的使用等。

我校开展身体健康教育以学校"零点体育"活动为运动锻炼的主要途径。学生早上到校不进班级,而是来到操场进行快乐运动一小时,六个项目为整队进场修习惯,跑操练习添活力,绳彩飞扬续耐力,极限挑战练意志,出发未来怀梦想,整队退场讲秩序。体育老师对各班六个项目进行运动评价。学校丰富了托管课程,许多班级都在托管第二时段开展了以体育运动为创优秀班集体的特色活动,跳长绳、花样跳绳、篮球、足球、柔力球等体育运动为学生健康体魄形成添砖加瓦。

(二)开展心理健康教育

1. "一室"为后盾

我校心理健康咨询室配备完整的心理健康治疗装备。六位取得了家庭教育指导高级专项职业能力证老师轮流值岗,咨询室负责人在复旦大学系统学习了心理学课程,为心理健康的咨询提供了理论基础和人力保障。

2. "一聊"暖人心

在"校长聊心吧"室里,校长每周三同有需求的学生谈心,聊天对象优先面向因学业负担重、学习方法不当、学习无兴趣等原因形成的学困生;因家庭不完整、父母教育不当、家庭生活困难等原因造成的心理健康状况不良者;来自家庭、同学、朋友等对象的不认同、不理解而产生的烦闷、难过、委屈等不良情绪者。这些学生通过和校长交谈之后,从不同程度上得到了情绪的释放,使心中的困惑得到了排解。

3. "一坛"筑共育

我校的家长学校"毓秀家校畅言坛"请优秀教师推送《做好幼小衔接,让孩子顺利起飞》《和孩子一起成长》《家校共育,铺就幸福腾飞的跑道》等文章,分享家庭教育中对孩子心理健康教育的方法。家校共育,巧妙地用科学的方法对不同个性的学生进行不同层面、不同方法的心理健康干预,尽可能减少学生内心的矛盾困惑,从而全面提高学生的心理素质。

4. "一表"调心情

学校设计了"心情晴雨表",让每个学生可以根据自己一天中在学校的生活学习情况,把自己的开心与不开心的情绪体验用不同的色彩与图案画在"心情晴雨表"中,便于家长和老师及时了解学生的情绪,排解他们的烦恼与忧愁。

三、成效与心得

生命对于每一个人来说都只有一次,正是因为它的唯一性,我们才要更加珍惜。而我们的生命教育就是要关注生命,提供生命发展的良好土壤,让孩子在成长过程中安全自由地发展,平安健康地成长。"毓秀生命课堂"教育活动也因此更有意义。

1. 为保护生命安全提供了保障

有一位学生,亲身经历了一场意外的火灾,他运用所学的知识不仅自己逃离了现场,还把妹妹安全带出了火场,避免了悲剧的发生。这位学生说:"幸亏我在学校的生命课堂展示活动中,学到了消防安全的自救自护知识,没想到真的在生活中用到了!"

2. 为增强身体素质提供了保障

比如四(5)班通过坚持不懈的努力在校运动会上刷新了纪录,由前一年的团体总分倒数第一逆袭为正数第一,这样的转变,让学生感受到了运动的快乐和意义,变得阳光自信。"零点体育"强身健体运动的开展,得到了师生、家长和社会的认可。

生命教育是一条射线,没有终点。如果说一次活动结束了是毕业,那是一个阶段的终点,终点总是下一个阶段的起点。正如人们常说,点很小,但是无数的点才能连成一条线。每一次活动,每一次展示都是那一个点,都有属于自己的价值,在课程的呈现中跟着集体的脚步,在完善毓秀生命课堂的路上勇敢地画出自己的点,挖掘每一次活动的价值,努力走出直线,才能建构成共筑师生生命安全的美好家园。

陪一程　助一生

黑龙江省哈尔滨德强小学校　范冬梅

一、学校简介

哈尔滨德强小学校始建于 1996 年，是黑龙江省一类小学。学校坚持走"特色立校"之路，经过 20 余年的努力，形成了"一校多品"的特色文化和"规范＋特色""合格＋特长"的办学模式。在完成国家规定教学计划的同时，学校开设古诗、国学、武术、中医等多门校本课程及体育专项实践课，为孩子打好人文底蕴，播种家国情怀。学校一直将生命教育放在教育教学的根本之上，视生命教育为一切教育的前提，致力于让学生的潜能得到充分地开发，让每一朵小花都能绽放出独特的魅力。

二、措施与方法

（一）用经典文化浸润人生底色

文化涵养生命，经典浸润人生。中华优秀传统文化具有极其丰富的文化内涵，是塑造人生命的基本力量，利用中华优秀传统文化对孩子进行生命教育具有重要意义。学校将国学经典引入课堂，融入日常教学，并编写了两套教材，供学生学习。除将国学课编入课表，学校每天还设置固定的国学诵读时间。每天清晨或中午，在校园内总能听到孩子们用稚嫩的童声，诵读经典古韵。同时，学校设立考级制，并将考核单记入学生的成长档案，以此让诗词诵读成为一种习惯，更把诗词中的精华融入孩子的气质中。

除简单识记，关键是让孩子深刻领悟其内涵。在日常教学基础上，学校自 2016 年起开展"与诗书为伴，与经典同行"首届古诗词诵读大赛，引起家长们的广泛关注，得到社会各界高度肯定。通过活动，学生学习古诗词的热情空前高涨，家校互动，形成良好的学习氛围。

学校还用学生乐于接受的方式传播中华优秀传统文化，将书法作为学生的必修课，有意识地将中华优秀传统文化与美术课、音乐课、手工 DIY、动漫画课程等选修课相融合，并开设了京剧、茶道、剪纸、国画等选修课程，让课堂更具文化底蕴，让学生在实践中，浸润传统文化之美，深悟经典之义。

另外，学校还利用教室、楼廊陈列经典诗文，让每一面墙、每一节楼梯都能说话，都有教育意义。学生抬头、俯视，皆是古诗文，耳闻目睹都是经典文化。

学校将传统文化经典引进了课堂，与日常教学相互融合、相互渗透，可以让那世代相传的精神财富，流入孩子的血液、雕琢学生的品格、淬炼学生的思想，从而引领学生去追寻文化基因，也去拥抱那最美的诗和远方。

（二）让孩子的人生多一种可能性

实施素质教育，培育核心素养，是基础教育的重要任务。每个孩子都是独一无二的，为孩子们建造个性张扬、自由驰骋的殿堂，便成了学校的追求。学校利用"六艺馆"优势资源，发挥每名教师的专业特长，开设了编程、无人机、街舞、高尔夫、绘画、小提琴、钢琴、萨克斯、陶艺、摄影、跆拳道、篮球、足球、羽毛球、机器人、小发明家、摄影、戏剧等近80门特色课程。歌唱家、舞蹈家、科学家、发明家、足球运动员、篮球健将将在这里诞生，孩子的人生将有无数种可能。

同时，学校大胆对体育课程进行改革，开设体育专项课，延长孩子的运动时间，并利用课外时间开设体育社团，提升孩子的身体素质，让他们的身心得以健康发展。

（三）用人文之光点亮孩子的人生

"办最优质的学校，让孩子喜欢，让家长信赖，让社会放心。"这是学校一直以来努力的方向。让教育更具情怀，让教育之花绚烂开放，是德强人的共同目标。

学校将语文、音乐、美术、综合实践、科学等各学科与生命教育进行有效整合，开设"畅游中国"系列课程，带领孩子从文学、艺术、风土人情等多方面了解我们的祖国，为孩子打下人文的底子，在不知不觉中播种下家国情怀。

德强小学还在楼廊文化上下功夫，三座教学楼设有不同展示主题，分别为"我的祖国""科技""艺术"三个主题，楼梯为"二十四节气""古诗词""成语故事"等，让孩子们仰望俯视间，升腾民族自豪感，也对探索科技、文艺多了几分兴趣。

学校不仅是学生学习知识的殿堂，健康快乐成长的乐园，更是开发潜能、发展兴趣、施展才华、张扬个性的天地。学校每年在秋季学期举行校园艺术节，通过个人才艺展示专场、班级合唱比赛、汇报演出等多种形式，让学校成为学生施展才华的舞台，获得快乐的源泉，也是他们超越自我，比试才艺的擂台。

不仅如此，学校的活动更是丰富多彩。一年一度的爱心义卖，使校园各处涌动着"予人玫瑰，手留余香"所带来的温暖，爱心汇成一泓甘醇的泉水，浸润学生人生的底色。定期进行的远足活动，让学生尽情感受大自然的美好。法律、安全等多元化的生命教育主题活动，也在影响着学生，让学生在活动中感悟人生，珍爱生命。

（四）生命教育理念引领课堂发生改变

老师讲学生听，固然会使一部分听觉感官优秀的学生在课堂内可能记住更多，但我们的课堂，不仅仅是为当堂课的知识点服务，更是为孩子的思维成长服务。在德强小学，老师是老师，孩子也是老师，孩子能讲得清的，他们之间就会互相交流；孩子们讲不清的，在争论中明晰；孩子们百思不得其解的，老师就会充当点化人的角色。课堂是真正看得见学生思维成长的地方，而不是仅锻炼学生记忆力的地方。在德强小学，课堂教学就是老师带领着学生进行的一次次思维体操运动。

三、成效与心得

学校一直将生命教育放到教育教学的根本上,视生命教育为一切教育的前提,不但教育学生珍惜自己的生命,也要尊重、热爱他人的生命;不但启发他们理解生命的意义,也要创造、实现生命的价值;不但引导他们把握好每一个今天,也要憧憬每一个美好的明天。

通过推行生命教育,培养了学生的生命情怀,体现了学科教学的生命性,使课堂充满了生命气息,满足了学生追求生命价值的高层次需要。通过创建生命化的校园文化,构建了生命教育的氛围,使学校的一砖一瓦、一草一木都蕴含着生命教育的内容。将生命融于教育,让教育变得生命化,更加凸显生命的灵动、自由和独特,以此渐臻生命的完美与幸福。

教育者虽然不能决定学生生命的长度,却可以帮其拓展生命的宽度,增加生命的高度。我们的教育也应教授学生更好地认识生命、珍惜生命、尊重生命、热爱生命;无论是顺境还是逆境,都能经得起人间的冷暖,扛得住世上的悲欢;失落失望,但不迷失方向;美好美满,依然追求明天的明天!依旧朝向幸福去努力!

聚焦"学为中心" 打造"活力课堂"

广西壮族自治区北海市海城区第十八小学 董向英 梁健菲

一、学校简介

广西壮族自治区北海市海城区第十八小学于 2012 年 4 月经北海市海城区政府批准成立。学校草木葱茏,教学区、运动区、生活区布局合理,现代教育教学设备齐全。学校积极贯彻党的教育方针,紧紧围绕立德树人根本任务,着力提升教育教学质量。自确立"生命教育"特色主题以来,秉持"让每一个孩子的生命绽放光彩"的办学理念,以"超越自我、添彩生命"为校训,精心培育"专注严谨、智慧创新"的教风和"自主探究、互助分享"的学风,营造"温暖和谐、奋发向上"的校园氛围。浓郁的校园文化气息,奋发向上的人文环境,是莘莘学子与辛勤园丁的理想殿堂。

作为全国生命教育课题研究实验学校,学校积极进行生命教育的实践探索,其中一项重点内容就是打造以学习为中心的生命教育之"活力课堂"。课堂遵循学生学习为中心、学生发展为本的原则,以学生学习活动作为整个课堂教学过程的中心,努力让学生的学习成为能动、独立自主的学习,实现多元知识的融合和素养的形成与发展。同时,教师通过开放的课堂模式,使课堂连接生活与社会,真正实现课堂由封闭走向开放,从而促使课堂不断生成智慧,赋予课堂新的生命活力。

二、措施与方法

(一)培训常抓不懈,转变教师理念

"学为中心"对教师来说,是一个全新的概念,也是一个全新的挑战,要想教师从行为上转变,首先得转变理念。我校于 2020 年 12 月组织 24 人次参加海城区"自治区基础教育教学改革示范区"现场研修暨"以学习者为中心"专题报告,让理念植入老师的头脑,并指导他们的行为。此外,我校校长在教师大会上向老师传达了"学为中心""生命教育"与"活力课堂"相关理论知识,并对老师进行了校本培训,效果良好。

(二)研制评价指标,提供实操依据

学校组织研究团队和骨干教师,结合"活力课堂"能动、愉悦、高效、生命力的主要特征,研究制定《海城区第十八小学生命教育之"活力课堂"评价指标》(以下简称《评价指标》)。评价指标给教师提供易于实践、可操作性强的依据,引导教师从"学为中心"的角度,反思自己教学任务的设计和课堂活动的组织、学生的认知行为、教学目标达成的途径和效果,以及信息技术等现代教育技术对学生认知发展的支持,进而分析、调整、改进

自己以往的教学设计、实施过程。教师通过参照评价指标进行分析和诊断，了解教与学过程中的优势和问题所在，促使师生进一步发扬优点和弥补不足，促进活力课堂教学质量的进一步提高。

(三)扎实推进教研，探索课堂模式

课堂是教师教学的主阵地，研修是教师的终身课题。为确保教师都能参与其中，学校每周二、周三下午分别进行语文、数学科组学习研讨活动，综合科根据教师时间自行调整。加强科组内集体备课、听评课、教学研讨，研读相关理论知识，共同探讨教学中遇到的瓶颈问题，充分利用教师的集体智慧。大力开展教师互相听课活动，每个教师听课节数符合学校的规定，听课有记录、有分析和评价。此外，教导处还有针对性地开展公开课活动，激发教师的教研热情，鼓励教师合作，共享教育智慧，提高了教师的理论知识与实操能力。

学校还结合"北海市海城区第十八小学董向英生命教育工作室""名师工作室""双名领跑工程"开展校本研修活动，充分发挥工作室和"双名领跑工程"成员的辐射带动作用，持续传递生命教育理念，引领教师走上专业发展道路，培育教师高超教育机智和创新精神，不断提升教师的专业水平。

近年，学校相继开展了生命教育之"种子杯""萌芽杯"教师教学竞赛活动、生命教育之"活力课堂"教师课堂教学研讨活动、教学设计评比活动、优质课展示活动。执教教师在深入研读课标的基础上，结合"生命教育"主题，渗透生命教育特色内涵，撰写教学方案；科组教师共同学习《评价指标》，参与集体备课、磨课，集思广益，将集体智慧的结晶融合，有效促进全体教师处理教材、驾驭课堂能力的提高，积极努力推进学习型团队的建设；执教教师课后结合所教内容与《评价指标》及时反思，听课教师互动式评课，达到同伴互助、共同提高的目的，同时提升教师听、评课水平。

生命教育系列的教学研讨是我们探索生命教育之"活力课堂"范例的有效途径，不仅持续提升了教师理论素养，提高专业水平和教学实践应用能力，发挥骨干教师传帮带的作用，还加强了教师之间相互合作、交流、探讨和解决教学中的问题，全面提高教学质量。

三、成效与心得

教师积极地参与到构建以学习者为中心的活力课堂活动当中，教学观念悄然转变，教学行为也随之提升，能用"学为中心"的理念指导备课、上课，结合《评价指标》反思课堂教学的得与失。课堂面貌有较大改观，课堂气氛活跃、民主、和谐，学生的学习能动、自主，课堂教学质量大幅提升，有效促进学生在知识、能力、意志、道德品质等方面的提高。

同时，学校积极组织教师参加各级教学竞赛，以赛带研，提升教师专业水平。自2018年打造"活力课堂"以来，教师评选喜报频传：董向英、金赟、刘林桧、刘秋利成为"双名领跑工程"成员；刘秋利入选市级英语学科中心组；金赟入选黄海英名师工作室；徐虹老师入选罗德凤语文特级教师工作坊；刘林桧、李祖云老师入选陈茵——珠城数学工作坊;许明月、易美娜老师入选北海市红烛先锋名班主任工作室。此外,教师在各级各类教学竞赛中也收获颇丰。

"路漫漫其修远兮,吾将上下而求索"。潜心教研,我们一直在探索之路上。我校将持续进行生命教育实施策略的研究,落实立德树人根本任务,促进学生德智体美劳全面发展,引领他们认识生命的本质,理解生命的意义,追求生命的价值,绽放生命的光彩。

"四步方略"赋能生命成长

黑龙江省大庆市直属机关第三小学校　王淑敏　单超　王淑萍

一、学校简介

大庆市直属机关第三小学校坐落在大庆市东风新村风景优美的黎明河畔。经过二十多年的建设与发展,学校跻身大庆市基础教育领军行列。学校以生命教育为办学理念,坚持以德立校、以法治校、以文润校,注重呵护人之自然生命,完善人之社会生命,涵养人之精神生命。学校构建生命教育"1233"一体化课程,打造"没有围墙的新教育",为培养有中国灵魂有国际视野的人,一路思考一路前行。

二、措施与方法

教育兴则国家兴,教育强则国家强。老师肩负着"立德树人"的教育使命,也承担着生命教育的重任。在时代感召和使命驱动下,机关三小经过长期研究和实践探索,通过实施"四步方略",倾力打造适合每个生命成长的教育,为生命成长喝彩,为生命绽放赋能。

(一)一种理念大步走

只有尊重生命发展规律,才能激发生命的最大潜能。学校重视生命教育,把生命教育的发展与实施当作学校的根基。坚持以生为本,尊重每个生命的特点,等待每个生命的成长,期待每个生命的绽放,把教育做成适合每个生命发展的教育。

(二)两个目标齐步走

把握正确目标,方能行稳致远。学校基于生命教育理念,结合学生实际,定位两个目标。

一是抓好生命发展基础文化教育。基础文化教育要求我们夯实各学科文化基础,提高知识储备。学校通过设立完备的教学制度、组建精锐教师队伍、完善教学设备等多举措,确保各学科教育教学工作稳步扎实开展,保证学生个体生命成长所需的各种文化知识。二是抓好生命发展精神文化教育。教育承载着一棵树摇动另一棵树、一朵云推动另一朵云、一个灵魂唤醒另一个灵魂的作用,精神文化的启蒙唤醒教育尤为重要。学生在多元化的情境教育中,了解生死,认识生命;尊崇自然,敬畏生命;强健体魄,热爱生命;厚植精神,激扬生命。四位一体的生命教育精神文化布局,统筹协调推进,让学生有梯度地感知生命的意义。

(三)三类资源同步走

只有多方联动,才能发挥育人最大效能。学校坚持充分调动学校资源、家庭资源、社会资源,让学校、家庭、社会成为最佳搭档,三大资源形成合力,发挥更大的育人效益,为生命教育保驾护航。

(四)活用学校资源

学校利用跨学科情景融合教学、生命教育校本课程、生活化文化景观等方式将生命教育贯彻实施到学校各学科、各领域,从研究生命教育的学科规律出发,以生命安全教育理念为指导,培养学生树立正确的世界观、人生观、价值观,让学生沉浸在自由、自主、自助的成长氛围中,感受成长的乐趣与生命的激昂。

(五)善用家庭资源

学生就像一棵小树,他能否茁壮成长的重要因素是父母和老师能否协同合作。学校依托《家长读本》、"师说"培训课程、"明德沙龙"交流论坛,打破了家长与学生之间"你说我听"的传统对话模式,以个性化的"告白"课程和问题为导向的育人课题,呵护学生健康成长。

(六)巧用社会资源

学校充分吸收社会各界优秀教育专家,组建了一支稳定的家庭教育专家队伍,定期组织老师开展生命教育相关培训,同时带动更多社会资源加入学生成长的关爱与守护服务中,这是全新的突破,也是大胆的探索,社会资源助力学生成长,强化学生的使命感和责任感。

(七)四大领域稳步走

基于对生命教育的长期规划和思考,学校在四大领域强力推动生命教育的落实与深入,确保生命教育不是高大上的理念,也不是空洞的口号。

1. 聚焦课程建设,优化育人方案

陶行知老先生说过,教育即生活,学校即社会。机关三小的教育一直坚持让教育回归原点,让育人回归生活。三小"1233"一体化教育课程中的多门课程都坚持"走出教室,走向生活",真正突破空间的围墙——走向生活;突破实践的围墙——走向自主;突破课程间的围墙——走向融合。主题课程、研学课程、社团课程、足球课程、综合实践课程等,都与生活、学生身心成长紧密结合。我们的品牌课程,突破空间的界限,教室、实验室、校园、社会实验基地,实现了处处是课堂,生活即教育。

2. 聚焦评价改革,量化考评机制

学校充分发挥评价机制的指挥棒作用,开发以评价团队为主、个体为辅,由组、班、年、校构建四级教育评价体系,探索出"一三五"团队评价模式,即以一款手机应用为载体,以师生评价、生生评价、自我评价三元评价为标准,创建五项措施(许下金色愿望、推选红色榜样小组、安排绿色值周小组、召开蓝色德育班会、建立紫色课题协作体)促动评价。生生互动、人人联动,极大地提振了学生向上拼搏的积极性和能动性,为生命成长赋能。

3. 聚焦特色活动,深化育人效果

学校开发生命教育五色活动,激发师生与家长的潜能。一是红色主题活动。传承红色精神,擦亮人生底色,大庆铁人纪念馆、博物馆、松基三井等红色基地留下了三小人的足迹,以此激励生命成长蓬勃向上。二是橙色研学活动。窗外学习,探索天地苍穹,学生走进八一农大水稻种植基地,体会"粒粒皆辛苦"的道理。三是金色综合性实践活动。家长走进课堂,和学生一起动手,五色饺子品文化、牛轧糖甜蜜相约、糖葫芦串串有爱,美食与文化相互融合;手工口红、DIY香皂、义卖活动,知识与体验缺一不可。四是蓝色社团活动。四十四个社团,天文地理、诗词歌赋、文娱运动广泛涵盖,激发学生兴趣,让生命成长有滋有味。五是绿色公益活动。"小公益,大爱心""校园美化靠大家""种下丁香树,播撒新希望"等活动,让学生明白保护自然是关爱生命的开始。

4. 聚焦校园文化,强化以文润人

学校将"生命教育"文化精髓渗透到校园每个角落,让"每一块墙壁都会说话",让校园的一草一木成为滋养生命的载体。主楼四个楼层主题字分别为"根""脉""气""美",一层以生命起始的传统文化作为生命教育文化的根基;二层以五育并举的教育脉络作为生命教育文化的延续;三层以"气"做万物之"根",自然之气、生命之气、精神之气,构成了生命文化的底蕴和艺术精神;四层探生命教育之道,解生命教育之惑,成生命教育之美。

三、成效与心得

经过近五年的研究、实践与推广,机关三小"生命教育"建设与发展工作得到肯定。2019年12月,在由北京师范大学主办的第五届中国教育创新成果公益博览会中,机关三小的《做没有围墙的新教育》—'1233'德育一体化课程"经过省教育厅选拔推荐、北师大专家组层层评选,在全国近千项申报成果中脱颖而出,作为大庆市唯一参赛成果,并代表黑龙江省在教博会上展出。教博会上,时任三小书记王淑敏同志作为全国16位优秀校长代表之一,在"第二届全国优秀中小学校长讲坛"上作了《做没有围墙的新教育》专题演讲,介绍了学校多年来在生命教育方面的经验做法及教育成果。

在"1233"一体化教育课程的驱动下,学校取得了前所未有的成绩。学校已发展为一所理念先进、有办学特色、有教育创新的特色学校。目前,学校已晋升为省标准化建设先进学校,先后被评为国家级绿色学校、教育部依法治校示范学校、全国学校美育研究基地、黑龙江省人民群众满意学校。

学校总结过往经验,发扬优势,发现不足,耕耘不辍,加速推进生命教育建设再发展。

构建生命教育体系　共育少年君子

四川师范大学附属绵竹小学校　夏时江　苏娟　张晓谨

一、学校简介

四川师范大学附属绵竹小学校是由四川师范大学基础教育集团领办，绵竹市委、市政府规划、兴建的一所全日制优质公办小学。学校全面贯彻党的教育方针，遵循教育规律，构建现代学校管理体制，在"为每一个孩子的幸福人生奠基"办学思想的指引下，遵循"尊重个性差异发展"的教育理念，以培育具有"家国情怀，国际视野的新时代少年君子"为育人目标，致力于办"促全面发展，创诗意人生，拥家国情怀，具国际视野"的基础教育。

二、措施与方法

四川师范大学附属绵竹小学校在"为每一个孩子的幸福人生奠基"办学理念指引下，落实培养具有"家国情怀，国际视野"的新时代少年君子的培养目标，大力构建"生命德育"体系，以教育体验活动为依托，以关注教师成长、师生心理健康、君子品格养成等方面的教育为目的，引导师生认识生命，丰富生命，成就生命，敬畏生命，最终体现生命的价值。

1. "育竹"工程，育君子之师

川师绵竹附小以"竹"命名教师成长工程，主要分为"青竹工程"——新入职教师参与，"壮竹工程"——青年教师参与，"美竹工程"——教学经验丰富的名优、骨干教师参与，通过各种形式的培训，从师德师风建设、基本功训练、岗位实践及职业技能、学科专业知识学习、课堂教学技能提升等方面对教师提出相应的要求和目标，以此来推动教师的成长和发展。

2. 建构课程，育"博学"君子

学校坚持"尊重个性，差异发展"，高度重视课程构建，坚持五育并举、全面发展的素质教育，努力为学生提供多元化的课程选择，用课程彰显办学内涵与特色，凸显绿色育人质量。通过六年一轮的不断优化，逐年形成学校极具特色的"少年君子培育课程"。

同时，学校一直在探索"分享学堂"的教学模式，旨在让学生通过"问题—思考—合作—分享"的模式下，通过自主学习，提出问题，小组讨论后形成方案，由学生与大家分享。其目的是让学生动脑、自由思考、积极参与。为此，学校成立"分享学堂"项目组，重点推进学校课堂改革；聘请专家顾问深入常态课堂，指导我校各学科教师的教育教学，分月开展课堂活动，助力师生发展；成立川师绵竹附小教师发展中心，带领各学科教研组利用常态课堂、课题研究等分项目推进"分享学堂"，以此大力推进和深化我校的课堂教学改革。

3. 心理教育，育"友善"君子

我校已经建立起了常规心理健康教育课程体系，固定了教学课时、目标、内容和人员，确保每班一节心理健康课，以小学生身心发展规律为基础，开发设计适合学生的课程开展形式，如项目式学习、游戏、话剧表演、绘画等。此外，学校还积极开展特色主题校本课程，如桌游、注意力训练与情绪管理游戏课、儿童性教育、幼升小适应能力、专注力训练、抗挫折课程等，让学生善待生命、敬畏生命，做"友善"小君子。

4. 劳动教育，育"勤劳"君子

学校除每天每周固定的家务劳动、学校劳动、社会服务劳动外，还开设了"七彩食育"劳动课程和"童耕园"蔬菜种植农事体验课程，把食物与劳动教育融入在一起，创建系统的食育课程体系。实施劳动教育的重点是在系统的文化知识学习之外，有目的、有计划地组织学生参加日常生活劳动、生产劳动和服务性劳动，让学生动手实践、出力流汗，接受锻炼、磨炼意志，培养学生正确的劳动价值观和良好劳动品质。

5. 品格教育，育"崇德"君子

我校采用2+X的方式开展品格教育。"2"是指在1至4年级中开展专注和有序的品格教育，在每一学年的上学期；"X"是指除去专注和有序之外的22个品格教育的内容分学年分时段实施和开展，在每一学年的下学期。

为了让学生养成良好的品格行为和习惯，我们在家在校均开展了丰富多彩的活动。在校利用朝会班会对学生进行专注五要、音量分级表讲解，表演品格小故事等；老师参与品格教育，根据学生的听讲、作业、读书给予品格币的奖励，每月根据品格币数量评选品格小明星，还利用班级品格银行、学校品格银行对学生进行奖励，让学生在榜样的引领下，积极做好品格行为的养成。同时，学生在家进行品格游戏、阅读品格周刊。学校还成立了品格教育家长成长营，通过多种形式多种渠道促进学生好习惯、好品格的养成。

三、成效与心得

"少成若天性，习惯如自然。"生活和教育合二为一，让川师绵竹附小的学生走近生命、感受生命、拥抱生命，在平凡的生活中寻找不平凡的意义。学校运行一学期以来，深得家长和各界好评，办学效益初显，取得了"全国生命教育实验校""全国分享教育实践基地""四川师范大学教育实践基地"等荣誉称号。

培根铸魂　让生命之花绽放

河北省新乐市长寿学区东长寿学校　默延杰　路静　杜秀红

一、学校简介

东长寿学校占地4.9万平方米，是一所九年一贯制学校。东长寿学校作为"全国生命教育百佳学校"，以铸就"中华民族魂"作为育人核心目标；以由尊重到尊严的幸福人生成长规律为学校育人途径；以师生身体健壮、心理健康、性格健全的"身心灵"全面发展的三健人生为办学追求；借助四大活动，服务四个人群，落实四项措施，关注四个时间，利用四个空间的五四办学模式，落实立德树人的教育任务。

二、措施与方法

培根铸魂，让生命之花绽放，东长寿学校生命教育实践活动掷地有声。

（一）提升教师职业幸福感

幸福的教师哺育幸福的学生，幸福的学生带动着幸福的家庭。

1. 学习自觉，生命有乐趣

源头活水，寒暑假期间，学校布置教师阅读一本书，并撰写读书笔记。评比从中华字体、笔记内容、阅读摘录数量、书写工整程度、板式构思、阅读感悟等多方面综合考量，经过层层选拔，十名老师荣获"中华体教师读书笔记"最佳书写奖。活动作为新起点，读书当作必修课，促进"双减"背景下自我综合素养的全面提升，做幸福的书香教师，做学生的领路人！

2. 学科目标，生命有自信

名校长工作室、铸魂教育集团多次邀请局教研室的领导莅临，分学科进行培训。明确精准的教育方向使每一位教师都信心满满，收获良多，为迎接新的挑战开出"智慧之花"。

3. 榜样带动，生命有尊严

每周例会，教师"十分钟演讲"，每个人都精心准备，在分享中感恩成长。经验交流会，优秀教师分享不同年龄段学生的教育心得，一个个故事，是意志的磨炼，是经验的沉淀，师生在丰富的校园文化生活中感知生命的价值。

4. 三会促进，生命有感恩

生命教育主题班队会、学雷锋主题班会、国防安全教育、"感恩母亲节"活动、"新时代好少年"寻找身边的良好榜样、"星光闪耀"线上评比优秀少年、诚信主题班会、禁烟主题班会、"与心灵相约，与健康同行""做情绪的主人""悦纳自己""感恩生活"心理健康教育主题班会、"青春不散场、毕业再启航"毕业季活动等层出不穷。

心理健康教育拓展会、教师节"心向阳光一路徜徉"活动,新老融合锻炼应变能力和适应能力,顽强拼搏、团结合作,推动我校健康教育工作更上一层楼;元旦心理放松游戏活动,发挥团队的智慧,集合团队的创意,释放压力,以更积极乐观的心态来面对生活与工作。

向日葵心理学社:每班两名心理委员,是班主任和心理维护中心的联络员。"看人长处帮人难处记人好处",指引学生换位思考,举手之劳雪中送炭,常怀感恩之心;与人交往"学会微笑";"惜时管理"策略;普及"心理健康教育小知识";学唱"健康歌"等,帮助心理委员及时发现异常情绪个案,帮助班主任防微杜渐,班校沟通,及时干预,酌情预约心理疏导,记录学校辅导档案,促进师生和谐发展。

(二)提升学生校园幸福力

"以生命影响生命",东长寿学校生命教育实践活动一直在路上。

1. "看见就是爱",家校共育

独行快,众行远。让儿童站在学校中央,共同陪同有效进行"习惯养成训练""小鬼当家""今天我主勺""我的地盘我作主""共读一本书"等系列活动。从2019年家庭教育课程化,东长寿学校家长学校实验校成立后,依托"三个一":一套教科书《家庭教育手册》、一个网络、一个主题家长沙龙,把专家、家长、学生、老师在空中连接,看见就是光,看见就是爱,不一样的课堂,一样的教育状态!管理因家长参与而轻松,生命因理解沟通更精彩!

2. 感恩"表达爱",尊老孝亲

在不同的日子、节气进行感恩教育,增强感知爱的力量,如"小野菜大学问""感恩母亲节""九九重阳""中秋话团圆""感恩教师节""了解冬至"等。合作促进和谐,三级家委会幸福向未来,班主任成了主持开展家长活动的行家里手,学校拥有国家高级家庭教育指导师1名,省级讲师团成员1名,新乐市级讲师团成员3名。由于工作效果明显,我校被评为"河北省示范性家长学校"。

3. 科普"梦航天",梦想实践

市科协指导,东长寿学校"梦航天"太空种子种植实践活动拉开帷幕,历时近100天,100颗"太空种子"在学生的精心呵护下发芽、长叶,学生在管理过程中也都认真观察、记录,让太空梦、航天梦、科技梦在心中生根发芽。笃学善思,学生一边感悟科学魅力,一边体验种植快乐,在劳动中学会珍惜粮食、尊重生命、感恩他人、团结合作、拼搏进取。

4. "模拟小法庭",沉浸体验

模拟小法庭,学法大舞台,学生零距离感受法庭的威严。每每新乐人民检察院举办"检察开放日青少年模拟法庭"活动,东长寿学校七年级学生总会应邀参加,直观地认识法律、认识犯罪,在潜移默化中接受教育。在模拟法庭活动中,学生们不仅了解了法律的神圣和威严,还纷纷立志做一名遵法、学法、用法、守法的好少年,将来决不触犯法律"红线"。

5. "小小书法家",正字正心

"认认真真写字,堂堂正正做人",各班书法园地每周更新,每月手抄报评比。学校分段举办优秀书法作品展、作业展,授予"书法小明星""小小书法家"称号;开学初请"书法能手"现场书写,以激发学生自觉习字的积极性。去年,学校开发了写字校本课程。为大面积提高写字教学质量,结合课程标准中提出的"养成正确的写字姿势和良好的写字习惯,书写规范、端庄、整洁"的要求,多次举办书写大赛,营造了良好的练字氛围,带动全校师生掀起了学习书法艺术、弘扬中华传统文化的热潮。

6."暖阳服务队",花开向阳

我校是第一批挂牌的石家庄市二级心理维护中心,青少年阳光活动基地。石家庄市委宣传部赠送专业设备;学校设立心理咨询热线、公布免费心理咨询预约方法,24小时为全校师生及家长服务。学校加强教师专业学习,定期组织外出培训;鼓励教师选报课题,鼓励教师专著或论文,在校内形成了"人人都是心理教育者"的良好氛围。

7."小手拉大手",传递幸福

2012年学校广泛开展太极拳的普及活动,2014年新乐市太极协会在我校成立,全市太极高手云集学校进行精彩展演,他们一招一式地讲解、指导师生。团体赛、明星赛、亲子赛、进敬老院、进社区等多种形式,检验并巩固学生学习太极拳的成果。现在学校三至九年级2500余名师生每天大课间伴随着《牧羊曲》的优美旋律练习太极拳。熟练的太极动作,宏大的练拳场面,成为校园亮丽的风景。

三、成效与心得

教师演讲稿编入校刊《星光闪耀》,记录师生在空中课堂的教学反思、经验分享和教育随笔——《距美课堂在行动》《距美课堂师生文集》出版,《一年级入学行为习惯养成训练》校本课程已落实,《写字》校本课程已落实,各学科课题研究如雨后春笋,《农村家庭感恩教育研究》于2022年2月结项,东长寿学校《双尊铸魂育全人》被评为石家庄市第二批大中小学德育工作品牌项目。

"小小朗读者"已随处可见,校园开放式阅览区、阅读树书橱、智慧书架让阅读随时随地;"小小书法家"已蔚然成风,"提笔既练字,练字中华体"成为师生的日课;"小小主持人"已有模有样,博物馆里研学开阔视野。学生在快乐中成长、在兴趣中进步、在爱好中发展、在爱的雨露滋润里享受学习的快乐和幸福。

培根铸魂,让生命之花绽放。站在古朴大方的伏羲像旁,抚摸温度依存的浮雕;驻足整齐划一的太极方阵,领略太极拳的潇洒飘逸;坐在设计精巧的阅读树下,感受智慧和生命的力量;走在中医药文化长廊中,领悟中医药文化阴阳交互的魅力。

学校将进一步建立长效机制,多措并举,为学生的全面发展护航,为学生的幸福人生奠基。东长寿学校全体师生将继续不懈努力,为打造精品学校,构建和谐社会,倡导健康生活做出新的贡献。

生命教育课程实践在新城

辽宁省大连经济技术开发区新城小学　李波

一、学校简介

位于黄海之滨小窑湾北畔的大连经济技术开发区新城小学自2013年开始实施生命教育,秉承"让生命鲜活,让人生精彩"的办学宗旨,坚持"聆听生命成长的声音"的办学思想,实践具有生命教育气息的办学特色,打造了以生命教育为主旨的德育、智育、美育、体育、校本课程和生命教育文化环境,引导师生关注生命、珍爱生命、欣赏生命、敬畏生命,实现让生命鲜活、让人生精彩的育人目标。

二、措施与方法

新城小学生命教育以健康为基础,促进学生身、心、灵的健全发展;以情感为纽带,引导学生关注生命、珍爱生命、欣赏生命、敬畏生命;以价值为导向,引导学生树立积极的人生观,正确的价值观。生命教育主题式校园环境文化的创建和课程资源的融合,是我校的办学特色实践与工作方法创新。

(一)将生命教育寓于各育之中,为学生的幸福人生奠基

1. 以生命教育为主的德育,夯实学生成长的根基

学校以分年度培养学生美德为工作目标,开发实施生命教育年级特色课程:一年级"我爱红领巾"入队课程;二年级"让生命因读书而精彩"读书课程;三年级"让生命在感恩中绽放光彩"成长课程;四年级"小小新世界"国际理解课程;五年级"国旗在我心中,生命绽放光芒"国旗课程;六年级"生命从这里启航"毕业课程。以德育活动课程化为载体,通过整合式学习、研究性学习、实践性学习、活动性学习和互助式学习等方式构建由低到高、由浅入深、由易到难的学生身心成长全过程德育养成体系,逐步形成生命化德育模式。

2. 以生命教育为主的智育,丰富学生成长的内涵

学校从情感真(即微笑面对学生,让学生喜欢教师;倾情投入教学,让学生喜欢学习;鼓励信任学生,让学生尊重他人)、内涵真(即准确把握课程内容和学习目标;精确设计课堂教学核心问题;创设适当的问题情境;实施有效的教学策略)、问题真(即难易适中控制"度";问题精练把握"量";循序渐进有层次;面向全体讲究"法")、思考真(即创设情境,启发思考;保证时间,充分思考;自主探索,学会思考;放手发现,促进思考)、参与真(即认真倾听,不随意打断或插话;大胆质疑,提出不同的见解;积极表达,体验成功的快乐;遵守纪律,营造自主活动的空间)、评价真(即评价准确得体、生动巧妙、多样亲切、独特创新)

六个维度建设温暖、开放、分享的生命化课堂。学校以此使课堂焕发出生命的活力,成为学生的"一方乐土"。

3. 以生命教育为主的体育,激发学生成长的活力

学校以学生身心发展规律和活动兴趣为关注点,以"三球一操"为体育课程的基本组织形式,以"体育超市"特色活动为载体,开展发展学生技能,增强身体素质的生命化体育。"三球一操"活动是指学生自由选择足球、篮球、排球或健美操课程,学校根据学生的选择,打乱班级同时授课,并开展"三球一操"大课间活动。"体育超市"活动是指将学校购买的跳跳球、飞盘、弹跳器、拉力器、螺旋镖等体育器材放在操场上,由学生自行选择,开展体育活动。教师组织学生自主负责器材收放,从而培养学生的自我管理和合作能力。

4. 以生命教育为主的美育,引导学生感受生命的美好

学校以提升每一个孩子的创造能力和思维能力为核心理念,以提高整体美育素养为着眼点,以年段差异教学为手段,以每年一届、人人参与的校园艺术节为展示平台,逐步形成张扬个性、以美育人的美育模式。在每个年级开设不同的美术特色课程(如手撕画、纸贴画、蛋壳画、树叶粘贴画、刮画等)。学生在了解动植物相关知识的基础上进行美术作品制作,且每幅作品都有介绍和说明,教师择优摆放在学校生命博物馆中,使之成为生命之旅校本课程的资源。

(二)开设生命教育校本课程,张扬学生丰富而舒展的个性

学校从人与自己,人与他人,人与环境,人与宇宙四个维度建构了生命之源、生命之旅、生命之品、生命之韵四大类校本课程,丰富生命教育的内涵。

生命之源课程着眼于认识生命,各班使用生命教育教材系统学习生命教育相关知识,并围绕"生命"主题开展各具特色的研究性学习活动;生命之旅课程着眼于提升生命,课程内容有生命博物馆的解说、游览和管理、学校生态植物园游览及劳动实践、校外社会实践和综合实践活动。生命之品课程着眼于丰富生命,由学生自主选择课程,学习生活技能、了解营养饮食知识、感受民俗和文化差异等;生命之韵课程则着眼于欣赏生命,感受生命的律动与美好。

(三)营造生命教育的环境文化,引导学生感受生命的丰盈与美好

健康、向上、丰富的环境文化对学生的品性形成、人文道德素养的提高,视野的开拓具有深远的意义。

1. 建设生命博物馆,向学生传递成长的信息

我校以探索"性命、立命、使命"的意义与价值为线索,利用学校东侧的二楼连廊,设计各种展示和体验区域,建设了"生命博物馆"。"性命"区呈现了动植物的生长状态和生命成长轨迹,展示学生的研究性学习作品。"立命"区主要呈现的是人际交往的礼仪、各种生活习惯和健康生存之道以及动植物的生存智慧等图文资料,定期丰富与时俱进的生活知识。学生可在体验区动手操作拼接人体模型、听心音、量血压、观察大脑、眼睛、牙齿模型,为人体仿真模型做人工呼吸等。"使命"区呈现的是人的丰富的高尚的精神世界,展现了历史长河中几位伟人的雕塑、生平和事迹。还有生动有趣的实践板块——连连看(科学家与其成就)、国旗的故事(历史相关主题)、英雄的足迹(时代人物故事)等。几年来,我校的生命博物馆已成为学校最重要的生命教育校本课程实践基地,每一个从新城走出的孩子都在这座丰富生动的生命博物馆中留下了难忘的生命记忆。

2. 打造"生命之旅"班级文化,让学生迎着生命的新阳歌唱

根据学生的年龄特点和生命教育的内涵,每学期学校都会确定同一主题下各年级、不同内容的班级文化建设工作,如植物主题展、动物主题展、安全伴我行、伟大人物群像等。各班围绕自选主题开展研究性学习活动,将活动成果通过图片、展板、美术作品等形式展示出来,美化班级环境,并在此基础上形成了独具生命教育特色的班规和班训,进而形成独特的班级文化。

3. 构建生态植物园,为学生开辟成长的乐园

我校生态植物园有树木几十种、共百余株。每株配有标志牌,使学生能够在实践课中了解、观察植物的生长状态。园中每班一块的小菜园是学生劳动实践的重要基地,学生在老师的指导和家长的协助下参与田间管理的全过程。

4. 绘制"生命故事"长廊,表达生命的感悟和理解,形成学校精神文化

生命故事绘本是师生将自己对生命的理解用绘本的方式予以呈现,学校择优进行绘本制作、展示和表彰,用学生自己创作的生命故事绘本装点校园故事长廊。

三、成效与心得

开展生命教育,给学校注入了新的生命力,使学校充满了生机,师生面貌焕然一新,校风、学风明显转变。我校学生的言行和思想等方面都发生了很大的变化,从学生的调查问卷中可以看出,他们对生命的认知变得丰富、对生命的敬畏感日益增强,更加懂得珍惜生命,形成了正确的生命观和价值观。教师在生命教育探索与实践中,思想意识发生转变,自身素质不断提高,从工作中不断发掘出美好生活的闪光点。

在童话中滋养学生身心成长

北京市府学胡同小学朝阳学校　李春玲

一、学校简介

府学胡同小学朝阳学校是北京市朝阳区从东城区引进的一所优质教育资源学校,学校以"办一所具有府学底蕴、朝阳品质的优质学校"为办学目标。古韵书香的校园、启迪智慧的课程、博学儒雅的教师,为学生自由而充分、主动而生动、全面而独特地成长提供了充分保障。学校获得了"北京市文明校园""朝阳区素质教育示范校""北京市生命教育实验校""北京市生命教育科研学校"等荣誉称号。

二、措施与方法

童话是文学的一种体裁,主要通过丰富的想象编写适合于儿童欣赏的故事,陪伴着儿童成长,对儿童的影响深远。学校以童话为切入点,以经典童话、心理童话为依托开展了丰富多彩的生命教育活动,努力探寻一条合适的路径,让教育回归儿童生命,促进学生健康成长。

(一)加强培训,正确理解生命教育内涵

为了提升教师和学生对生命的认识,学校利用广播、班会等渠道加强对学生的教育,聘请专家对学生进行专题培训。每个教室都成立了班级童话角,师生将童话故事,对生命的理解,推荐书目定期进行交流。学校还邀请相关专家进行专题培训,激发教师对生命教育的关注,学习生命教育的方法,关注学生生命质量的提升,用一个生命去影响另一个生命,就像肖川教授说的,生命教育就是遇见更好的自己。

(二)童话阅读,引导学生正确的价值观

童话通过丰富的想象、夸张、象征等手法来塑造形象,反映了现实生活,对儿童进行渗透式的教育。《灰姑娘》《龟兔赛跑》《海的女儿》等童话影响着一代人的世界观、人生观、价值观,支撑着一代人的梦幻世界。童话中渗透着许多生命教育,学生在阅读中与《丑小鸭》一起体会生命成长的过程,与丑小鸭一起分享蜕变成白天鹅的欣喜。学生读《老山羊斗老虎》,在动物学习生存技能的同时也让学生开始懂得学习生存能力。在《萤火虫找朋友》中学生学会了人际交往,在《鸭子和死神》故事中触摸生态伦理教育,通过读《一块烫石头》懂得了生命的价值。

为了给学生提供丰富的童话资源,学校将图书馆的童话书对学生全面开放,还动员孩子们将家里看过的童话书共享到班级,开展"每天一童话"阅读活动,激发学生阅读兴

趣,增长知识、启发智慧,在阅读中学生结识了很多童话中的小伙伴,伴随着他们快乐成长。学校组织学生开展童话阅读活动,号召学生和小伙伴一起读、和老师一起读、和家长一起读等方式,通过读童话、理解童话内涵,引导学生形成正确的价值观念,发挥童话潜移默化的作用。

(三)扎实推进,让童话落地教育教学课堂

学校将童话引入学科课程,教师恰当运用童话故事的情节对学生进行引导和启发式教育,减少了常规说教。童话让学生产生联想,激发学生的想象力,很多童话篇幅短,学生意犹未尽,学校就鼓励中高年级的学生开始续写童话、创编童话,激发学生的思维、提升学生的写作能力。

童话故事中充满了奇幻色彩,例如《海的女儿》里描写,"在海的远处,水是那么蓝,像最美丽的矢车菊的花瓣,同时又是那么清,像最明亮的玻璃",带给学生一个令人神往的世界。在美术老师和音乐老师的带领下,学生开展了画童话、唱童话的活动,通过这些形式让学生领悟美,提升审美能力。学校还成立了童话社团,通过饰演童话中的人物,亲身体验不同角色,感悟每个故事中的道理。

主题班会和心理活动课教师以教育戏剧的形式让学生在课上全员参与,学生通过扮演一个角色,可以体会故事人物的情感和心灵,感受故事的主题意向,渗入自己的理解和情绪并表达出来,达到教育目的。在这个过程中学会与他人沟通,在合作的过程中学会尊重对方、聆听对方,不是为了训练演技,而是让学生体悟集体的智慧,培养团队精神、合作能力及创造能力。

可以说基于童话的生命教育,是学生喜欢的形式,是学生自愿接受的,甚至是主动接受的,这种潜移默化的渗透式教育如春雨般浸润着学生的心灵,这种生命教育是尊重学生自然天性、符合学生发展规律的教育。

(四)童话育人,形成生命教育特色活动

在童话教育的基础上,学校开展了"童话大王故事比赛""我和家长一起讲童话"活动,每个学生都积极参与,通过班级赛、年级赛、学校赛,层层选拔出校级"十佳童话大王",在活动中促进了师生、亲子关系的和谐。

为了更好地开展童话生命教育,学校每年举办一次童话节,学生穿着童话故事里人物的服装,表演童话剧、童话童谣表演,36个班36个童话屋,每个童话屋里都是各班自己围绕童话设计的实践活动,教师带领学生动手制作童话作品,南瓜车、青蛙王子等作品栩栩如生,学生徜徉在童话世界里,展示出生命的价值、感受生活的美好,培养学生积极乐观的交往品质。

(五)巩固成果,建立童话教育资源库

童话故事来自不同国家,童话中的教育内涵也不一样,为了更好地选择适合学生阅读的童话,学校建立和完善了童话资源库。学校将图书馆对全校学生开放,各班将童话

书籍借阅到班级共享阅读;在家长的支持下,学生把在家阅读过的童话书放在学校书吧,学生课余时间在书吧就能阅读到广泛的童话书籍,形成家校共育的良好氛围。

在童话课程的研究与应用的过程中,老师也将童话教育课程整理出五类资源——生命成长教育、生存能力教育、人际交往教育、生态伦理教育和生命价值教育,分类整理存放,形成预设性资源库,为各学科教师教育提供了共享资源。

三、成效与心得

(一)童话促进学生成长

学生因喜爱童话更喜爱阅读,阅读能力和写作能力有了一定的提高。在心理活动课上,学生热衷参与和表现,在理解故事角色和故事意义的过程中学会了生活中的知识和为人处世的方法。学校涌现出许多的故事大王、表演人才,童话剧在朝阳区戏剧赛中以全区唯一一个100分的好成绩获得一等奖,在北京市艺术节戏剧比赛中活动金奖。

(二)童话教育激发教师生命力量

教育戏剧融入心理活动课打破了传统心理活动课的形式,并引领其他学科将童话引入课堂,激活了课堂,促进了教师专业发展。教师在区里生命教育研讨活动中、在北京市生命教育论文、案例撰写、观摩课中获得好成绩。促进了教师专业化发展,也提高了教师对生命的热爱。

(三)童话课程形成生命教育成果

我校现有500多个童话教育资源以及学生的美术、写作成果,学校正式成为北京市生命教育工作室的成员,并成为全国生命教育课题实验校。

将童话元素融入生命教育是一个值得我们去探索的课题,将心理与童话相融合,让"心理童话"走进教育教学是我们即将开发的新课题。生命本身就是一场美妙而深刻的童话,希望通过我校对生命教育的实践,让更多的学生、教师、社会人员学会爱自己,爱他人,爱每一个生命。

注重生命文化引领　打造课程育人特色

湖北省黄石市沈家营小学　张纪文　胡娟

一、学校简介

黄石市沈家营小学已有80余年的办学历史。一直以来,学校将"生命教育"作为办学特色,秉承"生命如花,幸福绽放"的办学理念和"让每一个生命成为最好的自己"的育人目标,以生命活动为载体,以生命课程为抓手,着力打造新时代生命教育典型学校。学校先后获得"全国生命教育科研先进单位""全国文明交通示范学校""全国消防安全教育示范学校""全国国防教育特色学校""全国青少年足球特色学校""湖北省平安校园""湖北省防震减灾科普示范学校"等荣誉称号。

基于习近平总书记"让每个人都有人生出彩的机会"的重要论述,学校根植历史土壤、采集时代养分,提出了"生命如花,幸福绽放"的办学理念,关注学生个体,尊重生命价值,满足生命需求,将主题教育、节日活动、经典诵读、劳动实践、思品教育等纳入德育课程,构建由中华优秀传统文化课程、劳动实践课程和艺术创新课程相结合的教育体系,引导学生学会尊重、学会感恩、学会做事、学会做人,努力让每个生命成为最好的自己。

二、措施与方法

(一)中华优秀传统文化课程浸润生命

党中央高度重视中华优秀传统文化的历史传承和创新发展,从中华民族精神的"根"和"魂"的高度,赋予了中华优秀传统文化新的时代内涵。基于对中华优秀传统文化的朴素思考,沈家营小学将传统节日、"二十四节气"等内容融入教育教学活动之中,形成了独具特色的传统文化课程。

1. 节日课程,在体验中与中华优秀传统文化手牵手

中华民族的传统节日有着丰富的文化价值,它包含着饮食文化、民间艺术文化、诗词文化、戏曲文化等,对提高人们的文化素质、维护社会公德、增强民族凝聚力、开展爱国主义教育等方面有着重要的作用。我校充分利用传统节日的文化资源,开发节日课程,使学生在传统节日里接受文化熏陶。中秋节,学校以"迎中秋·诵经典"为课程主题,通过公益讲堂、家长讲堂、主题活动等渠道,用吟诵、朗诵、表演等多种形式将经典诵读活动推向高潮,传播经典文化,升华经典诵读活动的内涵。农历三月初三上巳节,学校举行了盛大的"穿我汉家衣裳,兴我礼仪之邦"——上巳节华服日节日课程体验活动。课堂上,语文老师为学生讲解汉服的文化知识,美术老师指导学生用卡纸制作汉服。活动现场,老师、家长和学生,身着交领襦裙、圆领袍衫、袄裙等各式汉服,配合礼仪缓步行走,举手投足之间,汉服文化尽在眼前,学生一边领略多姿多彩的汉服文化,一边感受着文化传承的力量。

2. 节气课程,调动感官与传统文化碰撞

二十四节气里蕴含着中华民族的智慧和深厚的文化底蕴,将二十四节气融入课程,不仅能帮助学生认识节气文本、了解节气知识、掌握节气技能,而且有助于学生体察节气规律、体会节气品质。学生在节气观察和节气体验中,认识和理解自己的生活方式,了解生命节律,学会与自然和谐相处,促进学生身心自由发展。各科教师利用早读、课前 5 分钟、夕会、少年宫活动等时间围绕节气开展讲节气故事和传说,引导学生阅读与节气相关的书籍,学习有关节气的词语、成语、谚语、歇后语,积累节气的相关知识,带领学生走进大自然,感受节气的特点和变化,记录自然笔记,完成绘本作业和手抄报,完成节气主题的作文,将节气文化与语文、科学、美术、音乐、信息学科相融合,挖掘节气的文化内涵,提升学生的文化素养。

3. 剪纸课程,在操作中与传统文化亲密接触

为了传承剪纸艺术,学校通过对剪纸艺术的特点、学生的接受能力和课程本身的体系等进行分析,经过多次筛选与修改,设计了剪纸活动课程的"三维一体"框架体系,切实做到内容丰富、步骤明确、明白易懂、循序渐进。其中,"三维"指剪纸的主题性层面、剪纸知识技能层面、学生自身发展层次;"一体"指剪纸活动课程教学标准。教师在这个框架体系指导下,设计了《形的魔变》《剪下四季》和《十二生肖剪纸》三个学段的剪纸活动,让学生亲近自然、体验生活、认识自我、了解世界,促进学生个性发展。

(二)劳动实践课程体验生命

学校的劳动实践课程正是在引导学生参与、体验劳动的过程中,让他们感受劳动的价值和快乐,培养学生正确的世界观、人生观、价值观。

1. 种植课程感受生长魅力

学校利用现有条件,将顶楼改建为种植园,为学生开辟劳动实践基地。在家长的支持下,购置花盆、营养土等种植必需品,开设劳动种植课程,让学生亲身参与劳动,在劳动的过程中感受植物生长的魅力。班级投票确定种植的品种,完全尊重学生的选择。通过选种、播种、浇水、施肥、除草,学生收获的不仅仅有饱满的果实,也有劳动后的身心舒畅、植物生长过程中的惊喜和生命的神奇,还有不怕苦、不怕累的劳动品质和团结和谐的精神;语文教师带着学生阅读相关的名家名作,尝试仿写创作;数学教师和学生一起量花盆算面积、计算出芽率;科学教师指导学生认识植物生长的过程,并细致指导观察的方法、病虫害防治……在种植过程中学生体验劳动别样的精彩。

2. 手作课程培养"工匠精神"

学校还开设了木艺、陶艺等手工艺课程,帮助学生通过"去想、去学、去做、去玩",从科学、技术、数学、工程、艺术五个维度,实现专注力、想象力、动手能力和创新能力的全面提升。在制作教学中,教师引导学生仔细观察每一个作品,分析它的工具、材料和工艺,让学生学会系统思维,训练学生学习规则并理解尊重规则的重要性,培养学生认真、细致、耐心的工作态度及精益求精的工匠精神。

（三）艺术创新课程绽放生命

艺术能够抚慰心灵，在学生内心播下幸福和快乐的种子；学校以学生核心素养的培育为重点，利用校内外资源开设社团课程，为学生搭建个性展示的平台，让每个学生都能找到"最亮"的自己。

1. 艺术课程感受艺术美

书法、绘画、舞蹈、古筝、合唱为主的艺术课程，让学生在轻松、快乐、有趣的学习过程中体验艺术美，培养学生欣赏美、感受美和创造力的能力，既丰富了学生的校园生活，又提升了他们的艺术气质，使校园处处彰显生命的活力。

科技创新课程体验创造美。超高人气的科学小实验，富于创造的STEM活动、3D打印等科技创新课程，使学生在理论与实践的结合中，经历发现问题、分析问题、提出假设、验证假设、解决问题的全过程，在尝试和解决问题的过程中经历挫折和失败，享受成功和喜悦，体验创造的美感。

2. 棋类课程享受智慧的碰撞

象棋、围棋，富有娱乐性、创造性、趣味性和竞技性，具有益智教化、陶冶性情的功能，能锻炼孩子的意志力、观察力、判断力、应变力、计算力、记忆力等，也能培养孩子的竞争意识、磨炼孩子的意志，还能进行挫折教育，我校开设的棋类课程和每年一度的"智运会"能让小棋手们一展才智，尽情展现自己的智慧，享受脑力碰撞的快乐。

3. 体育课程实现力与美的融合

啦啦操、足球、篮球、武术、游泳，可以促进生长发育、增进身体健康。学校精心打造的校园体育文化，除了常规的春秋季运动会，还包括"校长杯"足球比赛、篮球啦啦操、武术技巧展示赛等活动，用力与美带领学生爱上锻炼，增强生命活力。

（四）多元课程评价成就生命

科学有效的课程评价能保证课程目标的达成。为了实现"让每个生命成为最好的自己"的育人目标，学校构建多样、富有特色的课程评价模式。

在传统文化课程的评价中，我们不采用书面考试或考查的方式，而是以激励为主，采取学分制评价学生的成长。学分的给定综合考虑三方面的因素。一是学生学习传统文化课程的学时总量，不同的学时给不同的分数。教师不仅要关注学生的学业成绩，而且要发现和发展学生多方面的潜能，了解学生发展中的需求，帮助学生认识自我；二是学生在学习过程中的表现，要求学生能积极参与节日、节气、剪纸等相关实践活动，并以自己最喜欢的方式展示成果，或主动参与传统文化主题活动等，由任课教师综合考核并给出一定的分数；三是学习的客观效果，教师可采取适当的方式进行考核。

在劳动实践课程的评价中，重视对劳动意识的评价，注意培养学生学习兴趣与创造能力，同时兼顾学生劳动的实践操作能力。对学生劳动实践的评价，不仅要求教师重视课堂展评，而且积极创设条件，加强课外展评和比赛。在这样的过程中，学生得到肯定的激励性的评价,体验到获得成功的快乐,理解到劳动价值的内涵,形成尊重劳动、热爱劳动的真挚情感。

三、成效与心得

近年来,学校秉持"生命如花,幸福绽放"的办学理念,坚守"让每一个生命成为最好的自己"的育人目标,通过特色课程育人体系,滋润学生的心灵,涵养学生的生命,也为学校带来了勃勃生机。学生的精神面貌发生了显著的改变,教师的专业素养得到快速提升,学校的综合实力不断加强。学校先后成功举办黄石市文明交通现场推进会、黄石市中小学生防灾减灾科普现场会、黄石市"扫黄打非　护苗行动"启动仪式、黄石市高雅艺术进校园等大型活动。德育课程《我们的传统节日》《我们的礼仪》先后荣获"黄石市德育精品课程"的表彰;《二十四节气课程》《种植课程》《剪纸课程》等也深受学生的喜爱;学校也先后被评为"全国生命教育工作室"和"全国生命教育科研先进单位"。

以"言"感悟生命,用"行"珍爱生命。在未来的办学过程中,学校将继续践行生命教育理念,不断完善特色课程体系,丰富课程资源,提升课程品质,优化课程模式,健全全员、全过程、全方位育人的德育工作体系,为学生生命的绚丽绽放而努力。

点亮生命的希望

广东省佛山市顺德区伦教熹涌陈佐乾纪念学校　卢志佳　吴庆华　何宇冠

一、学校简介

熹涌陈佐乾纪念学校地处顺德的状元之乡——熹涌村。学校环境优美,处处跃动着生命的韵律。学校秉承"体验成长快乐,感受教育幸福"的办学理念,坚定不移地推进素质教育,实现学生、教师和学校的协调统一发展。学校先后被评为"全国青少年创客奥林匹克实验基地""全国规范化家长学校实践基地""广东小学生诗歌节诗歌教育示范学校""广东省绿色学校""广东省健康促进示范单位""广东省小小科学家示范学校"。

二、措施与方法

近年来,学校结合学生发展核心素养,遵循小学生身心发展特点和规律,通过家、校、社区联合,构建了完善的生命教育活动体系,开展丰富多彩的生命教育活动,培养学生热爱生命的高尚情操,促进学生健康成长,为学生的幸福人生奠定基础。

（一）以学校为主阵地开展生命教育

学校以学生发展核心素养的"健康生活""责任担当""实践创新"三大要素为主要内容开展相关主题的生命教育的活动。

1. 开展生命健康安全教育

核心素养指出健康生活是学生能正确认识自我、发展身心健康、科学规划人生,具体包括珍爱生命、自我管理、健全人格等三大要点。学校通过各种安全演练提高学生的自我保护技能,根据年龄特点一至六年级分别开展防拐骗演练、地震逃生演练、防踩踏演练、防恐怖袭击演练、恶劣天气安全演练、防溺水演练等系列活动。根据学生身心发育特点开展个人护理、用眼卫生、牙齿保健、饮食卫生、常见疾病预防、青春期保健等卫生教育活动。心理健康教育方面开展情绪管理、自信教育、青春期教育。常态化开设认识生命学会自护、关爱生命学会感恩、珍爱生命笑对挫折、欣赏生命友好相处、尊重生命爱护环境、探索生命树立理想六大主题班会,全面促进学生的心理健康发展。

2. 开展品格教育活动

核心素养明确了责任担当主要是学生在处理与他人、集体、社会、国家、自然界等关系方面所形成的情感态度、价值取向和行为方式。学校开展品格教育,构建了"六德"教育体系,把文明、礼仪、责任、感恩、诚信、爱心"六德"贯穿至各年级教育主题。

3. 学科教学渗透生命教育

学校在国家基础课程中结合学科素养渗透生命教育。其中"科学""卫生与健康""综合实践""道德与法治""劳动"的大部分内容更是与生命教育的内容紧密联系，涉及了自然与科学、法律与制度、道德与伦理、艺术与审美、实践与活动等教育内容。其内容有利于培养科学素养、实践创新能力、人文底蕴、健康生活习惯、责任担当精神等生命要素。

（二）以家庭为依托开展生命教育

生命诞生于家庭，父母是孩子的导师，家庭和学校的相互作用逐渐构成了学生个体生命成长的世界。

学校积极创建家长学校，发挥家长委员会在家校共育中的作用。家委会分为校级、年级和班级三级家委会。家委会又包括"家长课程""家长社团""家校平台"。"家长课程"是以年级为单位，根据家长所从事的职业在老师的指导下以课堂教学的形式安排相关的生命教育内容，开展生命教育。"家长社团"是根据学生的兴趣爱好，依据家长所学专业的特长，以第二课堂的形式组建与生命教育相关的社团，在德育处和少先队大队部的指导下开展生命教育活动。"家校平台"是借助"钉钉""微信""班级小管家""学校公众号"等网络平台，以生命教育的主要问题开展家校共育。

（三）以社区为补充丰富生命教育

社区教育是拓宽生命教育的重要途径。社区教育按照生命教育的实际需要，承担一定的实践活动任务，是学校生命教育的延伸和有益补充。

1. 社区基地实践

学校选择适合学生素质发展的实践基地，通过观摩、考察等方式接触社会、了解社会、参与志愿服务等进行生命的拓展。实践拓展的场所包含粮食教育基地、禁毒教育基地、爱国主义教育基地、交通安全教育基地、农业科普基地、青少年拓展基地、敬老院、孤儿院、科技馆、博物馆等生命教育实践基地。学校每年组织学生到各个基地进行实践、探索、体验，培养了学生的爱国情感，安全意识、科学精神和实践能力。

2. 社区亲子活动

这类实践活动学生以公益活动、服务社会为主要目的，以家庭为单位通过志愿服务、奉献物资等方式在福利机构、社区、公共场所向一定的人群、组织、家庭或个人贡献自己的时间、劳动和知识，体现生命的责任。如进行社区志愿服务、关爱老年人、城市美容美化、植树护绿、环境保护、爱心义卖、手拉手家庭互助、节能减排行动和健康生活理念宣传等。

3. 社区公益实践

每年的节假日，尤其是寒暑假，学生有更多的时间回归家庭，走进社会，这是进行生命教育的良好时机。学校联合村委会、妇联、社区义工、社会团体开展公益性的实践活动，可以填补教师休假，家长上班的教育真空。联合社会组织在假期开展生命教育具有资源多样，内容丰富，覆盖面广，专业性强，趣味性浓的特点。内容涵盖了道德文化、人文修养、心理健康、卫生安全、实践创作、兴趣培养。

三、成效与心得

学校近年来先后主持和开展了佛山市顺德区重点规划课题《构建学生发展核心素养下小学生命教育模式的实践与研究》。经过实践与研究,学校探索出了采用家、校、社区相结合的模式开展生命教育。

现在,生命教育已经成为学校的特色教育品牌,学校首先是制订了以下年级生命教育目标:

一年级	二年级	三年级	四年级	五年级	六年级
认识生命 学会自护	关爱生命 学会感恩	珍爱生命 笑对挫折	欣赏生命 友好相处	尊重生命 爱护环境	发展生命 树立理想

其次是构建了如下每月生命教育活动体系:

月份	主题	内容	一年级	二年级	三年级	四年级	五年级	六年级
1月	生命健康	卫生健康	卫生护理	用眼卫生	牙齿保健	饮食卫生	疾病预防	青春期保健
2月	生命品格	品格养成	文明	礼仪	责任	感恩	诚信	爱心
3月	生命环境	爱护环境	爱心种植	纸上森林	垃圾分类	亲水体验	低碳节能	变废为宝
4月	生命礼赞	心理健康	情绪管理	自信教育	人际交往	抗挫折	青春期保健	健康情趣
5月	生命实践	社会实践	顺德粮库	敬老院	科学馆	逢简水乡	戒毒所	马岗青年营
6月	生命艺术	艺术节	诗歌节	才艺展示	经典诵读	葫芦丝展	绘画比赛	合唱比赛
7月	生命安全	生命安全	防拐骗	地震逃生	禁毒教育	防溺水	交通安全	防恐演练
8月	生命拓展	特长培养	美术书法	朗诵与演讲	舞蹈、合唱	醒狮	球类运动	烹饪
9月	生命习惯	纪律习惯	物品整理	阅读习惯	学习习惯	课间纪律	公物爱护	礼貌用语
10月	生命感恩	感恩师长	孝亲活动	亲子活动	探访老人	成长礼	敬师活动	感恩母校
11月	生命运动	体育节	趣味毛毛虫	二人三足	拔河比赛	接力赛	羽毛球赛	篮球比赛
12月	生命创造	科技创新	科幻画	小小科学家	科普实验	环保时装	车辆模型	创新发明

学校常态化地、系列化、主题化开展生命教育活动,做到年级有主题、每周有活动、每月有评价。学校编印了《学生生命教育手册》《生命教育故事》《每日讲安全》等多本生命教育读本。

学校以活动为抓手,以课程为载体,通过六年的学习生活,达成认识生命学会自护、关爱生命学会感恩、珍爱生命笑对挫折、欣赏生命友好相处、尊重生命爱护环境、发展生命树立理想的生命的教育目标。

小学生命幸福教育"课程化"实施的校本探索

山东省东营市海河小学　方月森　周丽萍　张红云

一、学校简介

东营市海河小学创办于1995年,学校循生命之道,在胸宽如海,竞进似河,敢为天下先的学校精神感召下,以生命文化为引领,以幸福教育为特色,致力于生命幸福教育"课程化"实施的校本探索。

二、措施与方法

学校为了促进学生德智体美劳全面发展,提升学生的幸福指数,于2012年起开展了生命幸福教育"课程化"实践研究。学校创造性提出了生命幸福教育理念,构建了生命幸福教育课程体系,开创了立体实践路径,为学生的幸福人生奠定了坚实基础。

(一)顶层设计,营建指向五育融合的生命幸福教育生态

学校较早地提出并系统阐述了生命幸福教育的概念、内涵和实质。生命幸福教育是一种"以人为本"的教育,它以"生命"为教育的原点,以"幸福"为教育的追求,把生命与幸福的本质、特征和需要体现在教育过程中,使教育尊重生命的幸福需要,完善生命的幸福发展,着眼于教人创造生命的价值并提升生命的意义。

生命幸福教育的"课程化"实施是将课程目标、课程内容、课程实施与课程评价相结合,以此方式推动课堂教学,激活生命幸福教育"课程化"的生命力,提升学生发展核心素养,促进五育融合。多年来,学校以生命幸福教育为核心,把现有学校课程优化、整合,将学生发展、教师成长和学校发展有效统整,将生命幸福教育进行"课程化"实施,培育生命幸福学生、助力生命幸福教师成长,成就生命幸福学校,用课程营建生命幸福教育生态。

(二)立足实践,形成独具特色的生命幸福教育课程文化

学校循生命之道,以"纳润生命,养正塑品"为核心办学理念,把"让每一个生命都绽放幸福光彩"作为发展愿景,进一步固化了"胸宽如海,竞进似河,敢为天下先"的学校精神,秉承着博远至全、自主发展的校风,博爱敬业、尚美求新的教风,博学善思、知行合一的学风,构建了生命幸福教育课程理念文化;把提升师生精神面貌作为学校行为文化的名片,把仪式和活动作为学校行为文化的载体,营建了生命幸福教育课程行为文化;设计建设了生命幸福教育课程的物质文化。

（三）科学统整，系列化、结构化架构生命幸福教育课程群

学校深度整合国家、地方和校本课程，以生命文化为引领，以幸福教育为特色，从基础性课程、应用性课程和特长性课程三个层次构建了一个完整、科学的小学生命幸福教育课程群。课程最大限度地贴近学生天性，满足学生生命幸福发展的需求，让课程成为促进学生生命幸福成长的核心载体。

首先，教师基于统整的理念，进行学科内的统整，开发出"语文统整课程、数学单元整合课程、民族团结教育课程"等一系列国家课程的校本化实施课程，在基础性课程中进行育内融合，发展学生的核心素养，夯实学生的基础素质。

其次，在落实国家课程的基础上，立足于学生特点及需求，借助"主题"系统开发设计出一系列融多学科知识于一体的应用性课程。该课程是对包括国家课程在内的三级课程体系进行的校本化系统开发与实施，既有综合的，又有专项的。通过提供不同的课程，满足了学生的个性化学习需求，开阔了学生视野，增强了学生综合能力及素养。

再次，特长性课程是学校的又一亮点。本着"孩子的需要，就是课程生长的地方"这一共识，教师为满足学生的个性化需求，根据学生兴趣爱好，确定并开发了多门特长性课程。如通过学习《海河剪纸》课程，全校师生，人人都能创作剪纸作品。

（四）以生为本，研发"生命幸福课堂＋'学型制'评价"实践路径

首先，学校借常规项目"创新杯"生命幸福课堂教学大赛，打造灵动、高效、和谐、幸福的"生命幸福课堂"。"生命幸福课堂"突出自主、合作、探究的学习方式，注重学生的体验与感悟，让学生主动参与，获得成长的幸福；充分尊重生命成长规律，变教法为学法，变教室为学堂，关注课堂教学的预设与生成，根据不同学生、不同学科、不同内容采取灵活的方法，实现课堂的多向链接。

其次，学校以培养"全面发展的人"为核心，首创了"学型制"评价，形成了一个完整、科学的评价体系。即把每个学生按学科学习情况及综合表现划型评价。如某门学科按A、B、C、D、E五项指标进行评价。若各项指标都达到要求，则该学生的学型为"ABCDE"型。如果某一学生五项都达到要求则为"ABCDE"型，若五项中哪一项是该生的强项，就在那一项上面加一"♕"（小皇冠标志），若哪一项目前状况不是很理想，但稍加努力就能达到要求，可在此项上加一"✦"（启明星标志），若哪一项目前状况离要求有一定距离，却有潜力，可在此项上加一"▤"（小弹簧标志），表示该项有弹性，该生有能力提高。这种评价方式，评价主体多元化、评价内容多维度，实现了五育融合，高效助力学生全面发展。

三、成效与心得

（一）切实减轻了学生负担，促进了学生全面发展，提升了其生命幸福指数

学校开展的小学生命幸福教育"课程化"实施的校本探索，用课程营建生命幸福教育生态。一是进行了"学型制"评价改革，切实做到了教学评的一致性，从根本上改变了

重智轻德、重知轻能的现状。二是课程统整视域下的生命幸福教育课程群的实施,有力促进了学生的全面发展。经过课程实践,学生形成了完整健全的人格,变得阳光、有气质,学习积极主动性强,具有丰富的人文素养和科学精神,爱劳动有担当,德智体美劳得到了全面发展,学生的生命幸福指数明显提高。三是指向五育融合的课程实施,大力提升了学生的综合素养,增强了学生的创新精神和实践能力。

(二)提升了教师的专业素养与职业幸福感

课程统整与实践激发了教师自我发展的需要,增强了教师的问题意识,催生了教师创新思维,培养了一大批有教育情怀、善对话统整、有学科话语权、勇终身成长的生命幸福教师。2012年至今,学校涌现出了全国优秀教师、全国中小学优秀班主任、齐鲁名师、省特级教师、山东省民族团结进步模范个人、省优秀共产党员、市有突出贡献的中青年专家、东营名师、市学科带头人、市优秀班主任等33人次。教师的职业幸福感明显增强。

(三)实现了学校特色发展

作为一所山东省规范化学校、山东省教学示范校,随着《民族教育》《海河剪纸》等一系列应用性和特长性课程的实施,学校先后被授予"东营市首批教育现代化学校""山东省规范化学校""山东省首批教学示范学校""山东省文明校园""全国民族团结教育示范学校""全国校园足球特色学校"等称号。生命幸福教育"课程化"实施提质增效,引领学校走上了特色发展之路。

生命教育点亮师生"和美人生"

福建省泉州台商投资区第十实验小学　郭梅玲　骆明山　林志元

一、学校简介

泉州台商投资区第十实验小学创办于1918年,是一所承载着优良传统的百年老校。

根据台商投资区教育发展战略思路,学校于2019年12月底托管首都师范大学附属实验学校集团校,借助首都优质教育资源支持当地教育发展,这成为一所农村百年老校发展进程中重要的里程碑。

2020年,学校在重新梳理办学思路的基础上制订了《五年发展规划(2020—2025年)》,明确提出"运用生命教育理念开展课题研究,引领教育教学实践,提高学生全面素质,注重发展学生个性,培养'合格+特长'的小学生"。由此开启了以生命教育理念引领学校开展教育教学工作新的篇章。

二、措施与方法

我校秉承"育德、启智、健体、尚美"的校训精神,以"和而不同、美美与共"为校风,以"厚德善教、和和至美"为教风,以"敦品励学、和美致远"为学风,以"为学生的和美人生奠基"为办学理念,倡导以"生命教育点亮'和美人生'",培育和践行"和美生命"的价值观。

(一)课题研究,感受生命教育

自托管以来,学校的课题研究走上了规范化和科学化的快车道。2021年9月,我校成功申报福建省"十四五"教育科学规划2021年度课题《以生命教育理念构建师生共同成长的"和美"校园小学实践研究》,这是学校建校以来首个省级课题,也是首个生命教育课题研究,它推动我校教育科研向着更高的目标迈进。通过课题研究,将梳理出包括"和美"课程体系和评价体系,以及"和美"校园文化为具体内容的"和美"教育等课题成果,以此促进学校办学质量提高,使学校获得可持续发展的内驱力。

(二)学科月建设,营造生命课堂

自托管以来,学校为了提升教师的专业能力和水平,在集团校的指导下坚持开展学科月建设,以生命教育理念为主线,开展分月份、分学科、有主题的深度研讨活动。

为了能够让老师真实体验生命教育在教育教学中的重要意义,学校结合语文学科月活动,特别邀请到北京市朝阳区"大月亮"剧社为老师带来别开生面的生命教育、教育戏剧与学科融合研讨活动。活动中,场下的老师畅所欲言分享自己的故事,剧社演员们通过一场场别开生面的即兴表演,进行交流探讨。把教育戏剧、即兴表演引入课堂,帮助学生敞开心扉,把生命教育理念渗透到课堂教学,真正做到用生命温暖生命,用心灵唤醒心灵,用灵魂撼动灵魂,"让课堂焕发生命的活力"!

(三)特色德育,滋养生命成长

1. 生命教育班队会课研讨

学校以积极心理学为理论依据,将六大美德、24种积极心理品质引入班级管理,开展特色主题班队会活动。每个班级根据自己的班情,选择一项积极心理品质,深入开展研讨活动。比如针对六年级学生正处于青少年的过渡期,为了缓解学生面临小升初的压力,帮助孩子抒发离别的愁绪,六年级分别以"拥有一颗感恩的心、给童年画一个圆、致我们终将逝去的童年"等为主题召开班队会活动。学生在舒缓轻松的氛围里回忆童年,感恩生活,展现自我,表达内心,畅想未来。

2. 关爱生命心理剧活动

为落实"双减"政策,关心学生身心成长,积极推进心理健康教育,学校开展了"'剧'焦心灵,关爱生命"心理剧比赛,让学生发现生活,展示生命,提高学生的心理调适能力和自我教育能力,展现当代学生丰富的内心世界和生活情境,让学生在故事中收获微笑,收获成长,收获阳光与自信,提升对生命的感知和呵护意识。

3. 生命体验活动

学校组织了生命体验活动。在活动中,学生演出了自创、自编、自导的原创剧;四年级的学生用一人一故事演绎了他们18岁的样子;老师的诗朗诵《梦想》引导他们开启梦想之旅;最后,在全体师生大合唱《二十年后再相会》中打开"未来之门",放飞美好梦想。

(四)全区展示,感受生命蜕变

学校教师队伍年轻化,专业素质和能力水平都有待提高。为了促进教师更快成长,提升教师的教育教学能力,学校借助全区展示活动的平台,每次推出6至8节精品公开课以展示学科月建设研究成果。2021年3月至今,已有20多名教师在全区展示的平台上得到了锻炼,获得成长。实践证明,年轻的教师队伍在锻炼中提高了专业能力,获得了自信,也提高了学校办学质量,在2020年和2021年的全区青年教师基本功比赛中,我校代表队连续两年均获得团体第一名的佳绩。

(五)多彩活动,绽放生命色彩

学校坚持开展书香班级、书香校园建设,通过评选阅读小达人、朗读小达人、亲子共读等读书活动,引导学生爱读书、读好书。这些活动既丰富了学生课余生活,又开阔学生视野。学校评选了一批批"书香家庭""书香少年",在家长会上,由学校领导班子为获奖家庭隆重颁奖,以此激发家庭阅读的热情,带动亲子阅读、营造文化育人的社会环境。

学校还开设了几十个社团,学生在社团活动中,既可以强身健体、陶冶情操,也能够体验美、感受美、创造美,在潜移默化中将学生引向求真、为善、尚美的境界。

2022年1月,全区"双减"工作现场会在我校举行。现场会上,小讲解员们很多是外来务工子女,在生命教育的滋养下,他们声音虽稚嫩,但动作举止落落大方,眼神中充满坚定和自信的光芒,自豪地向来宾介绍凝聚全体师生智慧的全学科作业设计和成果,获得了一致好评。

三、成效与心得

在生命教育理念引领下,学校教师在区域比赛中深受肯定,学生在课堂中呈现出蓬勃生机的生命状态深受领导与兄弟学校教师的赞扬。林静雯老师的班会课《生命中的别离》在全国生命教育录像课征集活动中荣获一等奖;学生参加第二届生命教育国庆诗会深受好评。

学生一步一个脚印,脚踏实地,感受生命成长的蓬勃力量。老师笑容常挂脸上,用心呵护每一颗童心,校园里有了更多的欢声笑语。师生眼中有光,脸上有爱,这是生命之花在校园中盛情绽放的回响。

幸福学堂 打造孩子的"生命发展场"

浙江省杭州市采荷二小教育集团 吴树超 楼佳群 陈樱

一、学校简介

杭州采荷第二小学教育集团前身是杭州市采荷第二小学,创办于1988年。集团办学以来,共荣获首批全国中小学中华优秀文化艺术传承学校、全国优秀少先队集体等高规格荣誉近百项,学生代表多次受到国家领导人的亲切接见。

2020年,集团开始探索关注"生命教育"的未来教育实践之路,打造家校社协同共育的可持续发展的"幸福学堂"。2021年"幸福学堂"被省教育厅确立为浙江省数字社会未来教育重点场景,集团被评为先行建设单位。"幸福学堂"是一个关注孩子自然生命、社会生命和精神生命的"生命发展场",结合学校"和"文化的生命教育,为学生提供了生活教育、劳动体验等教育场景,让学生在真实的生命体验中发展素养与能力,拓宽五育融合。

二、措施与方法

(一)多维构建"幸福学堂"生命教育服务空间

学校自2020年与采荷街道合作,借助未来社区未来教育场景的建设背景,社区、学校将共同打造以采荷二小教育集团为实践本位,以服务未来社区的教育需求为基本框架,在集团力所能及的范围内建设"幸福学堂"教育资源集成与服务中心,通过集约、优化、整合等方式将社区空间与学校空间,物理空间与虚拟空间深度融合,为孩子自然生命、社会生命和精神生命的多维成长配置智慧空间。

1. 多重物理空间,润泽学习生态

学习空间是教育实践的必要保障,构建智慧灵动的生活化空间,建设丰富的活动、交往空间;打造智慧、便捷、联通的智慧化平台,都能极大地发挥环境推动教育的作用。

"幸福学堂"建设了"一站式"课后服务平台,将课后服务作为标准配置,开展了丰富多彩的课后活动。以变革教育环境的方式,打造"乐学"模式,与学生的课后学习生活紧密联结,为学生创造更好的教育生态,让学生快乐生长。课后服务平台配备幸福学堂学习服务终端,为学生提供学习报名、学习咨询、学习清单、学习地图等"一站式"服务。这是减轻学生过重作业负担和校外培训负担的重要举措,也是主动占领教育阵地、促进学生健康成长、润泽课后生态的重要途径。

同时,"幸福学堂"配备了"一心多点"学习空间,统筹社区文化设施、公共用房、楼宇连廊、建筑架空层、庭院、楼顶花园等空间资源,因地制宜设置STEM课堂、手工作坊、创客空间、名家工作室等,营造多点辐射分布的学习空间结构模式。利用社区周边有条件的博物馆、美术馆、科技馆、户外营地、中小学校、高校、社区学院等公共资源,设置专题学习空间,通过社区智慧服务平台提供"学习地图",鼓励空间功能复合利用,扩大课后服务学习场。

2. 数字虚拟空间,点亮智慧生命

依托采二六体魔方技术,让幸福学堂成为社区的人机共育中心、智慧协作中心。通过5G技术,让参与课后服务的青少年与学校、社区、家庭零距离联结;编制交互化、场景化学习软件,实现信息技术与教学模式深度融合;建立数据中心,让家校社评价一体化。

"智创"幸福学堂促进不同教学场域的融合与对话,满足其作为教育教学空间的灵活性;实现个性化小组研究学习和多个群体的共同学习需求,打破空间壁垒,模糊固化的教学空间认知,促进孩子智慧学习的品质。

（二）多元打造"幸福学堂"智效生态课程

课程是落实生命教育的核心,学校着眼开发"PLLSC"融通课程体系（见下图）、创建"三制"课程实施路径,切实拓展课程功能、拓宽课程对象。

```
                    "PLLSC"融通课程体系
    ┌───────────┬─────────────┬─────────────┐
    全域覆盖      全员可学        全时可学
┌─────────┬─────────┬─────────┬─────────┬─────────┐
│Patriotism│  Life   │ Living  │  Sport  │ Create  │   会学习
│ 爱国课程 │生命课程 │生活课程 │运动课程 │创造课程 │
│ 有  懂  │ 爱  懂  │ 爱  懂  │ 爱  懂  │ 爱  懂  │   会生活
│ 志  传  │ 生  沟  │ 生  健  │ 运  科  │ 创  欣  │
│ 向  承  │ 命  通  │ 活  康  │ 动  学  │ 造  赏  │   会创造
└─────────┴─────────┴─────────┴─────────┴─────────┘
       学习菜单定制    学习形式混合制   学习课堂双师制
```

1. 课程开发关注"三全":融通生活多方面

"PLLSC"融通课程开发关注"三全"即课程全域覆盖、全员可学、全时可学,推动了学生的"自然生命、社会生命和精神生命"的成长。

首先,课程全域覆盖:课程内容丰富,既有学科间主题整合的学科课程,又有多样化拓展性课程。如通过青春期教育、心理教育、安全教育、健康教育、环境教育、禁毒教育、法制教育等专题教育形式,开展灵活、有效、多样的生命教育活动。从学生的兴趣、经验、社会热点问题或历史问题出发,结合区域、学校和学生的特点,进行人与自然、人与家庭的启蒙教育,探究生命的可贵、生活的意义以及自我保护等内容。多维融合校内教师、家长资源、社区资源、少年宫等优质非学科资源,通过多元的内容滋养学生生命;不仅关注学科拓展,也关注到素养体验;力求让全体学生更健康、更丰富、更卓越。

其次,课程面向全员:社区所有社员都可以按照课程菜单选择线下课程或任选线上课程,面向全员使混龄学习、家庭互学成为可能,丰富了学生的社交体验。

再次,课程全时可学:学员可以自由选择学习时间,既可以在校内学（社团、校本课程、班队课等）,也可以在校外学（学后、周末、假期等）;既可以线上学（自习时间、课余时间),也可以线下学(学校、幸福学堂等),极大丰富了学生的学习生活。

2. 课程实施关注"三制":关照生命多层次

学习菜单定制。在"幸福学堂"中,学生与社员可以根据需求自主选择学习内容、授课教师、学习时间,形成个性化学习单,不仅使得每个学员学"适合的"课程,也利于学校根据学员选择,修改、制定适合学员的课程与时间。灵活机动的课程管理是有效落实生命管理的途径之一,让每一个人都经历成为"我自己"的过程,都能最终实现"我之为我"的生命价值。

学习形式混合制。融通课程学习打破原有固定班级学习方式,根据学员情况、课程内容建立同龄同智、混龄混智班级,让能力相仿的学生,兴趣相同的学员相互促进,以生命影响生命。在混龄混智的学习模式中,学生经历了更广泛的对话,学生的社会价值、个人价值和教育自身发展价值达到了统一,生命质量得以提升。

学习课堂双师制。建立"校内教师+校外教师、线上教师——线下教师"双师课堂,通过引进线上教师、校外教师满足学生生命发展的多层次需求。

3. 定制"幸福学堂"混合式评价系统

为了关爱学生自然生命、社会生命和精神生命的全方位、立体化成长,幸福学堂的课后服务采用"人评+机评"的混合评价体系,一方面建立校-家-社融通的评价平台,评价载体从单一的笔头评价转化为全程性评价;评价主体不仅有学校教师、家长,还包括指导学生的社区教师、社区居民;评价维度围绕学生核心素养提升展开,从能力、学业、主动性、品德等方面全面构建评价项目。另一方面,通过学校大脑建立数据分析模板,实时掌握学生课堂表现数据。混合评价使得评价全面、真实,从而勾勒出个人数字画像,鼓励学生正确认识自我和他人、悦纳自己并健康自信成长。

三、成效与心得

"幸福学堂"被省教育厅确定为第二批浙江省数字社会未来教育重点场景。学校目前已完成"幸福学堂"的三个社区场馆的建造。同时,依托学校的六体魔方平台和5G技术,"幸福学堂"实现了未来虚拟空间的校社融通,成为未来生命教育实践的人机共育中心、智慧协作中心,具有较强的推广价值。

依托校社多维空间,打造生命教育"三全"PLLSC融通课程。"幸福学堂"围绕生命教育的目的,着眼开发课程。并在场馆中开展生命体验、劳动教育等教育场景,让学生在真实体验中发展素养与能力,整体上有效满足不同学生对于生命教育的学习需求。通过混龄混智的学习模式、全面融通的学习内容、智慧化的学习方式,学生健康成长、提升生活能力、热爱生活、珍爱生命,感受到生命的美好。

家校社协同共育,"双减"背景下学校发挥生命教育主阵地作用。学校基于已有的地域文化滋养学校文化、单元式学习活动中心建设、虚拟空间建设等方面的充分经验,结合未来社区的教育场景建设契机,生命教育的探索契机,将从与未来社区共享精神文化、共建物理空间、共融虚拟空间着手探究,强调资源整合、综合集成,开展好生命教育,为生命而教,从生命中学习,以生命影响生命,突出学校作为生命教育主阵地的作用。

尊重生命　做有温度的教育

北京市第八十中学睿实分校　胡云洁　王彤　王梓豪

一、学校简介

北京市第八十中学睿实分校,原名祁庄小学,于1953年建校,是一所老百姓家门口的好学校。学校十分重视文化建设,根据学校历史和八十中集团的办学思想"一人一天地　一木一自然——生命因教育而精彩",凝炼出睿实分校的"绣洞成花、尊重生命、做有温度的教育"办学目标,形成"强领导、提质量、树榜样、重融通、促发展"管理策略。

学校重视科研强校,科研兴校。学校充分依托校内外资源,3年内参与国家级课题5项,独立主持市级课题4项,参与编写生命教育助学读物。积极参与北师大、北京教育学院、天津大学、北京市教育学会创造教育研究等学术机构的教育科研活动,为教师专业发展搭建平台。

二、措施与方法

教师用欣赏的眼光来看待学生的每一点进步,用期待的目光来对待学生的每一个创新,用平等的目光来对待每一位学生。教师尽自己所能,从点点滴滴做起,抓住每一个爱的瞬间,真诚地去爱每一个学生。学校在做有温度教育中总结出一套三秒钟、三分钟、三十分钟教育尊重生命策略。

1. 爱在举手投足间——三秒钟教育

三秒钟可以做什么?三秒钟,在你走神的瞬间一晃而过;三秒钟,打开电脑还进入不了桌面;三秒钟,指尖下敲打的文字不过寥寥;三秒钟,看似转瞬即逝,做不了什么,但是北京市第八十中学睿实分校的三秒钟教育却可以产生巨大的作用。

尊重生命做有温度教育三秒钟教育行动表	
拉拉勾:告诉孩子做人要讲诚信。	随手捡起一张纸:告诉孩子爱护校园卫生是懂事。
和孩子开心地笑:告诉孩子生活要有乐趣。	拍拍孩子的肩膀:告诉孩子做人要有自信,相信你能行!
帮孩子擦干眼泪:告诉孩子失败了可以重来,勇于面对挫折!	给孩子一个会心的微笑:告诉孩子你进步了。
和孩子一起游戏:告诉孩子要"玩"出智慧,玩健康游戏。	给孩子送一杯开水:告诉孩子老师像妈妈一样爱你。
和孩子通一次电话:告诉生病的孩子,大家都关心你。	和孩子一次握手:告诉孩子,我们欢迎新同学。
和孩子一次热情的拥抱:告诉孩子祝贺你成功。	给孩子一张纸条:告诉孩子你是我的好朋友。
一次深情地感叹:告诉孩子原来你这么棒!	和孩子一次击掌:告诉孩子团结就是力量!
给孩子加一次菜:告诉孩子老师关心你的健康!	给孩子一次由衷的表扬:告诉孩子这样你会进步更快!
给孩子一次热烈的掌声:告诉孩子这件事你办得很漂亮!	老师一次带头捐款:告诉孩子有爱心的人最可爱。

2. 爱在亲切话语间——三分钟教育

三分钟可以做很多事情,课前晨检可以抽出三分钟时间了解学生的思想和身体状况。课下抽出三分钟可以和孩子闲聊几句,拉近师生关系。放学后三分钟可以和家长交流一会儿,让家长清楚学生在校状况。学生病了,可以通一次电话告诉老师同学都很牵挂他。外出实践可以用三分钟与孩子做同行者,和他们海阔天空自由漫谈,假日三分钟可以通过校讯平台发送消息,提示孩子在家注意安全。仅仅是三分钟的时间,可就是这无数三分钟累积起来,就可以走进孩子的内心世界。

尊重生命做有温度教育三分钟教育行动表	
与学生一次短时间谈话	对班里一次特殊事件的调查
学校说话轻轻　走路轻轻养成习惯的推进	与家长一次有效沟通
一次心理健康活动	一个有哲理的故事
一部励志电影节选	练习一次班歌
比赛前一次激励性讲话	青春期男女生关系辅导
当老师不在时,我们怎么办	科任课用具准备情况
尊敬父母、老师教育	《小学生日常行为规范》推进总结
小胖墩减肥攻略研讨	正确的站姿、坐姿、走路姿势,会给我们一个光彩的未来
你长大想成为一个什么样的人	如果爸爸、妈妈不在家,我们怎么照顾、保护自己
遇到危险怎么办	我能做些什么力所能及的家务活
热爱班集体的几个基本做法	……

3. 爱在精心设计间——三十分钟教育

(1)三十分钟的读书会。怎样利用好这三十分钟,让这三十分钟超越三十分钟具有的价值,怎样让学生喜欢并向往这三十分钟,是班级读书会的最终目标。让学生感受阅读的魅力,领略其中的乐趣。用书籍引导学生人生观、价值观。读书会有时就一本书中的一个故事开展讨论;有时就历史人物做详细解读;有时大家一起针对自然进行畅想;有时学生自己制作幻灯片给学生介绍新书,讲一讲推荐理由。学生在自由阅读中,感受到的不仅仅是宽泛的知识、华丽的辞藻;更多的是对事物的理解、人生的感悟。

(2)三十分钟的家长会。家长会,是老师和家长联系的纽带,也是家校合力教育孩子的重要方式。如何让家长会更加具有实效性,更贴近学生、家长的需求,而且更令他们易于接受。教师将家长会的时间规定在三十分钟以内。形式上程序上也做了调整,学生主持家长会,内容有微型展示汇报、教师与家长交谈等。三十分钟的家长会虽然时间上比以往缩短了,但是效率却大大提高了。每次针对一个问题进行开会,家长了解班级情况了,同时在会上还能够看到学生的表现,比以往教师苦口婆心地说更加有效果。

三、成效与心得

真正的教育是心心相印的活动。教师只有全面了解学生,才能从本质上认识学生,只有这样才能从不同的视角,不同层次发现每一位学生身上的闪光点并及时给予鼓励赞扬,让每一位学生都能感受到爱的温暖,从而激发学生的感情,使学生能以积极的态度投入学习中去,获得最有利的情感发展。教师要用自己的爱子之心去爱自己的学生,用细心培养学生的习惯,用耐心指点学生的失误,用信心鼓起学生的风帆,这样的爱一定会赢得每一位学生的尊重。

农村小学生命教育探索之路

山西省沁源县李元小学　张海强　阴红霞　刘悦

一、学校简介

沁源县李元小学是一所单轨六年制寄宿制小学,近年来,学校紧紧围绕"浸润生命,奠基人生"办学宗旨,以"让每一个生命绽放精彩"为办学目标,以"生命教育"为办学特色,全体教师齐心协力,积极推进素质教育,认真进行教学研究,努力提高教育教学质量,多次获得县"红旗单位""先进学校""平安校园"等称号。

二、措施与方法

(一)课堂教学中渗透生命教育

学校围绕生命教育实施的年级和目标,选用"生命教育"实验教材,每周一节课时,对学生进行三个维度,六个阶段(安全、健康、养成、交往、生涯、信仰)的螺旋式上升的教育。同时,学校以新时代课堂教学改革为契机,以教研组为单位,以小课题为引领,开展了生命教育校本教研,在各个学科中渗透生命教育,将生命教育融入课堂活动中,打造有生命力的课堂,让学生每节课都有所收获、有所成长。

(二)活动实践中实施生命教育

生命教育的实施是全方位的、渐进的,因此生命教育要融入多种多样正式和非正式的教育活动之中,这些教育活动要聚焦学生的发展,相互联合与协调。所以,学校以少先队大队部为阵地,以丰富多彩的德育活动为载体,以星级学生评定为手段,全面落实"立德树人"根本任务,开展各种形式的校内活动和校外实践活动,实施生命教育。

1. 理想信念教育

升国旗活动、纪念日活动(清明节、七一、国庆)、"中华魂"读书活动等活动开展,推进习近平新时代中国特色社会主义思想进校园、进课堂、进头脑,滋养学生的精神生命,使学生珍爱生命、敬畏生命,树立正确的理想信念。

2. 安全教育

围绕"消防、交通、禁毒、防震、防溺水"五个方面的内容开展了"学习技能、学会自救"主题活动,通过讲座、展板、观看录像、主题队会、集体签名等形式的活动;通过征文、手抄报、绘画、资料卡的征集等活动形式让学生生动形象地学习逃生知识和技能;通过防震防火演练、参观消防支队、参观气象局等活动让学生在各种各样意外面前具有自我防护的意识、具有应急生存本领。

3. 文明礼仪教育

以"八礼八仪"为内容,开展文明用餐、升旗仪式、入队仪式、毕业典礼等活动,对学生进行文明礼仪日常教育,使学生了解自己的成长历程,激发对生命成长的自豪感,让学生学会感恩生命、尊重生命。

4. 社会实践教育

"沁源县新泽污水处理厂""沁新建材厂""太岳金色豆豆股份有限公司"三个校外教育基地为场所让学生走出校园,通过参观学习,体验感受生命的价值,培养学生珍惜生命、热爱生命的意识。

5. 传统文化教育

利用春节、元宵节、清明、端午、中秋、重阳等中华传统节日开展生命教育。不同节日蕴含着不同的生命理念,在节日中感悟生命,体验生命。经典文化、传统文化、历史人物、文本故事、阅读欣赏使学生认识生命的意义,唤醒学生的生命意识,对学生进行正确世界观、人生观和价值观的引导。

6. 绿色发展教育

对学生进行节约用水、节约用电、节约粮食等行为习惯教育,通过垃圾分类、春播秋收实践、每人种植一盆花等活动的开展落实,培养学生保护地球的使命感和责任感。

7. 体育美育教育

积极开展阳光体育艺术2＋1活动、学生趣味运动会、书法绘画展、庆六一艺术节活动等多种形式教育,培养学生的审美情趣、健康体魄、意志品质,使学生保持乐观、积极的心态和优雅的生活方式,激发学生对生命的热爱之情和对生活的创造热情。

丰富多彩的生命教育活动,不仅帮助每一个学生掌握了生存与发展必须掌握的知识和技能,同时构建了我校的生命教育课程体系。

(三)家庭、社会中开展生命教育

生命本身具有开放性,生命教育也一样。生命教育的开展需要从社会中汲取力量。学校创办了家长学校,定期进行家长学校大课堂活动、召开家长会、设定家长接待日、学校开放日活动、开设家长讲坛等活动,积极引导家长参与生命教育活动,通过亲子关系沟通、青少年身心保健等方面的服务,增进了家长与教师、学生的交流,拉近了教师、家长、学生之间的距离,增强了相互之间的了解、尊重和信任,为学生的和谐健康发展奠定了基础。

三、成效与心得

1. 以课题研究提升教师生命教育意识

学校以《学科中如何渗透生命教育》为研究课题,挖掘显性和隐含的生命教育内容,分层次、分阶段,适时、适量、适度地对学生进行生动活泼的生命教育,充分运用与学生密切相关的事例作为教学资源,利用多种手段和方法开展生命教育活动,积极推进课堂教学改革,落实生命教育课堂模式。同时学校还组织教师参与编写生命教育图书,逐步提升了教师课堂教学中生命教育意识。

2. 以活动实践促进了学生成长的体验

以"咏中华经典，映生命霞光"诵读主题，开展晨诵、午唱、月分享活动，学生诵读了大量的经典诗词，编排表演了许多经典故事剧，传承中华传统文化教育。以花样跳绳作为特色体育项目，从一年级到六年级制订了阶梯式的训练模式，以展演、比赛为平台，不断提升学生的技能，将花样跳绳通过学生带动家长，通过家长带动社区，形成了区域的一项运动项目。学生就是在这一个个的活动中感受生命的美好，体验生命成长的快乐！

3. 以文化建设提升学校生命教育的影响力

学校注重生命教育文化的建设。学校大门口墙上"让每一个生命绽放精彩"几个彩色大字，凸显出了学校的办学目标；教学楼上"浸润生命，奠基人生"八个绿色大字，诠释了学校的办学理念；最抢眼球的科技文化砂石雕塑墙，也形成了学校一道亮丽的风景线。教学楼文化墙一层是三字经，二层是古诗，三层是名人名言，四层是弟子规，通过成体系的文化内容润泽生命。此外学校在校园创设了"交通安全体验区"，设置了道路标线、红绿灯、交通指示标志，全仿真的道路交通体系对学生进行了潜移默化的安全教育，这也成为学校安全教育的典范。

生命教育课程 SIPS 模式初探

浙江省义乌市稠城第一小学　何茜　潘江云　楼更生

一、学校简介

义乌市稠城第一小学是陈望道先生的母校,始建于 1904 年,前身为义乌官立高等小学堂,是一所"传统与现代共存、科学与人文融合、教师与学生共进"的窗口学校。2014 年起,学校在传承中求发展,着力打造"为成长奠基,让生命飞扬"的生命教育办学特色。学校遵循"以正立道"的校训,以"培养尊重生命,热爱生活的一校少年"为育人目标,围绕"明德修身,乐学力行",构建独具特色的生命教育课程 SIPS 模式。

二、措施与方法

我们设想通过生命教育,让师生过一种幸福的生活,生理、智力、精神和心理得以和谐健康地发展。

（一）传承中发展,开启智慧

1. 文化引领确立生命教育理念

学校的文化灵魂是"以正立道",就是以正面的思想树立道德观、价值观,引领自己一生"有理想,走正道",成为一个受尊敬、有价值的人,为社会为他人搭建"人间正道"。这是学校师生共同遵循的精神和行为准则,与生命教育的理念不谋而合。

2014 年,学校在传承中求发展,立足原有的"健康教育"特色,着力打造"为成长奠基,让生命飞扬"的生命教育办学特色,努力建设充满生命情怀的校园文化。

2. 基地创建浸润学校美好生活

群策群力,美化校园每一个角落。与中国儿童基金会合作,量身定制了安全体验教室和红十字急救培训专用教室,所有教师均获得红十字救护员证。

挖掘内涵,设计独具特色的视觉文化系统,涵盖教室、庭院、办公用品、班牌设计等方面,"以正立道",处处可见。

（二）互动中成长,激发活力

1. 活动聚力打造幸福教师队伍

开展一年一言、礼仪培训、研学、急救课程、作业江湖、一校春晚等活动,丰富教师群体的生命体验,释放教师的心理压力,增强教师群体的凝聚力,激发正能量,打造出一支积极向上的教师团队。

2. 多维互动丰盈师生飞翔羽翼

以"智慧讲坛"为平台,组成教师、家长和学生三大讲师团。"教师讲师团"分享经验,讲述故事,挖掘特长,沉淀教育智慧,丰富业余生活。"家长讲师团"发挥专长,开设茶道、花艺、理财、烘焙、瑜伽、沙盘游戏等课堂,开阔视野,促进教师综合能力的提升。"学生讲师团"结合综合实践活动、小记者活动,讲生命成长故事,描述学生眼中的课堂与教师。

(三)探索中前行,润泽生命

1. 德育点亮学生生命底色

以学生的日常行为规范教育为基础,融合生命教育,构建德育体系。

升旗仪式树正道。每周一班级,每次一主题,突出重点,注重实效,形式多样,在展示风采的同时,融入主题教育,引领全校师生树正气,走正道。

特色活动辐射爱。大力开展正道德育实践活动,如"我是小小急救员","公交车上宣讲"系列,"甜蜜的交易",与四川、新疆结对学校结成"手拉手好朋友"等活动,在学生心中播下爱与善的种子。

家校携手传播爱。优化家校社育人环境。设立邻居节,与社区联手开展"侬好,邻居!"温馨敲门活动,送公筷,物物交换,学会友好,学会分享。

2. 生命教育课程SIPS模式呵护学生个性成长

学校将校文化分解为"明德·修身·乐学·力行"四个关键词,有序重组与整合现有课程内容,科学规划与开发校内外教育资源,构建满足学生发展需要的生命教育课程SIPS模式(见下图)。

"SIPS"是专题式课程、渗透式课程、项目式课程和综合式课程(Subject, Infiltration, Project, Synthesis)这四个单词首字母的组合,SIPS模式是实施生命教育课程的途径。

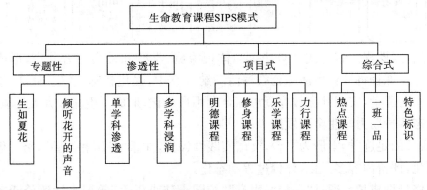

(1)专题性课程。以"体验经历·实践养成"为核心,围绕生命教育的三个层次,开发编写专题课程《倾听花开的声音》和《生如夏花》,共12本教材。

《倾听花开的声音》是生活课程,侧重于生存教育,着眼于培养学生生活技能、动手实践能力;《生如夏花》是心灵课程,侧重于心智教育,着眼于学生智慧的生成和自我的提升。课程分年级设置,按专题分单元呈现,主题相同,目标螺旋上升,内容呈现多元,将学生与自然、社会、生活、阅读"链接"起来,在环环相扣中呼应和促进,提升生命的质量。主要采用"六步结构法"(即破冰暖身、资料链接、尝试体验、图书推荐、生命絮语、课后回应)加以落实。

(2) **渗透性课程**。针对学科教学中普遍存在的对生命教育"拼接式"说教的现状,开展渗透式课程(Infiltration)的研究,依据一定目的,借助一定载体,潜移默化地把观点贯穿于教学环节中。

"单学科渗透"依据学校《生命教育课程纲要》,整体规划本册教材渗透生命教育的落脚点,采用"N+1"模式予以落实。"N"为学科目标要素,"1"是生命成长要素和渗透式教学策略的体现。"多学科浸润"针对特定的生命教育主题,从某一生命成长要素出发,重组多种学科的相应内容,发挥不同学科在教学手段、方法上的优势,使得主题更加深刻,途径更加丰富。

(3) **项目式课程**。按照不同的主题,开发了"4群9类'X'门"的生命教育项目式课程(见下图),使课程更加系列化、完整化、多样化。

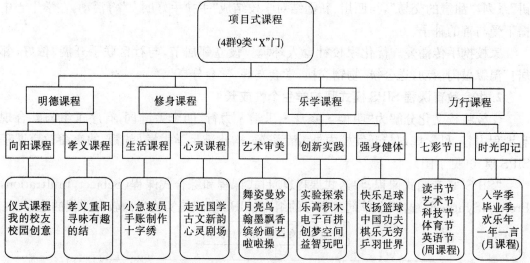

(4) **综合式课程**。综合式(Synthesis)体现家庭、学校和社会三者共育,形成合力实施生命教育。课程将社会生活综合教育活动纳入其中,强化教师、学生、社会、学校之间的交互影响与驱动,实现社会教育资源综合利用最优化,形成了生命教育大环境。

3. 生态评价助力学生全面发展

以"成长的足迹"档案册为平台,突出实践性评价,注重"经历和体验",努力做到评价主体互动化,评价内容多元化,评价过程动态化。

明德修身助成长。通过"一校好声音""校园十佳小乐手"等展示性评价活动,"益智运动会""文明阅读"等开放式评价活动,"正道之星""新时代好少年""最美学生"等综合评价活动,学、做、评一体化,关注每一个学生。

乐学力行出真知。坚持"不以成败论英雄"。针对各年段素养分年级设置主题活动,春有"远足"、夏有"母校一夜"、秋有"孝义节"、冬有"中国年",知行合一,在"成长的足迹"活动手册中记录点滴,关注过程中孩子的提升,生命的体验。

健康成长显个性。融合多方资源,开设社团、个性选修课、体艺2+1活动,围绕"成长的足迹"档案册,设立相应的评价项目,记录学生个性素养的表现,促进学生多元发展。

三、成效与心得

(一)建构了生命教育课程SIPS模式

SIPS模式的提出,使得学校的课程实施更加系统和规范,具有极强的操作性,也便于兄弟学校借鉴和参考。

(二)组建了生命教育课程资源库

学校开发编写了5套共15本校本教材,其中3套教材被评为市精品课程。学校还与中国儿童基金会合作,量身定制了安全体验教室和红十字急救培训专用教室。

(三)形成了一批创新型的特色项目

打破原有结构,构建合理的生命教育特色课程,形成一批创新型的特色项目,成为学校传统,是若干年后的校友辨识器。如春季的"跟着校长去远足"15千米＋毅行活动;夏季的"母校一夜"感恩露营活动;秋季的来校共度重阳孝义节;冬季的欢乐中国年活动。

(四)拥有一定的社会反响,具有推广价值

构建生命教育课程SIPS模式,得到了省市教科研部门的充分认可。研究成果获浙江省优秀教科研成果二等奖,全国首届生命教育教学成果特等奖;学校被评为全国生命教育实验学校,全国首批生命教育工作室,全国生命教育杰出单位。自2016年来,学校共接待了47批次来自国内外的学校、教育机构的参观访问;学校生命教育中心每年接待2000多人次儿童和成人的体验培训。通过"互联网＋"技术,向四川、浙江等地十多所学校输出和推广生命教育课程经验。

学校将继续携手前行在生命教育之路上,关注每个生命的幸福成长,不断开发、完善课程体系,努力让生命如花般绽放。

让责任教育绽放生命之花

广东省佛山市顺德区环城小学　罗敏　徐志成　梁伟坚

一、学校简介

佛山市顺德区环城小学创办于1974年9月,坚持"协同育人,和合共荣"的办学理念。学校环境育人氛围浓郁,办学经验丰富,先后获得全国规范化家长学校实践基地、全国生命教育课题研究实验学校、广东省电教优秀学校、广东省规范化学校、广东曲艺进校园培训基地、广东省绿色学校、广东省依法治校达标学校、佛山市体育达标学校、佛山市体育先进学校、佛山市第二批优秀传统文化艺术传承学校、顺德区第四批文明学校等称号。

二、措施与方法

生命教育是全人教育,包含人的知情意行等各个方面的教育,其涉及个体成长的时间跨度长、空间范围广,与其他教育不可等同。责任教育是生命教育的基础与核心。学校把责任教育作为生命教育的重要抓手,通过正面教育、开展活动、学科渗透等方式让学生受到潜移默化的影响,最终自觉建立责任意识,增强个体责任心。

(一)个体责任意识的培养

1. 感恩教育启迪个体责任意识

感恩教育是学校经常开展的教育之一,主要是通过家校合作的办法,在全校集会上开展正面教育,在班会课上让同学们谈谈父母的养育之恩,请家长到校进行上课,在家里帮爸爸妈妈洗脚、捶背等,同时围绕此展开讨论,经过讨论,让学生认识到,今天父母养育我们,等到他们年纪大了,没有了劳动能力,照顾他们、赡养他们就是我们的责任。

2. 家务劳动培养个体责任意识

劳动教育,特别是家庭劳动教育,一直是学校重点开展的工作,学校非常注重家校结合,不但要求家长每个星期都要填写学生的劳动表现情况,上传劳动的相片,还在家长的配合下,对学生进行家庭劳动意义的教育,让学生认识到,自己作为家庭的一员,家务劳动是自己的责任之一,对于能够完成的家务,应该主动、自觉地完成,不应该只是由父母或其他大人去完成,更不能每完成一件家务,就要让家长给予奖励。

3. 班级管理激发个体责任意识

班级管理活动自然是学校德育教育中最重要的内容之一,而在班级管理中开展责任意识的教育活动也是学校的重点工作,在班级管理活动中,学校要求全班每个学生都有任务,力争做到人人有事做,事事有人做。通过投身班级建设,每位学生都能从中感悟个体对集体的意义,以及个体承担责任对集体发展的影响。

4. 学科教学渗透个体责任教育

在学校的教学活动中,我们也非常注意要求任课教师渗透个体责任意识,例如,自己的作业必须自己完成,不但要按量完成,还要按质来完成;而在活动类的课程中,要求学生在实践活动的过程中,每一个小组成员都需要安排有自己的任务,要求每个人都对自己的小组负责。另外,还结合教材,对学生进行正面教育。

5. 生命教育基地感悟个体责任

学校在三幢楼的楼顶天台处建立了几十块劳动基地,利用劳动基地种植青菜等作物。一方面,通过观察植物的生长,让学生在种植的过程中感受到生命的美丽与伟大,另一方面,通过种植活动,培养学生的劳动意识,增强他们的劳动技术,磨炼他们的劳动意志。在对农作物的护理过程中,各班采取轮流浇水、除草、施肥等,争取做到每个学生都能够有机会参加到基地里植物的护理当中去。

(二)社会责任意识的培养

社会责任意识即是个体对于承担的社会工作的一种心理感受,或者说是对大众的服务精神的体现。对于学生来说,让他们直接服务于社会、服务于大众是不太现实的,但可以通过多种途径间接地让学生接受这种意识,为他们今后转化为行动做好准备。

1. 学科教学促进学生社会责任意识萌芽

在学科教学中,老师都非常注重利用教材的内容,引导学生讨论与思考,让学生意识到,每一个公民,都有责任维护社会公平,有责任维护国家尊严。

2. 家校合作促进学生社会责任意识发展

学校处于城市的中心地带,每到放学时间,交通非常拥挤,很容易引发事故。为此,在家委会的组织下,由家长进行交通秩序维护,保证学生正常上学、放学,学生每天都能够看到家长们忙碌的身影,看到他们全神贯注的工作姿态,感受到家长们满满的责任心。开会时,学校要求每个班都要抽出一至两次的班会,进行讨论,让学生意识到这就是一种社会责任,并要求在语文课上撰写作文、在美术课上绘画作图、在音乐课上创作歌曲,讴歌这种行为,褒扬这种精神。学生在这种活动中深深地感受到了家长在尽力为社会服务,主动承担起的社会责任,所有这些,一定会在他们幼小的心田播下社会责任的种子。

3. 社会服务开展助力学生承担社会责任

学校每个学期都定期到敬老院开展慰问老人的活动,帮他们打扫卫生,送一些生活用品,还组织一些能歌善舞的学生给老人们表演节目。每学期还与顺德图书馆等单位进行共建活动,组织学生帮助图书馆进行清洁、整理图书等的活动。每年学校都争取到送年轻人入伍的欢送任务,让学生在承担社会义务的同时感受到参加人民解放军,保卫祖国的光荣与神圣。

4. 革命文化传承促进学生感悟社会责任

每年的清明节,学校都要组织高年级的学生到烈士陵园去祭奠英烈,为了能让学生更清楚地意识到烈士们伟大的壮举,学校有针对性地每年选取一到两位烈士,引导学生利用综合实践课和班会课的时间,查找资料、访问有关人士、考察地理环境等,让学生了解烈士生前所处的社会环境,进一步加深对先烈们的崇敬与爱戴。

(三)自然生态责任意识的培养

为了对学生进行环境责任意识的培养,我们要求每个班级都必须每天进行两次的班级及公共区域的保洁工作,还组织环境小天使进行检查督促,保证每天班级里窗明几净,校园内一尘不染,还种植许多的花草树木,学生每天都生活在美丽的校园环境中。

除了营造美丽的环境,学校也非常注意引导学生建立节约资源的意识,通过学科教学,让学生认识到,地球的资源是有限的,不可能无限地开采、利用,为了人类的未来,学校应该从小养成节约资源的意识,节约水电、节约粮食,而穿着的衣服,只要是干净整洁,不必太在意新旧的问题。

为了让学生感受到大自然的魅力,每个学期我们都组织学生开展研学活动,让学生走进自然,感受自然,体会到自然的美丽风采。学校还组织开展了专项的调研活动,例如学校自然科学研究小组就组织学生开展小鸟天堂的调查活动,学生亲自做计划,有组织进入离学校十公里左右的生物多样性保护区,对那里的生物多样性进行了调查研究,并写出了研究报告,获得了佛山市青少年科技创新大赛二等奖。

为了能让学生体验到节约资源、利用废物的优势,学校还组织五年级的学生进行了废弃空牛奶盒的再生工作,学生经过了打浆、抄纸、晒纸等的工作,自己制作出了一张张再生纸,并用再生纸进行了绘画创作,体验到了自己在节约资源、再生资源的过程的作用,意识到节约就在身边,只要我们动动手,就可以为绿色地球贡献自己的一份力量。

三、成效与心得

未成年人的生命教育贵在提升认知、丰富实践。学校明确责任教育为生命教育的核心,通过个体和社会的双向互动,明确家校责任分工,积极推进学生个体责任意识和社会责任意识的培养,以实践促认知,以认知带实践,在不断践行生命教育的路程上,丰富学生的生命认知,感悟成长。

生命教育的课程实践

湖南省长沙市天心区湘府英才小学　胡雪滢　钟柳　郑灿

一、学校简介

学校创建于2011年,北邻湖南省人民政府,周边文化场馆资源丰富,具有独特的地理优势。湖南省文化馆、省地质博物馆、省科学技术馆、省青少年活动中心和湘府文化公园,作为长株潭"融城"核心区域的一个公共文化设施集群地,给学校教育发展提供了得天独厚的资源支持。学校以"开展生命教育,为学生成长持续赋能"为目标,设计课程内的每个教学模块及相应的课程小目标。在各具特色的活动中和而不同、美美与共。

二、措施与方法

立足课堂,活动育人,促进学生全面健康发展。语文组老师都积极投身于教学工作中,认真学习,领会和运用最新教学理念,扎实落实语文教学工作,踏踏实实地开展教学活动。为营造良好的"书香校园"氛围,让学生学会读书,激发学生的课外阅读兴趣,并分享阅读成果,挖掘潜能,提升综合素质,年级内开展了主题阅读活动、书香少年、书香班级、书香家庭评选活动、低年级期中闯关活动,学生在一次次的活动中得到锻炼,在不断的磨炼中进步。

数学组老师开展了低年级期中闯关活动,中高年级数学综合实践活动,不仅让每个学生每日知识过关,同时又带领学生积极实践,亲身感受数学知识的生成与运用。

英语组老师开展了丰富多彩的学生活动,如小小朗读者、智趣双语广播、文化墙作品展示、主题情境下的英语深度学习、"小小书虫杯"英语风采展示活动等,提升了学生的综合素养。

音乐组老师认真学习新课程的教学理念,以此指导实践工作,教学班演唱演奏比赛、红歌教学、二声部歌曲教学、口风琴演奏、打击乐演奏教学、三独比赛等学科活动彰显特色,提升学生能力。

美术组老师秉承"让每一个孩子都闪光"的理念,精心打造"玩味空间"黏土特色美术基地,组织了"巧手装扮,献礼十年"美术学科月活动,辅导学生积极参加"阳光下成长"中小学生书画比赛、"身边的榜样"四格图文比赛、"童心向党　笔画传情"漫画比赛等,给学生提供了丰富的展示平台,提高了学生的美术核心素养。

体育组老师坚持"健康第一"的指导思想,开展形式多样的体育活动,寒假运动打卡、活力大课间创编、阳光体育运动会、健美操、啦啦操、篮球、足球比赛、田径运动会等,丰富了学生的校园生活,促进了学生健康成长。

综合组给学生精心设计了创客节活动、纸质模型比赛、心理健康日活动、心理漫画比赛,活动精彩纷呈,孩子们开心体验,提升了创新意识,保证了身心健康发展。

积极创新,深化改革,关注学生个性特长发展。学校"光合课程"的建设以基于学科的课程化实施为核心,开展"基础课程、拓展课程、研究型课程"三个层次的初步实践与研究。开展生命教育,为学生成长持续赋能。

学校坚持五育并举原则,坚持国家课程根本地位不动摇,建立"领域、科目、模块"为系列的三级课程结构系统的学校课程,一共有六大领域(语言与人文、艺术与审美、自然与探索、数理与逻辑、体育与健康、品格与社会)的学校课程,全面服务于学校个性化的培养目标。

(一)基础课程

学校全学科开展单元整体教学设计。9月,英语、语文学科率先开展"单元整体教学设计与实践"面向全区教学展示研讨活动;12月数学学科在全区开展单元设计展示活动。在课堂教学中,学校还力倡"问题导学"型教与学模式。

英语组老师以国家课程为基础,在智趣听说、智趣阅读、智趣表达、智趣文化四个方向进行课程构建,从而形成学科"智趣英语"课程群。

(二)拓展课程

建校十多年来,学校在开足开齐国家课程的前提下,逐步为学生研发实施了60多门个性选修课程,我们统称为"童趣课程"。童趣课程内容涵盖分布六大领域,对学科课程内容进行学科内拓展。教师在课程开设的同时,积极思考如何优化学科专题课程,丰富和发展学科实践探究活动。

(三)研究型课程

基于学科课程标准、学校育人目标、学校及周边资源,推行生态课程建设,落实学校文化,实现学校的特色发展。

1. 校园植物之约

老师以"我和校园植物有个约会"为主题,以"我为校园植物做名片"为任务驱动主目标,请各组学生从不同学科角度去搜集资料研究植物特性,遇到问题就寻求"项目式学习导师"的帮助。学生团结合作,致力于制作《湘府英才小学植物大全》,为十年校庆献上一份特别的礼物。

2. 生态美育

美术老师带领学生们走出教室,走进自然情景中去观察、感悟,引导学生用自然媒材搭建立体微景观,创造出极具童趣又充满烟火味的田园生活场景。拾落叶,寻花朵,找灌木,一片片金黄的银杏叶、一枚枚火红的枫叶、一朵朵绚丽多彩的小花成了拓印的好材料。不一会儿,各种各样的树叶形状、花儿模样,就清晰地印在布料上,一件件精致的植物拓印作品跃然"布"上,栩栩如生。

3. 英才种植园

六年级的学生在项目组老师的带领下种植蔬菜;进行定期培护,坚持给菜地锄草、浇水、施肥;学生制作纸质菜牌,介绍蔬菜相关信息;开展成果展示活动、制作种植笔记、图文小报、视频日志……学生还将自己的收获收集起来开展拓展活动,将大部分的蔬菜在学校进行售卖,进行公益捐赠。

4. 和香生态园

厚德楼楼顶的和香生态园,是四、五年级学生的生命乐园。学生轮流去花园参与种植活动,不仅美化了校园的环境,同时也为自己种下了一份希望!学生不但参与劳动种植,还乐于记录自己的心情日记,进行手工制作等。学生在劳动中学习,也在劳动中运用,充分体验光合课程的多样性,为成长持续赋能。

5. 生态场馆

学校课程开发组和周边场馆紧密合作,开发符合学生学习需求的场馆资源,并进行深入实践,大力普及和推进学习方式。

6. 生态心育

生态心育项目组的老师和学生把少代会的小提案巧妙融入生态心育活动中,围绕满树的诱人的黄色"小灯泡"开展采摘和饮品制作活动。大家分小队共同观察校园中的柚子树,集思广益,思考可以用什么方法将高高在上的柚子给摘下来。学生借来了长剪子,邀请了校工郭师傅来帮忙摘柚子。学生抱着新摘的柚子,欢欣雀跃地开始制作,剥柚子、榨汁、兑蜂蜜水。

课程改革下的生命教育给学校带来了空前的活力。学校以培养学生核心素养为目标,与课程内容连接起来,将教师的个性化教学与学生的个性化成长连接起来,整合学习内容、改变学习方式,把"理想的课程"变成富有生命气息的"实践的课程"。

三、成效与心得

1. "和美文化"创生,夯实生命教育厚重底色

办学十多年,学校坚持生命教育理念下的学生素质全面发展,凝练出独特的"和美文化"。在和美课堂上,教师关注学生生命发展潜能,尊重学生独特的发展需求,践行"和而不同,美美与共"的教育理念,全面实施素质教育;在和美校园里,启发学生关注、尊重、热爱他人的生命,理解生命与天人物我的关系,走出校园,积极创造个体生命的价值,回报社会。

2. "光合课程"实施,赋予生命教育丰厚滋养

课程是生命教育得以落地和实现的必要保障。"光合课程"从学生成长的基本需求出发,立足基础课程,以拓展课程和研究型课程保障学生个体学习的特殊需求。多年的课程实践沉淀出一批优质的课程资源,在此基础上,随着课程研究的不断深入,学校积极开展"综合实践活动之四方联动模式"课程实践,探索劳动教育与综合实践活动课程的深度融合。课程实施为生命教育提供丰厚滋养,为学生成长持续赋能。

3. 教育科研并进,创新生命教育内涵外延

学校生命教育坚持以课程育人,以科研促进教师专业提升。学校申报的《小学课后服务课程体系构建与实施策略研究》省级规划课题,旨在探索学生在课后服务时段的系统课程学习,将国家课程在课后实现有效延伸,成全学生在每一个生命成长过程中都能闪闪发光。

"怡"泽童心　涵养生命

黑龙江省大庆市怡园小学　张丽琳　吴凯杰　李雪梅

一、学校简介

大庆市怡园小学创建于1992年10月，坐落在让胡路区怡园居住社区，紧邻大庆市铁人纪念馆。经过30多年的发展变化，怡园小学师生在"怡"的快乐、愉悦的本义中，提炼出"让怡小更怡人"的办学理念，形成"心教之，美化之以怡心；践导之，智启之以怡行"的学校文化特色。学校围绕"立德树人"根本教育任务，从课堂教学、多元活动、校园环境等层面，全力关注学生道德素养、学业水平、行为习惯、兴趣特长等方面的发展。学生在场景式生命教育活动过程中学会生存、热爱生活，感受生命的美好。

二、措施与方法

（一）启智生命——怡文化促升"各级课程"

1. "博约课堂""伞式教研"是提升教师素养的途径

学校通过"伞式教研"——按教师需要定制教研课题，团队助力教师成长。打造充满生命智慧的教师队伍，形成"博约并济、行境合一"的"博约课堂"教学模式。以师之智慧启迪生之智慧，以师之品德塑造生之品德，使教师和学生共同成长，绽放生命之花。

2. "国家课程""校本课程""社团课程"多层次课程结合是生命成长的沃土

学校立足全面开设的国家课程，提升学生核心素养；每日晨诵国学经典，落实经典诵读校本课程，丰富学生积淀；开发多彩的社团课程，丰富学生实践体验。多层次课程互促互补，深化五育并举，践行生命教育。

清晨，漫步教学楼内，处处有琅琅诵读声。每周末，有丰富多彩的社团课程，如线描、书法、中国鼓、非洲鼓、韵律操、象棋、羽毛球、排球、篮球、足球、乒乓球、合唱、种植、养殖、创意制作、益智教育等。学生在多层次课程体系中习得技能、建构知识、强健体魄、陶冶情操，让生命得以更多元地成长。

（二）丰富生命——怡文化助力"多元活动"

学校基于立德树人的根本任务探索生命教育，以多元化的活动为载体，践行怡文化"心教之，美化之以怡心；践导之，智启之以怡行"的学校文化特色。

1. 安全教育活动

安全教育是生命教育中的重中之重。学校通过网络宣传、讲座培训、安全演练等多种方式，开展多样的安全教育活动，内容包括交通安全、火灾逃生、地震逃生、防踩踏事故、防爆演练等,增强学生生命保护意识,提高学生生命保护技能。

2. 榜样教育活动

榜样教育,是融入学校各个活动之中的制高点。"学榜样""做榜样"的思想凝结在学校各种活动中。"感念师恩"教师节的谢师恩活动、参观大庆精神铁人精神教育基地、选树校园之星、文明班级、评选道德模范、师生榜样、家长榜样等活动的开展,通过榜样激励,帮助学生形成正确的人生观、世界观、价值观。

3. 社团活动

学校开发教师资源,开设学生社团。社团指导教师结合学生特点,精心设计社团课程的延伸活动,发现学生身上的闪光点,激发学生自身潜能,让每个学生得到充分发展。养殖社团的"怡小兔"非常受欢迎,夏天校园栅栏边的种植乐园是学生最喜欢的场所,学生在那能摘满满一兜萝卜、西红柿、辣椒、樱桃、茄子。收获的喜悦,更加使学生体验到生命的力量和价值。社团活动引导学生内心充满阳光,每个学生在自我肯定中更加自信,让生命更加精彩。

4. 书香怡情

打造书香校园,是学校生命教育的切入点,是怡文化发展之基石。学校为学生和教师创设了融入校园生活各个角落的读书环境,学校有全天开放的图书室,班班有图书角,每层楼都设置"红领巾共享图书"架,阅读让师生的生命更加丰沛。

5. 大队部竞选

每年10月举行大队委换届竞选活动。学生通过班级推荐、海报宣传、特长展示、少先队知识考试、现场投票、网络投票等环节竞选大队委。过程中,增强少先队员的参与意识、民主意识、管理意识、竞争意识,更好地发挥主人翁精神,寻找每个生命的社会属性。

6. 无废学校系列活动

环境保护是生命教育的重要部分,学校作为"无废校园"试点校,通过"无废校园"建设,推动家校共同践行"低碳生活"。"废纸收集桶""DIY书皮"引导学生废物利用、减少浪费、树立环保意识。系列活动让学校因"无废"更鲜活,让学生生命因"无废"更精彩。

(三)涵养生命——怡文化打造"校园环境"

对于生命的感悟,也是环境的潜移默化,对于生命的成长,也是环境的润物无声,从校园环境的多方面渗透怡文化的影响,涵养浸润其中的每一个生命。

1. 优化校园文化,创设育人环境

校园文化区:42个花箱,让教学楼周围处处鲜花盛开;24块古诗、文言文牌匾,让整个校园浸润在古诗词的文化氛围之中;教学楼侧门两侧的笑脸墙,由一张张学生的笑脸组成。"百草园"种植区,"怡小兔"窝棚,是师生最喜欢的地方。

后操场运动区:低年级跳格子活动区、球类运动区、跳远运动区、环形跑道等各种运动区合理规划布局。体操馆建筑上"让怡小更怡人",手绘的五环标志和各种运动人物造型等环境布置,运动场成为师生活动的乐园。

教学区:一楼大厅的"彩蝶飞舞"圆盘展、"小莲初上琵琶弦"手绘乐器展;二楼的"京彩怡园"面具墙、"正衣冠 端品行"创意帽饰设计；三楼的"青山绿水"楼阁和"又见烟雨江南"书画同源长廊；楼梯栅栏,被线描社团成员们用麻绳装饰,既美观又安全。

2. 优化班级文化,体现怡人之风

开展以怡文化为主题的班级文化建设评比活动。教师、学生、家长共同参与、献智献力,让每一面墙都成为"无声导师",实现每间教室"四壁说话",不同的班级,都有不"怡"样的风景。

三、成效与心得

建校30多年来,学校始终用怡文化凝聚人心,用怡文化统领工作。在生命教育之路上,怡园人不懈探索,积极实践,取得一定成效。

（一）生命教育以怡文化为土壤,塑造生命品德

在怡文化"让怡小更怡人"理念影响下,怡园小学与生活在怡小沃土上的师生的生命都更加鲜活。学校被认定为"大庆市美术工作站实验校""大庆市语文一体化阅读教学工作站",多位教师评为省、市、区级优秀称号。学生的成长与转变也同样也得到了家长的认可。学生在呵护生命的过程中,懂得对生命的尊重,实现自身的成长。

（二）生命教育以多层次课程为途径,开启生命智慧

学校用多元课程引领学生成长,多名学生的美术作品在黑龙江省中小学美术作品比赛中获得奖项。舞蹈"俏花伞"在黑龙江省第七届中小学生艺术展演中荣获舞蹈类二等奖。"绳舞飞扬"社团获得区跳绳比赛团体第八名,个人女子第二名的优异成绩。多元课程开启多元智慧。生命在创新与实践中绽放精彩。

（三）生命教育以多元活动为补充,丰沛生命色彩

怡文化强调"心教之,美化之以怡心；践导之,智启之以怡行"。多元活动让学生阳光、健康、自主的个性已经逐渐形成。文化浸润,"怡"泽童心。学校在生命教育课程探索和实践中,形成了师生团队乐观向上的校园氛围,也让学生的生命教育如雨后春笋一样向着美好、幸福节节攀升。

匠心沃土 成就最美花开

辽宁省丹东市实验小学 杨如松 吕其明

一、学校简介

丹东市实验小学,坐落于辽宁丹东风光秀美的锦江山麓、鸭绿江畔,始建于1960年。学校坚持走外部优化和内涵发展并重的创新探索之路,以"生命教育"为办学理念,以"为学生的全面发展和师生的终身幸福奠基"为办学宗旨,以"培育有生命品质的学校、培训有阳光品格的教师、培养有创新品行的学生"为办学目标,形成了以"悦见生命"为精神文化的学校文化体系,通过"二级六维实小特色课程体系"落实"润泽生命,和而求新"的核心理念。

二、措施与方法

时序更替,天光且往。学校坚守"生命教育"的初心使命,不惧风雨、不畏挑战,在机遇中突围生长、主动发展,积极推进学校的整体转型和实践变革,踏上了实小跨越式发展新征程。

(一)以夯实党建筑牢思想根基为统领,坚定"生命教育"办学方向

学校以党建工作统领全局,全面加强党对教育工作的领导,坚决贯彻党的教育方针,落实立德树人根本任务,推动学校"生命教育"特色的创建,使学校党建工作与学校整体工作同筹划、同部署、同实施。

(1)强化思想引领力,充分发挥党组织在管战略、谋大局、议大事、把方向的重要作用,坚决执行"三重一大"制度,深化运用监督执纪的"四种形态",进一步规范招生工作、基建工程、物资采购和后勤管理,形成风清气正的良好局面。

(2)强化堡垒战斗力,彰显党组引领示范作用,在教学管理、课程改革、课堂建设和教师专业发展等教育教学全过程充分发挥党组织的战斗堡垒作用和党员先锋模范用。

(3)强化监督震慑力,推动责任制度全面落实,严格执行师德一票否决制度"首问责任制""限时办结制",坚持有责必问、失责必究,大力发挥家长、社会对教师的监督作用,坚决杜绝有偿家教行为以及体罚或变相体罚学生、不尊重学生等现象,发现一件处理一件。

(4)强化项目执行力,推进特色学校创建。学校以"生命教育"作为学校办学特色,在"润泽生命,和而求新"的核心理念引领下,以特色发展来推进学校的整体变革,激发学校办学生机与活力。

(二)以创建温暖和谐校园为驱动,架构"生命教育"办学体系

办学思想是学校发展的灵魂,是学校凝聚力和活力的源泉。学校紧紧围绕"生命教育"办学思想,积极开展"打造生命教育特色学校"的实践探索。从生命教育办学理念的确立到办学策略的探索再到学校特色品牌文化的形成,从制度文化、精神文化、行为文化、物态文化等方面逐步形"生命教育"的文化品牌,建构起以"悦见生命"为根基的"生命教育"的办学体系,激发了学校办学生机与活力,实现了学校的整体变革。

(三)以引领教师专业发展为核心,打造"生命教育"师资队伍

学校一直把教师的专业成长放在学校发展的重要位置,全方位启动了"教师生命成长工程",并将其确立为学校"三级八项"发展工程之一,建立起教师专业发展的支持体系。

1. 建立"三种"机制,强化师德师风建设

一是建立师德监督机制,二是建立师德评价机制,三是建立师德奖惩机制,通过实施"三种"机制,实现"铸师魂、育师德、树师表、正师风、提师能"的建设目标。

2. 实施"三项工程",促进教师梯队建设

做足"人师工程",开展读书活动,园丁论坛等,提高教师的事业心和责任心;做优"经师工程",实行"学科新秀、学科骨干、学科精英"三级梯队教师培养模式;做实"共赢工程",采取日常课堂研讨、青蓝结对、骨干协进等形式加快青年教师的成长。

3. 搭建"三条途径",拓宽教师成长渠道

"三条途径"即在学习中转变、在实践中提升、在团队中成长。学校把教育专家、名师请进来讲座送课,把教师送出去学习培训。在"语文主题学习"实验研究中和"深度学习"的探究中,不断提升教师的教学水平。

(四)以促进学生全面发展为目标,完善"生命教育"育人课程

课程立校,是提升学校生机与活力的必由之路,立德树人、全面发展的教育方针也必然要通过课程来落实。秉承对办学理念的思考与探索,学校把课程建设摆在学校发展和特色建设的重要地位,将培养有创新品行的"六有实小少年"的育人目标与核心素养的"三个方面六大素养十八个基本要求"相结合,在关注生命教育的办学实践中建立起"二级六维"的生命教育课程体系和"一体四翼"的课后服务课程体系,以精彩纷呈的德育活动和百花齐放的社团活动为学生提供实践平台。学校开展"润生杯"四季四节活动——科技节、艺术节、体育节、读书节;学校组建"学雷锋志愿服务队""古诗词训练营""音乐剧表演队""国旗护卫队""红船讲解员"实小少年在省市各级合唱大赛、古诗词大赛、机器人大赛、科技大赛等比赛中均取得优异成绩。

(五)以落实推进重点工作为契机,提高"生命教育"育人质量

学校全面落实"双减"工作精神,提质增效一是在学生作业管理上下功夫。通过研发

校本作业、完善管理制度、控制作业总量、确保作业质量等措施,做到书面作业不出校门,切实减轻学生作业负担。二是在课堂教学质量上下功夫。通过加强课堂督导、深化教学改革、构建教学模式、注重科研引领、深化评价改革"五条措施",转变教师课堂理念,提升教师课堂教学执教能力,使得当堂目标当堂完成,提升课堂教学质量。三是在课后服务质量上下功夫。为提高课后服务质量,学校为学生提供了8大类73个社团项目供选择,建立课后服务管理团队和质量评价标准,实现课后服务全覆盖。

三、成效与心得

学校在打造"生命教育"特色学校的实践中成效显著,办学特色鲜明,办学质量提升,社会声誉增强:学校先后获得"全国文明校园""辽宁省教育系统先进集体""辽宁省课程改革先进学校""辽宁省先进基层党组织""丹东市五星党支部"等荣誉称号,各级各类新闻媒体多次报道学校育人活动。学校教学成绩突出,在丹东市2020年-2022年小升初分班考试中,总平均分均以领先第二名十多分高居榜首,一举实现三连冠。教学工作经验在丹东市"打造高效课堂,提高教学质量"小学教学工作研讨会发言交流。学校多次承办省市现场会,如"辽宁省大中小学思政教育一体化现场会""丹东市创建全国文明城市现场会""丹东市教育集团启动会""东北三省小学语文主题学习课堂展示活动"等大型会议。多位教师在国家、省、市会议中公开授课并获奖,涌现出黄晓坤、宋晓丹、于坤、刘玺运等一批教学名师。学生在丰富多彩的育人活动中全面成长,参加国家、省市竞赛捷报频传,2021年艺术节成为社团活动成果展示的大舞台,学校艺术和体育社团的教师和学生的联袂出演,精彩纷呈,震撼人心,充分展示了学校落实"五育并举"取得的成果,获得受邀领导、嘉宾和家长的高度赞誉。学校先后形成了一批稳固而鲜明的办学特色,"二级六维"的课程特色、"四季四节"的活动特色、"多维悦读"的阅读教育特色、"主题学习"的教学特色、"生命温度"的课后服务特色、"六有实小少年"的德育特色等,彰显出"生命教育"办学思想的强大活力。

"关山初度尘未洗,策马扬鞭再奋蹄"。学校将继续在"生命教育"特色办学路上,坚持走文化强校之路,打造生命教育温情校园,为每个学生照亮灿烂的童年!

激扬生命教育课堂教学模式的构建

广东省佛山市顺德区李介甫小学　白玉婷　詹成英　黄志红

一、学校简介

学校发端于清朝罗氏家族私塾学堂,至今已有百年历史。学校面积虽不大,但布局简洁、清雅,环境美丽、干净,办公室和教室走廊的绿色植物生机盎然,焕发着生命教育的气息。学校是侨资兴学的典范,也是全国生态文明教育特色学校和生命教育特色学校、广东省体育传统项目(武术)网点学校、佛山市首批一级学校和首批"优秀书香校园""佛山市武术进学校示范单位"和"佛山市校园武术特色学校"、顺德区 A 类学校和先进学校。学校养成教育课题研究曾获市级科研成果奖。学校培养了国家健将级武术世界冠军和二级运动员三十多名,原武术队队员梁壁荧在第十五届世界武术锦标赛中为国争光,夺得太极拳冠军,2015 年和 2021 年两度登上中央电视台春晚舞台。

"激扬教育,激扬生命"是李介甫小学的校训,学校以"激扬生命教育"为办学核心,以构建"激扬课程"为抓手,以"激扬课堂"为主阵地,以"激扬生命"为主线,发扬武术教育特色,多维度拓展学生潜能,用教育激扬生命。

二、措施与方法

构建激扬生命教育课堂模式,打造激扬生命教育融合课堂就是以贯彻生命教育理念和原则,呈现生命教育生态,唤醒师生的生命意识,激发师生的生命潜能,提升师生的生命境界,以促进师生的生命发展为根本目的。

(一)以传统文化丰富激扬生命教育课堂教学内容

激扬生命教育课堂倡导为学生留下值得回忆的教学内容,在课堂中融入优秀传统文化的学习能很好地提升学生的文化涵养与人文底蕴,提升激扬生命教育的内涵与品质。学校是广东省武术特色学校,为突出"以武习德,以德育人,以德润心"生命教育功效,学校创编了一套武术校本资料,将武术与音乐、舞蹈、美术、科学、计算机融合起来进行教学,拓展了中华武术的育人品质,让学生在练习武术的同时练体、育心。为丰富激扬生命教育的内涵,学校还积极开发了探究型拓展课程,充分利用李小毗邻清晖园这一得天独厚的资源,分学段进行清晖园文化的校本开发:一、二年级重点学习清晖园的园林文化和建筑文化,让学生以小导游的方式向家人和嘉宾介绍清晖园;三、四年级重点学习清晖园的楹联文化和诗词碑文文化,初步感受中国古典文化的魅力;五、六年级重点学习清晖园的状元文化,加强感恩励志的教育,提升激扬生命教育的内涵,引导学生做中华优秀传统文化的传承人。

（二）以学科融合构建激扬生命教育课堂教学方式

1. 小组合作，同伴互助，师徒结对，唤醒学生学习的内生力

激扬生命教育课堂是校本化的生本课堂。"生本课堂"倡导教师成为学生学习的伙伴，与学生组建学习共同体，与学生平等交流和探讨，引导学生主动参与课堂学习，组建学习合作小组，布置学习任务，引导学生进行探究性学习。生本课堂上的气氛是民主、平等、和谐的，是能给学生心理自由和安全的心理体验的课堂教学。"生本课堂"要求教师"以学定教"，在尊重教材的基础上，能超越教材，积极地审视、科学地处理加工教材，善于挖掘教材之外的教学资源，在激活学生思维方面大做文章、巧做文章，激发学生的学习兴趣和探究欲望。把教学建立在学生认知水平、知识能力"最近发展区"上，善待了学生差异，从知识课堂演变为以人的发展为根本的生命课堂。教师在备课的时候要重视学生知识与能力的获得，课堂教学活动的设计、启发思维的提问为学生提供丰富的生命体验，思考教学内容与学生成长的维度融合点，为学生提供有价值有意义的生命体验。

2. 构建激扬生命教育课堂模式，以智启慧润泽心田

无论是国家课程还是地方课程，其实里面都有很丰富的内容供学生学习，教师在备课与设计课堂教学活动的时候要善于把人与己、人与人、人与地、人与天的生命教育元素融入学科教学内容中，在学科教学中渗透生命教育。处理教学内容，设计教学活动时要关注体验，课堂教学方式要以情感人，课堂提问要有思考性，引导学生把理论学习与现实生活联系起来，教师在教授知识的同时，要特别注意培养学生的学习方法，培养学生学习的好习惯，关注学生的"学"，让学生学会学习，激发学生学习的内驱力，体验到美好的学习经历。

3. 立足课堂巧用信息技术实现课程融合教学

为打破学科间的壁垒，在课前预习时，教师尝试设计导学任务单引导学生预习新课，搜索资料，丰富学习内容，激发学生的求知欲；在课堂学习中，教师巧用微课拓宽学习广度，激励学生多角度思考与探索；以课内＋课外活动为依托，鼓励学生追求创造。例如在教授五年级上册课文《圆明园的毁灭》的时候，教师设计"小导游解说"游览残垣断壁的圆明园活动，借助微课展示圆明园复原3D图和电影《火烧圆明园》片段，立体展现学习内容，触动学生心灵，激发爱国热情，树立为国争光的理想。最后设计了"少年中国说"集体朗诵活动，继续深化了学生的爱国热情，让课堂学习更有意义，提供平台给学生展示，在活动展示中体验学习的幸福感。

4. 立足课堂借用课题研究培养学生核心素养

教育教学是师生双向奔赴、互相成就的过程，立足解决教育教学中问题的课题研究是培养学生核心素养的最有效方式。佛山市级课题《立足小学生发展的学习习惯养成教育研究》培养了学生良好的学习习惯，获得省科研成果三等奖；依托《小学阶段开展课外阅读的指导策略研究》课题，老师整理编辑了"一至六年级课外阅读书目及阅读之星检测评价卷"，形成校本课程，落实了课外阅读的推广；《六年级语文习作中拓展写作素材策略研究》课题，运用素材本与班级作文报出版，激发学生的学习热情。《3D打印对中年段小学生创新思维培养的策略与实践研究》的顺德区课题,培养了学生学科融合思维方法,实现了从想到做的飞跃;《智慧学习课堂在小学英语教学中的应用研究》提升了学生的听力理解能力和口语交际能力,帮助学生在街道口语比赛、省级在线英语口语朗读能力比赛、手抄报比赛中屡获佳绩。教育教学中的课题研究,帮助学生关注学习体验,唤醒潜能,激励思考,鼓励学生追求创造,达到全方位育人的目的,在培养学生核心素养中培养学生的获得感。在课题研究中,教师找到了爱生乐教的源泉。教师从害怕课题研究到现在越来越多课题立项就是最好的证明。

三、成效与心得

学校自 2019 年申报为生命教育特色学校以后,一直非常重视学生的生命个体成长,通过课程、课堂、活动培育学生生命生长。根据 2021 年 10 月份顺德区大良街道教育办组织学生做的心理健康评估测评来看,学生心理健康率达 99.5%,学生在各级各类武术比赛中获奖丰富。如在 2021 年广东省武术套路(传统项目)锦标赛中,从 400 多个参赛队伍的角逐中脱颖而出,共在三十多个项目中获奖,其中一等奖 13 个,二等奖 8 个,三等奖 8 个,在大良街道参赛的学校中获奖数排名第一。学校自 2018 年完成建设科创中心后,科创特色也成为学校办学特色的又一亮点,在科技劳动实践活动评比中屡获省级大奖。

七大举措全方位助力学生成长

广东省深圳南山外国语学校(集团)滨海小学　肖梁　崔丽华

一、学校简介

滨海小学自 2018 年 9 月正式建校,2019 年 4 月成为生命教育实验学校,是深圳市南山外国语学校(集团)中最年轻的学校。学校位于深圳市前海蛇口自贸区,虽成立时间不长,但成绩令人瞩目。滨海小学是深圳市双区建设实验学校、深圳市课堂改革示范学校、深圳市重点资助课题学校、最受关注的新锐学校、"双减"工作示范学校、2022 年获评深圳市儿童友好基地。

二、措施与方法

学校通过文化育人、课程育人、活动育人、管理育人、评价育人、社会共育、课题引领来促进生命教育的有效落实。

(一)文化育人

学校坚持以生为本,践行"像树一样茁壮,像海一样博纳"的教育理念,秉承精致育人的办学思想,培养开放、博纳、勇敢、自信地拥有海一样气质的阳光少年,面朝大海,探究未知,向下扎根,向上生长。

精致的校园,以儿童为中心设计。建校之初,学校形成了以儿童为中心的空间设计理念,以"湾区特色、国际理念、传统文化、创客精神、生态环保"五大设计元素建校,为学生构建开放式的班群学习空间、组合式的公共资源共享空间、探究式的户外活动空间,观海楼、听海楼、望海楼、海洋广场、海洋文化长廊散发着浓浓的海洋文化,熏陶海洋气质。优雅的图书馆、古色古香的国学馆、温馨的心语小筑、音乐、美术、科学、信息、劳技等功能齐全的教室,1855 平方米的屋顶花园农场,为学生提供了探究体验参与的丰富空间,激发学生无穷的探索欲与生命力量。

学校地理位置优越。西临代表城市生长力量的招商局蛇口,北侧为留存百年渔港文化记忆的蛇口渔港码头,东南侧与极具生态价值的湿地深圳湾紧密相连,周边遍布蛇口山、灯塔纪念台地、海上世界、运动公园和文化法制广场等自然文化景点。学校所在区域在"蛇口精神"引领下,致力于筑牢中国力量、中国精神、中国效率的根基。得天独厚的社会资源与精神,为学生成长提供了广阔的实践场所和教育基地。

(二)课程育人

生命教育是以"生命"为核心的教育,是全人教育,贯穿生命活动的全过程。学校充分挖掘课程的丰富内涵，唤醒学生的生命体验，点燃学生的生命激情，升华师生的精神境界，使学生形成人文、多元、丰富、深刻的情感与思想。

在集团办学目标和课程文化的引领下，在开齐开足国家课程的基础上，非常重视心理课、劳动课、道法课等综合实践课程的开设。每周一节劳动必修课让学生在生命实践中提高劳动意识，培养吃苦耐劳的优秀品质。

另外，学校构建"树海"课程，实施精准教学，实现丰富多彩的综合实践和四点半课程的融合，构建了滨海小学"五大精品课程"体系。目前学校结合学科建设，打造书法、法语和英语戏剧、模联、数学游戏、板球、足球、棋类、羽毛球、手风琴、戏曲、创意木工、VR创意制作等一系列精品课程。满足不同层次学生生命发展需要，培养学生适应终身发展和未来社会发展所需要的品格和关键能力。

(三)活动育人

学校精心设计、组织开展主题明确、内容丰富、形式多样、吸引力强、具有海洋特色的活动，如三年级的海洋主题"项目式学习"，四年级学生零距离接触大国神器——"深海一号"暨蛟龙号、天鲲号，在全校范围开展的"行走蛇口"体验式学习活动。通过系统的跨学科整合学习活动，使学生丰富各学科知识，提高交流、思维、创新、合作等各方面能力。

通过节日纪念日、仪式教育活动、校园节、少先队、社团等活动，促进学生的生命成长与良好行为习惯的养成。学校每年举办的六年级毕业礼、四年级成长礼、一年级入队礼，隆重热烈，教育性强，成为学校生命化德育的经典课程。

学校重视体育运动，始终以"健康第一"为指导思想，扎实落实"每天一小时"体育锻炼时间，通过课堂教学、早操及阳光体育、体育校队及社团三大板块内容，培养学生终身体育的生命意识，增强学生健康体质。学校有足球和板球进课堂发展学生的体育特长。早操有广播操，还有武术操和韵律操，阳光体育包括接力跑、跳大绳等形式。每年定期举行亲子运动会、田径运动会、跳绳比赛、"校长杯"足球比赛等赛事。学生体质优良率大幅度提高，2021年的优良率比2020年提高20%。

(四)管理育人

学校重视良好的行为习惯和学习习惯养成教育，根据学生实际制订《学生会听课、会学习三六九常规》，培养学生学习习惯；制订《学生在校一日十项常规》，培养学生文明习惯，规范晨检礼仪、晨读午写、课间休息、两操升旗、卫生秩序，调整学生的状态，学生自主管理，参与式互动评价，每周评选班级流动红旗。

学校制订《防范校园欺凌应急工作流程》，加强对校园欺凌的预防和应对，增强学生对生命的自我保护意识和能力，依法依规采取适当的矫治措施予以教育惩戒，对遭受欺凌和暴力的学生及其家人提供帮助。

学校关注每位学生的生命成长，积极为特殊群体学生提供帮助和支持。学校编印《"了解学生，走进学生心理"班主任工作手册》，指导教师从情感关怀、心理咨询、结对帮扶、家校沟通、建档跟踪等方面建立工作流程，帮助学生生命健康成长。学校建立资源教室对需要特别帮助的学生进行针对性训练。学校规范心理辅导室建设,定期对学生进行心理筛查,每周固定时间向学生开放心理咨询接待,手写咨询记录。学校开展多样化的心育活动,包括心理健康活动周、学生心理社团、红领巾读书会、心灵周记等;对学习困难学生、心理出现问题的学生建立档案,跟踪帮扶,为学生成长提供支持,为学生生命保驾护航。

(五)评价育人

学校制订《阳光少年激励性评价实施方案》,构建人人可行、天天可为、阶梯进步的阳光少年激励性评价体系和红树苗奖杯评选规则。评价按"大拇指"—"阳光天使"—"阳光少年徽章"—"红树苗奖牌"的进阶顺序,从"十项常规""学习三六九要求"等方面对学生进行评价。学校唤醒和激励学生内在的生命成长力量,引导学生自我管理、自我服务和自我教育,养成积极向上、力争上游的品质,树立良好的校风和学风。现在滨海小学校风正、学风纯,学生表现出文明有礼,基础扎实,乐观阳光、积极上进的良好精神面貌和综合素质。

(六)社会共育

学校落实新时期家校协同育人要求,建立健全家长委员会。完善家校协同育人机制,引导家长注重家庭、家教、家风。家校共同研究课程整合和建设网络学校等校外课程。同时打造家校心育联盟,开办家长幸福学校讲座,促进积极亲子互动。

学校重视构建社会共育机制,搭建社会育人平台,实现社会资源共享共建,净化学生成长环境。学校和街道办、派出所、交警中队、医院、城管部门建立"五位一体"多方联动机制。学校与社区合作创设社区课程空间,共建教育教学合作基地;借助知名企业共建创新体验中心,与校外图书馆、科技馆、博物馆等场馆共建探究学习中心,与海洋局共建职业体验基地。

(七)课题引领

生命教育贯穿教育教学始终。滨海小学作为深圳市"双区"建设实验学校,积极推动"智能时代的精准教学研究"项目研究,其中"学情大数据支持的精准教学""课堂过程性学生自主评价""双线混合的云资源精准运用""大数据赋能阳光体育"等子项目研究的深入开展,为学校的生命教育的实施和开展提供了重要支撑。

三、成效与心得

纸上得来终觉浅,觉知此事要躬行。学校进行的生命教育,不是说在嘴上,而是扎到实处。以尊重生命、关注生命、珍爱生命、欣赏生命、激励生命、成全生命为宗旨,以精准教学为重要抓手,发掘每个学生的生命天赋,打造个性化生命成长平台,开放、博纳、勇敢、和谐共生,像海边的红树林一样,向下扎根,向上生长!真正培养了一批批"像树一样茁壮,像海一样博纳"的阳光少年。

学校紧紧抓住学生成长的四个维度，采取全方位育人模式，以高标准、高起点的姿态，以饱满的热情，积极的态度，坚实的步伐，沿着内涵发展和特色发展的办学之路，向着现代化、国际化的方向迈进，努力办社区群众满意的优质教育，为学生的幸福人生奠基。

延课堂之智　兴生命之光

黑龙江省哈尔滨市延兴小学校　闫为佳　田松　杨钰莹

一、学校简介

哈尔滨市延兴小学校始建于1954年，多年厚重文化的积淀，形成了一支师德高尚、业务精良的教师团队。学校坚持立德树人，坚持五育并举，坚持改革创新，坚持学生为本，坚持完善机制，在"弘扬中华传统文化，五育并举育新荷"办学理念引领下，以"爱"为基点，以"美"为文化追求，坚守教育本真，一切工作都围绕学生的健康成长开展。学校是全国中小学中华优秀传统文化传承学校，黑龙江省标准化先进学校，哈尔滨市特色学校。

二、措施与方法

生命教育是时代与社会发展以及教育现实境况对教育提出的全新命题。在推进生命教育课程化的过程中，延兴小学在全课程育人中，立足学科课堂让课程与生命连接，在"生命与自我、生命与自然、生命与社会"三大主题模块中，从小、近、实着手，使不同学科都能成为对学生实施生命教育的平台，提升生命教育的实效性，使学生在不同学科的熏陶下，从各个角度理解生命，提升对生命的认识。

学校有序地在学校学科课堂中开展生命教育课。以科学发展观为依据，以全面建设和谐社会为出发点，为小学生的终身幸福、提升生存能力和生命质量、营造健康和谐的生命环境奠定基础，为小学生的"快乐成长"营造良好的社会环境。

学校开展生命教育课，将生命教育渗透到学生的教育教学活动中，在学科教学中，紧密结合"新课改"，注重发挥生命科学、分阶段，适时、适量、适度地对学生进行生动活泼的生命教育，自我与他人和谐相处的重要性，陶冶学生心灵。

（一）生命教育与地方课程融合

学校组织低年级观看教育片《生命的诞生》，让学生了解生命是怎样诞生的；组织中年级观看《我喜欢我自己》，使学生懂得维护自己的身体健康，了解自己的身体变化，适应心理的发展变化；组织高年级观看《生命因梦想而精彩》，帮助学生为充分发挥自我潜能，实现自己人生价值打好心理基础，让每位学生树立正确的人生观、价值观，使学生做到与他人、自然、环境和谐相处。

（二）生命教育与综合实践活动融合

在综合实践活动中开展生命教育，教师遵循以人为本、促进学生健康成长的教学理念，引导学生从自我教育出发，从珍惜生命、尊重生命的教育活动中经历生命教育的进程,体会、感受、理解生命教育的重要性。综合实践活动教师,专门设计了有关生命教育的意义与价值的教学内容,再结合学生的年龄和心理特点,用通俗易懂、形象生动的故事或图片,引导学生感受、体会、理解生命的意义和价值。

教师将生命教育与高年级综合实践《节约能源》主题结合,指导学生从节约纸笔开始,养成从实际做起,从身边小事做起,节约能源。

与高年级综合实践活动课堂相融合,指导学生和家长共同打扫屋子或做饭,然后汇报活动体会,对表现好的学生进行奖励;指导学生学会将自己的衣物按季节分类,整理生活用品分类摆放。

与低年级综合实践活动课堂相融合,结合综合实践《整理小书包》《自己穿衣服》等主题开展穿衣、整理书包等小擂台比赛,让学生在家长的协助下,记录一周的学习情况,定期汇报。教师对学习习惯好,效果突出的学生进行奖励,并让家长协助完成学生独立性培养的活动。老师阅读材料和讲故事,让学生建立自立意识。

结合综合实践学科环境教育主题,教师指导学生查阅资料了解濒临灭绝的生物种类及原因,对人类生存的危害,在班级汇报交流;收集资料,举办专题板报展;设计环保宣传语、宣传画、建立班级环保监督岗等。

(三)生命教育与道德法治融合

在道法课堂上教师带领学生通过观看漫画或图片了解野外活动的安全知识,掌握110、120等紧急救护电话的拨打方法,能够说清楚时间、地点和情况。通过听故事掌握与陌生人往的技巧故事引入,开展分组情境表演等活动。

学生通过情境练习、模仿练习,学会保护自己的方法;通过漫画等形式,知道受他人欺负时该如何保护自己;通过观看图画等方式了解小学生应遵守的文明礼仪。

(四)生命教育与科学课堂融合

科学课教师通过指导学生观察动植物生长过程,了解生命,观察生命由生到死,明白生命只有一次,让学生形成珍爱生命的意识。

(五)生命教育与健康保健课融合

教师指导学生制作预防流感的手抄报;运用调查软件调查学生家庭预防流感、鼻炎的方法。课堂上教师带领学生观看相关图解资料或通过故事了解龋齿的形成,感受保护牙齿的重要性,交流保护牙齿的方法。教师指导学生相关图解资料了解护眼方法;参观高年级学生做操,并通过做一做的方式掌握正确的姿势,开展规范性眼保健操比赛。引导学生收集相关资料或采访家人等活动,了解预防水痘、沙眼的方法,在班级内举行交流会。

(六)生命教育与德育实践课融合

通过生命知识学习、生命安全体验以及生存拓展训练,使学生初步了解来自各方面的不安全因素,掌握一些简单易行的防范与自救办法,避免危险与伤害。引领学生崇尚科学文明的生活方式,让学生懂得生命是可贵的,生活是丰富的,人生是多彩的,不应该轻易放弃生命。

学校充分挖掘生命教育资源,开展经常性的生命教育活动,把生命教育有机地融入学生的生活之中,通过各种途径开展成功教育与抗挫折教育,培养学生旺盛的生命力、坚强的意志力,以及积极乐观向上的人生观。

三、成效与心得

教师通过学校制订的教学计划,明确了综合实践活动中的很多主题都是属于生命教育范畴之内。例如在低年级指导开展学生自己穿衣服、穿鞋、整理书包等比赛活动,让学生明确什么是自立。学生能克服依赖心理,培养独立性,促进生命个体健康成长;还有高年级开展让学生帮家长打扫屋子、做饭等力所能及的家务劳动,让学生懂得尊重父母的劳动,要与父母合作承担力所能及的家务,培养自我管理能力,提高学生的劳动技能,增强学生的勤奋感。这些活动的开展,让学生在良好的环境氛围中受到潜移默化的影响,在学校和家庭中营造了相互关爱、相互尊重、相互信任的良好氛围,让学生感受到生命的美好,体验生命的意义与价值。

生命教育的目的是引导学生正确认识生命,培养学生珍惜生命、尊重生命、热爱生命的态度,增强生活的信心和社会责任感,树立积极的生命观,实现生命的意义和价值。可以说,生命教育既是人的全面发展的内在要求,也是促进人的全面发展的重要手段。学校以传统文化为核心理念,将相融、相助、相长定位于生命过程中的三个重要助推力,以期达到对"生存、生长、生活"三个重要因素的真正探索。

学校将在实际工作中不断探索、研究、积累经验,将生命教育落到实处,充分发挥育人功能,让学生的生命之花开得更加绚烂多彩!

让生命教育的种子在校园萌芽

黑龙江省安达市六一小学 沈成 杜欣 杨春燕

一、学校简介

安达市六一小学已有半个多世纪的办学历史,敬业爱岗的教师队伍,温馨和谐的校园环境,春风化雨的教育、科学完善的管理,为全面提高学生素质创造了良好的条件。学校高度重视生命教育工作,2018年,学校成为全国首批生命教育工作室成员,成立了沈成校长生命教育工作室。此后,学校承担省级生命教育研究课题,充分运用学科教学开展生命教育研究,在这一领域做出了许多成功的探索。

二、措施与方法

2017年,学校创办了安达市首个生命教育工作室,工作室成员每学期开展卓有成效的教研活动,强化了生命教育在学科教学中的重要性。教师充分运用学科教学有计划地开展生命教育系列活动,使生命教育工作落到实处,收到成效。

(一)生命教育,在日常教学中萌芽

小学课程具有丰富的生命底蕴。在工作室成员杨春燕老师的带领下,学校的语文课堂上开始让学生拿起画笔,把心里的世界展现出来,抒发学生内心的情感。把它当成了解学生的一个渠道,通过学生的画作,可以知道他们在想什么,怎样与他们沟通更有效。课余,老师挑选一些启迪学生心智、培养学生情操的句子让学生写、画,再后来又画诗歌、给课文画插图,给日记、作文配插图等等。对于学生来说,每一幅画都映射着他们的内心世界与天马行空的小宇宙。老师常常惊讶于学生的想象力、创造力、理解力、感受力、表达力、审美力远远超出大人们的预期,也让我们在这一幅幅画中感受到了学生对生活的热爱。当人们在成年人的社会中摸爬滚打时,这温馨的画面,明丽的色彩,纯洁无瑕的赤子之心再次让我们感受到了生命的温暖。

劳动实践微课堂活动在三至五年级开展。各年级以短视频评比的形式进行。家长和学生共同策划,拍摄小视频。各班学生争相投稿,有制作家乡名菜锅包肉的,有清洁家务的,还有养花喂鱼的,一时间好不热闹。学生在劳动中收获着快乐,体会着亲子时间的温暖,家庭责任感也与日俱增。

(二)生命教育,在传统文化中萌芽

生命教育就是让人知道应该做什么样的人,承担什么责任。我们秉承"用经典唤醒生命"的理念,利用晨读时间进行优秀传统文化教育,韵律十足的诵读声让人强烈地感受到中华优秀传统文化在六一人的血脉里欢快地流淌。

同时,我们抓住传统节日契机在校内开展"我们的节日"生命教育系列活动。元宵佳节,学校举办"传承民俗文化·赏玩创意花灯"花灯展,学生亲手制作的小小花灯承载着六一人的希望,点燃六一人对传统文化的传承;母亲节,学校开展"温馨五月花,感恩母亲节"主题活动,在老师的指导下,学生用灵巧的双精心手制作的手工康乃馨带着真诚的祝福呈现在妈妈面前;端午节的"粽叶飘香迎端午 分享礼物度佳节"活动、重阳节的"小手拉大手,暖暖庆重阳"活动、清明节的"缅怀先烈 继承遗志 清明祭扫活动"以及在儿童节开展的"关爱留守儿童,结对爱心爸妈"活动,极大地丰富了学生的童年生活,促进了学生良好品质的形成。

除此之外,学校始终把写字教学摆在优先发展的高度来抓。社团时间,学生伴着墨香在宣纸上挥洒汗水,汉字书写横平竖直,写出了中华文化不屈的傲骨。

(三)生命教育,在多彩社团里萌芽

课程是学校办学理念落地、全面提升学生综合素养的有效载体和途径。学校致力于"五育并行"教育体系的建设与实施,在严格执行国家课程计划开齐开足开好各类课程的基础上,大胆探索国家课程校本化途径,为学生量身打造了编程、轮滑、陶笛、珠心算、合唱、舞蹈、美术、乒乓球、诵读、书法等十余个课后服务社团,加强了全面育人的针对性和适应性,让每个学生都能绽放精彩。

学校每年组每周有一天社团活动日,课后服务时间该年组学生根据自己的爱好全部参与到社团学习中,一定程度上满足了学生的个性需求,全面提升学生的核心素养,为学生的健康成长保驾护航。

三、成效与心得

近年来,六一人在交流中升华教育思想,在实践中促进专业成长,在困惑中不断反思,在反思中大胆摸索。通过不断探索、讨论学习,对生命教育的敏感性增强了,实施生命教育的意识更强,课堂教学更有针对性、有效性,使生命教育真正"走进学校""融入课堂",将生命教育的种子撒播在学校教育的各个角落,使其在六一学子的血脉中慢慢绽放出更加旺盛的生命活力。现在,学生的整体素质大幅提升,学习方式得到转变,学生懂得珍爱生命,并有良好的学习情感态度,他们个性飞扬,对自己充满信心,乐于主动学习并参与学校的活动,生活质量也得到了明显提升。

如今的六一小学已成为求知之所、圆梦之地。在这里,师生的潜能得到激发,生命尽情绽放,不断超越自我。今后,我们还会努力把握生命教育契机,关注每位师生的生命发展,追求教育真谛,让进入六一小学的每位师生的生命质量都能在原有素质基础上得到提升;让来自不同家庭背景、不同智力水平的学生都能享受公平、优质的教育,让生命在教育中拔节生长。

实施生命教育 培育阳光学子

黑龙江省七台河市第九小学 盛成斌

一、学校简介

七台河市第九小学始建于1976年8月,原名七台河市矿务局第一小学。2005年政企合一,更名为七台河市第九小学。2019年,实施集团化办学,现有南北两个校区。结合"跪着采煤、站着做人"的煤矿工人在千尺井下艰苦创业的"矿工精神"和优秀毕业生冬奥冠军王濛的"冠军精神",提炼出办"阳光教育"的"和乐文化"定位,以"和不同,乐其中"为办学愿景,在"和相连 乐相伴 学相通"的办学理念下,以"有爱、有梦、有担当的新时代中国人"为培养目标,形成了"乐教尚新 孜孜以求"的教风和"乐学善思 合作求真"的学风,全力打造阳光教育的办学特色。

二、措施与方法

(一)精心设计校园文化,生命教育根植心灵

良好的校园文化环境能够给人以生命的启迪。学校立足生本,着眼未来,紧紧围绕着学校的育人目标,以五个楼层十个"乐"字,创建了主题楼层文化。师生书画、艺术作品、纪实照片、手工制作等,让师生盈满"家国情怀",激发了师生的荣誉感和对学校的归属感。操场文化、大厅文化主要以社会主义核心价值观为主要内容,操场上的十八块图板,书写着少先队员"我为社会主义核心价值观"代言的心声。大厅以书法的形式,展示了教师的自创对联,时刻提醒师生培育和践行社会主义核心价值观,努力做一名出彩的九小人,为中华民族增光添彩。教学楼西侧的"生命教育走廊",是生命教育的最佳阵地:一楼主题是一点一滴学法,一言一行守法。内容是交通安全标志及安全知识;二楼主题是读书明理普法,守法律己和谐。内容是消防安全知识;三楼主题是知法学法用法,平安快乐你我。内容是防校园欺凌、体育活动安全、网络安全、用电安全;四楼主题是大事小事依法,出入校园平安。内容是防地震、防踩踏、防溺水、食品安全;五楼主题是播下法治种子,收获和乐果实。内容是法治宣传;学生每每驻足,都会被里面的内容所吸引,生命教育潜移默化地根植在学生的心中。

(二)精准打造育人团队,生命教育合力共话

学校树立"人人都是生命教育者",制订生命教育实施方案,将心理健康教育、安全教育、劳动教育、生态教育、法治教育等作为主要内容,形成"1+N"教师队伍配备,1是指专业学科的生命教育和心理健康教育教师,N是指全体教师都是生命教育者。同时,学校

组织教师积极参加有关生命教育基本知识和必备的能力基础培训,构建完善的生命教育评价体系,保证每周必上一课时的生命教育,将生命教育作为教学工作的重要内容落实落细。

(三)精彩呈现课程育人,生命教育全面渗透

1. 国家课程——多个学科渗透

生命教育内容涉及各个学科领域,科学、品德与生活、品德与社会、体育等学科是生命教育的显性课程,教师备课时充分挖掘显性和隐含的生命教育内容,分层次、分阶段,适时、适量、适度地对学生进行生命教育。语文、音乐、美术等学科蕴涵着丰富的生命教育内容,是生命教育的隐性课程。教师结合教学内容,对学生进行认识生命、珍惜生命、尊重生命、热爱生命的教育,进一步提升对生命价值的思考。

2. 校本课程——多角度元素开发

学校开发了礼仪校本课程,四仪即入学、入队、成长、毕业;八礼即仪表、言谈、餐饮、待人、行走、观赏、游览、仪式,一、二年级每周一节课,通过礼仪课程培养学生生活本领,渗透做生活中的小绅士小淑女的意识。小学生由于年纪小,在挫折、压力、矛盾时常常不能独立面对,或是逃避,或寻求不当的手段来解决,学校开发了心理健康课程,通过做游戏、实践体验等使学生正视压力,从而提升心理素质。同时心理健康教师定期开展学生心理、行为咨询和矫治活动,疏导学生情绪,处理好与家长关系等问题,培养学生乐观态度和迎难而上百折不挠的意志力。此外,学校开设各种劳动选修班,面点班、烹饪班、种植班、针织班等,引导学生记录观察日记,经历生命的生长过程,感受生命的神奇与独特,使学生热爱生活,珍视多彩的生命。

3. 学科教育——多层级实施教研

学校高度重视生命学科的教研活动,地方课程教研组、综合实践课程教研组、道德与法治课程教研组组成的教研团队定期开展教研活动,在市教育研究院综合部引领下定期开展活动,重视小课题研究,全面提升教师学科知识整合能力。建立一种研究文化,在研究中工作,在工作中研究,教师普遍成为研究者,在逐步的研究过程中,进一步培养学生热爱生命,珍惜生命的意识。

4. 育一颗爱国心——倡导中国人过中国节

习近平总书记提出"培育和弘扬社会主义核心价值观,必须立足中华优秀传统文化"。为了让学生了解民俗民风,弘扬中华优秀传统文化,我们每年都选取一个传统节日,开展民俗节活动,依托民俗节让学生在小学阶段能体验所有的传统节日习俗,唤起学生对传统文化的认识与思考,培植爱国情怀。

5. 写一手好字——写好中国字,做堂堂正正中国人

作为全国写字示范校,学校把写字教学与传统教育有机结合,开展必修课和每日一练,并通过各种形式的比赛、展示,让学生体会到中国文化的博大精深,从而增强民族自豪感和自信心。

6. 养一个好习惯——读圣贤书,做有德人

自启动经典诵读工程以来,学校一直坚持每天一刻钟的经典诵读,每天一小时的阅读,通过诗词大会、古诗考级、读书节等活动评选书香班级、书香学生、书香家庭,鼓励学生与经典同行,打好人生底色。

7. 练一副好口才——善于表达,说好普通话

充分发挥课堂主渠道的作用,注重学生的口语表达能力的培养,积极倡导"说普通话,做文明人",定期举行能力测试,通过对数学思维能力的表述、故事比赛、朗读达人等活动,全面提升学生普通话能力水平。

8. 练一个好身体——坚持跳绳,强身健体

跳绳是学校的体育特色项目,也是一项普及性的运动,学生人人会跳、个个达标,一批批花样跳绳的小选手将跳绳这项体育运动普及到了公园、广场、社区,获得市民的广泛赞誉,跳绳运动已经成为大课间操的一道亮丽风景线,绽放绚丽多彩的生命之花。

富有特色的"小交警服务队""小消防队""雷锋志愿服务队""矿山服务志愿队"等活动让学生走进军营、交通指挥中心、社区、矿山、工厂、敬老院、福利院等,学习交通、消防知识,做守法公民,做安全知识的宣传员,清理白色垃圾,做垃圾分类的讲解员,为孤寡老人、福利院的孩子们送去爱心,从小懂得尽责、感恩、服务社会。这些都是生命教育的一部分,让学生提升了生命体验、终身受益。

三、成效与心得

生命教育在学校中落实的关键在课堂,而生命教育的课堂形态与特质就是要让课堂充满关注生命的气息、让生命的活力充分地涌流、让智慧之花尽情绽放。2018年,学校生命教育团队参加了全国第七届生命教育创新高峰论坛暨教学观摩课比赛活动。在生命教育创新赛课现场,韩丽艳老师执教的《尊重生命善待动物》一课获得全国生命教育教学观摩课比赛特等奖。

2019年4月,第九小学围绕生命教育学科的教研主题《转变学习方式,创新课堂新样态,落实核心素养》进行了教研课展示。代丽丽老师在执教的一年级生命教育课《饮食小卫士》的课堂上积极创设了愉快与和谐的学习环境,她始终给予学生积极的关注,用期待、温和的眼神注视学生;在小组讨论学习中,她注意持续不断地与学生进行沟通交流,了解他们的学习需求;她将信息技术与生命教育学科紧密融合,通过游戏、闯关等方式指导帮助学生,使学生掌握所学的学科知识并应用到生活中。温暖的课堂更具有亲和力,开放的课堂,使课堂有许多无法预约的精彩;分享的课堂,让学生成为能够对课堂作出贡献的人,使生命教育绽开朵朵生命之花!

2021年4月教师付海波在全国第九届生命教育创新高峰论坛做了音频小课堂现场观摩展示,成为全国生命教育学习的典范,受到与会专家领导的一致好评。

扬帆启航的生命教育激励着第九小学不断开创新局面,我们坚信,生命教育定会让九小阳光学子的中国梦绽放出璀璨的光芒。

生命教育让每个孩子成为更好的自己

黑龙江省哈尔滨市文昌小学校　赵文哲　贾文欣

一、学校简介

哈尔滨市文昌小学校是一所省级标准化学校,自1956年办学,有着悠久的历史和丰厚的底蕴。学校先后荣获"全国生命教育课题研究实验学校""全国基础教育综合实践课程改革先进单位""黑龙江省首批劳动示范学校"称号。在"尊重生命　精彩生命"办学理念引领下,把"让每个孩子成为更好的自己"作为育人目标,构建"1＋成长"优质课程体系,创建"目标导学"课堂教学模式,开展"目标导育"主题系列实践活动,推动学生全面发展绽放精彩。

二、措施与方法

（一）宏观构架课程体系,渗透生命教育内涵

课程是有效实施生命教育的载体和途径。学校积极研究构建层次化的生命教育课程目标与内容体系"生命认知——生命技能——生命情感——生命意志";探索、挖掘生命教育元素,把与现有课程框架相匹配的生命教育内容整合到不同的教育教学工作中,渗透生命教育内涵,促进生命教育的开展。通过生命教育,让儿童认识自己,了解他人,懂得生命的意义与价值,学会积极生存、健康生活和独立发展。

（二）做实课堂教学改革,彰显学生个性发展

课堂教学是实施生命教育的主要渠道。多年来,学校致力于课堂教学改革,打造以"尊重生命"为主旨的"生命化课堂",创建了"目标导学"的课堂教学模式,让学生在自主学习、合作探究的学习方式中汲取知识培养能力。"小老师"领学是文昌小学创新课堂的一大特色——课堂上,"小老师"大方自信地带领大家汇报学习收获,座位上的学生认真倾听,有异议时举手提问、补充,甚至为一个问题唇枪舌剑、争论不休。学生在这样有生命力的课堂中表达交流、思维碰撞、展示锻炼,由被动的接受者转变为学习课堂的主人。如今,经过梯队计划、周期轮换等方式的培养,有更多的文昌学子能做举止优雅、自信表达的"小老师"。不断增长的自信为文昌娃的未来发展积蓄精神的能量。

（三）丰富课程资源,尽显学生灵动精彩

课程是实施生命教育的有效载体。学校坚持五育并举,根据国家最新学生核心素养培养中的"学会学习""健康生活""责任担当"和"实践创新"等要素,制订了文昌小学"1

+成长"课程体系,为学生的生命成长奠定了坚实的文化基础。"1"指的是国家课程和地方课程;"成长"是校本课程,包括"传统文化类""思维体操类""体艺特长类""劳动教育类"等七大门类近百项菜单式课程。每学期的校本课程会根据学生需求自主选择,循环开课。为了满足不同学生的多元化学习需求,学校又开发了小记者活动、实践基地参观、志愿者服务、好习惯体验场、好习惯讲堂等20余项课程,培养学生学会自尊自律、孝亲敬长、明辨是非、开拓视野。

(四)设计序列主题活动,拓宽生命教育实施途径

生命在于体验,丰富、深刻、非凡、美好的体验,是一个人智慧的巨大源泉,也是一个人幸福人生的巨大源泉。学校围绕立德树人的教育思想,依托文昌小学"目标导育"德育工作体系,健全完善学校德育工作网络,创新落实"四大主题序列活动"。

一是以"丰富学生阅历,记录成长足迹"为主题的成长教育序列。关注学生学段心理、学习目标衔接等多方面因素,设计了尊重学生成长规律的特色活动。例如每年9月学校独具特色的"入学课程";6月引导学生规划未来的"毕业课程"等有效记录了孩子成长的回忆。这些让学生拥有丰富而美好的情感体验。

二是以"开阔学生视野,提高实践能力"为主题的研学实践序列。学校结合重要节点和主题教育,选择适合的研学基地,带领学生进行研学实践活动。例如植树节,师生在种植活动感受生命的顽强与朝气,人与自然和谐共生;结合学雷锋纪念日,清明节走进烈士馆,端午节重阳节和社区老人一同包粽子品月饼理解生命的意义,五月份结合国际劳动节、母亲节和五月份感恩教育主题,九月份带领学生走进禁毒教育中心参观,推进健康与毒品教育,从而促进学生对健康生活的理解,校内小课堂与社会大实践结合起来,引导学生敬畏生命,感恩生命、珍惜生命、树立正确的生命价值观。

三是以"小岗位大未来,感受责任担当"为主题的体验课程序列。

研究表明,越早培养儿童积极的自我形象、自尊和独一无二的感觉,学生越会在以后做出积极的健康选择,因此学校为学生搭建担当责任的平台,完善学生自主发展的管理模式。每当下课时,文昌校园的各个角落都会看到"我是校园小主人"的身影,他们肩负着值周工作、管理班级、规范常规、管理同伴遵守常规等任务。大队干们分组承担每周一校升旗仪式、红领巾广播站等工作,也会分批走进低年级的教室指导一、二年级的"弟弟""妹妹"们做学校自编的京剧戏曲操、太极拳。每年的五月是文昌的特色劳动节,孩子们会在节日里展示在班本劳动课程中学到的劳动技能,低年级的"自理小达人"、中高年级的"小创客""志愿服务岗"等,这些小主人们团结友爱、相互协作,自我管理能力也得到进一步的锻炼和提升。序列活动的实施激发学生积极的生命态度和情感,体现履行责任与使命担当,每个人的生命都有多重角色,培养学生责任意识和岗位服务敬业精神。

四是以"体悟传统文化,感受文化精髓"为主题的传统文化序列。

儒家为代表的中华文化是生命的学问,内涵丰富的生命智慧,更是生命教育很好的课程资源。依托校园楼廊文化建设———楼传统节日廊,落实节日课程;结合中华国粹——京剧,学校进行了戏曲操创编并全校学生普及,戏曲操成为学校大课间活动的一

大亮点,学生在强身健体的同时,感悟中华优秀传统文化的魅力。同时,把"文化链接"作为生命教育内容来设计,阅读文化经典作为滋养生命的重要途径,让传统文化进行现代的转换,内化于自己的生命。

三、成效与心得

(一)做有生命的教育,一心两翼特色办学

在生命教育思想的指引下,文昌小学走出了一条生命化特色办学之路。一是继承传统,弘扬优秀的传统文化。尊重教育就是以人为本的教育,以人为本是中国传统文化的核心,教育事业是一种基于生命、尊重生命、润泽生命的事业。二是根据校情、生情,为学生创造健康、和谐、奋发、向上的生命成长空间。以"尊重生命,精彩生命"为办学理念,以"让每个孩子成为更好的自己"的育人目标全力育人。一方面,让每个生命个体享有平等优质的教育,获得应有的发展;另一方面,发挥教育本身的功能,激发每个生命个体无限的内在潜能。帮助学生完善性格、发展才能和成就人生,即为两翼。智慧主动的和谐课堂,幸福快乐的文昌教师,处处洋溢着尊重生命、精彩生命的办学理念,促进学生生命健康成长,追求成为优秀的自己,促进了学校教育质量的提高。

(二)做有生命的教育,多途径联动赋能

做有生命的教育,用生命文化浸润学生的心灵。学校以"'333'阅读模式让生命更丰润"为目标,宏观设计、巧搭平台开展丰富的活动,《'333'阅读模式让生命更丰润》被评为哈尔滨市全民阅读优秀项目。每日半小时的自主阅读、每周"悦读越好"读书分享、每月"阅读小明星"好书推荐、每年四月文昌读书节、每学期读书沙龙、学期末经典诗词诵读展示这些固定项目已成为文昌校园的新名片,另外创意的"小小设计师"平台展示、制作读书卡、书签设计比赛等丰富的实践性活动促进学生个性发展。学校课题实验团队教师整合自我探索和生命的话题,精心筛选确定了小学阶段生命教育主题阅读推荐书目。实施过程中,学校分年级分主题把阅读书目推荐给学生,以阅读引发思考,引导学生个体生活经验得以表达、分享,进而促进学生对生命体悟的反思,享受阅读的快乐,理解生命的意义,积极创造生命的价值。

跃动至善生命 活出最美自我

广东省广州市番禺区天誉小学　崔丽珊　陈富荣　陈绮云

一、学校简介

广州市番禺区天誉小学是一所现代化气息浓厚,办学特色显著,充满生命教育氛围的学校。学校获广东省信息化中心学校、广州市"智慧阅读试点学校""番禺区轻智慧课堂首批试点学校""区虚拟实验室的第二批试点学校""区大数据支撑下的精准教学研究及教研机制试点学校"等殊荣。学校一直坚持和秉承生命教育理念,"活出最美的自我"是校训,也是追求的梦想。

二、措施与方法

学校围绕"教天地人事,育至善生命"的办学理念,通过"环境熏陶""课程育人""文化引领""活动支撑""专业成长"五个方面的举措,以达到发展学生、成就教师、提高办学质量的目的。

(一)生命教育的物质基础——美好的校园环境

学校积极构建创新型教育环境,深化智慧校园创新应用,建好的33个课室全部配备纳米技术一体机、可升降学生课桌椅、三基色灯管、空调、储物柜等。专用场室30多个,功能齐全,其中模拟生态创客室、美育创客室、科学探究室、心理咨询室、科技广场、"四模"创客室、计算机室、唱游室、舞蹈室、合唱室、综合实践活动室、蝴蝶园、生物园、武术馆、书法室、红领巾电视台、自动录播室、开放式书吧和智慧图书馆设计新颖、美观实用,设备先进。学校是广东省中小学信息化中心学校、番禺区首批"轻智慧课堂"试点学校、区虚拟实验室的第二批试点学校、区大数据支撑下的精准教学研究及教研机制试点学校,已接入互联网和广州教育科研网,各普通课室、功能场室均有网络接入点,每班均配置了"电子班牌",先进和完善的软硬件设备有效地支持了学校教育教学的开展。

(二)生命教育的精神基础——富有活力的校园文化

校园文化以"一训三风"和"教天地人事,育至善生命"办学理念为引领,坚持"规范、全面、特色、创新"的办学方向,践行"合格与特色并举,科研与教改同步,质量与效益并重"的改革思路,让学生认识生命、珍惜生命、尊重生命、热爱生命,提高生存技能,提升生命质量。以"生命"为核心的教育,以"生命"的丰富性与发展性为教育内容,积极寻求科学办学的发展方向,努力让每个学生都为生命喝彩,成就"至善生命"。

通过对教育形式、教学策略的改革与创新,学校力争最大限度地调动学生的主观能动性,充分激发他们学习的积极热情,促使学生形成一种自我激励、自我发展的动力型高效学习机制,使学生的精神世界变得丰富、深刻和纯正。我们坚信,通过科学规范的管理,创新型的教育模式,广州市番禺区天誉小学必将走出一条"发展学生特长,张扬学生个性,鼓励学生创新,帮助学生成功"的育人新路。

(三)生命教育的抓手和夯实——科学合理的课程体系

学校秉承"教天地人事,育至善生命"的核心办学理念与建立完善的"立体生命"教育理念体系,深化课堂教学改革,探索出"双减"政策背景下"融·乐"课堂教学模式。同时,在狠抓课堂教学常规管理的同时,学校根据学生不同的兴趣爱好、个性特长,开设了"核心素养之至善课程",以"社团＋个性化特色课程"相结合方式,组建了学校陆地冰球队、足球队、击剑队、武术队、篮球队、羽毛球队、醒狮队、舞蹈队、合唱队、弦乐团、无线电测向、沙画社团、书法社团、魔术社团、七巧科技社团等,给予每个学生自主选择的机会,为打造"课程改革"品牌学校打下坚实的基础。

同时,学校还定期开展心理健康相关宣传教育活动,除了常态的心理健康教育课,还有生命教育、心理健康教育主题宣讲活动,引导学生正确对待生命中的挫折与困难,在活动中学生庄严宣誓。另外,借助融爱之家团队为学校师生开展了"爱的种子"融合教育绘本课程及创意行动课程,帮助情绪及交往方面存在障碍的学生融入班级,更好地与同学进行交往。

(四)生命教育的拓展和延伸——丰富多彩的课内外活动

学生的成长是通过参与活动后的感悟内化而来的,教育的效果更多体现在活动参与和行为体验。因此,学校通过举行多彩校园活动让每一个学生朝向有德行、有情感、有个性、有审美、有情趣的生命发展。除了抓好课堂教学外,学校精心组织极具有生命教育特色的文化活动,如"给未来的自己"一封信活动、读书节、科技节、体育节、艺术节、新年音乐会、首届毕业生系列活动、"蝶舞芳圃·播种梦想"活动、生命教育研学旅行、"我为校园添点绿"、"捐一本书·许他一片未来"爱心跳蚤市场活动、校长思政第一课等,同时结合小学生心理特点开展丰富多彩的主题活动,如应急演练、保密教育、绿色环保教育、阳光大课间等,共同培养和提高学生的生存技能和艺术修养,不断积蓄成长的力量。

(五)生命教育的成果和收获——学有所成,教有所长

在"教天地人事,育至善生命"办学理念的引领下,学校以"教师课堂"为主阵地,以"教科研培训"为切入点,通过"请进来""走出去"和加强校本教研等途径,为教师发展成长搭梯子、建平台、建团队,踊跃参与志愿服务,锻造了一支师德高尚、业务精湛、结构合理、充满创新与活力的至善教师队伍。2017年11月27日成功承办了番禺区"轻智慧课堂"观摩研讨活动;2019年4月26日成功承办了广州市小学科学学科学术年会并实现了全球现场直播;2019年12月17日成功承办了海南省中小学校长、广东省骨干教师培养对象的交流互访活动;2020年11月19日,成功承办了番禺区小学科学教研组建设展

示活动;2021年,成功承办了番禺区"双减"背景下的智能学伴精准教学主题研训活动。2022年6月18日,成功举办了"番禺——遂溪"世行贷款学校对口帮扶项目智能学伴支持下的专递课堂研训活动。

三、成效与心得

学校办学至今,一直秉承和践行"教天地人事,育至善生命"的生命教育办学理念,不断夯实生命教育的理论基础,深挖生命教育的文化内涵,融合生命教育的校园文化建设,让生命教育理念落地生根,厚植于全校师生心中。天誉人务实求真,奋勇争先,结下硕果累累。学校申报的两项课题:区级课题"基于'生命教育'理念下有效课堂的研究与实践"、市级课题"基于'生命教育'理念下校本课程的开发和实施研究"均顺利结题,同时全国教育生命教育工作室顺利揭牌。

海南省中小学校长、省骨干教师、市兄弟学校老师曾多次到校参观交流,呈现出一派欣欣向荣的教育盛景。

生命教育之路,永不止步。我们每位生命教育探索者,定当以梦为马,不负韶华,让师者善教乐教,让学生善学乐学,让全体师生皆能活出最美的自我。

生命影响生命

北京市中芯学校　刘贵华

一、学校简介

北京市中芯学校于2005年9月由全球高级半导体制造商中芯国际建立，是一所从小学到高中一体化的具有鲜明英语特色和生命教育特色的双语学校。学校以"品格第一、追求卓越、胸怀世界、快乐成长"为办学理念；以"全人教育"为培养目标，构建"中西合璧"的特色课程，注重"家校合育"，致力于培养具有全球眼光、批判思维、有责任感的世界公民，帮助学生成长为一名"自由行走在未来世界的领袖型人才"。

二、措施与方法

学校特别重视学生内在品格与生命信念的培育，促进学生全人健康发展，帮助学生建立正确的、健康的生命信念与心智模式；使其具备"优良品格"的素养，以及拥有"追求卓越"的精神、"胸怀世界"的情怀和"快乐成长"的能力；成长为一名身体健康、心理和谐、人格健全、内心丰盈、乐于服务、有使命感和价值感的中芯人和中国人！围绕这一使命，学校开展了一系列的生命教育教师培训、课程建设、教育科研、家长课堂、个案关怀等相关工作，如今"生命教育"已成为中芯学校教育教学的核心和根基，效果显著，特色明显。

（一）开展生命教育教师培训，提升教师生命育人素养

"生命影响生命"，在学校里，教师的生命状态对学生有着重要的影响。为了实现生命教育渗透在所有学科，学校从2014年在品格教育的经验基础上，又开始进行生命教育探索，引进生命教育课程，并对全体老师进行培训，累计培训人数达800多人次，营造了一个有"爱"的中芯校园，让学生在中芯"爱"的大家庭中感受到自己被关注，感受到自己有价值，进而愿意服务于他人。

（二）成立生命教育中心，强化生命教育在学校教育中的根基作用

为持续推动生命教育，学校于2016年成立了生命教育中心，并积极开展教师生命力成长工作坊、生命教育家长课堂、个案辅导和相关的生命教育课题研究，这不仅突显了中芯的生命教育特色，也为后续学校建立以生命教育为根基的教育教学新战略奠定了基础，以及为"生命德育"的提出与实践创造了新的育人思路。

(三)持续构建生命教育课程,促进学生全人卓越发展

1. 研发校本品格课程

"生命影响生命,品格传递品格",品格是使人在任何场合都按最高的行为规范做正确事情的内在动机。育人好像培育一棵树:生命教育是根,品格教育是杆和枝,道德行为是叶和果实,要想孩子能成为一棵大树,枝繁叶茂,能抵挡风雨,结出丰硕的果实,要从根部做起,培养孩子强大的生命力,展现出良好的品格。学校从 2005 年建立之初就非常重视学生的品格建造,经过多年研究和探索,在 2016 年确立每月核心品格:1 月诚实、2 月节制、3 月主动、4 月创新、5 月尊重、6 月信心、7 月勤奋、8 月谦卑、9 月守时、10 月专注、11 月感恩、12 月尽责。学校教育教学围绕每月核心品格组织开展,在每周晨会、校会、班会及日常学科教育和活动中渗透,促进学生养成优良品格和健全人格,为一生卓越发展奠定生命根基。

2. 发展特色活动课程

学校还特别重视活动在育人中的重要作用,将社会主义核心价值观、中国优秀传统文化教育、环境教育、诚信教育、感恩教育等融入丰富多彩的活动中,一年一度的全校性的大型活动有国际日活动、感恩教育活动、慈善义卖活动。丰富多彩的活动培养了学生的创新精神、感恩品格、友好合作、社会承担、爱国情怀等优良品格和胸襟。

(1)国际日活动。"国际日"文化教育活动是以拓展孩子们的国际视野、学习和了解各国或地区的风土人情与文化,提升学生人文底蕴、国际理解、国家认同、合作创新为目标。学校每年从 2 月份开始课程设计,学生在教师带领和小组合作学习中了解各地文化,5 月末正式展出学习成果。在"国际日"活动中,还特别举办了三年"中华文化节"研究课程和三年"一带一路·成长之路"研究课程,将"政治认同、道德修养、责任意识、合作创新、生命共同体"等理念深植在学生的心中,促进学生对"中华民族伟大复兴"目标有更深的理解。

(2)感恩教育活动。"感恩教育"是学校一贯坚持并贯穿在日常教育教学活动中的特色教育,因为只有一个人懂得感恩,才会有前行的动力;只有一个人懂得感恩,才会感受到幸福和快乐,这就是学校"快乐成长"理念的核心体现。学校还特别在每年的"母亲节""父亲节""重阳节""环境日"等活动中引导学生用自己的方式表达对亲人、师长、朋友的感恩和尊重,以及对大自然的感恩和敬畏,并在实际生活中践行"爱在中芯,感恩前行"!

(3)慈善义卖活动。"慈善教育"作为学校"爱"的精神和文化的传承,是体现学校理念"品格第一、胸怀世界"的重要课程。从 2011 年起,学校每年举办以"感恩绽放·爱传四方"为主题的慈善义卖活动,学生通过义跑、义卖、义演等方式,用劳动和创意去关爱那些需要帮助的孩子,帮助学生形成正确的慈善观念,激发学生的爱心和责任心;在活动中提升学生的自信心;培养学生愿意服务、乐于奉献、关爱他人、善于合作、承担责任等优良品格;帮助学生学会感恩和珍惜自己所拥有的爱和幸福,让爱和感恩深深扎根在自己心中。

学校进行了"孩子帮助孩子"的教育实践,实现了学生用自己力所能及的方式践行

了"心系社会、关注弱势、承担责任"的中芯"生命德育"育人目标,十多年来学校累计募集善款超过200万元。学校的每年慈善活动不仅培育了学生,为孤残儿童送去了祝福,还有力地推动了亦庄地区和谐社区文化的建设。这项活动学校将会持续做下去,伴随着一届届孩子们在中芯快乐成长的时光,并期待学生将"慈善"理念和行动发扬光大,带去更多的地方,祝福更多的孩子,成为自己一生的财富!

3. 构建多元智能发展个性选修课程,促进学生生命向"高度"发展

每个个体都具有独特性,为促进学生"多元智能发展"和"全人发展",帮助学生探索和发现自己的优势,学校结合校内外资源开设100多门课程供学生选择,为学生兴趣探索、生涯启蒙、特长发展、生涯选择奠定了良好的基础。学生们每天下午放学以后就活跃在自己喜欢的兴趣课程里,享受自己的特长和优势向"高度"发展带来的快乐。

(四)开展生命教育科研,持续提升学校生命教育影响力

"每个生命都需要有意义",中芯学校为此开展了一系列行动研究,生命教育中心老师积极申请经开区课题,已获多个立项课题:《北京市中芯学校创建品格教育校本课程》(2014—2016)、《北京市中芯学校初中生命教育校本课程开发》(2015—2017)、《小学生专注力家校合育校本研究》(2017—2018)、《基于全纳教育视角下的资源建设校本研究》(2020—2023)。这些课题不仅得到专家学者的高度认可,而且还提升了教师的研究能力、学术能力;课题研究成果不仅对学生生命力提升产生了积极正面的影响,而且成为推动学校内涵式发展的持续动力。

(五)开展个案关怀与辅导,促进特殊需要孩子生命健康发展

中芯学校相信每一个孩子来到世上都有其特别的价值和意义,尽管有些孩子因为生理原因,出现了多动、自闭或学习困难等状况,给同学、老师和家庭带来了很多挑战,但中芯学校不放弃每一个孩子,给予这些孩子和家庭特别的关注。为了持续和更有针对性的帮助这些孩子和家庭,提升教师的专业辅导能力,学校在2020年寒假引进"融合教育"课程,有100多名老师自愿参与为期一周的线上学习,不仅如此,学校还申请了区级立项课题——《全纳教育视角下的学校资源建设校本研究》,相信随着此课题深入的研究,必将会持续祝福更多的孩子和家庭。

(六)开展生命教育家长课堂,提升家长生命育人素养

父母的生命状态、教养方式和家庭关系对孩子的性格形成和发展具有重要和深远的影响,为了发挥家庭的正向功能,与学校教育理念一致,中芯积极开展生命教育家长课堂,提升家长生命力。中芯家长课堂也对社区学校家长开放,自2016年起校内外家长参与人数达15000多人次。学校还成立了"生命教育家长志愿者"团队,该团队将中芯生命教育带入家庭、走入社区、企业和医院,祝福了许多家庭和孩子,中芯学校为构建和谐社区的教育生态做出了积极贡献。

三、成效和心得

在生命教育这条路上,中芯学校通过多年在教师培训、课程建设、教育科研、特色活动和家校合育等多个方面积极探索和实践,构建了"全员、全程、全方位"的"三全"生命教育网络,促进每一个生命全人卓越发展,取得了显著成效。

对于学生来说,学校生命教育最大限度地支持了每一个学生生命健康发展,提升了学生的自我价值感和意义感;学生更愿意接纳自己和他人,愿意真实地面对自己和他人,更易于理解他人和与人合作;同学之间良性互动,同学关系融洽;学生愿意来到中芯这个有"爱"的大家庭里来学习和生活。

对于教师来说,生命教育提升了教师的生命力、研究力,同事关系融洽,构建了一个彼此扶持、共同成长和进步的学习共同体——爱在中芯、感恩前行。

对于师生关系来说,生命教育促进了教师对学生各个方面积极关注,形成了"亦师亦友"的师生互动关系,学生愿意亲近教师。学生在轻松愉悦的氛围中学习知识和锻炼能力,育人目标易于达成,育人质量得到持续提升。

对于学校来说,生命教育成为学校提升教育教学质量的核心和持续发展的动力,在亦庄地区上赢得了良好口碑和高度赞誉,赢得了家长们的信任,家长们愿意并放心把孩子送到中芯上学,形成"家校同心同行,共育优质生命"的良好育人氛围。

总之,学校通过了生命教育教师培训、课程建设、教育科研、家长课堂、个案关怀等系列建设,在教师和家长生命力提升的基础上,促进了学生卓越生命成长,真正实现教育回归本质——生命影响生命,每个生命都需要有意义。

生命本美 课程育人

北京师范大学青岛城阳附属学校 王善刚 王春霞

一、学校简介

北京师范大学青岛城阳附属学校建校于 2010 年 9 月,是一所公办九年义务制学校。学校以"关注每一个孩子,让每个孩子都能主动地、生动活泼地发展"为办学思路,以"全员全程注重孩子习惯养成,多层次、多角度发展孩子兴趣"为办学特色,引荐古训"君子和而不同",确定以"大家不同、大家都好"为校训。学校先后荣获全国跳绳精英赛表演赛团体奖和全国体育道德风尚奖、山东省教科研先进单位等荣誉称号。

二、措施与方法

(一)活动育人,浸润生命

学校以"让每一个人都养成运动的习惯"为目标,指向学生核心素养——健康生活。无论外界如何浮躁,我们团队都会沉下心来为每个学生的健康保驾护航。

1. 让每个人养成运动的习惯

学校体育团队不仅研究 40 分钟的体育课如何上,更重要的是研究学生上完体育课之后能在生命成长中留下什么,是否能让他们一生受益。学校不仅研究如何向课堂 40 分钟要质量,还拓展到课外和家庭,"130 亲子健身计划"成了我校所有学生、家长常年坚持雷打不动的项目:"1"是选择一项运动,"30"是每天坚持 30 分钟,"130"是自测平均心率在 130 下。

2. 讲述时代英雄故事系列活动

学校通过开展"红领巾讲时代故事"系列活动,引导学生一起去探寻和关注赋予这个时代温暖和力量的人和事。学生已经用广播每周讲述古今中外和身边的英雄故事。通过讲述、表达、分享,学生加深了对生命的敬畏,坚定了对担当与奉献的信念。

3. 举办"我型我秀"线上音乐会系列活动

线上音乐会的成功举行,让教师意识到线上不仅可以给学生提供学习知识的课堂,更可以提供一种丰富多彩的活动参与。线上教学将会成为我们今后学生需要对面对的一种普及性的学习和生活方式。

4. "晒"出最美的手

五一国际劳动节,学校开展了"晒晒最美的手"的活动,引导队员们用美丽的眼睛去寻找身边劳动者最美的一双手,学生用镜头为我们讲述了一双双最美的"手"的故事。

通过专题活动开展生命教育,引导学生关注社区、放眼社会,与周围的人和事发生联系,建立美好的生命关系。

(二)劳育搭台,关注生命

1. 食育为美,幸福生命

学校的食育课程根据学生的年龄特点进行了一至六年级的体系设计,并于2016年出版《饮食文化进校园》系列教材,从2016年开始在全国推广发行,现在也已经连续举行了三届研讨会,并在很多学校进行过课程和课堂教学交流。该教材先后获第四届中国教育创新成果、2019年全国中小学全国图书馆推荐书目、青岛市中小学精品校本课程等荣誉。

(1)引入项目学习和家校合育形式。学校采用项目学习和家校合育的形式,每周,老师和家长教会学生煮教材上的一种菜,学生每周自己动手煮一次,并邀请家长到班里讲授饮食文化课,教学生煮菜;每月,同班同学分小组,到一个同学家聚餐,每位学生带自己做的菜,邀请家人朋友们当评委;每学期末,举办"班级美味大比拼"活动、校园"美食节"活动;六年级的学生,则开展"毕业聚餐"项目学习。

学校自2011年就设有家长提升部,一直由专人负责开展家校工作,现已形成了一系列家校联动基本方式,结合家长意愿设置"家长烹饪课堂课程表",用"一日之师"的方式,邀请家长走进课堂,来到厨育教室,教学生烹饪。通过家校联动,合作共育,让烹饪坚持成为习惯。

(2)传播美食文化,讲好中华美食故事。在加拿大游学期间,烹饪课程是学校的传统项目。比如,我们会结合国内外的节日开展烹饪活动,介绍家乡的美食以及筷子的使用。学生通过美食,传播中华优秀传统文化,讲述中国故事。

(3)通过学科融合丰富烹饪课程体系。将生命教育和美术学科相融合,开展了中华饮食文化标志设计、我为家乡代言等活动;将生命教育和音乐学科融合,请学生创编美食烹饪歌词等;将生命教育和语文、地理、历史等学科融合,教师引导学生学习发现名人、名篇里的美食诱惑、诗词里的美食、会说话的家常菜、名家与美食等。

2. 劳育为桥,种植幸福

在开心农场里,每一个班级都有一块儿自己的"自留地"。翻土、施肥、播种、照管、收获⋯⋯在老师和学生的眼中不再是文字,而是经历。除了注重校内劳动资源的开发,学校还定期组织学生到校外学农基地参与生产劳动。真实的劳动场景对每一位学生来说都感触颇深。

3. 劳育寻巧,传承美好

美好的事物是客观存在的,但大美无言。劳动创造美好,在日常教学中,学校注重学生对传统手工艺品研究和继承,开设剪纸、扎染等中国传统手工艺课程,并用这些蕴含着中国文化特色的作品装饰教室和校园,让学生用自己智慧的双手把传统文化发扬光大。

(三)学科融合,愉悦生命

1. 花样跳绳个人规定套路课程

在每次的跳绳练习时配以音乐,让音乐的节奏和跳绳的协调性融合在一起,既达到运动的效果又愉悦身心。

2. 根植传统文化,弘扬武术精神

保护自己就是保护了世界,强健自己就是强大国家。学校结合武术课程开展了"宅在家里,武动健康"的活动,并连续发布武术网课,倡导孩子们在家一样武动健身。

(四)心理活动,守护生命

每个人都成为急救专家,"救"在身边,仁爱生命。学校校医和从医的家长定期给全校的老师和学生分批进行急救培训,对于特别感兴趣的学生成立学生急救小队,学校运动会等大型活动里,他们和学校的校医一起守护师生生命健康。

三、成效与心得

近年来,学校生命教育在进行顶层设计、课程建设以及文化核心时,都和学校的课程、德育活动、家校活动等紧密相连。学校结合生命教育和基础教育未来思考,更坚定做尊重每个生命的真教育。参与的老师、家长、学生在不断地实践过程中,感觉离着真正的教育越近。生命教育更是让生命走向成熟的教育,是教师发展的核心素养。今后,学校将继续不断深入推荐生命教育,让学校"和"文化和生命教育理念浸润下的校园的每个人永远充满生机活力,呈现"大家不同,大家都好"的生命样态。

让教育充满生命的温暖

天津市东丽湖未来学校　尹文超　张双颖

一、学校简介

天津市东丽湖未来学校(原北大附中天津东丽湖学校)以立德树人为使命,深刻践行生活即教育、社会即学校的教育哲学,追求教育的本真。学校将开放、多元、自主的教育理念厚植在东丽湖小镇,与师生、家长及社区共创一种不疾不徐、淡定从容的教育生活,为培养德智体美劳全面发展的社会主义建设者和接班人而努力。

二、措施与方法

(一)精准定位,聚焦成长

生命教育,其目标在于使人们认识生命、理解生命、尊重生命和敬畏生命,以及认识、理解生命与天人物我之间的关系,能够热爱生命、积极生活、成就人生,并通过彼此间对生命的呵护、见证、感恩和分享,由此获得身心灵的和谐,从而实现自我生命的最大价值。换言之,我们对"生命教育"的定位,包含三个层面。

1. 热爱生命(自然生命)——成人

育人目标:对生命怀有热爱,既尊重、珍惜自我的生命,又尊重、敬畏他人及世界万物的生命。

学生画像:能够认识生命的特点及其发展规律,掌握生命安全与身心健康的知识、技能,保持心理和情绪健康,预防各种可能的生命伤害事件的发生,不自杀和伤害自己的生命,也不杀人和伤害其他生命。

2. 润泽生命(社会生命)——成我

育人目标:健康成长、快乐成长,尊重个性,激发生命的活力,发掘生命的潜能,燃烧出属于自己生命的独特光彩。

学生画像:能够主动适应社会,保持积极心态,与他人健康地交往,勇敢地面对挫折,养成良好生活习惯和积极乐观的生活态度,具有良好的人际沟通能力;能够遵循社会公共规则,同情和关心弱势群体,具有社会公德、正义感和责任心。

3. 精彩生命(精神生命)——成才

育人目标:树立正确的生命价值观,获得一种提升生命质量、生命价值的人生态度,不仅只是关心今日生命之享用,还要关注明日生命之发展,将生命和使命融为一体。

学生画像:认识生命的意义和价值,具有独立之人格、自由之精神;合理规划人生,具有远大的理想和追求;具有生命的超越性,激发生命的潜能,直面生死,追求生命的崇高与伟大。

（二）课程开发，赋能成长

在该课程中，围绕"生命的长、宽、高"三大模块，设置了"心理健康""安全教育""人际交往""生涯规划""行为习惯"和"集体主义教育"六个维度。生命的长度板块包含心理健康和安全教育，生命的宽度板块包含行为习惯、人际与交往，生命的高度板块包括生涯规划和集体主义教育。课程设置旨在促进学生的全面发展，通过学校管理、教育教学、家校合作等支持性环境建设，帮助学生在学校和社会生活中获得发展所必需的对自己、对他人、对集体的认知和管理的意识、知识和技能，培养学生的自信心和责任意识，建立积极的人际关系，形成良好的情感和道德品质，有效地应对成长过程中的挑战，促进身心全面协调发展。

在评价上，学校重视发展性的质性评价，关注学生作为人的发展，建立促进学生全面发展的评价体系，充分体现对人的主体价值和生命意义的关注。首先，生命教育每个主题都会针对教学目标设计一个自我评价表，学生采用 1 至 5 级赋分法，逐条为每个目标赋分，以确认自己的掌握程度。其次，学期末的复盘课程，为学生提供更具体的自我审视的评价脚手架。主要包括"我在哪些地方做得很好""我还可以做哪些努力""同伴想对你说""老师想对你说"四部分。通过文字总结，深入地剖析自己在生命教育课程学习过程中的收获与不足。此种评价方式能够比较全面客观地了解学生在该课程中的整体表现。最后，老师也会根据学生任务单、作品的完成情况进行分析与解释，以反映学生在学习与发展过程中的努力、进步状况。

（三）课程实践，助力成长

生命教育课程从原来的"基础课程＋拓展课程"，增加为"基础课程＋拓展课程＋探究课程"。学校通过不断加强课程结构研究，形成相对完善的"生命底色课程"体系，即：紧紧围绕学校全面发展的人的核心素养，以"生命的长、宽、高"三个层次从顶层设计完善"生命底色课程"体系，课程的运行从单一研究走向整体综合研究。

为了满足学生的差异性，生命教育课程尝试"必修""自主选修"相结合，让学生享有更充分的自主权，在自己感兴趣的领域有深耕的空间。

1. 基础课程

基础课程每周一次，会在六个维度下展开学习。每个子专题下，会根据年级的不同设置不同的教学目标。以性教育专题为例：低学段学生需要了解生命是从哪里来的，以及认识人体的隐私部位和名称。中学段学生需要抛除对性别的刻板印象，形成全面的性别认识。能够区分好的和坏的身体接触，知道如何应对不舒服的身体接触。高学段学生则需要悦纳自己身体和发育的变化。通过此部分的学习，既消除了两性之间的神秘感，也让男生女生互相尊重、平等、友好地相处。

2. 探究课程

在职业生涯学习中，学生探索不同职业所需要的能力，设计自己的职业名片，采访不同的生涯人物，探索自己的兴趣偏好，初步建立了自己的职业观。学校期望通过职业启蒙教育,为学生埋下一颗人生规划的种子。

3. 拓展课程

成长的烦恼不能只留在青春期的日记本里,寻梦环游社带领学生探索自己,打破人际难题,勇敢与世界交手。通过团体辅导、心理剧、沙盘活动、职业规划、公益实践等活动形式,捕捉这些美好片段。社团致力于创设多样化的问题情境,推进动态化的学习过程,变革开放化的学习方式,学生自己去体验、探究生活的意义、生命的奥秘,培养学生的自信心和责任感,建立积极的人际关系,有效地应对成长过程中的挑战。

三、成效与心得

教育的目的是培养真正的人,让每一个人都能幸福地度过自己的一生。学校所提倡的"有温度的教育"需要学校给予每一位个体恰到好处的成长支持。小学教育的重点是养成教育,有效的方法是影响,是文化、环境等因素的潜移默化,是体验良好习惯的感知和内化,而生命教育课程活动是这些影响方法的最好载体。

在快乐活动日有缘相识活动中,1至6年级的学生写出自己所具备的特征,并在整个学部寻找自己的有缘人。通过该活动让学生体验主动交往的乐趣以及在交流中发现共同爱好,寻找志同道合的朋友。在学习如何调整自己的情绪部分,通过运动、音乐冥想、绘画等方式,体验如何让自己舒压、平静。在讲到青春期自己的身体变化时,学生慢慢褪去脸上的羞涩,悦纳自己身体和发育的变化。通过此部分的学习,既消除了两性之间的神秘感,也让男生女生互相尊重、平等、友好地相处。

学生在老师的精心陪伴下,沿着活动的足迹,记录自己的成长。在这段成长之旅中有体现生命长度的安全教育,也有体现生命宽度的人际交往,更有体现生命高度的职业生涯教育。

初中・高中篇

生命教育融通成美五育

广东省佛山市顺德区成美初级中学　梁筱莹　王珏

一、学校简介

成美初级中学地处广东省佛山市顺德新城区,校园采用"环境—建筑—空间"一体化的生态景观设计,是"高效、活力、绿色"理念的完美体现。学校重视整体规划,该校区启用至今,已先后通过广东省依法治校达标校、广东省义务教育阶段标准化学校等验收评估,并先后获广东省中小学劳动教育特色学校、佛山市云支教名优单位、佛山市优秀传统文化艺术传承学校、顺德区中小学心理健康特色学校、顺德区文明校园、大良街道中小学生命教育品牌学校等称号。

二、措施与方法

生命教育是以生命为基点,借助于生命资源,唤醒、培养人们的生命意识与生命智慧,引导人们追求生命价值,活出生命意义的活动。"认识生命之真,秉承生命之善,创造生命之美",这是学校生命教育的总目标,更是我们矢志不渝的奋斗方向。结合成美初级中学"融通教育"的办学理念,学校生命教育以"融通成美五育"为特色,旨在打造生命教育和德智体美劳融通发展的教育模式,致力培养积极乐观、多元发展、心怀感恩的成美人。

（一）成生命教育＋德育融通模式,美积极主观体验

学校在做德育顶层设计的时候,就把生命教育融进德育的三大系列中。

1. 生命教育主题班会课系列

初一年级生命教育主题班会课的培养目标是我"能"——养成教育,用"能"去破冰,降低学生心中的顾虑,鼓励他们大胆、自信地表达想法。初二年级是我"会"——积极教育,用"会"去引航,提高学生明辨是非的能力,增强他们积极、上进的行为表现。初三年级是我"要"——理想教育,用"要"去明晰,梳理学生内心的真实想法,挖掘他们独立、自主的信念价值。

2. 国旗下讲话系列主题

学校结合生命教育精心设计国旗下讲话系列主题,其中还融入《三字经》《弟子规》等中华优秀传统文化经典读本,用言简意赅的语言,帮助学生体验文化的博大精深,培养学生鲜明正确的价值取向,每周一内涵丰富的生命教育主题发言,有力推动学生形成良好的行为习惯和积极品质。

3. 社会实践活动系列主题

社会实践活动系列也是学校德育工作的重要抓手。我们结合生命教育,突出"学军、学农、学工"的主题。初一年级社会实践活动主题为学军,侧重习惯养成教育,培养学生坚强勇敢、团结合作的积极品质。初二年级社会实践活动主题为学农,侧重劳动感恩教育,培养学生尊重劳动、心怀感恩的积极品质。初三年级社会实践活动主题为学工,侧重理想前途教育,培养学生不懈奋斗、为国效力的积极品质。

(二)生命教育＋智育融通模式

1. 开设生命教育课程,筑牢育人根基

在文化学科的教学中我们着重培育爱国主义精神,在体育学科的教学中我们注重培养孩子的终身锻炼的意识和习惯,在艺术学科的教学中我们给孩子美学的熏陶;在心理学科的教学中我们塑造孩子乐观的心态及积极向上的品质。我们在孩子成长和发展的过程中渗透"生命教育"的理念,传递"生命教育"的内容,通过隐性教育与显性教育相结合的形式凸显生命教育功能,生命教育课程与常规课程的学习起到相辅相成的作用。

2. 开展多样生命教育,丰富育人形式

生命教育中的智育,可以帮助学生获得理性的知识、明辨是非的能力、追求真理的情感。在新高考改革的驱动下,初中生正处于职业生涯规划的探索阶段,成美初级中学生命教育在原有的基础上,以目标为导向,让学生和未来人生发展形成有机联系,并取得初步的成果。

3. 开展守护天使培训,推进育人技术

班级守护天使是学校生命教育知识的"传播者",是班级危机干预的"守门员",通过助人自助的心灵之旅,提升守护天使的助人意识和助人技巧,使他们成为学校教师的得力助手、班级同学的有力支持,有效提升学校生命教育工作的意义和价值。

4. 定制团体辅导活动,搭建育人平台

为增强团队凝聚力,促进团队和谐发展,学校以及各年级组可以预约定制特色团辅活动,如"凝心聚力,幸福启航"教职工团队熔炼培训,专为初三设计的"同舟共济,学中进,搏中胜"减压团辅活动,专为初一设计的"聚成美,心启航"的新生破冰团辅活动等。

5. 开展生命教育课题,开拓育人途径

我们深入开展生命教育教研活动,以科研为导向,以学术为引领,建立教学、科研一体的工作模式,同时鼓励学校教师积极参与生命教育课题研究,在实践中总结经验,再把经验提升到理论高度,不断开拓育人的途径。

(三)生命教育＋体育融通模式

我们通过生命教育与体育的融通,让学生在和谐、平等、友爱的环境中感受到集体的温暖和情感的愉悦;在经历挫折和克服困难的过程中,提高抗挫折能力和情绪调节能力,培养坚强的意志品质。利用早操、体育课、阳光大课间等时间,学校组织初一学生跳《兔子舞》激扬操、初二学生跳《你笑起来真好看》韵律操、全体学生学习《听我说谢谢你》

手势舞,让运动"不放假",如今,结合学校发展,体育科组还自创"成美武术操",大课间师生一起"武动成美"。

(四)生命教育＋美育融通模式

1. 学会悦纳自己,懂得欣赏他人

学校先后组织学生在生命教育活动月及"525"心理健康节中进行手工绘画能量杯、曼陀罗绘画、制作心灵信箱、手工制作太阳花、手工DIY干花等活动。在活动中感受美的同时,学生能充分感受积极情绪体验、放松焦虑的心情;通过手动创造幸福的模式,帮助学生找寻存在的意义感和价值感。

2. 点亮美丽鱼灯,传承非遗文化

学校把市级非物质文化遗产"大良鱼灯"引进成美初级中学的特色课堂,让学生近距离接触"非遗文化",体会中华民族传统文化的博大精深和伟大创造力。与此同时,更重要的是进一步培养学生热爱民族民间文化艺术的思想理念与人文情怀,培养学生积极人格特质。

3. 书写青春之音,展现成美风采

民乐团、舞蹈队、书画社……一系列的学校社团,为学生搭建了欣赏美、展示美的平台,而学生也在学习的过程中展现独有的青春风采,用实际行动书写坚持的力量,体现生命之韧性。

(五)生命教育＋劳育融通模式,积极社会环境

选种、育苗、移栽……学生在这个过程中感受生命的伟大。学校也借助生命教育和劳动教育的融通,培养学生的创新精神与自立意识,创设积极向上的校园环境,培养学生的健全人格。除了日常服务性劳动和劳动教育课的生产性劳动,学校还积极组织学生参与社区志愿服务。更丰富更多元的活动,让学生在体验中感悟生命的真谛,在活动中学会敬畏生命、珍爱生命。我们用更走心的方式让生命教育润物细无声地走进孩子的心田,成为他们人生中不可磨灭的烙印。

三、成效与心得

(一)继续完善课程体系,打造成美校本课程

防止学科化的倾向,注重引导学生生命、人格积极健康发展,最大程度地预防学生发展过程中可能出现的行为问题,在现有生命教育课程的基础上,开发出更加适合学生阅读与学习的生命教育校本教材。

(二)关注教师心理健康,设计成美培训体系

关心教师的工作、学习和生活,从实际出发,采取切实可行的措施,缓解教师的精神紧张和心理压力,使他们学会心理调适,增强问题应对能力,有效提高教师的心理健康

水平和开展生命教育的能力。

（三）增强校企合作融合，拓宽生命教育活动载体

充分利用校外教育资源开展生命教育，加强与基层群众性自治组织、企事业单位、社会团体、公共文化机构、街道社区以及青少年校外活动场所等的联系和合作，拓宽生命教育的活动载体。

康和：一所农村初中生命教育的校本实践

江苏省泰州市野徐初级中学　徐佑国

一、学校简介

泰州市野徐初级中学创办于1958年。学校确立"追求卓越教育,办老百姓家门口的好学校"的发展目标,秉承"润泽生命,为学生幸福生活奠基"的办学理念,走健康和谐的可持续发展之路,逐步形成了"康和"的校训、"求真求新"的校风、"厚生博学"的教风和"乐学善问"的学风。学校积极落实立德树人根本任务,以培养具有"阳光的内心世界、深厚的家国情怀、坚定的担当精神"的合格初中生为育人目标,努力培养学生成为心理上自信、学习上自主、行为上自律、生活上自理、人格上自尊、精神上自强的时代新人。

二、措施与方法

（一）文化引领：营造氛围,凸显生命情怀

学校用精美的材质、方正的字体,把"康和"的校训镌刻在学校最显眼的位置,把"求真求新"的校风、"厚生博学"的教风、"乐学善问"的学风镌刻在校园文化墙上,使师生抬头就能看到。同时,通过开展主题活动,助推师生将"一训三风"内化于心,外化于行。学校还设立了生命教育长廊,传播生命教育理念,普及生命教育知识,展示生命教育成果,凸显校园生命情怀。

（二）课程渗透：建构体系,优化生命质态

学校从学生的成长需求出发,在办学中融入生命教育理念,开发了立体化的生命教育校本课程,为农村初中学生提供终身发展所需的帮助和指导。在生命自我守护方面,开发"防患未然——消防安全"课程,显著提升广大师生消防安全意识和逃生自救技能,真正达到"教育一个学生、带动一个家庭、影响整个社会"的综合社会效应。在生活乐趣体验方面,开发"筝我风采——古筝文化"课程,增强学生艺术审美能力,涵养"兴于诗,立于礼,成于乐"的文化气韵。在人生价值实现方面,围绕农村文明实践实际,开发"爱的奉献——志愿服务"课程,逐步实现志愿服务从活动项目到特色课程的延伸,从隐性课程到显性价值的挖掘。

（三）活动育人：创新载体,砥砺使命担当

为了更好地砥砺学生生命担当,学校利用传统节日、公益宣传日等时间节点组织开展内容丰富、形式多样、主题鲜明的教育活动,培育和践行社会主义核心价值观,促进学

生健康和谐成长。在人与自我方面,利用健康日开展"珍爱生命 健康成长"主题教育,培养学生的健康第一意识。在人与他人方面,举办"青春相伴 花季同行"异性交往团体心理辅导活动,让学生学会表达情绪情感的正确方法。在人与社会方面,借助青春仪式,以"奋斗青春,飞扬生命"为主题开展活动,唤醒学生责任担当。在人与自然方面,在植树节到来的时候,组织学生积极参与添绿、护绿、润绿活动,对话树木,装扮自然,唤醒生命。在人与文化方面,利用清明节开展生死观教育活动,让学生懂得亲情的可贵,烈士的伟大,从而认识生命的意义。

(四)实践体验:提升认知,激发生命能量

在校内,通过组织逃生演练、消防运动会,增强学生生命安全意识,强化学生生命至上的理念。通过跳蚤市场,学生参与其间,乐在其中,既锻炼了与人沟通的能力,也培养了理财能力。通过参与志愿服务,学习雷锋精神,砥砺新时代学子担当。实施垃圾分类投放和废品回收治理,激发学生参与热情,强化学生生态文明意识。师生共建中草药培育园,让中华优秀传统生命文化在青少年心中扎根。走出校门,师生到实践基地开展校外拓展活动。安全实训场地,学生遵守口令,紧急疏散,秩序井然;真人 cs 战场,学生有效沟通与协作,机智竞赛与挑战,完美展现勇气、信念、谋略;国防基地,学生手握钢枪,格斗擒拿,英姿飒爽;田间地头,学生插秧除草,挖芋摘瓜,头顶蔚蓝天空,脚踩绿色大地,不亦乐乎;文艺晚会上,少男少女用精彩的节目演绎青春学子的追求与梦想,文化气息浓郁,生命激情勃发。正是有了亲自参与,学生才有了深刻体验,深刻的体验带来情感的内化,情感的内化实现了生命价值的升华。

(五)教育治理:引导激励,丰盈师生生命

学校以"责任·和爱"为核心,砥砺教师的敬业精神,强师德、铸师魂、树形象。以"安康·和美"为核心,提升教师的乐业心态,让教师以更饱满的状态投入教育教学当中。以"成长·和谐"为核心,促进教师的专业发展,让新教师尽快"入格"、青年教师迅速"升格"、骨干教师渐成"风格"。学校建立学生点赞激励系统,利用网络、荣誉墙等形式创设全方位立体式的点赞媒介,宣传学生的正能量。优化"心话春语"关爱工作室举措,关心生活状况,激励困境生奋发有为;跟踪学习情况,促进困境生学业提升;关注身心健康,确保困境生阳光成长;开展社会实践,引导困境生融入社会,努力打造具有广泛参与度、全员满意度、持久美誉度的关爱样态,让"牵着你的手,一起去追梦"成为校园最温馨的画面。

(六)家校协同:和谐共育,见证生命成长

学校引导家长腾出时间多陪陪孩子,多参与亲子活动,多跟孩子说说心里话。同时变家长会为家校发展论坛,论坛上教师不再"一言堂",家长也可以"现身说法",同伴互助研讨,教师、专家现场点评。另外,邀请家长参与校本课程开发,如在"不劳难获"劳动教育校本课程中,邀请常年奔走田间地头、精通农艺的家长担任指导老师,带领学生走进农田,躬亲稼穑,并积极参与课程评价,共促学生成长。一系列举措让家长主动融入教育场域,观念有所更新,主动性逐渐增强,家教水平稳步提升。学校还积极开展家长"进课堂、进考场、进会场、进食堂、进操场"五进活动,架构起家校沟通、交流的互动平台。合作的交流机制、和谐的共育理念让家校的目标趋于一致,教育的行动同频共振,家校成为命运共同体,共同引领并见证学生生命健康和谐成长。

三、成效与心得

(一)实现了学生生活方式转变,促进了学生能力发展,培养了学生创新精神,提升了学生生命质量

在生命教育的影响下,学生建立起健康的生活态度,学会与人共处,学会善待自然,普遍呈现出积极奋发、不甘落后的精神状态。学校组织开展的各种社会实践活动、学习活动、自我管理活动等,极大丰富了农村初中生的学校生活,高质量的活动本身,为学生能力的快速发展和精神世界的丰富,提供了多样的资源。生命教育本身的开放性、实践性、发展性,有利于塑造学生开放、自主、积极、进取的人格,学生感受到生命力量的存在,体验到生命实践活动本身的魅力,更加自信、自觉地去创造属于自己的未来生活。

(二)实现了教师教育教学方式转变,促进了教师专业成长和师德境界提升

生命教育中所涉及的积极的生命观、价值观、生存方式等内容,已经深入教师个体的生命意识之中。教师普遍提升了教育观念,树立"以人为本"的教育思想,树立生命第一的意识,形成一系列对工作、对学生、对自我的新认识。在努力通过生命教育而提升学生生命质量的同时,教师个体的生命意识同样得到唤醒、得到滋养。

随着生命教育的不断推进和深入实施,学校的发展定位更加清晰,发展方向愈加明确,制度与文化等内涵建设也迈上了新的台阶。

生命教育作为素质教育的重要一环,它是一切教育的原点,个体只有充分认识生命、感知生命,尊重生命、善待生命,才会自觉追求生命的价值,形成健康积极、善良乐观的优秀人格。教师在教学与管理环节上,需要帮助学生了解生命,明晰生命由生到死的过程,感受生命无法重来的遗憾,让他们真正意识到生命的可贵,读懂生命。也可以通过团队合作的模式,让学生发现彼此之间的不同,从对方的角度思考问题,做出行动决策,丰富生命体验,在合作之中感受到尊重的力量与必要。同时,学生对于其他生命的关注,更让学生形成善良的、大爱的、无私的品质。学校需要尊重每一位学生的价值追求,给予充分的肯定和鼓励,帮助学生发掘自身的潜能,而不是让他们陷入被动学习、被动生活之中,引导学生不断转变个人的观念,形成积极向上的生活态度、奋发追求的行动准则,让每一位学生在自我奋斗的过程之中获得优秀的道德品质,落实立德树人根本任务。

当生命教育邂逅美育

浙江省衢州市实验学校教育集团锦溪校区　周海燕

一、学校简介

衢州市实验学校教育集团锦溪校区是一所百年名校所创办的新校区。近年来,年轻的锦溪校区培养出 2 名省教坛新秀、3 名市名师、2 名市教坛新秀、3 名市"新 115 人才工程"第三层次培养人员、5 名市学科带头人、2 名市教坛新苗、21 人次获市优质课一等奖及以上。目前,校区拥有市级及以上各类优秀人才共计 21 人,占比 20.19%,这是一所年轻却充满能量的新学校。

二、措施与方法

(一)"艺绘生命"生命美育美术创作

新媒体时代,初中生面对各种信息来源,他们从未像今天一样真切地面临着各种生命事件。学校开始把生命教育融入美育的尝试,开展"艺绘生命"线上项目化创作,在教学中开展生命教育下 12 个小主题的美术作品创作,七、八年级学生参与创作,共收到作品 300 余件。

学习单元	学习课题	生命主题	学习目标
关怀自然	1.生命轮回	了解生命轮回	通过插画、手工、绘本等方式引导学生了解生命,明白生老病死是大自然生命轮回的常态。
	2.生命美好	欣赏生命美好	通过摄影、插画、记录卡片绘制等方式引导学生体会自然界中各种生命的美好。
	3.友爱动物	爱护野生动物	通过家庭承诺书设计、海报、vlog 制作等方式呼吁善待动物,珍爱动物生命。
	4.敬畏自然	保护自然和谐	通过倡议设计、海报设计等方式呼吁保护自然,提高生命共生意识。
关爱自己	5.珍爱生命	珍爱自身生命	通过海报、vlog、综合材料等创作方式呼吁珍爱个体唯一的生命。
	6.强健体魄	注重身体健康	通过制定运动计划表、录制运动视频、运动漫画等方式引导学生强健体魄。
	7.学习管理	端正学习态度	通过海报、学习进度表、学习目标的设计等方式引导学生主动规划自我学习。
	8.勇对挫折	积极面对挫折	通过励志卡、榜样人物漫画等方式提升学生面对挫折的勇气。
关心社会	9.平凡英雄	致敬平凡英雄	通过感恩卡、海报设计、立体造型等方式向平凡岗位中的英雄表达敬意。
	10.明辨是非	明辨善恶是非	通过漫画、海报设计、vlog 等方式引导学生明辨生活中的善恶,提高生命亮度。
	11.友善之举	体会爱的相助	通过海报设计、感恩卡、绘本等方式传达人与人之间的爱,体会生命中爱的温度。
	12.人间大爱	携手共克时艰	通过 vlog、漫画等方式展现全社会全世界携手共克时艰,感悟生命强大力量。

(二)"艺绘生命"线下生命美育美术创作

2020年11月至12月,学校围绕"生命美育"带领学生开展"少年·艺绘生命"美术作品的创作活动。全校1000余名学生共同参与到美术作品的创作中。在"少年·艺绘生命"美术作品展中,学校共收到600余件艺术作品,包括绘画、摄影、书法等形式,分别以生命美好、爱护动物、敬畏自然、珍爱生命、强健体魄、学习管理、勇对挫折、明辨是非、友善之举、平凡英雄、人间大爱等为创作主题,探讨了生命的轮回、人与自然等内容。

(三)"艺风·溪岸"美术馆感悟生命之美育

2020年12月,学生迎来了一堂特殊的美术课——在学校"艺风·溪岸"美术展厅内欣赏生命教育主题下的美术作品。

学生在美术老师的引领下,从作品主题、内容、构图、色彩、意境等方面去分析一幅画,去寻找每一幅作品的闪光点。

集体讲解结束后,学生分头观看作品,在展厅内放轻脚步,轻声细语地交流着对作品的看法,作品之美、生命之感悟悄悄地流入学生的心间。

(四)"云上展览"传达生命美育意义发散

因美术展厅面对的受众观众有限,故美术老师指导学生组团队,针对12个不同的生命主题开设"云上展览",本系列云美术作品展不仅是学生生命美育美术创作的成果,也是学生对公众传达正确生命观的呼吁。在作品制作的过程中,学生体会艺术在公众传播中所起的功能。

三、成效与心得

(一)成效

1. 学生深度理解生命意义

全校1000余名学生共同参与到美术作品的创作中。在"少年·艺绘生命"美术作品展中,学校共收到600余件艺术作品,包括绘画、摄影、书法等形式。学生在艺术创作中体验生命的意义,在艺术作品欣赏中提升对作品的理解,在作品的公众传达中加强自身的社会责任感,也在对生命的理解中提升艺术作品的创作能力。

2. 教师确定生命教育主题

活动负责人教师周海燕老师确定"生命美育"这一美术教学主题;周老师从"教育即生活"的教学理念出发,以"四导法"构建基于"生命教育"项目化美术课堂教学。该教学活动相关论文获省优秀论文一等奖1篇、省课题结题1项、市重点课题立项1项、公开刊物发表2篇、市案例获奖2篇,曾两次在浙江省教师省培项目中分享该教学经验。

(二)心得

1. 美育是理解生命最好的载体之一

生命是教育的基石,开展生命教育,是社会和教育发展的必然。初中阶段又是学生成长的重要时期,是人生发展的转折点。一个人只有意识到生命的宝贵,才能明白生命存在的价值和意义,才能懂得什么是爱与被爱。而艺术是理解生命最好的载体之一,借助于绘画和音乐的方式,能让学生感悟艺术作品中蕴含的思想感情、觉醒生命意识、理解生命的意义。同时,也希望通过生命教育的开展,帮助学生从心理上、人格上达到真正的成熟。

2. 生命教育不应该是"空中楼阁"

生命教育要"接地气",要与时俱进,比起孤立地去建一个"空中楼阁",不如让它们融入每天的生活中,这也是核心素养所倡导的"情境教学"理念。在作品创作中,美术老师引导学生关注身边热点事件……这些重大的社会新闻以及学生和老师身边发生的小事成为教师指导学生开展作品创作的素材和灵感来源。

以生命教育涵养时代新人

重庆市渝北区实验中学校　陈后林　龚向明　路晓宁

一、学校简介

重庆市渝北区实验中学校是重庆市优质初中教育学校,是渝北区集团化办学试点校。渝航校区毗邻210国道、江北国际机场,翡翠城校区紧邻渝北区体育馆和重庆中央公园,校区环境幽雅,交通便利,育人氛围得天独厚。

多年来,学校认真践行"尊重生命价值　涵养生命能量"的生命教育理念,构建了科学的教育教学质量保障体系,打造了"既有先进教育思想,又有卓越办学成就的优质初中典范",培育了"既有优质生命素养,又有绿色应试能力的双优学生"。学校用"习静文化"涵育学生品德素养,用"三段五学六有"生命课堂提升课堂教学质量,用"四大学法"提升学生学习能力,用四阶班会、实中四节、实中社团、校本课程助力学生全面发展……辉煌的教育教学业绩得到社会广泛认可。

二、措施与方法

中共中央、国务院颁布的《中国教育现代化2035》提出:"更加注重全面发展。大力发展素质教育,促进德育、智育、体育、美育和劳动教育的有机融合。"实现从"五育并举"向"五育融合"的历史跨越,是教育改革发展的重要使命。

学校提出"基于五育融合的生命素养培育课程建设"改革主张。一是把生命素养培育作为五育融合点,升级学校德育,强化学生的情感、人格教育,解决学校教育"非生命化"问题;二是把生命课程建设作为五育融合路径,整合德智体美劳课程,以期实现学生的全面发展。

(一)聚焦生命素养,强五育融合之本

1. 生命素养是个体生命的主体性能力

学校是从教育实践出发,提出生命素养培育课题的。生命素养是当前中小学教育中片面突出"认知能力"而被抽离的"非认知能力"部分,指一个人的情绪情感能力、人际交往能力、社会合作能力和文化创新能力。具体包括以下四个维度的能力:

四个维度	具体能力
"我"与"自我"	情绪管理、健康管理、意志力、勇气、乐观
"我"与"他人"	尊重、友爱、理解与同情
"我"与"我们"	不造成伤害、尽责与诚信、合作与沟通、爱国与乐群
"我"与"超我"	文化底蕴、审美情趣、创新精神

2. 生命素养是五育融合的根本

生命素养是教育现代化的"新大陆",它不仅是五育融合的关键所在,而且是可以通过系统训练来培育的。

(二)建设生命课程,走五育融合之路

学校在《依托国学经典研发德育校本教材,促进学校德育工作有效发展的实践研究》(该成果2013年7月获重庆市人民政府教学成果二等奖)基础上,确立了生命教育办学思想。从2014年秋季起,以生命素养培育为核心,从打造生命文化、开设主题课程、重组传统课程、创新课外活动等方面推进课程改革,不断实践、提炼、修正,现已形成"一心四环"生命课程的五育融合方案。

1. 以生命文化滋养生命素养

学校生命文化建设包括校园生命文化建设和课堂生命文化建设。

学校确立了"尊重生命价值,涵养生命能量"办学理念,强调尊重生命的存在价值、个性差异、成长规律,涵养每个学生的情绪情感能力、人际交往能力、社会合作能力和文化创新能力。学校设计了校徽"生命芯"、创作了校歌《青春实中》、出版了校刊《生命浪花》,不断丰富生命文化的符号系统。

为建设促进师生关系、生生关系良性互动的课堂生命文化,学校着力打造"三段五学"生命课堂。"三段"指课堂教学"学习、点拨、展示运用"三个阶段,"五学"指课堂教学"试学、互学、教学、用学、创学"五种基本学习式。生命课堂追求"立德树人"的最高境界,特别注重在课堂教学中培育"学习的德性"——学习的主动性、挑战性、责任感、成就感和快乐感。

2. 以主题体验培养生命素养

学校以生命素养的具体训练项目为纲,面向全校师生广泛征集亟待解决的真实问题,引入德商、志商、情商、胆商、健商、心商、逆商、智商、财商、灵商等已臻成熟的研究成果,注重以案说法、经典陶冶、活动体验,用三年时间开发了。

训练项目	根据学生真实问题确定主题	理论支撑
尊重个性	小天鹅是怎样变成"丑小鸭"的	德商
宽容他人	如何与"眼中钉"相处	
管理好自己的时间	每天只做最重要的事	志商
预设底线,战胜诱惑	给自己一根"捆绑绳"	
道义勇气	说不说实话	胆商
克服"旁观者效应"	像撒玛利亚人那样	
捕捉小幸福	发现你的小确幸	心商
换个角度看世界	打不倒的乐观	
……	……	……

学校利用地方课课时，在七年级、八年级开设了"牵手优Q"主题体验课。主题体验课"以知识为线索、以活动为载体、以素养为本体"，突出针对性、实用性、启发性、参与性、体验性。例如，"发现你的小确幸"体验课，针对学生"对幸福没感觉"的问题，在课堂上运用多种参与式任务，通过自我探索生成幸福观念、角色扮演参悟幸福本质、案例研讨聚焦幸福要点、行为训练外化幸福表达等途径，训练学生积极思维、生活审美，引导学生将抽象的幸福具象化为愉悦而有意义的感受。

3. 以学科渗透发展生命素养

首先是将学科知识生命化。我们要求学科教学要突出知识的生成性、体验性、文化性。其次是以国家课程为主渠道，以语文、英语、道德与法治、历史等人文学科为重点全面渗透人文素养的培育，在数学、物理、化学、地理、生物等自然学科中重点渗透科学精神的培育，在体育与健康、音乐、美术、劳动技术等体艺劳学科中重点渗透意志勇气、审美情感、创新精神的培育。

4. 以社团活动展示生命素养

学校把开展课外活动和举办"实中四节"作为五育融合的展示平台，做到"天天有社团，年年有四节"。社团活动用每天的课后服务时间开展，包括尊重文化礼仪社、青春之声播音主持社、海量阅读社、绿野仙踪科考社、云迪哥哥器乐社、丝路花雨舞蹈社、欢乐表演唱、天籁合唱团、姚明哥哥篮球社、卫平爷爷棋王社、勇攀高峰户外运动社、梦里开花手工社、动漫天空设计社、STEAM开发园等14个学生社团活动。每年3－4月举行"博采经典节"，引导学生丰富文化底蕴；5－6月举行"缤纷艺术节"，引导学生加强审美修养；10－11月举行"灵动体育节"，引导学生发扬奥林匹克精神；12月至次年1月举行"创新科技节"，引导学生发展实践创新精神。

三、成效与心得

基于五育融合的生命素养培育课程，在学校不仅落地生根，而且已经开花结果。近四年学校获国家级市区级奖项34项，教师获国家级市区级奖项430余项，学生获得国家级市区级奖项约300项。教研研究1项获重庆市基础教育教学成果二等奖；3项获区政府教学成果一等奖。2019年9月重庆市义务教育质量监测数据显示：学校学生的品德素养明显提升，其中国家荣誉感和生命意识最为突出；学生的知识技能、思维能力、学习习惯等方面表现处于全区乃至全市前列；阅读素养高出全区均分35.71；高层次思维能力发展高出全区均分37.41。2020年，学校学生艺术综合能力通过市级现场专项评估，成绩获全市第一名。学校梦里开花手工社的掐丝珐琅手工艺术获得广泛赞誉。

用"一体两翼三强"的生命教育唤醒学生的生命自觉

黑龙江省哈尔滨市第九十六中学校　初逸侠　魏海鹏

一、学校简介

哈尔滨市第九十六中学校创建于 1964 年,地处松花江畔,位于道里区新农镇,是一所农村初级中学。学校围绕着立德树人的根本任务,坚持以人为本、五育并举的原则,坚守面向全体、尊重差异、因材施教、多元发展的理念,努力将学校建成师生生命成长的田园,师生生命享受的乐园,师生生命创造的学园,师生心灵培育的家园。几年来,学校先后荣获黑龙江省义务教育标准化先进学校、文明校园标兵、德育工作先进集体等十余项荣誉称号。

二、措施与方法

哈尔滨市第九十六中学校秉持"立德树人"这一新时期教育的根本任务,围绕"呼唤教育的生命意识,唤醒生命自觉,促进和谐发展"这一工作思路,构建了"一体两翼三强"模式的生命教育机制。用生命教育统领学校教育全过程,实现全程育人、全方位育人,探索出了学校教育与生命教育深度融合、互促共成的发展之路。

我们开展的生命教育主旨就是要把生命发展的权利还给学生,在承认学生的生命有自我生成性的前提下,学校教育由单一地塑造学生变为四个维度的生命教育,即,"指导生存、教导生活、辅导生长、引导生态",真正做到"以学生为主体"。

一体是以学生为主体。两翼是指校内生命教育和家庭生命教育。三强是指强化课程和课堂教学、强化实践活动开展、强化平安校园创建。

学校建立了行之有效的规章制度和评价机制,鼓励全校师生员工参与生命教育,通过确定需求,挖掘各种资源,有计划、有步骤地组织实施生命教育,做实做好"三强",即"强化课程和课堂教学创新、强化实践活动开展、强化平安校园创建",增进全校师生对生命的认识,培养师生尊重生命、热爱生命的情感,实践体现生命意义与价值的活动。

(一)强化课程和课堂教学创新

学校在课程改革实践中融入生命教育理念,为新课程改革注入了生命活力,同时努力使学校的课程更加关注对学生核心素养的培养。

1. 为生命教育建构课程体系

学校以"国家课程、学校特色课程"为主要板块,致力于发展并完善具有本校特色的生命教育的"四个基本"立体课程体系,培养学生具备"终身学习的基本知识,持续发展的基本技能,处世做人的基本道理,幸福生活的基本经验"。

学校引导教师在教学时挖掘显性和隐含的生命教育内容,分层次、分阶段,适时、适量、适度地对学生进行生动活泼的生命教育。对学生进行认识生命、珍惜生命、尊重生命、热爱生命,提高生存技能和生命质量的教育活动。

2. 探索生命教育课堂教学模式

通过多年的实践研究,学校确立"学案导学—目标呈现—精讲点拨—交流展示—当堂达标"的课堂教学模式,师生平等对话、和谐互促。教学真正丰富学生的精神世界,释放学生的内心能量,发掘学生的生命潜能。这样的课堂是师生共同体验生命快乐,提升生命价值的过程。

(二)强化实践活动开展

近年来,学校通过坚持开展综合实践和研学活动,落实"指导生存、教导生活、辅导生长、引导生态"四个维度的生命教育,帮助学生实现由生命教育的初级层次"认识生命、保护生命"上升到高级层次"热爱生命、敬畏生命"的终极目标。

1. 认识生命、保护生命

学校坚持"五育并举",在开足上好综合实践课和劳动课之外,定期组织学生到生命教育基地学习急救知识、到综合实践教育基地参加职业体验、到青少年教育基地开展生命教育活动,拓展学生的生活技能训练和体验。这些教育活动紧密联系学生生活实际,让学生理解生命的意义,进而学会尊重自己和他人的生命,提高了学生自救和保护其他生命的能力,实现了指导生存、教导生活的教育目标。

2. 热爱生命、敬畏生命

学校于2012年就已开设省级优秀标准的心理咨询室,由专业培训的心理教师授课,邀请心理专家到校开展讲座。组织学生开展以"清明缅怀先烈""感恩""正确面对挫折"等为主题的德育实践活动,引导学生正确对待困境,学会与自己、与父母、与生活和解,让学生正确认识死亡,真正理解生命之重;珍爱无法重来的生命,感悟向阳而生的含义。学校达到了辅导生长、引导生态的教育目的。

(三)强化平安校园创建

学校的安全工作实行校长负责制,学校建立了覆盖所有工作环节的安全责任体系和健全的规章制度,制定了学校安全事故应急处理预案,健全了校内安全防范机制,为校园生命教育提供良好的育人环境。学校聘请法制副校长,进行面向全体学生的交通安全主题教育、禁毒教育和法制教育。学校定期组织地震、火灾等场景下的校园安全演练,通过这些沉浸式体验,加强学生安全防范意识,提高学生安全责任感,培养学生自我保护能力,提升学生在灾难面前的避险和生存技能水平。

(四)重视家庭生命教育

因学校地处农村,很多家长不了解青少年学生身心发展的规律,忽视青少年渴望得到理解与尊重的需求,缺乏科学的家庭教育理念和方法。学校积极引导家庭开展科学、正确的生命教育。在每学期的家长学校、家教论坛上,生命教育一定是核心内容。初中阶段是三观形成的重要时期,学校聘请专家为家长做专题辅导,还邀请家庭教育成功的教师及家长在论坛上交流成功经验。通过家校有效沟通,一届又一届的家长牢固树立了生命教育为家庭教育之基的意识,掌握了在家对孩子进行生命教育的方法,学会了在家庭教育中帮助孩子学会肯定自我的生命价值。

三、成效与心得

几年来,学校深入开展生命教育,已经取得硕果。生命教育凝练了学校的管理文化。无论是教师队伍的人文化管理还是学生的自主管理,无不体现生命教育的价值追求——为幸福人生奠基。学校党支部、工会积极为患重病教师申请补助,看望慰问教师,为教师开设休息室、体育馆、健身房,组织文体活动。实行"弹性上下班制",让工作量大的教师可以灵活选择工作时间。学校召开教代会,调整相关规章制度,在考勤方面对50岁以上教师和患重疾教师实行照顾政策。人文化管理尊重了教师的生命和职业,教师对自己的工作有了很高的价值认同,收获了幸福感。人文化管理使教师对事业全心地投入,最大限度地发挥着自己的效能。全校老教师退休前站好最后一班岗;教师队伍的整体风貌积极向上,教学成绩不断提升,有多位教师斩获省、市、区级竞赛多项荣誉。

针对农村学校,留守儿童、离异单亲、贫困家庭儿童多的学生整体情况,学校采取"学生学分制管理"与"星级少年"评选相结合的多元评价模式,尊重学生的个性差别,激发学生自主自律的意识,培养学生自我管理的能力。经过几年生命教育的滋养,学生的个性和特长得以发挥,在国家级、省、市区级竞赛和艺体特长比赛中获得佳绩。学校先后被评为道里区文明校园标兵、道里区德育工作先进集体并荣获十余项荣誉称号。学校因办学质量明显提升而荣获区政府颁发的"办学质量提高奖"。2020年、2021年、2022年学校中考体育测试满分率达100%,2019年荣获道里区中小学生田径运动会团体总分第一名。学生在市、区篮球比赛,陆地冰壶比赛中也获得佳绩。2020年学校成为全国首批入选100所中央音乐学院全国音乐教育精准帮扶艺术素养进校园的试点单位之一。更重要的是,通过生命教育我校的学生有爱心、知感恩、会分享、能自我保护,他们不仅掌握基本的生存技能,拥有健康的生活态度;而且具备生命的潜能,懂得保护生态环境。

学校将把生命教育持续深入地开展下去,以生命浸润生命,以生命成全生命,透过知识技能的学习,直面生命本质的成长。全体师生努力将学校建设为"师生生命成长的田园,师生生命享受的乐园,师生生命创造的学园,师生心灵培育的家园",实现"为党育人,为国育才"的教育目标!

指向完整人的生命教育

山东省济南第九中学 苗翠强 韩东 李瑞国

一、学校简介

山东省济南第九中学创建于 1954 年，坐落于黄河岸边，泉城济南。近年来，学校以生命教育为中心，从构建生命课堂和课程体系、搭建学生"生存、生长、生活"教育平台和加强家校社协同育人等方面致力于师生生命全面而统一的发展。学校践行"唤醒人、激励人、培养人、发展人、成就人"的教育观，对师生生活上关心，成长上关爱，不断提升师生幸福感与生命价值感，培养"眼中有光、脑有智慧、脸有微笑、心有善念、脚下有路"的"五有"新人。

二、措施与方法

（一）构建生命课堂和课程体系

学校全面落实党的教育方针，提出构建"灵动、激情、和谐、民主"的生命课堂和研讨生命教育的课堂教学模式。

1. 转变理念，树立关注生命的课堂教学观

学校紧紧围绕生命成长这一中心，从课堂教学的价值、目的、过程等方面进行研究、分析，课堂教学目的转变为既要促进学生全面发展，又要促使学生实现精神自由，使学生努力学会从不同方面丰富自己的精神世界，同时还要为学生的终身发展作准备，帮助学生学会生存、生长和生活。

2. 创新实践，探索关注生命的教学行动

学校打造双师数据化学习空间，利用"互联网+"、大数据促进教学和学习方式的转变。双师由授课老师、助学老师组成，开启对话教学新风格，老师站在学生的角度培养授课。依托大数据提供学习报告，根据结果定向推送试题，做到精准教学，实现"私人定制"式教学，因材施教，针对不同学生差异化辅导，关注学生最近发展区，线下线上教学同步进行。

3. 选择课程内容，组织关注生命的学科活动

生命教育的有效落实在于其课程化，教师在生命教育内容的选择和编排时依据学生身心发展规律和生命知识内在的逻辑结构，合理选择和编排内容。据此，教师确定生命教育内容与高中主要学科的对应关系。

学校各学科组织了丰富多彩的学科活动，物理、化学学科组织开展实验技能大赛，生物学科组织生态瓶制作大赛，地理学科组织"心系祖国、放眼世界"手绘地图大赛。政治学科以"感悟初心使命、传承红色基因"为主题,先后到王尽美纪念馆、章丘三涧溪村等地开展"行走的思政课"实践教学活动。语文学科组织"戏梦人生,剧展百态"话剧演出,英语学科组织"Lady English"的经典英文话剧大赛,数学学科组织以"挑战自我、突破自我、展示自我"为主题的"讲题达人秀"活动。

(二)搭建学生"生存、生长、生活"教育平台

近年来,学校贯彻落实党的教育方针,致力于全面落实生命教育,启迪学生思考生命的真谛,开始人生意义的追寻,为学生开始完整意义的生命之旅奠基。

1. 聚焦学生健康,多维并进,拓展自然生命之长

学校树立"健康第一"的思想,每天坚持做好学生的跑操锻炼,以"流动红旗"评选提升跑操质量,使得课间操成为学校一道亮丽的风景。每年春季举行羽毛球、乒乓球比赛和"校园吉尼斯活动",秋季举办体育班级联赛,冬季组织跳绳、拔河等冬季健身活动。学校历经十余年,打造了集文字、音像、实践体验于一体的"珍爱生命,自护自救"精品校本课程。学校创建了专业安全教室,采购了价值不菲的专业设备;以规范管理保证了课程的长期有序开展,保证每学期开满18课时,授课教师先后考取了省红十字会的初级救护员和高级救护师证书,保证了课程的科学规范。

2. 瞄准做人尊严,多措并举,拓展社会生命之宽

搭建学生自治管理队伍、学生社团等学生成长平台,开展研学旅行、劳动实践等丰富多彩的实践教育,提升学生社会生命之宽,提升学生生命的尊严。

学校加强"学校-年级-班级"三级学生自治管理队伍建设,充分发挥志愿者团队、礼仪队、国旗队等各级各类学生自治组织的作用,自主策划运动会、开学典礼等校园活动,锻炼了学生的组织能力、策划能力、领导能力以及执行力。九鼎辩论队、齿轮社团等学生社团里的学生因共同的意愿和兴趣爱好走到一起,交流思想,切磋技艺。社团成员先后在济南市班级文化艺术节、戏剧节和辩论赛等市级比赛中取得一等奖等好成绩。

生活即教育。让教育回归生活,从生活中汲取营养、获得力量。学生通过到雷锋纪念馆、济南战役纪念馆、山东党史陈列馆等地进行研学旅游,考察济南近代建筑遗存和泉水文化,形成考察成果,引导学生爱家乡、爱祖国。

3. 打造有温度的教育,拓展精神生命之方

学校开展的"五有"教育,充实了学生的精神生命。"五有"即"眼中有光、脑有智慧、脸有微笑、心有善念、脚下有路"。教师"眼中有光",必然对每一个学生的生命成长充满希望,学生"眼中有光",必然热爱生命,昂扬向上。"心有善念",即能够存善意、发善心、执善念、做善事。"心有善念"的人,必能善待他人,善待自然,善待环境,其人生之路也能越走越宽广,达到"脚下有路",行稳致远,从而笑对人生。

(三)加强家校社协同育人

1. "花式"家访"心"形式,"云"上沟通成合力

学校创造性地开启线上、线下"双线制""花式"家访"心"形式,通过持续的"云"上家

校沟通,形成育人合力,取得了明显的育人成效。

2. 家委会、校务参事,拓宽家校合作新途径

学校秉持"开门办教育"理念,引进家长资源参与学校管理和服务,充分发挥"社会、家庭、学校"三结合教育模式的作用,组建学校-年级-班级三级家委会,推动学校全面高效发展,让家长对于学校工作从"配合"变为"参与",更好履行自己的权利。学校可以从家长那里获得改进良方,学生也可以从家长那里获得成长资源。

3. 多方联动,构建社会共育机制

学校主动联系本地公安、司法等部门、组织,注重发挥党政机关和企事业单位领导干部、专家学者以及老干部、老战士的作用,建立多方联动机制,搭建社会育人平台,实现社会资源共享共建,净化学生成长环境,助力学生健康成长。

三、成效与心得

每个生命立体而完整,得益于生命教育的开展。近年来,学校先后荣获山东省文明校园称号,生命教育团队连续两年被济南市委组织部、济南市教育局评为济南市教育榜样,学校的生命教育案例荣获济南市第三届德育品牌。

以生命教育为中心,学校重塑了教育的价值追求。近年来学校确定了教育教学的"12345"法则——"1"是以生命教育为中心;"2"是以教师激励和学生激励为主双核驱动;"3"是秉持"关系、关心、关爱是教育教学永恒的主题"理念,对师生生活上关心,成长上关爱,不断提升幸福感与生命价值感;"4"是从拓展生命之长度、宽度、高度和密度四个方面塑造师生丰满充盈的人生;"5"是践行"唤醒人、激励人、培养人、发展人、成就人"的人本教育观,培养"眼中有光、脑有智慧、脸有微笑、心有善念、脚下有路"的"五有"新人。

同时,为构建生命教育体系,促进学校生命教育可持续发展,学校下一步将以点为基,夯实基础,让每个点成为亮点,再串点成线,由线及面,逐步形成形式多样、内容丰富、结构完善的生命教育体系。一是建设充满生命情怀的校园文化,大力推进生命广场、生命长廊、生命主题墙建设,不断完善生命教育。二是构建融入生命色彩的德育体系,通过生命叙事、生命体验、生命关怀和生命引领等多种途径,积极构建生命化德育工作网络,努力形成"活动化、生活化"的德育内容和方式,让学生在生活中潜移默化地受到教育,形成"生命德育观"。三是立足课堂教育主阵地,将生命教育有机融入课堂教学,努力让课堂实现"教学做合一"的育人目标。四是组织丰富生命底蕴的课外活动,进一步开展生命教育活动,举办生命教育成果展示周,紧扣每学期重要时间节点,开展丰富多彩的生命体验活动。在这样的生命教育体系下,学生会更加充分地感悟生命的价值与精彩,更加真切感受生命的丰富和美好。

生命教育在德育课程中绽放

河北省石家庄市第四十中学　李亚楠　马志明　纪静

一、学校简介

石家庄市第四十中学于1974年建校,学校十分重视师生的生命健康,坚持立德树人,以"一切为师生发展"为办学思想,以"不苛求人人成才,但必须个个成人"为育人宗旨,以体验式德育活动为载体,引导师生积极践行社会主义核心价值观,努力做一个有道德的人。曾连续荣获四届"全国文明单位"称号,还是全国教育系统先进集体、全国精神文明建设工作先进单位、全国未成年人思想道德建设工作先进单位、全国百万青年志愿者助残行动先进集体,2017年荣获首届全国"文明校园"荣誉称号。

学校结合自身办学实际特点,开发建设了本校特有的德育课程群。通过这套"组合拳",引领和激励广大学生修身立德、勤学上进、强健体魄、锤炼意志,让生命在德育课程中绽放。

下面就我校的生命教育在德育课程群中的实施和开展进行介绍剖析。

二、措施与方法

(一)探索生命教育的德育课程内容

《中小学德育工作指南》指出,初中阶段德育目标为"教育和引导学生热爱中国共产党、热爱祖国、热爱人民,认同中华文化,继承革命传统,弘扬民族精神,理解基本的社会规范和道德规范,树立规则意识、法治观念,培养公民意识,掌握促进身心健康发展的途径和方法,养成热爱劳动、自主自立、意志坚强"。这一目标是针对13~15岁青少年心理、生理发育阶段提出的具体培养准则。经过反复研究、实践、调整,我们紧紧围绕指南要求,开发了生命教育的德育课程群。这一体系主要由以下四类课程构成。

1. 行为规范类课程

该类课程涉及学生日常在校学习、生活、集体活动等状态的行为规范。如:乘骑、课间、仪表、两操、迟到、卫生、午休、自习、静校、值周等。

2. 主题活动类课程

学校在全年的每个月,根据节令特点设计了全校学生参与的活动主题,全年共十二个主题(见下页)。

一月	"佳节送温暖"活动。	二月	"我当一天家"活动。
三月	"学雷锋树四好暨开门红"评比活动。	四月	"文润清明"活动。
五月	"红樱桃"奖评比、"校园里的梨园春"戏曲文化节活动。	六月	"薪火相传"爱校教育活动。
七月	优干、国际研学旅行活动。	八月	"让生活更美好"职业体验、志愿者活动。
九月	"师恩难忘"教师节表彰活动。	十月	"我爱祖国"国庆汇演活动、运动会、足球联赛活动。
十一月	"金柿子"奖、学法指导活动。	十二月	文化科技节、体育节、迎新活动。

3. 传统美德类课程

此类课程包括以中华传统美德（忠、孝、仁、智、信、礼、义、勤、勇、廉）、戏曲文化为载体的传统美德教育和以西柏坡革命故事为载体的红色革命传统教育。

4. 心灵励志类课程

心灵励志类课程包括新生入学教育、每天第一节课前励志信、通过学生成长册的师生沟通励志。

（二）课程群各有侧重，关联作用，彰显生命教育的意义

1. 行为规范类课程，让学生尊师懂礼，文明有度，敬畏规则

遵规守礼是做人的基本尺度，要引导学生遵纪守礼，使其内化于心，外化于形。

学生在入学后，经过行为规范类课程的教育，一般在一个月内，就能熟悉和习惯校风校纪要求，做到遵规守纪、文明有礼。

2. 主题活动类课程，为学生全面发展搭建平台，培养学生集体主义精神

学校主题活动类德育课程的开设，拓展和丰富了德育工作开展的范围和形式，活动由校园延伸向了家庭和社会，让学生在更多场合沉浸在润物无声的德育教育氛围中。有力地培养了学生德、智、体、美、劳全面素养，释放了他们的青春活力。同时，每项活动都组织了以班级为单位的评先活动，让学生参加活动时，培养了集体荣誉感。

3. 传统美德类课程，让学生不忘初心，传承中华文明

开展中华优秀传统美德教育，是学校很早就开始坚持设立的德育课程内容。近年来，结合时代热点，学校打造了一批精品德育课程和活动，大力弘扬美德教育。如利用升旗仪式时间，讲述中华传统美德故事，弘扬以忠、孝、仁、智、信、礼、义、勤、勇、廉为核心的"中华十德教育"。在开展"戏曲进校园、进课堂"活动中，学校教育处统筹安排，挖掘戏曲文化中蕴含的美德教育并进行推广，让艺术和美德同时熏染学生。此外，为开展红色革命传统教育，我们与西柏坡党史专家深入交流，遴选整理出了52篇适合初中学生阅读的西柏坡故事，开设"西柏坡故事进校园"课程。

4. 励志教育类课程，让学生自信坚定，乐观向上

（1）新生入学励志教育。学校每年在新学年开学前一周，对新生进行入学励志教育。首先对初一新生进行为期三天的队列训练，目的是恢复学生体能，激发学生斗志。训练之余，班主任对新生进行一日常规的培训，使学生开学后更好地适应初中的学习和学校

的管理。

(2)第一节课前励志信。学校每天第一节课前都会组织学生进行励志信的朗读,内容根据学生不同阶段的问题来撰写,以此激励学生迎难而上、超越自我。

(3)学生成长册。为更好地了解学生心理动态,学校采取了填写《成长记录册》的方法。在《成长册》中,要求学生进行"主题式成长记录",每周记录自己的心理和思想变化。教师实行全员导师制,每名导师负责10~20个学生,导师和家长每周一次在成长册上与学生进行书面交流。通过书面交流,导师、家长、学生形成了家校一体的沟通保障,有利于学校随时把握学生思想状况,发现问题苗头,进行理性沟通。

三、成效与心得

经过近年来德育课程体系的行动实施,学校校风建设独树一帜。中考成绩连年在全市名列前茅。学校先后荣获"全国文明校园""全国教育系统先进集体""全国未成年人思想道德建设工作先进单位""百万青年志愿者助残行动先进集体""全国中小学中华优秀文化艺术传承学校"等称号。这些荣誉的取得和校园的文明和谐,学生的优良作风、精神风貌都是分不开的。

在促进生命教育在学校专业化、规范化、实效化的路上,学校还将继续努力,不断创新,努力建设实现全员育人、全程育人、全方位育人工作格局,培养出更多担当民族复兴大任的时代新人。

诗教承传统　诗花洒校园

重庆市合川实验中学校　何小伟　李静

一、学校简介

重庆市合川实验中学校,是合川区委区政府重点打造的全新优质特色高中。学校汉唐风格建筑古朴伟岸,校园环境绿树成荫清新优雅,智慧校园已具规模,硬件设施全区一流。学校是中国科学院心理研究所实验学校、全国青少年科普创新示范学校、全国软式棒垒球基地、全国英式橄榄球基地、全国青少年校园篮球基地、重庆市诗教名校。学校与俄罗斯托木斯克大学和莫斯科人民友谊大学合作办学,设立了"一带一路"俄语人才培训基地。

当一所学校有了诗意,学校就有了文化,有了生机,有了活力,也有了持续发展的动力。合川实验中学校将学校汉唐风格建筑特点与驰名中外的钓鱼城厚重文化结合起来,以"美好生命、诗意绽放"为主题,选择诗教作为学校发展的切入口,不但让师生有了诗意的当下,而且还让诗意充盈师生的整个生命过程,让他们有一个美好幸福的未来。

二、措施与方法

(一)传承诗教、润泽生命

诗教,顾名思义,就是让学生接受中华古典诗词的教育,也就是传授、弘扬中华诗词的国粹文化。中华诗词是中国传统文化星空里最璀璨夺目的星星,照亮了中华五千年之文明。那些脍炙人口的名篇佳句,犹如富含营养的美味鸡汤,成为人们不可或缺的营养。近年央视的《诗词大会》栏目的火爆,也足以看出中华诗词是民族优秀传统文化的宝中宝,亦是世界文学的花中花,时时吟咏诵读古诗词能打开人的眼界、宽广人的胸怀、激励人的志气、修养人的品格,对激发民族自豪感、增强民族自信心、提升文化自信大有益处。我们深刻地意识到:当前诗教工作的核心就是要轰轰烈烈地广泛开展中华诗词进校园活动。通过活动这一有效的载体,对于进一步加强学生的爱国主义和优秀传统文化教育,全面提高学生素质,促进学生语文能力提升和加强学生思想品德教育具有深远意义。

(二)学诗写诗、情扬志昂

诗教承传统,今人当接棒。中华诗词从远古的《诗经》发展到今天,历时数千年,其思想之深邃,意境之高远,感情之浓烈,语言之丰美,文字之洗练,音韵之幽远,风格之多样,技艺之高妙,流传之广泛,活力之强大,是世界上其他国家、民族都无与伦比的。中华诗词颇具文学之美、绘画之美、哲思之美、音乐之美,因此我们一定要十分珍惜这一民族文化遗产,不仅要把它继承下来,还要将其一代一代传下去。

中国当之无愧"诗国"之称。中华诗词,它记载着一部中华民族的文明史,是中华文明的活化石。几千年来,诗人辈出,群星璀璨,经典如林,历来备受人民群众的喜爱,享有崇高的社会地位。早在2500多年以前,伟大的教育家孔子就开始注重诗歌教育,历朝历代对诗歌教育也非常重视,甚至有的朝代还规定"以诗赋取仕"。

让中华诗词走进校园,让学生受到中华诗词的熏陶,让它们这些"星星之火"呈现燎原之势,使更多的人受到美的教育,提高学生的文化素质和道德素质,是顺应时代发展的要求。

(三)诗意校园、生命溢香

学校专门设立了诗教办,全面负责诗意校园文化的建设工作以及中华诗词名校的创建工作。硬件方面,学校投入巨资打造诗词校园,诗柱、诗墙、诗壁、诗岩打造完毕,营造了良好的诗意氛围。软件方面,学校得天独厚的条件是有重庆市诗词学会会长凌泽欣老师(合川人)的悉心指导,为我校将"诗意校园"的打造与创建"中华诗教名校"工作结合起来,提出了很好的指导意见,再加之重庆市市教委的各位专家组成员亲自全程指导,两年来,我校师生共创作诗词800余首,大多数学生的习作有真情、有意境、有格调,师生都觉得小小的古诗能得体地抒发自己的真情实感,弘扬真善美,抨击假丑恶,的确意义深远。诗词已走进实中校园,我校师生喜欢读诗,喜欢写诗,这为诗教学校的创建工作打下了坚实基础。学校的两本校本选修教材分别于2017年、2021年被重庆市教委评为市级精品课程,每年选修该课程的学生人数不少。

三、成效与心得

如何让"美好生命、诗意绽放"在校园落地生根、开花结果呢?学校开展了一系列活动,春风化雨,润物无声。例如利用电子班牌、电子白板等搞好"每日诵诗活动",每天上下课师生问好改为齐诵古诗;邀请专家到校举办诗词欣赏与创作的讲座;加强诗教校本教材的编撰工作,积极配合学校教研部门,尽早完成诗教科研课题的申报与立项工作;大胆开展诗教工作和语文高考的有机结合的研究工作,努力探索出一条适合高中的诗词教学新路子,着力提升学生的诗词鉴赏水平;组织诗词默写大赛、手抄报比赛、诗配画活动、古诗词朗诵赛、创办诗报、诗刊,组织教师诗词教学大赛;组织钓鱼城采风活动;搞好学校"适诗社"的诗教工作,举办讲座培训,使更多的学员能真正投身到古典诗词的创作与推广工作中来;出版6期"适诗刊",并切实做好向各级各类诗刊推荐优秀作品的工作;搞好诗教先进师生、班级、年级组的表彰工作;规范诗教工作档案,对开展的活动有详细记载并存档。

在实施校园诗教工作中,必须坚持做好四个结合。

1. 诗教工作与学校德育工作结合

开展诗教工作是精神文明建设的重要组成部分。在当今时代,我们虽然不再需要

"以诗取仕",但我们需要"以诗育人、以诗化人、以诗启智、以诗养德"。古往今来,多少名篇佳句弘扬和培育了一代代中华儿女的民族精神和爱国情怀。那些字字铿锵、掷地有声的诗句是开展学校德育工作的极好教材,因此我们一定要在诗教工作中善于挖掘和运用这些材料,对学生进行思想品德教育,为社会培养更多的高素质人才。

2. 诗教工作和语文教学结合

开展校园诗教工作必须坚持与语文教学相结合。语文教学的首要目标任务是提高学生掌握和运用汉语言文字的能力,训练学生听、说、读、写等方面的技能。因此,在日常的语文教学中,老师除了教好课本中规定的古典诗词,还应该适当增加课外阅读的诗词数量。事实上,中小学的任何一次考试,古典诗词都是检测的一项重要内容。中高考这根指挥棒也要求我们必须有力地开展好诗教工作。我们要把诗教课打造成创建工作的亮点,让语文教师、非语文教师都可上诗教课。

3. 诗教工作与新高考紧密结合

当今的高考命题以"立德树人"为根本遵循,突出传统文化的传承和发扬,语文学科高考试卷古诗文占35分之重,其中古诗词鉴赏占10分之多;其他各科如政治、历史、地理等均有涉及,更令人咋舌的是去年高考的化学试卷竟然有古诗,这足以证明高考命题已经向我们发出了强烈信号,必须努力弘扬传统文化,加强古诗词教学,才能提高学生的考分。因此,学校的诗教工作面向全体师生,要求各学科教师都要重视诗教工作,自身积极学习研读,给学生树立榜样,引领学生读诗、诵诗、写诗。

4. 诗教工作与校园文化建设结合

校园文化这块阵地历来是一块必须争夺的阵地。校园应该也必须被真、善、美的东西占领,因此,诗教工作必须与校园文化建设紧密结合。把古诗词熔铸于学校文化建设中匠心打造,让学校独具魅力。校门两边是一副龙门对的励志联,由重庆市诗词学会会长凌泽欣撰联,由重庆市书协主席漆刚先生书写。对联大气磅礴,与学校汉唐风格的建筑相得益彰。走进主体教学楼,正门是一副励志联,教学楼两旁正面墙壁左右分别镶嵌有孟郊、陆游的诗。利用围墙,将按春夏秋冬的季节或诗歌不同的主题打造数百米诗墙,每间教室都有励志古诗词名句。严格按照中华诗词学会颁布的诗教学校创建工作的"十要"进行,力求做到规定动作不走样,自选动作有创新。坚持"十三个一"原则,即日读一首、周背一首、月写一首,每学期一次古诗词默写书法赛、一期古诗词手抄报、一期古诗词橱窗宣传栏、一期诗词报、一期诗词期刊,每年一次诗词大会、一次古诗词文艺晚会、一次诗社采风活动、一次古诗词创作比赛、一次古诗词课堂教学比赛。每学年评选古诗词达人和古诗词诵读先进班级予以表彰奖励。通过丰富多彩的活动,让学生真真正正地受到熏陶感染,在中华诗词的海洋里尽情徜徉。诗意校园,匠心打造。让学校散发古诗词的芬芳,让师生沐浴唐风宋雨,精神得到升华,心灵得到净化,快乐地学习、工作、生活。诗教承传统,诗花洒校园。我们以传承中华诗词为己任,愿诗词之树常青,诗词之花灿烂,诗词之果丰硕!

打造幸福课程　成就丰实生命

黑龙江省哈尔滨市第三十一中学校　吴建华　邢增华　段丽丽

一、学校简介

哈尔滨市第三十一中学校坐落在美丽的松花江北岸,始建于1958年,历经了半个多世纪的洗礼,沉淀了厚重的文化底蕴,优秀人才辈出。教师团队奋发向上,师德高尚,业务精良,高级教师及以上职称26人,省市区教学能手、学科带头人、骨干教师49人。学校遵循生命之道,为师生打造包容、愉悦、民主的生命成长空间,为成就学生生命,实现幸福人生奠基。

二、措施与方法

(一)整合生命教育资源

1. 综合校内资源

学校充分统筹、开发、利用校内场地设施和硬件资源,极力发现、培养、打造校内师资队伍,包括体育与美育等各学科专业教师,也包括国家课程学科融合教师。

2. 拓展社会资源

学校与社会企业签订合作共建协议,确立合作关系、设立冰雪教育实践基地,并聘请社会专兼职教练,将学校现有热爱生命教育并具有一定特长的教师和校外具有生命教育专业技能的师资等育人资源进行有效整合和充分利用,参与生命教育过程,确保生命教育有效实施。

3. 挖掘家庭资源

学校协同利用家庭资源开展亲子家庭生命教育活动,统合利用自然资源开展亲子户外活动。在家长群体中挖掘生命教育师资,充分发挥家校协同的作用。

有效整合、充分利用生命教育资源,以校内资源为主,社会资源、自然资源、家庭资源为辅,从而确保全体学生获得高质量全方位生命教育的机会。

(二)构建幸福教育课程体系

课程体系的开发和构建是实施生命教育的中心环节。学校以生命教育为切入点,立足于提升学生综合素质,达到全人教育的目标,设计开发了以"五育丰富生命"课程为主体的纵横交叉,三级进阶的幸福教育课程体系。

1. "五育丰实生命"课程

(1)以德铸魂。在幸福教育理念引领下,学校注重开展全员育人、全过程育人、全方位育人。以社会主义核心价值观为主线,将生命教育融入德育课程整体规划之中,涵盖爱国主义教育、养成教育、法治教育、心理健康教育、文明礼仪教育、安全教育、中华优秀传统文化教育等课程。通过道德与法治课程、少先队、团队活动等,做好思想政治教育,做好道德、理想、信念教育,大力弘扬和践行社会主义核心价值观,以德铸魂,增强学生的社会责任感和爱国精神。

(2)以智促行。学科教学是实现智育的核心路径,学校立足于"治学严谨 创新有为"的校风,以培养适应国家未来需要的英才为办学宗旨。落实学科教育,把学科课堂作为生命教育的主阵地,积极探索国家课程校本化、开发特色校本课程,并将生命教育融入其中。在教学中,坚持以学生为中心,以学情为依据,以思维发展为目的,遵循因材施教、分层教学的教学原则,加强课堂表现性评价和学业过程性评价,推动学生深度学习,促进学生思维发展,激发学生自主创新意识。让生命教育与学科教学相得益彰。让学生在教学过程中体验生命的成长,以智促行,开启智慧、融通关系、感动生命、震撼心灵。

(3)以体励志。生命至上、健康第一,学校开齐开足体育课程,引领学生在体育锻炼中享受乐趣、增强体质、健全人格、锤炼意志,开展好足球学校特色体育项目,每年举办运动会、足球赛、篮球赛及各种体育活动。建立体育课堂质量标准,完善学生体质健康档案,建立学生体质健康监测制度。学校作为学生主要学习和生活的地方,学校积极对学生进行体育健康教育,先后开发了"快乐足球""校园足球操""足球社团课程"等校本课程,极大地丰富了体育课、大课间和课后服务,在传授体育知识和开展技能训练过程中增强学生健康体质,培养学生团队意识和拼搏精神。

(4)以美育心。学校坚持提高学生审美情操和人文素养的美育理念,严格落实音乐、美术、书法等课程,开设合唱、朗诵等艺术特色课程,每年举办校园文化艺术节系列活动、组织全校学生的诗词诵读,力争实现班班有合唱、年年有展演的美育目标。在课后服务中,开发多学科多社团的课程,如剪纸课程、音乐课程、书法课程、绘画课程。由德育部门和语文教研组合作共同组织经典素诵读课程,激发了学生的民族自豪感、自信心,同时也激发了学生爱祖国、爱学习的情怀。教师带领学生到阿勒锦岛、学校绿色生态园游学,使学生亲近自然、认识了解植物,认识新的生命样态。以美育心,向学生的内心注入美好,让学生能发现美、感受美、创造美,能够更好地面对生活,面向未来。

(5)以劳化人。学校遵循理论与生活统一的原则开发劳动课程。在课程实施过程中,培养学生劳动认知、劳动技能,进而领悟生存之道,掌握生存本领。课程内容包括校园内、家庭和社会三部分。校园内包括校园卫生清理、卫生保持、整理自己的物品等;家庭部分包括帮助家长在换季时收放衣物、打扫房间卫生、做饭等关于生存的内容;社会部分指深入社区开展志愿者服务,热爱自然,保护环境。教师把班级日常扫除、冬季清雪、夏季开心农场、日常家务劳动等作为学生劳动教育的体验场,每个班级都有自己的分担区,由教师带领并指导学生学习劳动、体验劳动、学会担当。学生在劳动过程中体验到劳动的辛苦,感悟到父母、老师工作的艰辛,进而学会感恩、学会珍惜、学会劳动技能,养成劳动习惯。

2. 生命进阶课程

"生命＋学段"课程着力突出了学生生命素养进阶过程。根据学生不同年级、不同年龄特点、不同能力水平,设置不同层次的课程门类。作为实行"五四学制"的初级中学,我校将六年级作为初级阶段,七、八年级作为中级阶段,九年级作为高级阶段,分别设置认知课程、技能课程、应用课程。

3. 四季生命课程

在四季课程的探索中,学校充分开发利用季节性资源开发生命教育课程。如二十四节气课程、重大传统节日主题活动课程等。另外学校利用校、企合作扩充课程资源。

(三)探索生命教育途径

1. 构建了"2＋N＋1"生命教育模式

"2"代表学生每年参与一次学校组织的"学科节"和"校园艺体节"活动;"N"代表参与安全教育、法制教育、心理健康教育、环保教育等若干生命教育主题活动;"1"代表参加法治社团、大合唱社团、足球社团、篮球社团、创客社团、剪纸社团等其中任何一项社团课程作为特长课程项目学习。其中足球社团和创客社团多次参加各项比赛,均取得优异成绩。学校既开发完善了生命教育体系,更着手完善创新人才培养的课程体系。

2. 开发出"三方四季五维"一体化生命教育体系

"三"即家庭、学校、社会三个育人主体,"四"即春、夏、秋、冬四季生命教育课程,"五"即"生命＋"五育课程。建立三位一体、全面育人的生命教育模式。在学校精心设计的项目化学习、社会实践性活动的推动下,学校对家庭教育和社会参与的引导力度极大提高;在四季课程的探索中,五育融合与生命教育的碰撞既丰富了学生的学科体验又升华了学生的意志与品格。

三、成效与心得

(一)成效

学生综合素质得到明显提高。几年来,随着生命教育的广泛开展,学生对于生命的意义与价值有了更加深刻的理解,在德智体美劳五个方面均取得了明显的进步,尤其是在体育方面,连年在各级比赛中获得突出成绩。学生的存在感、获得感、价值感不断提升。

同时,学校在办学的各个维度均有提升,连年获得区域办学水平综合督导评估第一名,获教育部首批校园足球特色学校、省体育先进集体、市文明校园标兵、市校本研修基地学校等多项殊荣。教师在各级各类专业技能大赛中获得多项荣誉。教师归属感、幸福感不断增强,学校凝聚力不断提升。

另外,生命教育已成为学校和家庭、社会的互动桥梁。充分调动利用人文和自然资源,为企业服务社会找到了途径,为学校解决了资源。家校共建环节还带动了学生家长及社会生命教育志愿者的积极参与。在此过程中学校办学的公信力和满意度不断提升。

(二)心得

针对个体而言,生命是独一无二的,是不可替代的。针对生命过程而言,生命又是不断发展变化的,把握住生命发展的关键期至关重要。生命教育是在学生生命的历程中进行的,一个健全的生命会在社会、自然、自我之中获得养料和力量,继而成长和发展。生命向内探索构成了生命与自我的关系。对于每个人来说生命只有一次,健康对于个体可谓弥足珍贵!学校用爱和责任构建以"五育丰实生命"课程为主体的纵横交叉,三级进阶的幸福教育课程体系,旨在丰实生命、成全生命、成就生命!

"行走"的教育 "走心"的教育

湖南师大附中雨花学校 刘灵松 李蓉 刘婕

一、学校简介

湖南师大附中雨花学校(原长沙市第二十六中学)地处长沙市国家级自贸区高桥自贸片区,是长沙市东城最具规模、办学历史最悠久的市示范性完全中学。学校始终秉持"办影响孩子一生的教育"的理念,回归教育本义,秉承教育初心,一直在探索基于生命成长的教育上砥砺前行。在刘灵松书记的引领下,学校逐渐形成了以"'行走'的教育"树人,"'走心'的教育化人"的生命教育特色。

在湖南师大附中雨花学校就读的学生大多是外来务工人员子弟,因而家庭教育薄弱,家长有心无力,学生心理特殊等。老师进行生命教育时需要更有智慧。

良好的教育是一种以人为本的教育,是一种基于人性和人的理解的科学。学校是生命教育的主阵地,针对学校生命教育开展的困境,湖南师大附中雨花学校在刘灵松书记的带领下探索出了"'行走'的教育"这样一种新型生命教育方式。它不是指一般意义上的走出课堂、校园的研学教育,而是直接服务于"人",对人性、人格、人品的生命教育。即迈开步子,走进学生、老师、社区成员内心;实践对话精神,感受"给予""完成""享有"带来的心灵成长;积极实现"'走心'的教育",让人全面和谐生长,获得成功的智力、整合的智慧、高尚的德性和丰富的情感。

二、措施与方法

(一)用"'行走'的教育"走进学生,尊重生命,立德润心

每周周一为湖南师大附中雨花学校"与书记校长面对面"活动时间。书记会打破校长与学生间的壁垒,消除交流的隔阂,与某个年级的几十名学生代表一起吃饭。在轻松愉悦的氛围中,学生纷纷就学校的各方面畅所欲言。书记还身体力行,走进特殊学生家中,看看困难家庭过冬的衣被是否齐备,问问留守儿童家庭在家庭教育方面急需的帮助,拍拍孩子的肩膀说出殷切的期盼。在书记的示范引领下,各个年级组也走进学生,或在家访中拉家常,听心声,为的就是找出一把打开学生心结的钥匙,助力孩子向阳成长。或为因特殊情况不能上课的学生定期送教上门,让这些孩子随时被温暖包裹,一扫阴霾。老师以"集中收集—家委交流—微讲座"方式,走近家长,帮助解决家庭教育困惑。用"'行走'的教育"走近学生,学生感受到了平等、尊重,获得了丰富情感,丰盈了生命。

（二）用"'行走'的教育"走近老师，善待生命，养德至善

没有高品质的教师，就没有高品质的教育。一方面，教师的成长助力教师提升自身的职业认同；另一方面，教师的成长助力学生身心发展。学校书记用"'行走'的教育"走近老师，是他上任以后一直坚持做的事。在孔霞云老师即将去农村支教的前夜，书记亲自登门，孔老师在与书记的交流中，逐渐消弭了对农村艰苦条件的害怕心理；书记来到患病休养在家的潘水平老师家中，为潘老师加油鼓劲，让他安心养好身体。至今书记已完成对近两百位老师的走访。用"'行走'的教育"走近老师，老师感受到了真诚温暖，激发出生命智慧，用良好的师德师风为学生成长保驾护航。

（三）用"'行走'的教育"走进社区，涵养生命，凝心聚智

从生命教育的长远意义看，构建全面而立体的生命教育生态方是真正意义深远的教育。湖南师大附中雨花学校主动走进社区，把家长学校搬进小区，在提高家长生命意识的同时，指导家长"护苗"。建立起学校、社区、家庭"三位一体"的生命教育生态。

学校坚持在社区定期开展"护苗学堂"活动。学校通过情境模拟、视频观看、现场互动等，让家长聚焦亲子沟通的技巧方式；一批学校骨干都纷纷走进社区，走近居民，根据大家提出的问题、困惑，从不同维度指导帮助家长依法、有"法"地进行家庭教育。走进社区，让老师走进家庭，在生命教育上凝心聚智。

走近学生，"心桥"飞架，立德润心，对话变通途。"与书记校长面对面"活动已开展了几十期，刘书记与数百名学生代表进行了畅谈。全校两百多位老师全员参与了与学生、与家长的各种形式的交流。用对话精神，给弱者以尊严，给强者以仁爱，给了所有学生看世界的"眼睛"，给了所有家长关注孩子成长的动力。

走近老师，"心桥"飞架，养德至善，鱼水更亲和。通过书记家访，老师对学校的发展思路理解得更透彻了，对学校的认同感加强了，对学校的感情更深了。书记走近老师心里，老师胸中有学校，心里念学生。书记与老师间相互了解，增进交流，"鱼水"亲和。书记的每一次家访，让老师有"完成"后的一种难以表达而又直逼内心情感的淳朴感受，它以内在无穷待发的潜在性和可能性，冲击着老师的灵魂。

走进社区，"心桥"飞架，凝心聚智，教育呈立体。学校定期开展的走进社区活动，开设"护苗学堂"已在周边社区越来越有影响力。社区居民都纷纷盛赞湖南师大附中雨花学校有对自己学生的"小爱"，也有对所有孩子的"大爱"。

三、成效与心得

"'行走'的教育"受到一致好评。尤其是学校主动将优质教育资源送进社区，送到居民身边，毫无保留地帮助家长恰当运用教育方法实施家庭教育，关注孩子的生理、心理、智力等生命发展状况。这一举措开启了家庭、学校、社区三方合力教育的先例。

以"'行走'的教育"塑人，"'走心'的教育"化人的学校生命教育特色如涓涓细流、潺潺流水，正丰富着师生和周边社区居民的生命意义，丰富着他们的人生价值。

知行乐成　生命前行

山东省淄博第十中学　袁延昭　胡倩　李丹

一、学校简介

山东省淄博第十中学位于清代著名作家蒲松龄的故乡——山东省淄博市淄川区,学校始建于1956年,是一所办学特色鲜明、文化积淀深厚的地方名校,先后被评为"国家级体育传统学校""淄博市普通高中课程与教学工作先进单位""淄博市高中教学质量优秀单位""山东省教育信息化示范学校""山东省国防教育特色学校",为生命教育的研究提供了充分的基础和空间条件。学校作为"全国生命教育实验学校",重点围绕"知行乐成"的办学理念,"特色高中、精品初中"的办学目标,"三"成四"学"的育人目标,积极开展生命教育实践活动,形成了独具特色的生命教育办学模式。

二、措施与方法

（一）抓节日契机,感受生命魅力

学校以生命教育为主线,从拓展学生国际视野;弘扬中华民族优秀传统,激发培养民族精神;参与学校主题活动,全面健康和谐发展三个层面挖掘节日文化育人资源。

1. 国际节日、纪念日

植树节,开展"植绿净校园"活动,为校园增添生机勃勃的绿色;了解"植树节"的来历,增强学生的环保意识和保护树木的责任感。教师节,开展主题为"用行动感恩教师"的活动,用行动感恩教师。

2. 传统节日

清明节,学校开展主题为"清明节师生共写一首诗""清明祭先烈"活动,传承红色基因,缅怀革命烈士。端午节,开展"我们的节日——端午节"活动,师生齐聚餐厅,包粽子,在欢声笑语中感受美食与文化。中秋节,开展"我们的节日——中秋节"系列活动,如:主题班会、黑板报、手抄报、朗诵比赛等,让学生感受中秋节的文化魅力。重阳节,开展"我们的节日——重阳节"系列活动:"情暖重阳",为三台山敬老院老人送去温暖和祝福;"九九重阳节、浓浓敬老情",邀请离退休教师常回家看看,共话十中美好未来;冬至,开展"食暖冬至日,情暖十中人"活动,家长、教师、学生一起包水饺,生命的温情洒满校园每个角落。

3. 校园特色节日

一年一度的校园体育节,"谱写生命之歌,弘扬运动精神"阳光跑操比赛,学生精神饱满、斗志昂扬,跑出青春生命激情。红色文化活动节,国庆节"我和国旗合个影"活动、七一建党节"我向党旗敬个礼"活动,让红色基因扎根学生心中。建党100周年文艺汇演,唱响师生对学校新时代发展的美好希望和信心。文化艺术节,"歌满校园、放飞希望""喜迎新春、欢度元旦"文艺汇演,以歌声唱响美好的明天,用舞步书写生命的激情。

(二)重知行合一,践行生命教育

1. 主题班会课,多主题生命教育

主题班会课是专题教育的重要形式。学校形成了以学校为引领,班主任为主导,学生为主体的生命教育与主题班会相结合的专题式课堂,开展了"预防校园欺凌""珍爱生命、远离毒品"禁毒教育,"好习惯成就精彩人生"养成教育,"禁放烟花爆竹"安全教育,"文明校园伴我行"道德教育等教育活动。课堂打破传统的"我说你听"式说教,以互动方式组织课堂活动,让学生在愉悦中接受"生命的洗礼"。

2. 生命教育课,打造课堂主阵地

学校一直重视生命教育课的探索和尝试,定期组织开展生命教育课程探讨展示活动,2021年4月,李丹老师执教的《在挫折中成长》和胡倩老师执教的《和谐家庭滋养生命成长》,在生命教育网举办的第九届生命教育创新论坛暨教学观摩比赛中荣获特等奖。通过探索生命教育课堂,学校对新课程革新有了新的认识,让"生命教育"特征与新课改融为一体,让十中校园每一节课"都充满生命气息",每堂课都能奏响生命的旋律。

3. 心理健康课,生命教育新方向

心理健康教育与生命教育息息相关。学校心理健康教育遵循生命规律,依据学生心理成长历程,开展特色活动。每学期开学初,通过心理筛查,摸准学生心理,了解心理需求;通过"心灵驿站",贴近师生心底,启发心灵互动;通过"为心灵加压,促幸福起航""从容应对中考""拥抱压力,微笑应考"等心理疏导讲座,缓解学生紧张心理,坚定学生中、高考必胜信念。

4. 实践活动课,行走的生命教育

学校依托本地特色实践基地,开展"走进实践基地,提升综合素质"实践活动,让学生在彩泥画、陶艺、刻瓷、石画课中锻炼动手能力,将美育融入生命教育。"弘扬长征精神、走好生命之路"研学远足活动,让学生在行走中发扬团队协作和吃苦耐劳精神,磨炼意志。学校依托本地陶瓷艺术特色,编纂陶瓷文化研学手册,开展陶瓷艺术研学活动,让学生感受陶瓷工艺的复杂,理解烈火的淬炼对瓷器的重要性,使学生在潜移默化中铸就健康人格,懂得珍惜、热爱生命。

(三)促家校合作——拓宽生命维度

家校合作是生命教育的有力支撑。学校充分利用家庭教育这条辅助线,加强家校联动、家校共育,共话生命教育。

学校开展"全员大家访"活动,校长、老师走进学生家庭,了解学生成长经历。各年级通过多种形式先后开展了"金秋家访暖人心,家校合力助高考""温暖进家庭,家访在行动""构建家校共育桥梁"系列家访活动,老师深入学生家庭,了解学生实际生活情况,搭建起学校、家庭沟通的桥梁,为生命教育教学工作提供了真实可靠的依据。同时,能够面对面指导家长对学生进行个性化家庭教育,最大限度帮助学生开发生命潜能。

为了方便家长更好地了解学校教育,掌握学生发展情况,学校确定每年五月、十一月为家校开放月。期间,学校邀请家长入校推门听课,了解常态化课堂教学和学生课堂表现情况,对教师授课和课堂教学提出建议。这一举措得到家长的一致好评,对于凝聚家校合力,提高家长参与学校教育的热情起到巨大的推动作用。同时,也促进了学生的生命成长,使他们在欣赏、关怀中不断丰富自我生命历程。

学校邀请专家团队到校开展家长心理辅导教育活动、家庭教育报告会、"淄博十中生涯规划教育之大学专业介绍"等多个活动,从亲子沟通的艺术、如何做好学生的后备力量等方面对家长进行培训。

三、成效与心得

丰富多彩的校园活动为学生创设了五彩斑斓的校园生活,不仅给学生提供了自我展示、张扬个性的舞台,也在无形中激发学生对生命本质的探索和思考。每一个节日、每一种色彩、每一次行动,都将留在学生成长的足迹中,永不褪色。淄博十中的生命教育课堂,没有单纯的说教,亦无繁琐的形式,而是通过游戏、情景剧的形式启迪学生思想,助力学生成长。

在探索生命教育特色办学的实践中,学校不断拓展生命教育的广度和深度,使教育效果达到最优化,成效显著,受到了学生、家长和社会的广泛赞誉。

学校将继续致力于生命教育的探索和实践,创造充满生命情怀的校园,和学生一起,感受生命,热爱生命,共助学生成长!

点点星光　映照生命之花

黑龙江省富锦市第六中学　于秀娟　刘世军　齐鑫

一、学校简介

富锦市第六中学已有50年的建校历史,位于富锦市区东北部,北临风景秀美的松花江。在这里,教师有理想,学生有希望,所有人带着赤子之心热烈地拥抱未来,也创造了无数的成就。2017年,富锦市第六中学被评为党建工作"先进集体"、教育工作"先进集体"、"全国特色实验学校";2018年被评为"先进基层党组织"、荣获第十六届"探索杯"教学竞赛"团体一等奖""集体组织奖"、荣获"学校安全稳定工作先进集体"称号;2019年荣获富锦市中小学生春季长跑比赛"体育道德风尚奖""一师一优课、一课一名师先进集体";2020年荣获"富锦市运用现代教育技术先进集体"称号;2022年获"安全工作先进集体"称号。

二、措施与方法

生命教育是全方位的教育,更是促进学生身心健康成长的教育。我校结合素质教育改革的核心目标,秉持着以素质教育培育全方位发展的人,以生命教育激发生命活力的教育原则开展生命教育实践活动。

（一）从生活细节找到教育切入点

学校从线上和线下两个平台出发,对学生进行了心理健康调查的实践活动。主要是通过调查问卷的形式来了解现阶段初中学生的心理健康问题,并且通过对调查结果的数据分析和整理,建立了学生的心理健康档案。学校从合理的数据分析和学生的心理健康档案出发,开展了多维度的、面向全体的心理健康和生命教育活动。首先,学校立足于心理健康教育,依托对学生的心理健康调查结果,进行分析,从学生的生活内容出发,对其进行了心理健康指导,并且开设了心理咨询室和心理健康指导课程。从心理健康教育出发,引导学生树立正确的三观,让学生在优良信念和健康心理指引下健康与全面地成长。其次,学校以心理健康教育为出发点,围绕着心理健康教育进行了人生价值观教育、安全教育、毒品预防教育、环保教育等有关于生命教育资源的整合,并且将这些教育资源编排成了校本课程。目的是让教材内容更适合本校实际情况,让学生能够从课程教学和教材内容中接收到最直接、最基本、最有效的有关于生命方面的教育。切切实实地从生活教育资源出发,挖掘生命教育内容,开展生命教育实践训练活动。学校定期地开展有关于交通安全和校内外活动安全的知识讲座活动,让学生掌握面对突发情况保全自己生命的技巧和技能。同时学校还开展了有关于地震和消防等方面的教育活动,定期地利用大课间进行消防和地震演练。

以学生为主体,找准学生的心理健康问题,从心理健康教育出发,引领学生树立正确的生命观和人生价值观。再从生活资源的探索与拓展出发,延伸教学范围与拓展教育空间,让学生有时间和有空间参与生命教育课程的实践活动,在一系列的生命教育活动中引导学生树立珍惜生命和呵护生命安全的良好意识。

(二)教研小组分析教学着力点

生命教育并不仅仅是某一课程或者是某一资源的教育,在更多时候是隐藏在生活和各个学科之中的。为了能够让生命教育融到每一个学科的教学引导当中和学生生活的每一个环节之中,我校以教研小组为着力点开展了生命教育在学科中的融入课题活动。

教研小组需要教师以学科为单位组成课题研究小组,以生命教育在学科教育中的融合为主要课题进行交流分析和课堂实践教学探究。在此过程中需要学科教师针对自己的学科教学特点来进行生命教育指导,并且在教研小组中不断地探索生命教育内容和生命教育的方法。例如在体育教研小组中,我校体育教师就依托课程的优势,对学生进行身体健康和生命运动等方面的常识教育,让学生掌握体育运动技巧和保持身体健康的保健方法,在帮助学生拥有健康体魄的同时使其更加珍爱和珍惜生命,实现了生命教育在体育课堂中的融合。在音乐教研小组中,学校音乐教师就开始不断地探索音乐故事和挖掘富有激扬生命活力的音乐旋律,让学生在聆听音乐作品中去欣赏生命之美,感受生命之美好。教研小组让越来越多的教师开始关注生命教育,并且拓展了生命教育资源与内涵。

(三)以情境教育找准教育突破点

为了进一步巩固生命教育成果和延伸生命教育范围,学校以生活为主题的情境教育活动,以实践体验和言传身教为突破点,对学生进行了生命教育。

首先,学校依托红色教育资源开展了研学旅行感悟生命意义的情境教学活动,利用抗日战争纪念馆和烈士陵园对学生进行了红色教育,并结合实际教育资源对学生进行了缅怀抗日战争英烈的征文和扫祭烈士陵园的教学活动。通过红色教育资源,学生认识了生命的意义,强化了责任意识。

其次,学校又继续进行了教育范围的拓展与延伸。学校与当地社区进行了沟通和联系,组织学生志愿服务队,帮助学生养成良好的卫生习惯,提高学生的生命意识,强化学生的生命意识和责任感,让学生在志愿奉献中感悟生命多彩的意义。

最后,学校以生命教育为主题开展了共青团教育活动。以班级为单位,让每个班级学生针对生活中的一些内容进行有关生命意义的情景剧编创,并且通过五四青年节来进行集中展示,由教师和其他班级学生对情景剧进行评价。

从丰富多彩的课外实践活动中,让学生体会生命的可贵和意义,让学生开始更加热爱和珍惜生命。

三、成效与心得

生命教育的开展与落实的重要途径之一是创造生命化的课堂。所谓生命化的课堂就是温暖的、开放的课堂。温暖的课堂一定是关注学生的课堂，是关注学生学习和生活细节的课堂。教师通过调查问卷的形式来了解现阶段学生的思想特点和实际情况，并从实际情况出发进行延伸性的教育实践活动。从心理健康问题出发能够缓解学生的心理压力，引导学生思想健康成长，使其更加珍爱生命和呵护生命。从人生价值观教育、安全教育、毒品教育等更具延伸性和细节性的教学内容出发，能够让学生正确地辨别生活中的一些不良信息，强化学生的生命意识。而从消防、地震、校外突发情况以及交通安全等方面出发能够进一步让学生掌握维护生命安全的技能，让学生正确有效地维护自己的生命安全。从学生主体出发、从生活实际内容出发、从生活细节出发，让生命教育渗透于学生心中。

浸润的课堂意味着课堂是育人的课堂，是促进学生全方位发展的课堂，而并非分数教育的课堂、技能教育的课堂。通过教研小组的沟通与交流，教师开始关注生命教育并且拓展生命教育内容，让生命教育渗透在学科教学的每一个环节之中，让学生在有内涵的教育学课堂、有生命教育意义教学课堂的浸润下成长。既能让学生变得更加乐观、积极、阳光，也使课堂氛围能够更好地推动学生健康、快乐、优秀地成长。

开放的课堂是教师需要挖掘和拓展教育资源，去不断地分享和交流的课堂，是引导学生正确地认识世界和正确认识生命的课堂。研学旅行活动、社区服务志愿活动、情景剧创设活动让教学更具感染性，也让学生能够在更真实和更具体的案例中去分析和了解生命的意义。通过教学情境的创设营造一个充满着爱、充满着和谐氛围、充满着真诚的教学氛围，更具延伸性和实践性的教学资源让学生对生命的认知更深刻，既强化了学生对生命的理解，体会了生命的意义，也让学生真正地学会了如何去珍爱生命。

生命教育在初中学生人生成长生涯中是不可或缺的一部分，同样也是教师教育的初心和不变的坚持。生命教育在于引导学生更健康和更全面地成长，而生命化的课堂又最宜于个性的成长和生命活力的充分涌现。教师需要从爱出发，从学生出发，构建一个温暖、开放、浸润的课堂，让学生的生命活力充分涌现，让智慧之花尽情绽放。

守护生命　赋能生命

黑龙江省哈尔滨市阿城区第三中学校　陈阳

一、学校简介

哈尔滨市阿城区第三中学校始建于1954年,是一所公办初级中学。多年来,学校注重校园文化内涵的建设、传承和创新,用科学而意蕴深远、富有时代特点的管理文化来引领学校的发展,按照"依法办校、勤朴立校、以德治教、科研兴校"的办学思想,结合自身发展积淀、总结提炼,确立了"让学生体验学习快乐,让教师享受教育幸福"的办学理念,以此为目标规范学校工作行为、以此为方向激发师生自我教育的动力,实现了凝聚力量、鼓舞士气、规范工作的目标。

二、措施与方法

(一)构建生命教育框架,唤醒师生的生命意识

生命是人的根本,教育是唤醒人生命意识的活动,我们通过唤醒师生的生命意识,打造幸福的教育生活。学校通过成立生命教育工作室,确立了一条以唤醒生命意识为主线,N种模式去实现生命价值的生命教育的理念,通过对生命意识的培育,不但能够使师生深刻认识到生命的价值,也能够养成他们丰富的生命情感和坚强的生命意识,于是在N种可能下开始着手去实现自己的生命梦想。

(二)课堂教学渗透,教师用生命润泽学生生命

课堂是生命教育的主阵地,老师在课堂中有意识地渗透生命教育,让学生通过学习感悟生命的存在、可贵、美好,教师以自己的实际行动给学生做最好的榜样,在课堂中要求学生遵守课堂纪律、听课学习要专注和投入,养成积极生活的态度,去掉一些坏习惯,这本身就是对自身和他人生命的尊重。教师平等地对待每一个学生,让学生感悟到平等待人就是对生命的尊重。老师成了最美主播,学生成了最忠实的听众。

(三)利用红色教育,找寻生命的本源

学校又名舒群中学,学校的一楼正厅有一座舒群雕像,介绍舒群的精神,四楼有一个与校史室在一起的舒群展馆,每学期开学初,组织师生参观,让所有人记住我们的根在哪里,明白没有老一辈的流血牺牲不会有今天的幸福生活。我们抓住《珍爱生命,做最好的自己》的主题升旗仪式与班团会的契机,告诉学生生命是可贵的,当身处困境时应当要保持积极的信念,积极应对,同时做积极的改变,让生命更加美好。清明节组织学生

参加祭扫仪式,十一国庆节组织学生观看爱国主义电影,每年初一初二年级都举行坚持了15年的军训,组织学生参观烈士纪念馆等,让学生在活动中体会到要悦纳自我,学会感恩,直面挫折,在不忘根本、守住初心的前提下积极寻求更好的自己。

(四)组织团队辅导与个体辅导,探索生命的印记

学校利用心理教育和生命教育师资队伍与社会资源开展团队与个体辅导,让学生对自己的生命状态进行探索。通过四个激荡内心的活动:让学生画一张自画像,认真审视自己,在团体温暖的环境下流露最真切的情感。通过交换让学生感悟自己人生经历,分享自己的理解,体会生命历程的不同,懂得尊重生命。学生通过故事接龙,讲述自己的故事,了解他们的困惑、迷茫、渴望等,引导学生更加理性地对待未知的困难。三个活动结束后让学生画一个自己期待中未来自己的模样,并进行分享。

(五)课后服务中特色课程,展现生命不同的精彩

学校克服了场地、仪器的不足,师资的不足(由于学生学习吉他的较多,我们聘请了校外的吉他教师),最大化利用教学设施。开展了特色课堂,包括艺术修养(如民乐)、语言素养(如文学赏析)、操作技巧(如动画制作)、运动技能(如篮球)、百年党史五大类22个特色课堂活动(生物、合唱、信息技术、舞蹈、民乐、非洲鼓、课外阅读、魔方、软笔书法、版画、硬笔书法、素描、语文鉴赏、国画、吉他、物理、化学、足球、篮球、排球、健美操、时事热点),满足了学生的个性特长发展需求,促进了学生核心素养的提升。上网课的过程中,我们连续上了30节生命教育课,包括大自然生命的力量,灾难离我们有多远,不惧死亡等专题的课程,旨在让孩子和家长懂得生命的意义。线上故事会、你是生命中的榜样、线上升旗仪式多种激荡生命的活动,让师生懂得珍爱生命,热爱生活,成就人生,更加明白每一个生命都是独一无二的。

(六)给梦想插上科技的翅膀,让生命拥有奔跑的能力

学校引进梦想课堂、创客、STEAM教育、3D打印、机器人,这些科创基地成了学生的"网红打卡地",理化生实验室里,每张操作台上都摆放着大大小小的瓶瓶罐罐;STEAM中心,洞洞墙上各种操作器具;3D打印室里,学生拿起激光笔,神奇的一幕发生了,立体打印显现出来;编程机器人工作室,电脑屏幕上一行行神秘代码,让机器人运动、工作。所有的这些无不打动学生的心,动手实际操作的过程,产品的产出,对于学生来说都是一次次神奇激荡生命的操作。多名学生在全国级的大赛获奖,为未来发展打下了坚实的基础。

(七)未来对于生命教育的设想有了更多的可能

构建"家庭、学校、社区"生命教育网络体系,在已组建的生命教师团队中组建生命教育宣讲团,学校在开展过程中总结经验,辐射其他学校,带动其参与,成立本地区生命教育共同体,创办《生命教育校刊》,组织"何为生命的意义"读书会。

三、成效与心得

学校从 2008 年提出生命教育理念至今,一直在不断完善,不断改进与提升生命教育体系,从最初校本教材的编写,心理教师的培养,学科渗透生命教育的实验,一步步走来,让师生体会生命的伟大与不易,懂得心怀敬畏之心,做个勇敢坚毅不怕苦难的人,把每一次跌倒作为一个新的起点,把每一次磨砺当作一次考验,把每一次感动热泪盈眶当作未来前行的动力,每一次分享会上,老师从多个角度分享自己的生命教育故事,帮助每一个学生向阳而生,拔节成长,虽然经历刺痛,但迎来的是灿烂的阳光。2020 年学校被评为全国生命教育课题研究实验学校、哈尔滨市文明校园、阿城区德育先进集体、阿城区师德先进集体;学校连续五年中考成绩名列全区第一名,重点高中升学率屡创新高,2022 年 9 月代表本区域参加全市的教学成果交流大会并发言,第三中学的办学经验多次在各级重大会议中被作为典型,迎接省、市、区级各类检查数十次,第三中学已成为阿城教育的一张名片。

构建360°生命教育生态圈

湖南省长沙市雨花区雅境中学　金虎成　毛亿志　肖妹芳

一、学校简介

长沙市雅境中学是2016年经长沙市人民政府批准，由雨花区人民政府与雅礼中学、南雅中学联合创办的一所高起点、高品位区属公办初级中学。学校致力于培养"雅言雅行、博学多才、朝气蓬勃、境界高远"的高素质、高品位人才，开设的课程既能适应现代社会发展，又能承载深厚的文化底蕴。"办学旨趣高雅，目标追求高远，顶层设计高端"的办学定位，旨在通过初中三年的优质教育，影响学生的身心、品行、学力与创新力，为学生终身发展奠定基础。

二、措施与方法

雅至千年盛，境开万象生。长沙市雅境中学德育立足"立德树人"目标，牢记"培养什么人、怎样培养人、为谁培养人"的使命，致力于让学生得到知识熏陶和精神滋养，提升生存能力和生活品位，擦亮生命底色，成就幸福人生。

学校积极探索，逐渐形成向内180°、向外180°的360°生命教育圈，以学生为中心，融会贯通课内和课外，密切联系学生－教师－家长，为学生终身发展奠定基础，为学生的生命成长赋能。

（一）向内180°

1. 全员导师制，让每个学生都能站在聚光灯下，让每一个生命都受到尊重和呵护

2020年以来，学校进一步完善全员导师制，通过导师每月"三大步"积极推动学生每日"三大步"，让每个生命得到最大的尊重和呵护。导师坚持每月翻阅一次学生的成长记录本，并撰写评语，每月组织本组成员开展一次集体谈话，每月挑选三位学生进行重点帮扶，从而帮助学生实现每月的"三大步"。

于学生而言，每天早自习之前填写好当天的学习目标，每天利用课间与导师进行一次交流，每天在放学之前填写好当天的成长记录。学生的每日"三大步"实行小组责任制，由小组长进行督促完成。

这样一来，每一个学生都有得到老师鼓励和帮助的机会，在导师鼓励下，学生充分发挥自己潜在的能力，实现自我的进步与成长。

2. 特色作业设计，让学生的学习生活与生命成长融合生长

教育的最终目的，莫过于让生命自然生长。学校追求生命化的德育，在这一理念的指导下，以丰富性、多样性、高品质作为作业设计的目标，力求开放性地打开学生的生命成长格局。

各学科老师积极行动,以特色作业设计为突破口,让学生在完成作业的同时收获一次次的成长。

其中英语学科老师让学生以手抄报的形式画下自己的所见所闻,地理学科老师每学期都会布置地球仪手工制作的作业,历史学科老师在假期布置了"漫"话历史的特色作业,语文学科老师在学生学习完新闻之后,让学生上街采访,自制新闻作品。生物学科老师的特色作业设计更是特色鲜明:为了让学生更好地了解和掌握软体动物和节肢动物的主要特征,给八年级学生布置了观察可食用节肢动物的作业。

3. 垃圾分类,培养合格的社会主义小公民,让生命更有责任感和使命感

学校围绕培养学生的环保意识,使学生养成垃圾分类习惯,大力推进生活垃圾分类投放、收运和处置,建立生活垃圾综合管理体系。保护环境、节约资源,做到人人参与,人人有责。

在具体实施环节,在班级设立垃圾分类角,让垃圾分类成为习惯;组织志愿者担任文明劝导员的工作,在课间到各个点位进行文明行为的劝导。

在评价反思环节,每天安排学生干部对垃圾分类情况进行检查、评比,定期组织对垃圾分类知识的考核,普及垃圾分类的常识。

学生提高了环保意识,树立分类观念,培养了良好的环境行为习惯,为生命赋能。

(二)向外180°

1. 走出课堂学知识,通过校园外的生命教育,探索生命的宽度和厚度

积极创新实践模式,带领学生走出课堂,探索生命的宽度和厚度。联合学校语文、地理、化学、历史、美术等多学科老师组成教师团队,开展了"探秘圭塘河"的自然环境教育项目——探秘生态圭塘河,共建和谐新雨花。

学生亲手触摸新叶和陈叶,感受到了新叶的柔软,陈叶的脆硬。体会到"生之柔弱,死之坚强"。

当学生发现开着漂亮鲜花的植物叶片散发着一股较为难闻的气味时,感受到了任何事物都是美中不足的矛盾统一体。人同此理,要学会辩证地看待自己的优点,也要坦然接受自己的不足。这样的我们才是具有自然生命本色的真实个体。

2. 劳动教育,让孩子体会动手创造的快乐,让生命在劳动中淬炼高品质

秉持"生命教育"理念,坚持"五育并举",学校开设劳动教育课程和建设劳动实践基地,因地制宜,从学生和地方双重实际出发,挖掘资源,逐渐形成了具有雅境特色的劳动教育形式,打开了生命教育的新通道。

学校整合学校常规,形成"我是校园小主人"系列劳动岗位,让学生成为校园建设的参与者,给学生提供素养展示的平台,提升学生的主人翁意识,培养学生"我爱我校"的情感。将劳动教育与校本课程相结合,实现多学科融合发展。

3. 研学旅行,让学生拥抱一个大大的世界,让我们的生命进无止境

自2016年建校至今,学校组织学生去过英国、澳大利亚、日本以及我国的北京、上海、西安、杭州等地。研学旅行突破了知识分离与知识细碎化的弊端,让教育回归整体,回归生活。

三、成效与心得

求木之长者,必固其根本。学校督促事物的本源,做有根的教育,让学生的生命欣欣向荣,灼灼其华。学生在生命教育的浸染下,得到知识熏陶和精神滋养,提升了生存能力和生活品位,提亮生命底色,成就幸福人生。以学生为中心,融会贯通课内和课外,密切联系学生-教师-家长,为学生终身发展奠定基础。落实生命教育常规管理规范化,生命教育内容课程化,生命德育活动系列化,生命安全教育常态化,生命教育品质化。

学校做到国家课程校本化,地方课程整合化,校本课程特色化,形成具有鲜明特色的"本校课程"。学校充分结合实际,研发学校特色校本课程,利用课余时间对不同层次学生实行走班制分层教学,促进教育均衡发展;打造品牌学生活动,全面推进学生自主管理。以各类社团为载体,通过开展各类社团活动丰富校园文化生活,让生命因有文化的底蕴而更有张力地生长。

学校践行生命化的教育,追求学校的生命气象,在这一理念的指导下,以丰富性、多样性、高品质作为作业设计的目标,力求开放性地打开学生的生命成长格局,融学习、生活、生命为一体。

学校尊重孩子,守护孩子,引导孩子向上向善地生长,用发展的眼光看待孩子的生长,站在孩子立场走进孩子内心,让他的潜能实现最大的发展,从校内走向校外,让他们德智体美劳得到最大的发展。

学校尊重孩子生命,坚持青少年立场,探索青少年内部生长机制。立足孩子生命生长,形成可持续发展育人体系,促进学生生命自觉成长。

生命课堂焕发生命活力

黑龙江省七台河市第四中学 杨国良 宿丽丽

一、学校简介

冬奥冠军之乡,稀有煤炭之都,织就了一方人杰地灵的圣地,在这钟灵神秀的地方,坐落着奋起中的黑龙江省七台河市第四中学。七台河市第四中学始建于1982年。近年来,在"做好样的四中人"校训指引下,学校明确提出了办管理精细、服务到位、特色鲜明、发展科学的人民满意的有品质的办学目标。坚持以立德树人为根本任务,以"五色教育"为依托,实施生命德育,坚持以课堂教学为主阵地,实施生命课堂。

二、措施与方法

(一)注重发展,立足实际,形成生命课堂的核心价值共识

我校生命课堂是基于学校实际而提出的,近年来随着课程改革的不断深入,我们的课堂教学改革也逐步走向了深水区,虽然教师的教学方式、学生的学习方式发生了很大变化,但是一些实际问题还没有彻底解决。学生的低分率依然没有得到有效控制,部分学生的厌学情绪依然存在。课堂上部分老师还是拿着一本旧教案,苦口婆心地重复着"昨天的故事",课堂教学的"灌输式""填鸭式"现象仍不同程度存在。音乐、美术、体育、综合实践等课程离学生的需求、期盼还有一定的距离。部分教师担心成绩,暗自加快授课进度,盲目加难授课内容,导致学生在课堂上疲惫、迷茫、被动、束缚。面对课堂教学现状,学校立足实际查找原因,深刻剖析自我,经过探索、反思、实践,提出了构建生命课堂的思路。

生命教育的核心是促进人的生命发展,实现尊重生命,赏识生命,激励生命,成就生命的目标。课堂是实施生命教育的主阵地,是师生生命发展的舞台。生命教育目的是关注学生发展、促进学生的健康成长,这个健康成长不仅是学生身体的健康成长,更重要的是学生的心理得到健康发展。

学校推行的生命课堂,以尊重师生生命、赏识生命、激励生命、成就生命为前提,突出学生生命主体地位;在关注学生成长的前提下,通过深入实施合作教学,使课堂生活成为师生共同学习与探究知识、智慧展示与能力发展的殿堂。通过自主合作探究的学习方式,在学科教学中落实核心素养,充分唤醒学生生命的积极状态,激发生命内在潜能,让师生在自由、民主、和谐的氛围中实现自己的生命价值,张扬生命,释放真情,发展个性。

生命课堂必须以学生为主体,尊重学生的认知水平,因材施教,注重合作探究,培养

学生自觉学习、自主成长、自我超越。生命课堂必须转变教学方式,弘扬课堂的生命意义,实现知识的生命价值。生命课堂必须充满生命的活力,以此为载体引导师生朝向幸福的生命追求,让校园充满生命的、有温度的气象。

(二)把握重点,完善制度,建立生命课堂的良性实施策略

(1)构建持续投入的保障机制。为了更好地促进生命课堂的实施,学校制定出台了《第四中学生命课堂实施方案》。根据方案的整体规划,近年来,学校先后投入近100余万元为生命课堂实施提供信息技术软硬件设备,图书资料,请进来、走出去的培训费用,奖励资金支持等。持续的投入,以及充分开发的各种课程资源,为师生营造了一个良好的生命课堂实施环境和氛围,极大地满足了师生的愿望。

(2)构建实际应用的培训机制。为了有效开展生命课堂的基本理论培训,学校针对实际问题,借助北京生命教育科普促进会、生命教育网资源定期开展应用培训。遵循"三引三提"(育人引路,理念提升;活动引导,专项提升;课改引领,课堂提升)的思路加强生命课堂的理念培训。一是对全体教师及部分家长进行生命课堂培训;二是通过家长会,由班主任和部分家长代表给全体家长进行培训;三是由班主任对全体学生进行培训。通过三个层面的培训,教师、学生、家长对于生命课堂的理念、框架等有了深刻的认识,为顺利实施生命课堂打下了良好的基础。

(3)构建多元考核的评价机制。为了保证生命课堂的有效性,学校还出台了《第四中学校生命课堂评价办法》。通过日常的听课、查课,结合信息技术大数据的统计,对于师生的课堂状态、教学效果、学习效果进行系统评价,随时发现问题,随时整改。定期评选在生命课堂实施过程中表现突出的学生、教师以及家长。

(4)构建生命课堂的理论体系。"生命课堂"是一种由"知识定位"到"生命定位"的课堂教学转型,它和所有事物的发展一样,仍然有基本的操作规律可循。

经过师生不断地实践、积累,学校出台了《第四中学生命课堂要义解读》,每学期根据教师的实践不断丰富生命课堂的理论体系和实践操作体系,形成了生命课堂的"十性十度十融合"。"十性"是学习目标准确性,学生学习主动性,过程评价多元性,活动设计思维性,师生成长促进性,课堂活动实效性,检测反馈达成性,作业设计合理性,课堂互动生成性,时间设计科学性。"十度"是点拨有精度,训练有梯度,引领有高度,拓展有广度,气氛有温度,反馈有速度,作业有量度,合作有效度,探究有深度,组织有力度。"十融合"是学习内容与生活实际的融合,知识识记与动手实践的融合,说、讲、练、演、写的融合,自主思考、自主学习与小组合作学习之间的融合,整体教学与分层教学之间的融合,本学科知识体系之间的融合,本学科知识与其他学科知识之间的融合,新媒体技术与课堂教学的融合,学生自主表达与教师精讲点拨之间的融合,师生共同学习、情感之间的融合。

三、成效与心得

(一)教师专业成长整体提速

我们突破了传统教研的框架,依据生命课堂不断创新形式,使自我反思、同伴互助、专业引领成为教师的自觉行为,大多数教师都形成了自己独特的教学风格。

(二)学生自主学习能力加强

经过努力实践,我们通过构建和谐师生关系、激发学生的学习兴趣与热情,采取用目标激励、任务驱动、赏识鼓励等形式培养学生良好学习习惯,加强了学生学习方法的指导,学生阅读能力、实践能力、反思等能力快速提升。

(三)学生综合素质得到提高

生命课堂的实践,促进了学生全面发展。学校通过开展独具特色的社会实践活动、社团活动,开设丰富多彩的校本课程,全面提升了学生的特长与爱好,非智力因素、学习品质等。

(四)课程体系建设初见端倪

充分发挥学校资源优势和注重特长教师培养的同时,学校结合办学理念,从挖掘学校的文化底蕴入手,开发了符合学生个性需求的校本课程,为学生弘扬个性、发挥特长奠定了良好的基础。

(五)德育工作成果逐渐凸显

实践教育、爱心教育、感恩教育、体验教育和养成教育不断加强,德育工作不断深化,机制更加灵活,特色更为鲜明,形成了具有本校特色的生命德育主题。

一抹稻田红

湖南省长沙市稻田中学　张兴　华玉凤　唐镇

一、学校简介

长沙市稻田中学始建于1912年,当时称湖南省立第一女子师范学校,迄今百余年。学校陆续更名为湖南省女子师范学校、湖南省立初级中学、湖南省立第二中学、湖南省立长沙女子中学,校名数易而弦歌不断。1938年,日军逼抵湖南,学校徙至湘潭、安化等地辗转坚持,为民族复兴留下希望的种子。

历史虽断,母校情未断,稻田老校友对母校的怀念与日俱增。经多方努力,最终在1995年8月,稻田恢复办校,中断半个世纪的稻田文脉才得以接续承传。

从稻田复校那天起,新稻田人就怀着"重铸稻田辉煌"的宏大志向,开启了他们追寻红色文化的旅程,给多彩的生命添加一抹靓丽的稻田红。

二、措施与方法

（一）重温红色历史,用"志"点亮稻田红

长沙市稻田中学是一所有着特殊历史的百年老校,中道辍停五十载,至1995年再续弦歌。新稻田应培养什么样的人,新稻田应有什么样的精神气象,这是复校时的大课题。为了寻求答案,我们开始重温稻田历史。

特殊的历史,让新稻田人在复校后开始了一轮又一轮的寻访先辈足迹之路。我校曾组建专门的团队,重走古稻田变迁之路。从长沙到湘潭,到宁乡,到涟源……一次又一次地走访,一批又一批地走访,每一次的走访都让我们感动,古稻田人在国难当头之时,是以怎样的决心坚守着教育。稻田的前世对它的今生来说是一笔宝贵的财富,发掘这笔财富,用好这笔财富,是新稻田人的责任。源浚者流长,根深者叶茂。传承稻田精神,尤需常怀敬畏。"文夕大火",把古稻田的校舍化为了灰烬,后来稻田辗转在各地办学,办学的校舍也已不复存在,但历史文化遗产是不可再生、不可替代的宝贵财富,古稻田历史文化遗产更是稻田振兴的根脉和灵魂。

（二）赓续红色血脉,用"诚"汇聚稻田红

2004年6月《潇湘晨报》发表了一篇题为《遥望故乡66年》的寻找英雄故乡亲人的文章:1938年,一位18岁的湖南女兵在抗日战斗中,为抢救战友,在江苏徐州战场献出了宝贵的生命。当地老乡将女英雄临时安葬在村旁地头。临终前,女英雄托当地一位老奶奶捎一封信回故乡湖南。但是,因种种原因,这封没能寄出的信不知所终,只留下一张照片。66年后,为完成英雄的遗愿,找到这位无名英雄的家人,徐州老奶奶的后人陈开灵老师求助媒体,发表此文。

刚巧稻田中学的谭映天老师拿起这份报纸,端详着烈士的遗照,她突然想到,她的发型,她的装束,不是很像古稻田女生的样子吗?就这样,为完成英雄遗愿,谭老师开始了长达三年的正名寻亲之旅,为无名女英雄正名,为无名英雄寻亲。翻查资料;走遍长沙的大街小巷寻访历史的记忆。稻田的老校友也加入其中,一条条线索牵出来,一种种可能被提出来。同时,新稻田人也开始了行动,发动了"不忘国耻,为英雄立碑"捐款活动。

终于在2004年9月18日,无名女英雄的遗骨迁回了湖南,安放在湖南革命陵园的长安阁。

经过近三年的寻访,终于找到了女英雄故里,找到了女英雄的亲人,找到了女英雄的名字:刘守玫。这一刻,英雄的回家梦终于得以实现。

这不是终点,它是一个起点,从无名女英雄荣归故里的那一刻开始,近二十年的守护,无需提醒,无需组织,每年都会有人去祭拜,有正在稻田求学的学子,也有已毕业学子或已调离学校的老师,只因我们心中都有了一抹专属的"稻田红"。这是对英雄的追寻,代表着全体稻田人对英雄的崇敬,代表着稻田人对那段艰难历史的追忆。一个英雄的回家梦,牵动了所有稻田人,让稻田有了对民族大爱新的理解。

(三)勇担红色使命,用"仁"传承稻田红

1. 爱让青春永不折翅

2021年12月,《新湖南》上发表了《在这里,青春永不折翅 "稻田人"用爱心铸就"志诚仁爱"》一文。故事的主人公是长沙市稻田中学2020级初中部学生刘同学。2018年刘同学被诊断为下肢患恶性肿瘤,经过手术和长时间的化疗,病情有所控制。他想要的幸福很简单,是沐浴着阳光,是肃立在操场,是端坐在教室。2020年刘同学病情出现复发,在中南大学湘雅二医院做了左下肢截肢手术。2021年刘同学身体内的骨肉瘤癌细胞再次复发,他用微薄的力量与死亡抗争,用坚强的意志来诠释生命的意义!学校很快就行动起来,成立了专门的小组,决定尽一切可能帮助这位乐观向上的同学,申请爱心基金、号召全校师生爱心捐款。很快这个爱的故事,在更大的范围内传递着,已退休或已调走的稻田老师、已毕业的稻田学子,他们都秉承着稻田中学"志诚仁爱"的校训,为托起生命的希望而行动起来。

这样故事还有很多,我们欣喜地等来了战胜白血病重返校园的学子,我们有着令人敬佩的已与癌症斗争好几年又重返讲台的教师,有着身患残疾却能笑着穿梭在校园的每一个角落的学子,有间专门提供给特殊学生的康复训练小屋,不管是谁,不管遇到多大的困难,我们都希望他们的青春永不折翅!

2. 爱让记忆永不褪色

有一次学校接到一位八十多岁老校友的电话,让学校派人去她家一趟。当学校校友会的谭老师去她家的时候,老太太拿出一个包裹得严严实实的布包交给谭老师,说是一点助学捐款。打开一看,是一些十元五元还有一元面值的钞票。其实老太太生活并不富裕,居室很小,只有一些简陋的家具。她深情地说:"这些是我专门为我的稻田积攒的。"

稻田人爱稻田,这种母校情结更是一种爱的情结。到目前为止以校友个人名义命名的奖学金就有近20个,能联系得上的老校友几乎都有助学捐款或图书捐赠。更让人感动的是,有些助学捐款,是校友的后人,慷慨解囊。学校每年都要接待海内外的校友寻根访问,其中有不少就是校友的后人。稻田校友对母校的深厚感情已经在他们的后人身上延续,感恩的情在心与心之间传递。稻田成了很多人温柔的回忆,成了很多人人生的永不褪色的记忆。

3. 爱让故事永不落幕

百年稻田传承"他人第一"的精神,素有"仁爱"传统。1998年洪灾,师生踊跃捐款;2008年冰患,师生破冰开路。"5·12"汶川特大地震,我校千里驰援;玉树呼救,我校即时响应,迎回第一批灾区孩子,让他们有了依靠。我们知道什么叫心手相牵,仁爱无疆;我们不知道他们曾经给过我们什么,但我们知道爱的春风,吹拂着菁菁稻田。

我们懂得感恩,我们也知道奉献。一个肩膀扛不起灾难的重压,而万千肩膀就能扛住所有的不幸。

(四)坚守红色初心,用"爱"唱响稻田红

《从这里出发》,一首所有稻田人都传诵的诗。清晨师生都在这首诗歌中开始了新的一天。

《稻田人》,一本记载稻田历史的读本。梳理了古稻田很多师生一生的轨迹,提炼出他们人生的精华,让新稻田人从中找到自己的人生偶像、精神导师。

稻田歌赋墙,用浮雕的形式艺术地再现了稻田的历史轨迹,让人们穿越时空,重温往昔;全部选用稻田师生创作的诗歌,按时间先后排列,让人一路读来,真切地触摸历史的律动。

《稻田风》,一本师生共同编写的校刊,这里的文字是生命里真实的声音,写的是真情、真理、真知,可以幼稚,但不可以虚假,可以质朴,但不可以造作……

稻田红专栏,记载着"稻田籍"师生的红色故事,发掘他们的精神内核,我们要让新稻田人了解稻田前辈艰难曲折的追梦历程。我们可以很自豪地说:"回顾中国共产党波澜壮阔的历史,稻田人没有缺席!"

三、成效与心得

一首诗、一本书、一面墙、一校刊、一专栏……既是古稻田历史文化的重要载体,也是古稻田精神气质的生动呈现。我们所有的稻田人,将稻田精神代代传承。究其起源,或许早在百年之前,稻田精神就渗透于稻田人的骨血之中。人有大胸怀,自有高境界。培养有大胸怀的人、培养有高境界的人,就是我们百年稻田的教育追求。风声雨声读书声声声入耳,家事国事天下事事事关心,这就是稻田人理想的生命教育、成功的生命教育。试问我们为什么要坚守,我们只是希望在历史的厚土上,给每一个生命输入些"红色文化"的营养,让稻田红闪耀更多的地方!

打造"善水文化" 谱写生命华章

山东省临沂外国语学校 解自如

一、学校简介

临沂外国语学校是一所国际化重点学校,学校环境优美、师资雄厚、设施完备,是一所可容纳6000余名学生就读,集小学、初中、高中为一体面向国内外招生的国际化、高学术标准的寄宿制学校。学校传承办学使命,弘扬合作办学特色,立足于生命教育,推进善水文化,形成独具特色的国际化、智慧化、生态化、生命化的育人模式。

二、措施与方法

党的十九大报告中指出:深入挖掘中华优秀传统文化蕴含的思想观念、人文精神、道德规范,结合时代要求继承创新,让中华文化展现出永久魅力和时代风采。文化是民族的根,校园文化是教育的魂。为了办好人民满意的教育,学校紧紧围绕润泽生命、播种智慧办学理念,积极打造"善水文化",践行生命教育,凝聚建设具有大格局、大境界、大目标、大视野、大目标的教师队伍,全力培育具有明德弘毅、体健行雅、乐学善思、悦美臻艺、尊勤笃劳等核心素养,满含家国情怀和民族精神的临外学子。

(一)"善水文化"的提出

临沂外国语学校坐落于蒙山脚下,沂河之畔。校内小河潺潺,湖波荡漾。得天独厚的地理条件是"善水文化"的最初灵感来源。

水与人类社会的关系密切。2006年,联合国教科文组织将第十四个世界水日主题确定为"水与文化"。我国传统人文经典《老子》中记载:"上善若水,水善利万物而不争。"意思是,最高境界的善行就像水的品性一样,泽被万物而不争名利,它使万物得到它的利益,而不与万物发生矛盾、冲突,故天下最大的善性莫过于水。

学校以"善水"为切入点,提出"善以养德,水以育人"的核心理念,结合水的特质,从环境、制度等方面全方位实践和探索"善水"文化。

(二)"善水文化"的内涵及组织结构

水的内涵是博大精深的,它对我们的启迪还有许许多多,如"滴水穿石",启迪我们对事业的追求要锲而不舍;"千条江河奔大海,一江春水向东流",启迪我们一旦认准一个目标,就要有一往无前的勇气和坚定执着的精神;"海纳百川,有容乃大",启迪我们要有恢宏的气度,博大的胸怀。

"善水文化"包含"上善若水"的品德、"海纳百川"的胸怀、"流水不腐"的勤劳、"滴水穿石"的坚持、"扬风破浪"的激情。"善水文化"的意义主要包含以人为本、以水为善、以水为师等几个方面的内容,是一种典型的和谐文化。

"善水文化"包含"水德文化"和"善行文化"以及"善水精神"。

"善水文化"主要由以下几个方面组成:办学理念、廊道文化、班级文化、课堂文化、场馆文化、团队文化、社团文化、课程文化、节日文化等。

"善水文化"的宗旨	善以养德,水以育人
"善水文化"办学理念	上善若水,厚德博学
"善水文化"团队精神	乘风破浪,海纳百川
"善水文化"个体目标	水滴石穿,绽放自我

(三)"善水文化"活动实施

善水教育是学校办学的思想主线,学校围绕厚德博学、志行高远校训主线,引导全体师生和而不同、胸怀天下,积极践行海纳百川的胸怀、勇往直前的精神、滴水穿石的执着、廉洁自律的品格、利他奉献的境界。

1. 建设"善水"文化墙。分别为水之源、水之论、水之韵、水之力、水之气、水之型、水之魂、水之德、水之力等。内容为大禹治水,诸子百家的生平及对水的论述,古典诗词中对水描述的名句,中国著名的水利工程和中国的节水标志及水资源分布和当前受污染的状况以及融入水元素的舞蹈、韵律等。

2. 滴水厅:通过教育点滴,弘扬滴水精神。

3. 乐水社:把水元素融入学生活动,引导学生研究水文化、认识水文化、学习水品质,旨在创建高雅优美的校园环境,营造清新自然的人文气息,打造水文化特色品牌。

4. "基地":依托人工湖、校内人工河等建立"善水生态环境保护基地"。建设"活水源头"、水车等景观。

5. 善水团队:着眼于品牌发展战略和名师发展战略,构建学习平台、科研平台、名师平台,全面打造具有善水特色的儒雅、智慧和活力的"善水名师"。

6. 组建"中心":依托教研室建立"善水教育研究中心"。

7. 编制校歌《理想在这里起航》,创办校刊《湿地》。

8. 创办书画社:依托美术组成立"善水书画社"。

9. 编写教材:编制善水校本教材。

10. 组建工作室:依托名师工作室打造善水名师团队。

11. 举办"善水节":丰富和发扬水文化。

12. 成立善水舞蹈室:编创融入水元素的舞蹈。

(四)"善水文化"部分廊道建设

各部一楼大厅为善水文化总体介绍,概括呈现了水的"九德""善行""修为""涵养"等。

(五)善水文化校本教材规划

围绕善水精神,整理相关历史典故、预言、童话、神话故事以及原创作品,面向全校师生特别是小学部开展"善水精神代代传"故事会大赛,并结集出版,开发《善水精神》校本教材。

围绕水德文化,各科室按照计划开展相应活动或创作案例结集出版,形成《水德篇》校本教材。

围绕善水文化,各科室根据各自特点录制或创作教育实景,形成《善行篇》校本教材。

三、成效与心得

砥砺奋进溢华彩,生命教育硕果香。近年来,学校在践行生命教育的路上昂首阔步,受到社会各界的广泛好评。《中国教育报》全文刊登《让每一个生命绽放更美的光彩》,详细报道临沂外国语学校生命教育典型案例;《语言文字报》先后全文刊登《业广惟勤,功崇惟志》,详细报道临沂外国语学校生命教育发展纪实;生命教育网、华夏教育网、全球资讯、大众教育、河北教育网等十多家媒体多次报道学校的生命教育成果。

通过主题式链接课程体系的构建与实施,以打造多维度生命大课堂的实践与研究为抓手,创设自主、合作、探究的学习环境。德育征文、演讲比赛等各级各类表彰奖励2000余人次。

依托校长课程领导力,教师教育教学水平得到全面提升。近年来,发表文章的教师91人次,教师获得各级各类荣誉570项;生命教育课题区级以上立项60项(50项结项);我校教师参加各级各类比赛,荣获国家级一等奖6人,省级一等奖15人,市级一等奖161名,区级一等奖300余名;荣获齐鲁名师1人、省特级教师2人、省级教学能手5人,市级教学能手26人。

学校先后被评为全国特色文化学校、全国学校文化建设先进单位、全国生命教育先进单位、中国教育学会会员单位、山东省教育系统先进基层党组织、山东省心理健康教育研究会会员单位、山东省教育管理研究专业委员会会员单位、山东省"一校一品"党建品牌示范校命名单位、山东省首届家校协同名校长培养工程学校、山东省英语名著阅读示范学校、临沂市红色教育示范校、临沂市平安校园示范学校、临沂市五四红旗团委、临沂市少先队规范化学校、临沂市语文阅读能力提升领衔学校、临沂市"深度学习"教学改进项目领衔学校、临沂市课程领导力建设领衔学校、临沂市普通高中教学工作先进学校、临沂市普通高中教学工作优秀人才培养先进学校、临沂市普通高中教学工作艺体生培养先进学校,并受到河东区政府嘉奖。学校先后承办全国第九届生命教育创新高峰论坛、全省"非遗"文化主题现场会等各级现场会30多场。

再踏层峰辟新天,更扬云帆立潮头。学校将继续全面贯彻党的教育方针,深化教育改革,提高教育质量,让每一位学生焕发生命的光彩。

用美好的教育成全珍贵的生命

重庆市合川龙市中学　钟益　吴泽玲　徐蕾

一、学校简介

龙市中学位于素有"三江明珠""巴国别都"之称的重庆合川,南邻千年古镇涞滩,北接小平故里广安,东倚黄金水道渠江,西望江城明珠双龙湖。学校1957年奠基建校,2003年创建为重庆市联招学校,2011年被重庆市人民政府批准为重庆市重点中学。60余年来,学校为国家培养输送了一大批品学兼优、极具创新精神的优秀学子。近年来,学校以"质量＋特色"发展思路为指引,坚持质量立校、特色强校,按下教育高质量发展"快进键"。

二、措施与方法

作为陶行知教育思想研究的实验基地,学校从1988年起,自上而下地在全区展开了"生活教育整体实验"。二十多年来,积累了丰富的经验,创造并收获了理论与实验的丰硕成果。龙市中学扎根师陶厚土,以具有合川区域特色的中小学生"新二十三常能"框架为指引,铸就生命教育办学特色。

（一）为了每个鲜活的生命,追慕先贤,明方向优管理

学校秉持陶行知先生的教育和管理理念,提出了"为生命成长奠基"的办学理念,推进管理体制改革、健全内部治理结构,按照"精简而高效"的扁平化原则和"为师生提供便利服务"的要求,形成"决策层、管理层、执行层"三大管理层级,组建"行政组、业务组、群团组"三类组织机构,依据"质量、管理、服务、形象"等主题设置职能部门,在校长负责制的基础上,以服务师生为工作核心,实施自主管理和项目管理制度,构建了"以人为本、依法治校"的高效管理体系。

（二）为了每个鲜活的生命,五"线"并进,提质量铸特色

一是打造充满生命情怀的校园文化。第一,突出整洁温馨、别具一格的环境文化,努力推进以生命题材为内容的一"场"一"廊"一"墙"一"道"和一"基地"的五个"一"建设。青石小路,曲径通幽;巨树参天,生机盎然;绿草如茵,百花竞放;春柳飞絮,夏荷吐艳,秋桂飘香,冬松傲立——优美、舒心的就读环境,温馨、优雅的育人氛围,使学校享有"公园式学校"之美誉。第二,突出拓新守正、和融共进的课堂文化。以"自主""自由""责任"为核心理念,打造行知品质课堂,着力建构以"学"和"生"为中心、以拓新守正、和融共进为特征的课堂文化,引领学生追求生命的高价值感。第三,突出刚柔相济、理情互依的管理

文化。依据"以人为本,生命至上"的柔性管理理念,在制度设计上淡化苛责约束,强化人文关怀,在管理过程中淡化权力因素,着眼于师生的生命个体的发展,着力于学校整体的发展。第四,突出精致谋事、优雅为人的雅行文化。把"建馨雅校园,塑儒雅教师,育博雅学生"作为学校的形象定位,打造精致谋事、优雅为人的雅行文化,包括品德明雅、学思博雅、情趣典雅、气质儒雅四个方面,着力培育精致、优雅、有情怀的行为文化,让学校文化中充满浓郁的生命气息。

二是构建融入生命色彩的德育体系。德育之"育",应从尊崇生命开始。学校的德育经历了由分散化、片段化,走向系统化、课程化的转变,在遵循学生成长规律和发展要求的基础上,学校通过生命在线、生命叙事、生命体验、生命关怀和生命引领五种途径,积极打造"一体两翼"德育模式,逐渐构建起融入生命色彩的德育体系。"一体"即以课堂德育渗透为主渠道,重点抓好主题班会活动和学科德育渗透,突出全员育人。"两翼"就是依托校内教育与校外教育两种资源,开展好养成教育、心理教育、礼仪教育、法制教育和实践教育等系列活动,加强德育的针对性和实效性。以"小活动"承载"大德育",本着"品行高雅、多元发展、特长突出"的德育目标,设计序列化的德育主题活动,并通过"课堂渗透、活动渗透、家庭渗透、社会渗透"四种途径有序实施,努力寻求"活动化、生活化"的德育内容和方式,形成富有生命气息的育人形态。为提升生命教育的科学性和有效性,学校与北京生命教育科普促进会建立起深度合作关系,通过邀请生命教育专家入校指导、引进生命教育课程资源、参加全国性的生命教育学术活动等途径,系统开发生命教育校本课程。

三是推进紧扣知行合一的课堂改革。陶行知先生主张教学与生活实践相结合,突出学生的主体地位,引导学生在实践中主动探究和学习。学校以"让生命在场,让课堂增效"为理念,推进紧扣知行合一的课堂建设。第一,凸显"让生命在场"的课堂教学理念。构建了生命课堂教学理念和原则体系,包括体现陶行知先生"教学做合一"理念的整体性原则,师生"各尽所能、各学所需、各教所知、各得其所"的民主性原则,"做是学的中心,也是教的中心"的实践性原则,"处处是创造之地、人人是创造之人"的创造性原则。第二,构建"灵动的生命"课堂教学模式。以模式为驱动,以"导学案"为统领,以学生学习小组建设为保障,以自主、合作、探究为本质,使课堂成为承载素质教育和新课改诸多要求的"主阵地",让学生在学习中体会到生命成长的快乐,学会学习,树立终身学习观念。

四是组织丰富生活经验的课外活动。积极践行陶行知先生的"三力论"和"常能论",围绕合川区"新二十三常能",以多元丰富的活动延展教育的时空。第一,走出课堂,开展丰富多彩的校园活动。校园活动注重集中活动与日常活动、学生兴趣活动与校园特色活动"两结合"。集中活动为春、秋学期各举办一次的生命教育展示周,充分体现"生命的多姿多彩与百花齐放",彰显"生命的顽强与健美"。日常活动主要以社团活动为依托,组织文学社等20余个社团开展各具特色的活动,着力打造"6个校园"——哆来咪发唆的灵动校园、跑跳投掷越的活力校园、红绿青蓝紫的多彩校园、柴米油盐茶的生活校园、琴棋诗书画的隽雅校园、仁义礼智信的人文校园。第二,走向社会,开展活泼厚重的生命体验活动。注重博闻躬行,每学期都会紧扣重要时间节点,充分依托周边的自然、历史、社会等方面的资源,如被称为"东方麦加"的钓鱼城、中国首批历史文化名镇——涞滩古镇、友军生态园及附近的几个特色农场等场所,让学生全身心地感悟生命的丰富、厚重与精彩。第三,走进生活,开展形式多样的假期实践活动。每年寒暑假,学校都会精心设计、合理布置形式多样的假期实践作业,包括家庭角色扮演、社会问题调查等,指导学生认真观察生活、认识生活,以培养其生活力、自动力和创造力,确保学生"离校"不"离教",学思结合,知行合一。

五是开展探索生活教育的课题研究。学校在原有实践基础上申报的课题"生命教育在农村中学的探索与实践"获重庆市教育委员会批准立项,成为全市2015年普通高中教育教学改革研究100项课题之一。该课题以生命教育为突破口,全面深入推进素质教育,为学生的终身发展奠定良好基础。学校近年来先后完成"生命教育在农村中学的探索与实践""基于生命教育特色的学校文化建设实践研究""中学生生命安全教育课程的构建与教学模式研究"等3项课题研究结题,目前有关于生活教育、特色发展等内容在研课题2项。

三、成效与心得

经过不懈努力,学校在2014年11月成功创建为北京师范大学生命教育实验学校,2015年先后被评为重庆市首批校园足球特色学校、全国青少年校园足球特色学校、全国生命教育先进单位,2016年被评为全国生命教育百佳学校、合川区首批特色学校,连续多次被评为全国生命教育先进单位。学校特色办学经验文章先后被全国核心期刊《中小学管理》及《今日教育》《重庆教育》《中国教师》等刊载。学校先后应邀在中国陶行知研究会中学教育专委会第十四届年会(成都)、第八届全国中小学特色学校发展高峰论坛(重庆)、2017年全国生命教育年会(武汉)、2019年全国生命教育年会(佛山)等全国性会议上作交流发言。此外,校本课程建设初见成效,申报的"生命教育"入选2018年重庆市普通高中精品选修课程,"舞之灵"入选2018年合川区行知精品选修课程,"高中历史课程创新基地"入选2018年合川区行知课程创新基地。学校生命教育工作室被评为2019年"全国十佳教育工作室"。学生参加各级各类竞赛获奖等级屡创新高,涌现出了以全国优秀共青团员杨粤、"华夏之星"中国优秀特长生选拔赛全国总决赛表演类金奖获得者李红梅、宋庆龄少儿发明大赛创新潜质金奖获得者游可欣等为代表的众多优秀学子。学校教学质量稳步提升,近年一直稳居同类学校前列。

学校虽窄小,但从事的是教育大事业;教师虽平凡,但肩负的是育人大使命。今天的龙中人,正怀着"用美好的教育成全珍贵的生命"的教育情怀,以教师发展为基础、学生发展为导向、特色发展为动力,为学生终身发展奠基,为社会文明进步育人。以人为本,服务生命,这是我们不变的信念。春来满园秀,雨洒百花香。探索生命教育,我们一直在路上。

数字化赋能生命成长

上海市建平临港中学　刘景菲

一、学校简介

建平临港中学秉承"让每一朵浪花同样澎湃"的办学理念,努力打造生命化办学特色,遵循"合格＋特长""规范＋选择"建平育人模式,以数字化推进教育教学模式改革,创新教育管理,提升立德树人效能来赋能生命成长。

二、措施与方法

面对未来,学校积极适应未来教育的发展特点,以课题《数字化赋能教育教学,提升立德树人效能的实践研究》为抓手,深入关注人的个性化发展的内在需求,借助数字化学习环境,为学生创造更多探究式、合作式、体验式的教学活动,提升师生生命品质。

（一）尊重生命,以新时代教育培养目标提升生命品质

针对部分课堂占主导地位的还是以教师的教为主的传统课堂居多,与义务教育新课程方案、各学科课程标准强调学科核心素养的培育,倡导学生自主、合作、探究的学习方法的要求相距甚远。学校立足尊重生命,聚焦核心素养,变革课堂教学,构建新时代面向未来人才培养的课堂教学模式,提高课堂教学效率。

学校通过数字化转型促进学生充分学习,推动新技术支持下教育的模式变革和生态重构,探索"立德树人"理念与学科教学的融合路径。开展基于大数据的精准教学,培养学生自主学习、探索创新、互动合作的学习能力和品质;实现教师、学生、家长之间的信息交互,将课堂教学优势与优质在线网络资源相结合,提升学生学习效率,提高教育教学质量,打造智慧课堂新生态。基于学生的特点,充分发挥数字化便捷、开放、互动、融合的特点,为师生营造关爱、灵动而充满生命尊重和个性张扬的数字化学习场景,推进学校的智慧课堂教学实践,让每个孩子实现个性化学习,赋予教育新的意义。搭建家校互动平台,让智慧教育进家庭,让师生及家长的生活、生命更加丰富,实现数字化赋能教育教学,提升立德树人效能的实践来为"双减"提质增效赋能,促进学生全面健康成长。

（二）欣赏生命,以数字化赋能教育教学思路激发生命智慧

打破传统教学中以教师为中心的思维惯性,变革以知识灌输为手段的教学模式,着眼于学生未来,充分发挥区域改革开放创新发展的区位优势,以国家级信息化教学实验区建设为抓手,依托《数字化赋能教育教学,提升立德树人效能的实践研究》课题研究,发挥党支部在学校发展中的引领、对教育教学工作的领导和党员先锋模范带头作用,创新

教与学的应用新形态,促进信息技术与教育教学的深度融合,实现让每一位教师和学生都能得到全面而有个性的成长的目标,以"互联网+"思维开启智慧教育拓展育人工作新路径的实践探索,全面推进以发展性综合素质评价与精准教学为核心的智慧教育,实施"五育并举"发展性综合素质评价,发挥教师主导、学生主体、思维主线作用,变革教与学的方式,形成课堂教学新生态。

搭建家校互动平台,让智慧教育进家庭,促进学生全面发展、健康成长。借力专家引领和同伴互助,通过网络学习空间应用普及,开展数字环境下智慧课堂教学实践。坚持育人为本、全面发展、精准教研、变革教学、数据赋能、安全管理,提升立德树人效能,让学校优质而有特色地发展。

(三)成全生命,以数字化赋能教育教学创新绽放生命精彩

通过党员教师"TSC"智慧课堂教学探索展示,将学科核心素养融入课堂,发挥教师主导、学生主体、思维主线作用,使学生将学科知识内化于心;通过学生精彩展示,实现教与学的方式变革;充满活力和探究精神的智慧课堂,让生命精彩绽放。

(1)教育实践创新减负增效。搭建沉浸体验式、交互协同的创新性智能教育场景,以人性化温暖的教学打破学习时空界限,为学生提供美好学习感受。课内,创建智能学习场景,创新教学模式,以新型课堂教学架构引导学生主动、合作、探究学习。课后,借助于信息技术开展场馆学习,使学生通过实践感悟,扬长启智,开阔视野。教师根据大数据进行精准测评和作业设计,让课后巩固更有针对性和实效性,减负增效,促进学生成长。

(2)家校协力培育时代新人。依托国家智慧教育平台,宣传成功家长的教育智慧和经验,促进家长教育观念转变,营造家庭学习氛围,融洽亲子关系,丰富学生的课余生活。家长职业体验、艺体达人展示、大国工匠创新设计让学生在课后通过人工智能技术、虚拟仿真模拟技术在学科实践探究、跨学科项目化深度学习中展示兴趣,释放潜能,发展思维,逐渐形成自我教育能力。

(3)培育教师智能教育素养。通过专家引领、校本研修、实践拓展、反思研讨,引导教师正确理解和把握信息化与人工智能带来的教育发展机遇和人才培养需要,主动对接新技术并积极创新开展教育教学改革,促进教师角色由知识的搬运工转变为帮助、引导学生成长为自主、自立、自强、身心和谐发展、人格健全的人,成为"经师"和"人师"的统一者。

(4)数字赋能教育评价创新。制定综合素质评价体系和标准,根据数据分析制定适切的学生成长指导,使评价过程与学习过程紧密结合。创新智慧评价,通过可穿戴的心率监测装备、智慧体育APP等信息化手段对运动数据进行收集、分析、反馈,为学校体育教学方式变革提供可能的思路。数据翔实的评价、精准的个性化指导,使每个学生的能力、潜力、创造力得以更好发展。

三、成效与心得

数字教育技术应用,推动教学辅助手段数字化、多样化,立德树人效能快速提升。

（一）提升师生综合素养

随着数字化赋能教育教学实践创新，教师的综合素养快速提升。龚孟婷被评为优秀见习教师，杨晓东、顾同欣、黄星雨、丁馨悦在课堂教学比赛中获奖。信息化实践融合创新经验在教育部卓越校长领航工作室成员学校推广。学校数字化应用案例《基于国家智慧教育平台的校本研修助力教师信息素养与专业能力提升》入选2022年全国中小学数字化应用优秀案例。数字化赋能，学生学习更加高效、便捷，自主学习能力得到提升。赵一帆、田凯瑞等同学分别获得新时代好少年、科技创新之星、艺术达人、少科院小院士等荣誉称号。

（二）构建个性化发展的教育新形态

教学应用场景的创新探索，"课前—课中—课后"三大教学环节的有效衔接，技术赋能"双减"，特色校本选修、多彩课后服务、丰富拓展课程，以及多样化的辅导，让作业、教学、教研方式更加灵活，形成个性化发展的教育新形态，使学校生活真正成为师生生命成长的幸福美好体验。

（三）形成五育并举的立德树人体系

开放智慧的非正式学习环境、特色鲜明的未来教室，校园内智能图书借阅机、智能朗读亭、智能唱吧、智慧门锁、智慧体育器材等设备随处可见，通过智能感知并记录学生在校的学习生活数据，教师通过数据更全面地了解学生的独特性与差异性，以新技术激发教育活力，让追求积极变化成为学生生命自觉，形成数字化支撑下新的五育并举的立德树人体系。

（四）突显示范辐射带动成效

数字化赋能学校优质课程建设和学习平台打造带动区域教育发展，学校育德新探索《初中生思想政治素质提升如何化虚为实》在《中国教育报》发表；线上线下融合的"振兴中华读书示范项目暨阅读丰盈生命成长"成功立项。数字化赋能教育转型帮扶工作经验《在扶贫支教中向教育家型校长迸发》在全国校长培训会上被分享交流。学校信息化实践经验《智慧教育拓展育人工作新路径》在《中国教育报》发表。

数字化赋能教育，以关注学生的心灵和幸福为中心，开展智慧教育实践，让每个孩子都能享有公平而有质量的教育。未来，依托智能化平台，通过教育环境新优化、教育治理新突破、信息素养新提升，一定能以教育高质量发展助力学生生命更精彩绽放。

赋能生命　幸福成长

湖南省株洲市第十三中学　孟祥忠　刘萍

一、学校简介

湖南省株洲市第十三中学,这是一所历经40余年风雨,迎着新课改和新高考的春风,不断走向卓越的省示范性普通高中。学校朝向"幸福教育"的愿景,坚守"尚德立人、自强不息"的校训,围绕"德立其品、课立其学、文立其魂、体立其身、艺立其格"五个维度,倾力实施、践行"生命教育",着力培育学生"深厚的家国情怀、坚定的担当精神、阳光的内心世界",打造"有特色、高质量、现代化"的优质品牌高中,建设"学生喜欢、教师幸福、家长满意"的阳光家园,让教育成为美好的遇见。

二、措施与方法

作为生命教育的先行者,学校一直坚定地行走在生命教育的路上。十三中的老师"为生命而教,向美好而行",他们用心关爱、用情陪伴学生,用力引领学生走向阳光和幸福的旅程。

(一)开展生命教育课题研究,探寻立德树人路径

2021年,学校成功入选"全国生命教育实验学校",并申报北京生命教育科普促进会课题《五育并举背景下的生命教育校本化课程体系的开发与实施》。在总课题的指引下,以学科为单位,各教研组积极申报相关子课题。仅2021年,就申报3项湖南省教科协"十四五"课题成功立项,并开展行动研究。在课题的引领下,通过对课程课堂、文化活动、师生关系等多角度的研究,初步探寻了在立德树人的背景下,实施生命教育的一些路径。如塑造生态德育文化,创建文明和谐校园,让德育充满生命的温度;建构生命活力课堂,渗透社会责任担当,让课程增加生命的厚度;形成为生命而教的理念,朝向幸福而努力,让师生拥有生命的热度等。"在行动中研究,在研究中行动"。学校正将课题研究成果转化为生命教育的生产力,建设文明和谐、师生共赢的阳光校园。

(二)构建生命教育课程体系,打造立人教育品牌

"不是每一朵花都在春天里开放"。面对不同水平的学生,教师用耐心静等花开,用爱心真情陪伴。学校根据学情实际,在学生进校后,为每名学生量身定制成才计划,在分层教学和课程特色上做足文章,让每一位学生受到尊重而热爱生命,让每一位学生得到最充分的发展而阳光自信。

学校立足核心素养的培育,构建"特色课程引领阳光成长"的多元课程,开发了阳光

成长类、文化活动类、学科拓展类、兴趣特长类等一系列校本课程,凸显了以生命教育为导向的课程结构体系。阳光成长类课程主要开展"安全教育守护生命、心理辅导润泽生命、感恩教育热爱生命"等系列活动,让学生在活动中感悟,在激励中向上,在感动中成长。文化活动类课程坚持以中华传统文化教育为主线培养学生的优良品质。学科拓展类课程旨在通过学科知识的延伸,培养学生的创新精神和实践能力。兴趣特长类课程面向全体学生实施"四会课程",即"让每一个学生都会演讲、会写字、会一种乐器、会一项体育运动",以此促进学生特长与个性全面、和谐地发展,为学生的幸福人生夯实路基。

(三)坚守生命教育课堂阵地,启迪智慧幸福人生

"教育的目的应当向人传递生命的气息"。特色课程还需要高效的课堂得以实施。有了多元化课程的引领,课堂充满了生命的律动与活力。学校倡导"有方、有味、有效"的"三有"课堂,"不拘其形、坚守其神",注重学生的合作交流,让学生在课堂上敢说、会说,敢写、会写,乐学、会学,让每一滴汗水充满智慧和实效。"师生互动、合作学习,积极主动,自信展示"已经成为十三中课堂的特色。

课程的开发,课堂的建设,都需要教师的智慧引领。"问渠那得清如许,为有源头活水来"。通过创建学习型组织,举办"幸福教师心理导航"系列活动,引导教师提升教育智慧,学会坦然从容,学会静等花开。让学习成为教师的一种生活状态,让智慧丰盈老师的教育人生。仅2020年,学校就有9位教师获评株洲市第八届学科带头人,总人数和学科覆盖面均居株洲市直属学校第一。

(四)搭建生命教育活动平台,点燃阳光成长激情

"有梦想,人生才有意义;有激情,梦想才有生命"。学校一直倡导,校园不仅要有读书声,还要有琴声、歌声、欢笑声、呐喊声。"校园舞台"作为学校"立人"艺术文化品牌,在为广大学生提供展示机会的同时,也极大地丰富了师生校园生活。每周星期二、星期五中午,"三独"比赛优秀作品展播、校园"十佳"歌手风采展示、圣贤名篇经典诵读表演、红色故事深情讲述等活动近距离呈现在全体师生面前。多样的形式,飞扬的青春,灿烂的笑脸,欢笑的生命,让校园充满生机,让学生自信阳光。

三、成效与心得

在践行生命教育的实践中,老师深刻地认识到:"生命教育"理念提升了教育的温度、厚度和广度;教育就是以生命温暖生命,以生命润泽生命,以生命激扬生命,以生命灿烂生命。

(一)构建特色校本课程体系,践行生命多元发展理念

生命教育的宗旨是"提升师生的生命质量",而开设丰富的、不同的课程才能让学生得到合适的教育,从而实现学生多元发展。阳光成长、科技创新、艺术教育、阳光体育等特色校本课程日益完善,音、体、美、劳等活动广泛开展,校本课程管理机制也日臻成熟,

逐步形成"以文化知识教育为主线,以艺体特长教育为辅助"的特色办学模式,力求让每一位学生选修一门课程,学会一门特长,为每个学生的成长增添一双翅膀。

通过多年的生命课程体系构建与实践,学校教育质量稳步提升。学校荣获"全国新高考选课走班示范校""全国中小学体育工作示范校""全国中小学德育工作典型经验示范校""湖南省安全文明校园""株洲市高中质量建设突出贡献奖单位""株洲市文明标兵校园"等多项称号。

通过实践,我们也深刻地认识到,面对不同的学生,学校要通过丰富多彩的课程设置,让不同的学生有不同的成长路径,让每一位学生得到最充分的发展,促进生命的多元化发展,从而真正实践生命教育。

(二)形成校园舞台艺术品牌,开拓生命多彩绽放途径

生命需要绽放,个性需要张扬。学校通过多形式的生命教育实践活动,建设安定和谐、拼搏奋进、充满活力的文明校园,培育热情正直、自信大方、善良有爱的阳光人才。学校将每年的11月份定为"生命教育活动展示月",开展以生命教育为主题的征文活动、手抄报比赛、主题班会展示课、学科融合生命教育展示课、生命教育微视频评比等系列活动,让每一位师生都成为生命教育的践行者。

艺术来源于生活,文化植根于校园。每周的"校园舞台"已然成为学校的品牌,多种艺术形式开展,充分体现十三中师生的精神风貌,让青春学子在鼓乐和鸣中绽放生命的色彩。2019年,学校承办株洲市中小学师生艺术展演语言艺术类专场——"语"你同行。2020年,学校24名运动员代表株洲参加湖南省大中学生体育舞蹈比赛,共获得4枚金牌、2枚银牌、18枚铜牌。赏识每一名学生,让每一名学生得到最合适、更充分的发展。艺体美育,已然成为十三中学子求学成才的重要途径。

(三)创建初高衔接教育基地,共建生命教育共同体

秉持"共建、共进、共赢、共享"的发展理念,围绕"生命教育"主题,学校与周边一乡村初中,建立"生命教育共同体"。共同体通过项目化、个性化、合作化的校际联动,扎实共建"五育"课程,共同推进两校的生命教育。依托株洲市十三中"全国生命教育实验学校、湖南省高中传媒专业培训基地,株洲市高中化学、体育、传统美术学科基地和物理、政治课程基地",围绕"阳光德育、课程优育、艺体美育",送课下乡,送教下乡,让乡村孩子也能够享受城市丰富的教育资源,用生命教育点亮智慧,领航人生。而乡村学校开设的"快乐厨房""蔬菜基地"等劳动教育课程,也开阔了城市学生视野,培育了学生能力,提升了学生素养。生命教育共同体的创建,是一种探索,也是一种实践,期望通过城乡携手,初高衔接,将生命教育融入生命成长始终。

生命不息,教育不止。走进株洲市第十三中学,总是会看到阳光自信的学生和步履匆匆的老师,总是会感受到师生"自强不息,追求卓越"的一种豪迈、一种精神。正是有了这样一种精气神,有了这样一种"源头活水",学生在阳光自信中成长着,我们的生命在春暖花开中幸福着。

全面育人　无"体"不全

河北省石家庄市第二十五中学　赵敏占　李鹏雏　杨会彦

一、学校简介

石家庄市第二十五中学是一所区属完全中学，学校面积不大，但在培养学生全面发展上，坚持无"体"不全的教育理念，想方设法克服各种困难，在推进冰雪运动进校园工作中大胆尝试、积极作为、取得显著成效。学校在继被教育部授予首批全国校园足球示范校（2015年）、首批全国校园篮球示范校（2017年）之后，2020年又被教育部命名为"奥林匹克教育示范校"和"全国青少年校园冰雪运动特色学校"。

近年来，学校深入学习贯彻习近平总书记关于发展冰雪运动的重要指示精神，认真落实教育部、体育总局和省市体育、教育部门安排部署，让体育教育真正成为学生成长中的必修课。

二、措施与方法

（一）用好政策，开设课程，梯度发展

基于学校全国篮球、足球、冰雪示范校的特殊"身份"，学校认真分析了学生年龄和身体特点，正式将陆地冰壶和轮滑引入体育课，形成了初中部以足球和轮滑为主、高中部以篮球和陆地冰壶为主的体能和技能双循环课程体系。

2018年以来，学校奥林匹克教育、冰雪项目教育、体育传统项目教育普及4000余名学生，主推篮球、足球、陆地冰壶、速滑项目，拓展延伸滑雪、高山滑雪、轮滑、马术、游泳、健美操、田径等项目。尤其是校冰雪项目运动队和篮球队在省市区各级比赛中成绩优异，并为我省冰雪和篮球项目输送了一大批后备人才。

学校冰壶队连续四年在河北省陆地冰壶对抗赛中包揽青年组的冠、亚、季军。有5名学生入选河北省陆地冰壶运动队。2018年，刘振普一举夺得河北省青少年单板滑雪平行项目锦标赛少年男子组大回转项目第三名、回转项目第四名，作为队长带领市滑雪队获得男团第二名；2020年又获得省平行回转冠军；2021年在河北省第三届冰雪运动会上，我校代表石家庄市参赛，获得男子陆地冰壶、女子陆地冰壶、男子冰壶三项省冠军的好成绩，2021年在石家庄市中小学生冰雪联赛速度滑冰比赛中，速滑队一举夺得六个单项冠军；女篮荣获2021年河北省中学生三人制篮球赛冠军。

（二）体教融合，专业训练，科学管理

教育部"积极鼓励支持学校与滑雪场、滑冰馆、冰雪运动俱乐部、冰雪培训机构及其

相关的社会机构合作开设冬季运动技能课程。"正是得益于这一政策的出台、引导和启发,学校在各级体育、教育部门和冰雪运动协会的大力支持下,与多家社会机构合作,持续提升学校体育教育的水平。

2016年,学校与石家庄市少儿业余体校合作,组建了校篮球队,体教融合的建队方式,保证了训练场地、专业教练、队员发展,三年的时间,新生的篮球队就在省赛中崭露头角,训练队健康、快速地发展得到主管部门、家长、兄弟学校的认可。

2017年,学校与河北冰缘冰壶俱乐部建立了合作关系。在俱乐部的专业指导下,学校首先通过开设陆地冰壶体育课,在全校范围内普及陆地冰壶知识。通过学习和体验,学生很快就喜欢上了这项运动,当年就有近200名学生参加了专业遴选。2018年学校正式组建陆地冰壶队,冰缘冰壶俱乐部提供专业场地和教练,学校提供管理教练,开始规范训练。2021年,学校因地制宜创建了陆地冰壶运动馆,紧凑的设计让运动馆具备体能训练、日常训练、承办比赛等多种功能。

2019年,学校与安娜贝拉马术学院合作,给学生体验盛装舞步马术的机会;学校与石家庄明星冰雪轮滑俱乐部合作,引入短道速滑项目,组建了学校短道速滑队;与勒泰泰悦真冰场合作,开始真冰体验课;2020年学校与滑启轮滑俱乐部,石家庄市轮滑协会合作,开设轮滑体育课程,由专业教练为学生授课。

另外,根据国家培养学生体育运动技能的要求,学校规定学生每学期的体育成绩,由体能成绩和技能成绩组成;学生参与冰雪项目活动的情况计入学生综合素质评价中。同时,学校还定期开展体育教育教学研究和体育公开课,邀请专业教练指导教学工作,不断提高体育教师业务能力和工作质量,达到了教师和学生双培训、双提高的目的。

在加强校内教练员专业能力方面,学校鼓励体育教师兼职校内教练员,支持他们参加局里组织的专业教练员、裁判员培训。在评优评先方面,对有突出贡献的体育教师给予政策倾斜。在队员管理方面,体育教师既是教练员又是班主任,安排专人放学后给在外比赛的学生补课,学生也利用休息时间与老师网上交流学科问题。通过以上举措,让每一个在外训练比赛的学生都能够安心训练和比赛,达到了学习训练两不误、两提高。

学校积极摸索体教融合的体育教育新思路,以"冰雪运动和传统项目进课堂、体能＋技能进测试、体育兴趣社团、专业项目运动队、优秀运动员输送"为框架,形成了科学的金字塔形体育教育管理模式,学校体育运动氛围浓厚,兴趣社团体验感强,运动队成绩优异、优秀运动员持续发展,陆续涌现出一批优秀的学生和运动员。

(三)丰富载体,拓宽平台,营造氛围

为了推动体育教育和奥林匹克知识的普及,学校努力营造家校师生共同关心、重视、参与学生体育运动的良好氛围。充分利用校网、微信公众号,广泛普及冬奥会、冰雪运动知识;学校开放日,请家长到校观摩体育课,亲眼看到学生对运动的热爱和体能、技能的进步,进一步得到他们的全力支持。

三、成效与心得

好风凭借力,送我上青云。学校体育教育能有效、有声有色地开展,得益于国家政策好,河北的政策好。在国家"强化学校体育促进学生身心健康全面发展"和"加快推进全国青少年冰雪运动进校园"的政策指引下,我们更清楚学校体育教育的职责所在,更会想方设法把学校的体育教育开展好。

心有所向,未来可期,我们将继续弘扬体育运动精神,传播奥林匹克文化,充分发挥体育教育在"增智、育德、健体"等方面的特殊功能和重要作用,让学生在健康、持续、科学的多元运动中得到全面发展。

生命教育让人生更幸福

重庆科学城西永中学　姚奉

一、学校简介

重庆科学城西永中学针对学生常见问题,提出"为生命而教育"的策略,明确生命教育"84工程",即8大目标(优化生命样态、涵养生命意境、提高生命境界、提升生命质量、维护生命尊严、丰富生命内涵、陶冶生命智慧、悦享生命过程)和4个关注(全面关注师生生命成长、全面深化生命过程管理、全面加强生命文化建设、全面推进生命课程建设)。

二、措施与方法

(一)构建生命文化:彰显生命价值

1. 理念文化

"用课程度化生命""课程润泽生命""精准施教,异生异策"是学校生命教育的核心理念。学校一直积极探索生命教育的意义,传递生命教育的价值,通过生命教育以期拓展生命的宽度,加深生命的厚度。

2. 课程文化

学校构建课程文化:以智慧启迪智慧,以文化浸润文化,以人格引领人格,以生命度化生命。

3. 制度文化

学校建构了"呵护生命,规范人性,科学民主"的制度文化;在"为生命而教育"理念引领下,学校建立了一系列制度,如学校安全教育制度、学校生命德育教育系列制度、学校生命教育教研科研制度。在制度与管理系统上,学校实施系统精细化管理,建立了学校管理的十大系统,健全内部治理制度和管理评价制度。

4. 行为文化

学校建构了"完善生命,提升人性,情趣高雅"的行为文化。在学生文明行为教育上,编写学生文明礼仪教育读本,利用每周升旗仪式进行礼仪行为教育;在班会课开展行为礼仪知识大比拼;开展"在课程活动中渗透价值准则教育"课题研究,把"爱国、诚信、责任、友善"教育落实到学校课程活动中,落实到学生行为上。

5. 环境文化

学校打造"133310"生态教育文化场景。"1"指依托周边资源,整合一个环绕学校生命文化教育圈。"333"指建成了三条长廊,即生命文化长廊、校史文化长廊和生命健康长廊;开辟了三个广场,即生命教育广场、生命体艺广场和生命价值广场;建立了三个中心,即生命课程展示中心、生命活动展示中心和生命智慧文化中心。"10"指培育"十大"生命文化品牌。通过上述举措,营造出小而特、小而优、小而美的学园、花园和乐园,发挥隐形生命课程的育人功能。

(二)开发生命课程:提升生命质量

1. 开发生命课程

开发实施生命教育系列课程(生命安全课程、生态环保课程、生命特色课程、生命感恩课程、生命德育课程、生命阅读课程等 20 多门校本课程),在课程实施中提升学生生命质量。

2. 实施"四悟四学"生命化课堂教学范式

生命课堂 4 个流程:感悟生命·生本自学;体悟生命·生动展学;领悟生命·生趣导学;启悟生命·生长评学。在课堂上突出学生主体地位。教学内容衔接生活,开放、包容;教学方法生动,从学生角度发现有趣内容;教学过程中教师多生成由学生发现的新价值、新内容。课堂关注师生人格平等,关注学习过程,关注生活。变革课堂,提高教育质量。

3. 构建生命教育课程结构体系

在理清学校课程内涵之后,从课程管理、课程形态、课程领域、课程功能、学习方式、表现形式等方面进行系统分析,结合学校课程育人实际,在"基础课程、拓展课程、探究课程"基础上增加了"特长课程""实践课程",在此基础上建立生命教育课程的五大课程结构体系,即"学习·让生命更有价值""才艺·让生命更为灿烂""素质·让生命更添活力""活动·让生命更加多彩""探究·让生命更具智慧",并将五类课程统整在整个课程建设框架中。

(三)实施生命德育:放大生命格局

学校依照生命教育理念,高扬生命教育大旗,突出"目标问题引领、常规细节规范、生命教育实验,提升教育教学质量"主线。解决德育的碎片化问题,突出德育的整体性;解决德育在内容上的高大上问题,力求有针对性;解决德育脱离学生生活实际的浅化问题,力求结合学生生活实际;解决德育的孤岛问题,力求家校共育,力求开放。同时处理好四大关系:同质化与个性化的关系,尊重、发展每一个生命;处理好告知性文化与体验性文化的关系,以体验性为主,参与实践,知行合一;处理好学生成长与成才的关系,以生命成长为价值取向;处理好预设文化与深层文化的关系。学校"生命序列化精准德育"课程以活动为载体,围绕生命理念,月月有主题。

三、成效与心得

(一)生命教育带动阅读自觉

通过制度建设,要求教师主动读书,带动学生课外阅读。做到人人阅读,人人思考;

提升境界、丰富内涵;完善人格,涵养文明;化知成智,转识成慧;沐浴灵府,学达性天。要求学生每学期课外阅读不少于20万字,有自己的购书计划,有不少于20篇读书笔记。开展读书比赛,开展读书系列活动,调动学生课外阅读积极性,教师每年人均读书11.5本,每天2小时、学生人均课外书8本。

(二)生命教育带动锻炼自觉

师生更加敬畏生命、珍爱生命,更加注重安全,自觉加强体育锻炼。教师平均每天锻炼30分钟,学生自觉锻炼1小时以上。学生肥胖率、近视率逐年下降。多年来,学校安全事故发生率为零,体质健康比赛获得区前三。

(三)生命教育带动其他学校特色发展

学校指导区内多所学校积极开展生命教育实践;带动多所学校进行生命课程建设,应用"四悟四学"生命化课堂教学模式,教学效果明显,教学质量提高。同时,学校带动区内多所学校实施生命化德育序列活动课程,都取得良好的育人效果。

生命教育理念,让学生阳光成长,让教师幸福成名,让家长梦想成真,让学校卓越成功,教师找到职业自信,更加幸福。2018年,《人民教育》刊发了《为生命教育,育生命自觉》一文,报道学校生命教育实施情况。2019年,《人民教育》在观察栏目刊发《更生活、更平等、更看重过程——一所农村学校"为生命而教育"的改革与探索》一文,对学校生命教育予以多方位报道。

学校开发内容丰富的生命教育校本课程,开设丰富多彩的生命教育课,塑造了学生健康的体魄,开启学生更广阔的世界。学生在丰富多彩的生命课程中,有了更多发展空间。从2014年到2022年,学校成功举办了8届"生命教育成果展示节",2022年展示内容已达50项之多,学生参与面达到100%,学生可以选择自己擅长的才艺进行展示,有体育、手工制作、征文、绘画、书法、朗诵、演唱、小品等比赛项目。学生通过参赛,锻炼了胆识、展示了才智、收获了自信。通过生命教育课程、生命教育成果展示节的历练,师生开始走向更高的平台,有了更快的发展,更成功、更幸福。

师生为本 激扬生命

江西省共青城市中学 胡济光 童美玲 游建钧 胡君

一、学校简介

共青城市中学是一所办学条件现代化、办学特色显著、办学质量上乘、环境幽雅宜人的花园式学校。共青城市中学坚持"师生为本,激扬生命"的办学理念,结合共青城"开拓奋进"的精神,走"教师发展学校,学校完善学生,学生成就教师"的良性循环发展之路。面向全体师生,立足活着、活好、活出价值三个层面实施生命教育,激发生命活力,培养"五会"中学生,打造"五有"教师团队。学校先后获得了省"德育先进学校"、省"校园管理创优示范学校"、中部"心理健康示范校"、市"文明单位"、市"五四红旗"团委、市"四五普法先进单位"、市高考质量综合评估"优胜单位"、共青城"先进单位"、共青城"三八红旗集体"、共青城"先进党支部"等称号。

二、措施与方法

我校生命教育特色校的构建遵循校训:弘毅、刚强、坚定、卓越,沿着"活着、活好、活出价值"的思路打造生命教育学校文化。我校倡导和形成"生命化"的教育过程,培育和践行"生命至上"的价值观。

（一）活着——自然生命 学会生存

1. 全面开展生命意识教育

学校秉承师生为本、激扬生命的办学理念,实施生命教育,激发生命活力,落实每一位孩子都是一颗无与伦比的钻石的学生观,践行文化立校、自理强校、特色兴校的办校理念,积极创建全省治理示范校。

学校定期开展交通安全、火灾、溺水、地震、传染病、校园欺凌、禁毒等生命意识教育。在开展普法生命安全教育时,联合多方力量开展形式多样的生命意识教育。

学校在打造高校课堂中,把时间还给孩子,让孩子有时间、空间参与更多活动,让孩子在活动中得到成长。学校以道德法治课程为主阵地,以禁毒教育基地为宣传窗口,开展经常性的普法教育活动,实现普法宣传的全覆盖。学校以模拟法庭为特色,还原庭审现场,让学生真实感受了解了法律法规,进一步从中得到了教育,在全省平安校园建设的优秀成果庭讲中,我校青少年模拟法庭以全省第一名的成绩获得了一等奖,且此项目成功入选全国百例典型案例。11月18日高三成人礼隆重举行,父母孩子共同携手,神情昂扬,走进成人门,走出成才门,孩子向父母鞠躬、为父母洗脚的场面感人至深,现场报道的文章点击量累计十多万人次,入选学习强国平台。

2. 多维呵护师生心理健康

开展心理健康调查,建立学生心理健康档案,创建短视频公众号——心灵驿站、心灵树洞、心理微课堂,建立"学校—年级—班级"三级管理的模式。学校通过中学心理协会将心理健康教育日常化,定期开展团体心理辅导、心理委员培训、"525"我爱我心理健康教育系列活动、教师心理健康辅导、心理情景剧大赛等形式多样的心理安全宣传活动。

(二)活好——社会生命 快乐生活

每个孩子都是一颗无与伦比的钻石。如果我们的孩子总是能够以美好的生命姿态快乐生活,就能形成健康的人格,并能够有足够的力量抵御风雨的侵袭。

1. 开展丰富多彩的校园活动

开展校园歌手大赛、辩论赛、青少年模拟法庭、心理情景剧大赛以及各类体育竞技比赛等为学生提供更多展示自我的舞台,让学生快乐地享受校园生活。

2. 校园内各类社团百花齐放

积极创办合唱团、绘画社、篮球社、航模社、羽毛球社、各学科兴趣小组等各类形式多样的社团,引导学生的全面发展。

3. 将生命教育渗透入各学科

本校成立《生命教育的校本探索》课题组进行研究,试图找寻到适合共青城市中学教育教学特色的本土化道路。

在体育与生命教育融合上,我校注重将体育学科与心理教育相结合,注重中学生锻炼动机、身体自我效能感与参与的关系研究,及体育锻炼对初中生手机依赖的影响——心理韧性和锻炼自我效能感的中介效应的研究。在语文学科中,本校除在日常教学中融入生命教育外,每学期举办诗词大会、生命诗歌朗诵等形式融合生命教育。学生在生物课堂上了解青春期生理健康知识、传染病与免疫知识,通过校园植物认知、生物模型大赛丰富生命认知。在道德与法治课堂上,学生学会如何与同学友好相处、形成乐观积极的阳光心态。

4. 将劳动教育与生命教育相结合

"纸上得来终觉浅,绝知此事要躬行",共青城市中学的劳动教育课程体系历来重视学生实践能力的培养,我校每学年定期开展充满意义的田园劳动活动。如:部分家长带领孩子,迎着秋日暖阳来到共青源农场,参加我校组织的田园课堂体验活动。

(三)活出价值——精神生命 成就生命

本校构建家庭、学校与社会的实践模式,引导学生发挥自身价值。

1. 永远跟党走

引导全体师生学习党史,帮助学生坚定"四个自信",形成正确的世界观、人生观、价值观,使社会主义核心价值观深入人心。广大教育者要牢记为党育人、为国育才的使命,激励全体师生在新学期不忘初心、砥砺前行。党史是我党和国家最宝贵的精神财富,是高中思想政治课教育的重要内容。共青城市中学高中思想政治教研组的教师将党史与生命教育相融合,开展了以"永远跟党走"为主题的一堂思想政治课。既有理论高度,又贴近教学实际,给学生呈现了一堂如沐春风般的思政课。

"强国有我,请党放心""百年党史催人奋进"共中少年风华展示活动,共中教师追忆"三湾改编",传承红色基因等系列活动,鼓励学生树立正确的社会价值观。

共青城市中学党员观看重大革命历史题材电影《三湾改编》,共同缅怀革命历史,传承红色基因,赓续红色血脉,坚定理想信念。

2. 铭记历史　勿忘国耻

进一步加强了爱国主义教育,激励中学生坚定理想信念,矢志拼搏奋斗,以饱满的精神状态投入学习生活中。

3. 向伟人致敬

光盘行动　从我做起——向袁隆平院士致敬。

4. 传承共青精神

在共青精神的影响下我校学子爱心募捐,为抗洪官兵送去清凉,日常参加社区志愿者活动,将共青精神永远传承,将生命教育内化于心。

三、成效与心得

2018年起,共青城市中学确定了"师生为本,激扬生命"的办学理念。学校一直在思考和探索如何延伸生命的长度、拓展生命的宽度、提升生命的高度、调节生命的温度、增加生命的厚度。为此,学校成立了《生命教育的校本探索》课题组进行研究,寻到适合共青城市中学教育教学特色的本土化道路。

2020年学校荣获中部心理协会"心理健康教育示范校"称号。2020年在全省平安校园建设优秀成果评奖中荣获全省一等奖,并入选全国百例典型案例,成为江西省唯一一所入选的学校。在学科融合方面,2020年我校教师作为全国唯一中学阶段代表在清华大学作体育与生命教育融合的汇报研究。

最有情怀的教育在身边,最有力量的教育在心中,最有信仰的教育在明天,最有希望的教育在手中。为了办好教育,共青城市中学一直在学习的路上。

田园养正　赋能生命快乐成长

上海市进才中学北校　金卫东　张旭平　张丽

一、学校简介

上海市进才中学北校是位于上海市浦东新区的一所公办现代化初级中学。自 1997 年建校以来,学校基于进才教育集团的办学理念和办学实践,秉承"让每一个孩子享受适合自己的初中生活,为每一个孩子奠定适合自己的成长基础"的办学理念,在"进德达才、养正拓新"校训指引下,实施"养正教育",遵循生命特性,引导师生"育正念、学正知、树正气、讲正义、倡正行",让整个校园洋溢着生命的温情与关怀,实现师生生命品质的提升和学校的跨越式发展。

二、措施与方法

(一)博闻塑正——生命化课程让学生尊重生命

学校除了在常规课程中渗透生命教育,还围绕"博闻塑正"的进北高品质课程文化赋能学生发展,精心设计了富有特色的生命化主题课程,更好地培养学生的生命意识,帮助其感悟生命的意义。

1. 以"认识生命"为主题的群育课程

学校在各年级开展涵盖心理健康教育、公共安全教育、生态文明教育的生命教育类群育课程,目的在于引导学生正确认识生命的价值与意义,正确理解自己情绪和身体的变化,学会悦纳自我,敬畏生命。

2. 以"守护生命"为主题的自护课程

每位进北学子在校期间均需完成校本化自救自护系列课程,其中包含日常家居自护、出行自护、交往自护,学会基本的急救包扎等技能,切实提高自己应对突发灾害事件的能力,学会如何保护自己,守护生命。

3. 以"珍爱生命"为主题的感恩课程

每年的 3 至 6 月,我校都会开展"感动感恩"系列主题教育,引导学生学会感恩,理解父母的养育之恩、师长的教诲之恩、朋友的帮助之恩。让学生能够从感恩课程中体会生活的美好,珍爱生命。

(二)进德培正——生活化德育让学生热爱生命

多年来,学校一直致力于生活化德育的实践与探索,特别是在生命教育这一领域,围绕"进德培正"的高品质育人目标,创新设计了适合中学生开展的各类特色活动,旨在促使学生在活动中丰富生命体验,更加热爱生命。

1. 校级活动——让学生感受成长责任

在学校层面,除了每年常规的生命教育活动,如安全疏散演练、清明祭扫活动、爱心义卖、绿色环保行动、禁毒知识竞赛、防治艾滋病宣传等,学校还设计了"生命体验、生命叙事、生命宣言"系列活动,倡导全体学生从校园生活中体验生命的意义,讲述生命的价值,树立正确的信念和价值观,更好地理解生命,感受成长责任。

2. 班级活动——让学生感受生命之美

在班级层面,每个班级都需把"感受生命之美"纳入特色中队建设规划中,包含定期进行班级环境美化,以班级为单位认养校园百草园中的绿植,开展"生命的意义是什么""如何让人生更有价值"主题班队会,让学生明白只有乐于释放善意,懂得付出爱心和真情才能感受到真正的生命之美。

3. 家校社共育——让学生感受成长价值

学校深知每个学生的健康成长离不开家校社的共同关怀。为了全方位开展好生命教育,我校一直坚持通过家校社联动,从多渠道提升学生生命认知。每年的寒暑假志愿者小队走入社区、爱心牵手大山学子等活动都激发了学生的生命潜能,让学生对未来的美好生活充满期待,从一点一滴中真切感受成长的价值。

(三)田园养正——文化育人让师生享受生命

学校实施生命教育更加重要的意义在于对师生生命的关注,体现生命关怀的意识,提升师生的生命品质。我校致力于打造"田园养正,生态育人"的校园文化内涵,努力让校园成为生命教育的丰盈土壤。

1. 生态化的美丽环境

为了通过文化建设涵养人,我们精心设计、布置了校园的每个角落,让校园充满生命的气息,让师生每时每刻都能感受到生命之光的照耀,生命意义的启迪。

通过书香文化建设厚实思想根基。课余时间,师生可以来到我校的阳光书吧阅读,还可以到学校图书室借阅图书,通过博览群书拓宽视野,丰富精神世界。

2. 人性化的和谐氛围

学校教师来自不同地区,学校在尊重和理解的前提下,以友情管理代替严格的制度。每逢节日或假期旅游,都要精心筹划、组织形式多样的娱乐活动,给老师带来一份惊喜、一份感激、一份回味。每逢教师生日,都要为他们送上精心定制的"幸福蛋糕",让教师体验到身为"进北人"的幸福和自豪。

关于学生层面,学校定期进行座谈、问卷调查,了解学生内心的真正需求。每年少代会,学校领导都会针对学生代表提出的各类问题作出回应,并将改进措施写入学期的工作计划当中。每当学生看到自己所提的建议被学校采纳,并做出改进时,他们都会非常感动,因此也衍生出了许多新的教育契机,演绎出许多动人的成长故事。

而对于学生家长,学校一直秉承"金杯、银杯,不如老百姓的口碑"的理念,一方面,尊重家长的意见,重视家长对于学校工作的评价,另一方面,通过各种方式加强家庭教育指导。学校会定期向家长进行满意度调查,对家长的意见,以诚恳的态度接纳,以积极的行动践行。定期开展家长学校教育工作,针对家庭教育中出现的各类问题,进行有针对性的培训,缓解家长焦虑,提升家庭的生活幸福感。

3. 个性化的育人场景

学校每个班级都有独特的中队名称、学生自主设计的创意班徽,充分彰显了班级师生的生命活力。我校把班级文化建设作为学生品德、思想、习惯、理想教育的重要抓手之一,力求让"每一个细节"都成为"无声的导师"。

开展每周"夸一夸"活动,班级学生实名给想夸赞的同学写纸条,并写上夸赞的原因,然后在全班读出来。创新每学期"奖一奖"活动,班级根据每个同学的闪光点,互取嘉奖称号,如"最具人格魅力奖""最美微笑奖""最萌可爱奖"。

三、成效与心得

自建校以来,学校多年的教育实践即致力于把学校办成"教师彰显智慧、播撒希望的乐土;学生收获快乐、放飞梦想的摇篮"。这一理念与生命教育的真谛"为了生命主体的自由和幸福所进行的生命化的教育"可谓不谋而合。进入新时代,我们的目标是要让学校成为一所植根传统又面向现代,有人文情怀与探究特质,有育人特色和示范效应的上海品牌初中;要让我们的学生成为博学笃志、切问近思,能够创造幸福人生的时代新人;要让我们的教师成为乐道守正、树人达己,能够实现教育价值的优秀教师。

结合长期的实践经验,我们认为好的生命教育离不开五个要素:要以学生为本,把"服务学生的健康主动成长"作为学校素质育人的第一观念;要以师资为根,把"引领教师的专业持续发展"作为学校队伍建设的第一要务;要以质量为基,把"推进课堂的优质高效变革"作为学校教学改革的第一形象;要以和谐为魂,把"营造校园的和谐进取氛围"作为学校文明创建的第一目标;要以社区为源,把"走进社区的共建共享实践"作为学校服务社会的第一窗口。

只有通过各层面的共同努力,融合搭建起有热度、有温度的平台,才能更好地用生命去温暖生命,用生命去滋润生命,用生命去灿烂生命,让师生共同去寻求生命中的"真、善、美",最终促进人的全面健康发展。

通过"进北人"共同的努力,学校先后获得"全国特色学校""全国初中教育改革创新示范校""上海市文明单位""上海市五一劳动奖状先进集体""上海市教育系统先进集体""上海市素质教育实验学校""上海市首批家庭教育示范校""上海市教师专业发展学校""上海市信息化培育标杆校""上海市依法治校示范校""上海市儿童青少年近视防控示范校""上海市防灾减灾科普示范校"等荣誉称号。

生命教育——朝向幸福的努力永远在路上。学校将始终以"养正教育"为指引,践行"田园养正,生态育人"新理念,把握现在、面向未来,深化教育改革,创新师生评价,全面赋能学生的生命健康成长,为教育播撒一份美的情怀。

基于生态文化的生命教育实践

山东省宁津县大曹镇大赵中学　秦忠康　孙丽丽

一、学校简介

大赵中学践行"生长自然、生活自主、生命自觉"的发展理念和"一人一天地、一木一自然"的办学理念,以"让学习像呼吸一样自然、让学生成为最好的自己"为办学目标,以"让每个孩子拥有自己的天空"为学校愿景,以培养"有仁义、有涵养、有操守、有容量、有坦诚、有担当"的谦谦君子为德育目标。学校坚守"植根立人、雅行立品"的校训,全面弘扬"循着生活的诗意、感受生命的真谛"的学校精神,逐步形成"各美其美、美美与共"的校风,"亦师亦友、教学合一"的教风,以及"和而不同、合学共进"的学风。

二、措施与方法

(一)学校生态环境的营造

大赵中学是一所位于偏远乡村的寄宿制初级中学,学校周围平畴沃野、村落星罗,人们年复一年在这片沃土上春播夏耕,秋收冬藏,延续着对土地的依恋和对美好生活的向往。美好的教育是一种生活审美再造,学生在学习过程中,发现生活的诗意与浪漫,从而热爱生活,享受生命的乐趣。教育就是让生命变得更美好,如果一颗种子获得最自然的生命环境,那么就一定能长出它最真最自然的样子。它可以长出参天大树,可以开出绚烂的花朵,也可以长成不规则的枝杈,成就别样的美。一棵树从种子时期就已蕴含了未来所有的可能,阳光、雨露只是把它本有的生命能量唤醒。

学校注重校园生态环境建设。进入校园绿树成荫,鸟语花香,花园似的校园被点缀得五彩斑斓,显得生机盎然。别具风格的教学楼,在翠绿欲滴的树儿和娇羞欲语的花儿的装饰下,更平添了一份勃勃的生机,人工美和自然美的景色巧妙地融为一体。课间学生在校园呼吸新鲜的空气,为下节课积攒能量。他们努力践行着学生誓言:我是一粒种子,我自然生长,我茁壮成长;我要做一名有仁义、有涵养、有操守、有容量、有坦诚、有担当的谦谦君子。

教育的对象是"人",是"生命"。教育即生长,教育的目的是不断促进人的生命成长,提升生命价值,实现生命意义。从本质上看,美好的教育是一种深切的生命关怀,是向人类传递生命的气息;美好的教育,就是让生命自然生长,帮助孩子发现自我,发展个性。大赵中学秉承建设生态校园的理念,也努力让学生回归自然,体验生活,所创建的开心生态农场成了学生的第二乐园、学习之余的放松之地。

(二)学校生态课堂的开辟

学校的生态教育理念强调把课堂教学的着力点从教书向育人改变,坚守"植根立人,雅行立品"的校训,以"让学习像呼吸一样自然,让学生成为更好的自己"为目标,努力打造一个具有生命自觉成长特色的生态课堂体系。

"世上没有两片树叶是完全相同的",每个学生都是一个鲜活的个体,都有不同的兴趣爱好,都有独立的思想、独立的人格,具有不同的特点。大赵中学全体师生通过不断的实践和反思,提出了"立学生态课堂"教学模式。该模式是以"学历案"为载体,以"合作互助学习"和"师生关系平等"为指引,引导学生通过导学、预学、互学、展学、拓学、评学最后达到预设的学习目标,这种教学模式要求老师在课堂上落实必备知识、关键能力、学科素养、核心价值四个方面的培育,从而实现培养"全面发展的人"的目标。

(三)学校生态课程的开发

要满足学生学习体验的需要,首先涉及的是学习体验的内容。我们也称之为课程设置。课程设置不仅要多元化,而且要匹配合理,我们对课程进行了大胆改革。

学校提出了生长课程、生活课程、生命课程三大板块课程的概念,另外我们赋予了学生更多的课程选择自主权,学生在完成最基本的必修课程学习任务的前提下,有权利选择自己感兴趣的课程,有权利按照自己的学习水平和学习方式来学习,使学生实现从"吃配餐"向"吃自助餐"的转变,并保证让每个人都"吃得饱、吃得好"。学习内容多元化充分尊重了学生生命个体和后天发展的差异,让每个学生都能得到最适宜、最愉悦的学习体验,从而产生学习的内驱力。在校本课程的开发上,大赵中学力争融入学生发展核心素养,突出学生个性发展,培养学生学会学习的能力,从而形成自己的办学特色。

(四)学校生命德育的实施

在生态文化建设中,我们紧紧围绕"一个中心"来落实生态德育。"一个中心"是指以生命体验为中心、以育德为目的,通过生命体验文化倡导形成"寻生活诗意、悟生命真谛"的学校精神,让学生感受到:最好的路,是在脚下,最美的风景,是在心上。

(五)学校生态教研的开展

大赵中学一直坚持为全校师生营造生命成长的生态环境,坚持教师梯级式成长助推工程。2016年3月,大赵中学成立"在路上"教师成长共同体,历经六年,全体教师辛勤劳作,做了大量的工作,实施了"立己生态师道工程"。伴随辛勤的工作,教师的专业素质水平逐步提高,成长在路上,发展无止境。促进生命自由地生长,展现生活的多姿多彩,再造最接地气的人间烟火,教师的生命潜力得到充分挖掘,就是生态教育最美的样子。

三、成效与心得

经过多年的实践,主要成果就是构建了五大学校教育生态系统,也就是生态课程、生态课堂、生态德育、生态环境、生态教研。从教师情况看,尽管同处于一个时期,而且是信息传播速度极其快的时代,但同一个生态区域的教师,由于处在不同的学校教育生态系统,其工作态度和精神风貌有显著的差异。也就是说,通过构建学校生态系统,可以使一个单位的教师的工作态度和精神风貌都有所改观,这种改观表现在对待学生上,主要是理念的差异;表现在工作上则主要是不以实现功利目的为目标,而是更多地追求生命价值的自我实现。

大赵中学的生态教育之路还将曲折而漫长,大赵中学责任与使命并存,艰辛与喜悦同在。未来,我们将以更加宽阔的时代视野与格局,继续秉持生命定力,让学校更加具有生命活力,让学生成为最好的自己,让学生在最自然的生态环境中茁壮成长,真正实现"生长自然、生活自主、生命自觉"的教育目标。

用"生命+"模式打造幸福校园

深圳市龙华区教育科学研究院附属学校　范海梅

一、学校简介

深圳龙华区教育科学研究院附属学校(原福苑学校)自2014年创校之日起,就提出了"幸福教育——以学生终身幸福为基本价值取向的教育"的办学理念,2020年办学理念改为"幸福生活教育"。学校不断坚持和创新,从一所名不见经传的安居房配套学校一跃成为龙华北片区有口皆碑的名校,学校幸福教育取得了显著的成效。学校在"幸福生活教育"办学理念的引领下,着眼提升学生的生命质量,为学生终身发展与幸福奠基。

二、措施与方法

(一)创幸福文化校园,奠生命教育之基

学校精心规划校园文化墙、走廊文化、班级内外装饰,全方位多角度体现学校的幸福教育理念,真正做到让校园中的每一寸土地、每一面墙壁都潜移默化地传达着育人的功能。对学生进行"坐、言、立、行"为主的养成教育,推行"月月过节,周周表彰"系列活动。基于生源复杂薄弱的情况,学校大力推行阅读和表彰活动,让学生养成阅读的好习惯和自信阳光的品质。通过丰富多彩的活动激发学生学习的热情,利用每个机会进行大范围的表彰,让学生在学校感受到被认可、受尊重的幸福。学校萦绕着尊重生命、享受教育的良好氛围。

(二)建平等尊重课堂,提生命教育之速

学校已然成为一所绿色校园、书香校园、创意校园和幸福校园。"月月过节"等丰富多彩活动让每位学生在学校感受到参与的幸福。构建多关心、多尊重、多鼓励的"三多"幸福课堂,每个学生生命的独特性、主体性受到了重视;学校给后进学生设导师,面向全体,不放弃一个学生;同时提升八大节的质量和规模,校本课程的数目和质量有了质的飞跃,最大限度地满足了学生多种兴趣需求,基本实现"生生有兴趣"。以"教科研常态化"为重点,实施"科研立校"战略,探索促进教学方式的根本转变策略和方法,促进教师的专业成长。完善家委会、义工队、家长学校等家校合作平台,形成家校紧密合作共同育人模式。

(三)塑"生命+"模式,丰生命教育之色

生命+劳动,为生命教育扩容:自2020年9月起学校积极开展生命教育。学校改造

"言真楼""行善楼""思美楼"楼顶的空间,将其打造成丰富的、现代化的劳动教育基地。目前我校已开设涵盖种植、养殖、烹饪、精工、木工等十余门课程,惠及全校两千余名学生,实现"从农田到餐厅""从原料到产品"的体验式、浸入式劳动教育,学生在种植过程中,亲身体验一粒粒种子,即使看起来再微小脆弱,也会按照自己的方式最终开花结果的过程,在种植与养殖体验中,学生明白了生命的神奇和伟大。通过有目的、有计划地组织学生劳动,培养学生正确的劳动观和良好的劳动品质,使学生在劳动过程中实现自我教育。

生命+心理,为生命教育护航:此外,学校心理教育教师还在此开展园艺疗法的实验探索。园艺疗法是指通过利用植物与植物相关的活动来达到促进个人体能、身心发展的疗法,是将艺术与心理治疗相结合的质量模式。园艺疗法可以适用于各个年龄阶段,适应不同身体状况、不同心理健康水平的人。有科学研究证明,学生在参与园艺劳动过程中放松身心,培养信心,有效提高了心理健康教育工作质量。学校心理教育教师通过一系列教学活动的设定,帮助学生完成自我价值的认知,正确理解生命。

生命+艺术,为生命教育添彩:艺术教育为生命教育融入新的血液,大大充实生命教育的内容,也为生命教育开拓了新的途径。在龙华区教育科学研究院附属学校,艺术教育与生命教育紧紧相连,学校艺术教师通过艺术教育引导学生热爱生命,进而树立正确的生命观和人生观。以艺术节为载体,激发学生生命的本源,激活学生的创造力和创新能力,让他们热爱生命,珍视生命。校园艺术节、运动会开幕式、班班有展示等艺术活动是我校艺术教育的一大特色。

生命+体育健康,为生命教育强基:体育与生命教育是相辅相成的,这既是满足国家与社会对培养全面发展的人才的需要,也是帮助学生认识生命、珍惜生命、充实生命的教育过程。学校大力推行体育与生命教育相融合的课程实践,利用体育为生命教育提供良好的开展环境,同时借助于生命教育开展充实和深化体育的内涵。通过引入先进电子设备、加强教师培训和理念更新,短短两年,我校学生的体质实现大跨越的进步,2020年学生体质测试合格率95.5%、优良率43.7%,均超过了国家学生体质测试的平均水平,2021年优良率63.82,合格率98.13,远远超出国家测试的平均线。学生健康的体魄,昂扬的精神面貌,彰显着生命的美好。

三、成效与心得

让所有孩子和教师在龙华区教育科学研究院附属学校都有一种满足感、舒适感、温馨感,使全校师生在学校感受生活的美好,享受生命的乐趣,这是我们奋斗的目标。"幸福教育"从学校出发,走进了家庭,走入了社区。促进家庭和社会的和谐幸福,这是我们美好的愿景。

在2018年6月龙华区教育督导室的问卷调查中,我校学生家长对学校教育教学满意度高达98%,已形成学校、家庭、社会三位一体幸福育人模式,家长对孩子的成长、学校办学等各方面越来越满意了,自己感到越来越幸福了,学校实现了"幸福教育,也包含让家长幸福"的目标。2019年3月,学校在深圳市龙华区教育局举办的"龙华区市民最想了解的学校"中排名为全区第四名,我校已经成长为龙华教育的新现象、新窗口。学校先后荣获"全国教育科学'十二五'规划教育部重点课题实验基地""广东省健康促进示范学校""深圳市绿色学校""龙华区先进基层党组织""龙华区教育工作先进单位""龙华区生涯规划教育试点学校""粤港澳大湾区青少年创新科学教育基地成员校""劳动教育特色学校(园)年度奖""国家级营养与健康示范校"等荣誉称号。今后,学校将继续开展生命教育,让"做好自己,成就未来"的校训照亮附校学子的生命之路。

生命教育正当时　用心呵护青春路

内蒙古自治区乌海市第二中学　杨苏

一、学校简介

乌海市第二中学自1972年建校至今始终秉承"敦品励学"的教育理念,从未改变。学校以优美的校园环境,现代化的教育装备,优质的教育质量,鲜明的办学特色,成为乌海市基础教育中一颗璀璨的明珠。乌海市第二中学是全市唯一一所自治区义务教育示范初中。教育教学质量在全市名列前茅,重点高中上线人数和上线率连续7年位居全市榜首。学校先后被授予自治区级和市级"教育系统先进集体""乌海市首批名校""教学质量先进学校""国家级校园足球特色学校""全国信息化科研重点实验单位"等荣誉称号。学校力求为每一个青春的生命插上飞翔的翅膀。

二、措施与方法

生命教育最重要的是让每一个人发自内心地感受生命的美好、活着的美好,人间的美好,成长的美好,时刻唤起人对于生命的珍惜。中学阶段的学生具有强烈的自我意识的需要,但由于社会经验不足,知识与阅历较肤浅,自我的体验表现出动荡性和不稳定性,会面临许多困惑与矛盾,对于如何对待生命这个极为重要的问题缺少思考。因此,引导学生珍爱生命,形成正确的生命价值观,具有非常重要的现实意义。基于此,学校高度重视生命健康教育工作,有计划地开展生命健康教育系列活动,提升青春期心理健康工作的有效性,促进学生全面健康的发展。

(一)营造氛围引导师生认识生命教育的意义

要有效地开展生命教育,首先,要让全体师生明确生命教育的内容,认识生命教育的现实意义。对此,学校以"珍爱生命,健康成长"为主题开展班队会活动,利用校园广播站,对心理健康月活动进行宣传,对学生进行"关爱自己,悦纳自己"和"尊重生命,珍爱生命"教育。普及心理健康科学常识,帮助师生掌握一般的心理保健知识,培养良好的心理素质。其次,用请专家、办讲座的方式对全校师生进行教育理念上的积极引导,开展心理知识讲座,帮助老师和学生培养良好的心理素质。让师生认识到每个人都有着区别于其他生命个体的天赋与气质、个性与兴趣、情感与思想,每个人都有着无限发展的空间与可能性。最后,开展的心理健康教育要与其他学科的教学结合起来,全方位地对学生进行心理健康教育。如在语文学科中传播心理健康知识,在道德与法治课堂中渗透心理健康教育等,让学生并不是孤立地接受心理健康教育,而是多方位地受到心理健康教育,激发学生的潜能,充实学生的头脑,提升学生思考判断的能力。通过这些举措,全校师生对生命教育的内涵和意义有了较深层次的把握,对教育工作、学习生活也有了更深层次的思考。

(二)立足生活高效开展生命教育

在工作过程中,学校通过开展一系列符合学生年龄、心理特点,立足学生生活实际的各种形式的生命教育活动,提升生命教育成效。心理健康教育课堂,特别注重学生的体验和感受,在生命教育活动中,老师通过创设情境和游戏体验等一系列心理活动,运用启发式的教学,引导学生认识到生命的可贵,形成正确的生命观。兴趣是最好的老师,学生的情感极易受环境感染而产生共鸣。因此,提高生命教育实效,必须立足学生生活。如生命教育主题活动——"见仁见智"中所讨论的内容,是培养青春期的学生形成较强思辨能力的话题,也是学生在成长道路上必须面对的抉择,学校利用来源于学生生活的案例,帮助学生身临其境地解决烦恼。引导学生针对某个问题各抒己见,发表自己的看法、谈谈自己的经历,或者跟别人辩论。让学生了解到,他们做出的每个选择都至关重要,在团队中难免会与其他同伴的想法产生分歧,想法不一致时学会如何处理,学生很自然地就会去怀疑、审视,然后看大家能否找到证据来证明这个问题逻辑上或者事实上、数据上站不住脚。这种习惯看起来简单,但是对于培养独立的思辨能力很重要,不仅为学生今后的学习、研究打好基础,而且为他们今后顺利步入社会做好思辨方法论准备。

(三)围绕热点探索生命教育新形式

当今社会信息传播速度之快,学生会从四面八方了解到很多时事热点新闻,并且与生命教育相关。我们针对学生不同的心理问题,开展多次心理微讲座。比如有《网络学习有话说》《亲子关系》《假期心理状况调适》等。在初一年级的题为《做生命的守护人》生命教育活动中,采用课前热身游戏"护蛋行动"导入新课,通过让学生体验保护鸡蛋的艰辛,感受生命的来之不易。学生通过活动学会珍视生命;然后,在学生兴趣正浓时,给学生一个故事情境,请小组内学生展开丰富的想象,分组表演后面的故事,学生通过"角色扮演",认识到生命是偶然与短暂的,痛苦和磨难是生命的重要一部分,有生命就有乐趣。紧接着,通过"生命抉择"活动,组织学生进行生命体验过程,此活动引导学生思考在困难面前应该如何做到关爱自己,培养学生学会珍惜与善待他人的生命。最后,联系学生生活实际,请学生发言并写体会。学生在谈感想和写体会的过程不仅使活动主题得到了升华,而且也使学生的认识水平产生了飞跃,这正是促进学生心理品质发展的关键点。通过本节课,学生明白生命的价值和意义,更懂得自身肩负的责任、使命和应有的担当。本节课利用学生生活中的实例,让学生感悟生命的奥秘,体验人生的意义。

(四)促进家校合作助力生命教育

"家庭是人生的第一所学校,家长是孩子的第一任老师",家校合作,各美其美,不可或缺。学校教育接力家庭教育,家庭教育配合学校教育,从而使生命教育更加温馨、更为有力、更富成效。家校合作给家长和学生创设了一个相互交流的平台,将家庭和学校教育紧密地联系起来，让每一位家长了解教育、理解教育、支持教育，搭建和谐沟通交流的平台，让家校合力，凝聚各方力量参与教育的整个过程。走进孩子心灵，这是我们学校一直追寻的目标。

（五）运用现代化设备助力心理健康教育

良好的心理素质是人的全面素质中的重要组成部分，是未来人才素质中的一项十分重要的内容。随着青春期学生生理、心理的发育和发展，竞争压力的增大，社会阅历的扩展及思维方式的变化，学习、生活、人际交往和自我意识等方面可能会遇到或产生各种心理问题。心理健康的人能保持镇静的情绪，坚强的性格和愉快的情绪。无论厌学、早恋、焦虑、手机依赖，单亲家庭后遗症，还是种种其他，都和生命主题有关。在生命教育活动中灵活地启发和引导学生，会起到事半功倍的效果。我们利用心理专业测评系统对全校师生的心理状况筛查，准确地了解和掌握学校在校师生的心理健康状况，帮助师生提高心理健康水平和生活学习质量。对于筛查中发现的问题，学校将通过上好心理活动课、编发心理报、开展班级心理委员工作、建立特殊学生心理健康档案等，教给学生调节身心健康的心理技能，帮助他们学会心理自助。我们还通过个别心理辅导进行逐个排查，为心理存在较大异常的学生，根据测试情况提供针对性的、专业的帮助；运用现代化设备"生理相干与自主平衡系统""反馈正念精灵"和"音乐放松反馈减压舱"帮助师生在教育教学过程中采取科学的管理和教育措施；在心理健康课堂中，通过角色体验、情景模拟、放松训练等形式，创设一定的情境，让学生在情境中体验、感悟生命的内涵；还利用心理校本课开展有关生命健康的团体心理辅导，提高学生的耐挫能力，培养学生的竞争能力，帮助学生克服"输不起"的心理障碍；定期组织室外团体辅导活动，感受团队中集体的力量，提高学生团队协作能力，增强心理素质；还结合与生命教育相关的案例，与学生一起讨论，共同寻找解决问题办法，学生在思考与分享的过程中，懂得要积极、乐观地面对生活，达到生命教育的预期效果。

三、成效与心得

乌海市第二中学通过一系列心理健康教育活动的实施，提高了学生的心理健康水平，为他们的快乐健康成长奠定坚实基础。我们将继续通过丰富多彩的心理健康教育活动，不断丰富心理健康教育内容，强化心理健康教育实效。

积极心理培育视角下的"体验式"生命教育实践探索

广东省佛山市顺德区容山中学　区淑玲　乐燕霞

一、学校简介

容山中学前身为容山书院，始建于 1808 年，综合实力位居顺德区前列。多年来学校立足于丰厚的本土文化和悠久的办学历史，以积极容山人格培养为目标，着力通过生命教育特色和心育体系化建设不断让心理健康教育迈上新的台阶。学校围绕心理健康开展的省市区各级课题共二十余项，曾多次举办省、市、区级心育展示活动，获得"广东省首批中小学心理健康教育示范学校""广东省首批心理健康教育特色学校""全国生命教育实验学校""广东省基础教育研究实验基地学校""广东省生涯规划教育行动研究学校""顺德区未成年人心理健康辅导站""顺德区生命教育试点校"等称号，有三项心育成果获广东省教育教学成果二等奖。

二、措施与方法

（一）提炼生命教育理念，以"理念渗透"引领生命

容山中学多年来一直非常重视生命教育，将开展体验式生命教育作为践行学校扬长教育理念和培养学生健全人格的有效途径，"和而不同，扬长发展"教育理念源于生命，循于生命，达于生命，"和而不同"强调要在尊重生命的基础上张扬学生个性，"扬长发展"强调创设各种途径让学生特长得以发扬，生命得到发展，学校在此基础上提炼出"以生命影响生命，以生命发展生命"的生命教育理念。

（二）营造生命教育环境，以"情境体验"滋养生命

容山中学前身为容山书院，为顺德容桂十景之一，书院历经 210 余年历史风雨，弦歌不断。容山中学保留原有书院建筑特色，有着传统端庄的"颜值"，被人称为"最像学校的学校"，是富有生命力的学校。在书院特色基础上，学校注重构建生命教育环境，着力打造生命教育视觉文化效果，以书院门、石狮像、孔子像、思齐园、集贤楼、风雨室、百年梯、古莲池等谱写"生命·传承"篇章；以"滴水穿石"、科学楼、创客室、智慧室、版画室、天文室、书法室等谱写"生命·探索"篇章；以簇秀亭、掬漪亭、微笑墙、书吧、人生路等谱写"生命·成长"篇章，这些景点古朴大方、格调高雅、主题突出，让显性的生命物质文化与隐性的生命人文精神融会贯通，让师生在校园里时刻感受浓郁的生命气息，此外学校积极改造总面积超过 400 平方米的心理辅导室布局并提高其硬件现代化水平，让其成为激发师生生命正能量的心灵栖息地。

在打造校园生命教育环境的同时,容山中学还从班级文化、寝室文化两个方面着手,积极营造温馨、和谐、和睦的生命家园文化,彰显师生个性和风采。极具特色的是在每个班级都开辟了"生命之窗",用这个窗口展示班级风貌和各具特色的班风,使学生更好地在这种文化氛围中养成良好的生命价值观,积淀生命力量。

(三)打造生命教育课程,以"课程体验"激扬生命

容山中学开发的生命教育基础课程、渗透课程和拓展课程三大生命教育课程体系着眼于每一个学生的全面、个性、真实的发展,整个课程结构呈现出立体式、多维度、全方位的特色,在课程中注重强调学生的主体性、参与性和体验性,以达到课程有序化、操作化和效果化,尝试减少学生对生命知识把握的碎片化和随机性,尽可能体现系统性和生成性,在实实在在的体验性课程中将生命教育目标转化为学生优质的生命信念和行为准则,为学生的生命成长与个性发展营造协调一致的良好环境。

1. 生命教育基础课程

容山中学根据生命教育的内容将基础课程分为生存保护课程、生涯规划课程和生命价值课程。其中生存保护课程包括生存能力、安全教育和自我保护三个模块;生涯规划课程包括生涯通识、生涯体验、生涯实践三个模块;生命价值课程包括生命成长班级团辅、生命成长主题班会、生命成长电影叙事三个模块。生命教育班级团辅和生涯规划通识课程融入心理活动课,其中生命教育班级团辅课程每学期不少于 4 节,生涯规划通识课程每学期不少于 5 节;生命教育主题班会课每学期不少于 4 节。其他课程利用每周三社团活动课以专题形式展开。

2. 生命教育渗透课程

容山中学各学科老师根据自身学科特点在教学中挖掘和渗透生命教育内容,分层次、分阶段,适时、适量、适度地对学生进行生动活泼的生命教育,充分利用学科中的生命教育资源,提高生命教育的效益。在教育内容上,对政治、生物、历史、地理、体育等学科中的生命教育内容进行了细化;对语文、英语、音乐、美术等学科中生命教育的内容进行彰显;对数、理、化等理科学科中生命教育的内容进行深挖。例如高中物理教材中的力学、热学、电磁学、光学和原子物理学等章节可以渗透生命教育。如利用力学讲解交通安全知识;利用力学解释天体运动,表明人类生存空间的延伸;利用力学讲解运动规律,使学生学会合理科学地运动健身等。在教学方式上,政治、生物、历史、地理、体育等学科教学形式多样,注重学生的生命自主探究;语文、英语、音乐、美术等学科注重品读,通过陶冶促进学生的生命感悟;数理化信息等学科注重生命体验与应用等。

3. 生命教育拓展课程

容山中学组织全校教师依据自己的特长,开设了专业学习类、创意艺术类、传统文化类、身心健康类、文艺表演类、创新综合类等六大类近 35 个社团课程,每周三下午第 9 节课定期开课,学生依据个人兴趣爱好自由选择社团,在丰富的课程中尽情放飞生命,锤炼素养。

（四）开展生命教育活动，以"活动体验"润泽生命

容山中学通过创设多种活动情境，为学生提供参与体验生命教育的机会，将抽象的生命知识转化为丰富多彩的活动体验，使学生在活动体验中学会分享、感悟、反思，获得对生命的深刻认识。学校要求每一个容中学子三年都要完成"六个一生命成长体验活动"，并通过校编的生涯规划手册将学生的生命教育实践活动纳入学生成长评价体系。

此外通过精心设计生命成长主题实践活动月，充分利用学校的红棉艺术节、科技体艺节和心理健康节，给学生提供展示生命精彩的舞台；充分利用青春期教育、心理教育、安全教育、健康教育、环境教育、生涯教育、感恩教育等生命专题教育形式，开展灵活、有效、多样的生命教育系列主题活动；充分利用学校社团实践活动、仪式活动、研学活动、志愿活动等途径，通过情景模拟、角色体验、参观学习、实地训练等形式开展生命教育综合实践活动。除了常规的生命教育主题实践活动，学校还尝试以社会出现的生命教育热点为契机定期开展生命教育论坛，以学生成长故事、生命成长电影展播、生命朗读者广播、生命成长微电影创作、生命成长戏剧为创新点开展生命成长叙事教育活动，不断创新学校的生命教育活动形式，让学生在丰富而又新颖的活动中启动生命自觉，建立优质生命信念，让学生活得自在、快乐、精彩。

三、成效与心得

容山中学通过多年的生命教育实践研究，带领教师不断增强生命教育意识，不断努力将生命教育实践升华成理论成果，教育教学中处处可见生命教育的渗透和应用；学生在生命教育实践中培养了积极心理品质，心理健康水平有所提升，生命意义感不断增强，自我效能感不断提升：2018级学生参与生命教育实践两年的心理健康测试（MHT）前后测结果对比可见，总体心理异常学生比例有所下降，学习焦虑、对人焦虑、孤独倾向、自责倾向和恐怖倾向、冲动倾向等的学生比例也有所下降，总体心理健康水平有所升高；2019级学生的生命意义测试（MLQ）前后测对比中，生命意义总分有了显著提高，分维度考察中发现一年的体验式生命教育对学生生命意义体验维度有显著影响。生命教育在学校教育教学成果提升方面也起到了促进作用，高考成绩增速显著；学校生命教育影响力提升，辐射范围不断拓宽，尤其是课题组研发的生命教育课程和实践活动在省市区都得到一定的推广，对培育学生积极心理品质，健全学生人格，为学生成长和可持续发展提供更多可能性。如容山中学曾在广东省高考综合改革方案和普通高中新课标新教材培训会、"百川汇流—大湾区生命教育"分享会、顺德区生涯规划校本课程探索与实践交流会、顺德区中小学生命教育团辅与研讨活动上分享生命教育课程，生涯规划校本课程获顺德区生涯教育资源征集一等奖并结集出版。容山中学以积极心理品质培养为主题的心理健康操和心理运动会曾在广东省心理健康月启动仪式暨心理健康教育推进会上进行展示；容山中学在全国生命教育年会、广东省中小学校长联合会年会、佛山市心理健康教育推进会、佛山市中小学心理健康教育特色学校和星级心理辅导室建设研讨会、顺德区中

小学德育体系化建设研讨会上分享生命教育实践活动经验；撰写的生命教育工作案例获广东省基础教育成果二等奖和广东省心育优秀案例；生涯教育案例获广东省心育优秀教学成果；家长生命成长工作案例也被评为广东省家庭教育优秀典型案例；教师生命教育团体辅导案例被评为顺德区教师培训优秀项目成果二等奖等。

用爱润泽生命之花

黑龙江省伊春市中小学生综合实践学校　暴继平　赵卉　陈喜红　刘红婕

一、学校简介

黑龙江省伊春市中小学生综合实践学校是全国生命教育实验学校,学校设置了渗透生命教育的小学、初中、高中学段的综合实践、研学实践活动课程,有雄厚的办学资源和具备生命教育思想的高质量教师队伍。几年来,经过不断努力,我校成为规范的突出生命教育特色的综合实践基地和研学营地,被省市级教育部领导称赞为研学实践的"伊春模式",为全市乃至全国的中小学生健康成长提供了实践教育活动平台。

二、措施与方法

(一)依托馆室资源,开拓学生关注生命的视野

生动的图片、简要的文字、动态的视频、多种模型道具等形成了基地独特的馆室教育特色。学校的综合实践课程依托馆室资源,设计与之配套的活动方案,添置活动需要的工具和材料,让学生在具体的活动中,学习、思考、探究、体验、感悟。内容丰富、形式多样的馆室资源像磁铁一样吸引学生,激发学生主动学习体验的内在动力。在相对开放的环境下、轻松快乐的氛围中,学生开阔了视野,增长了知识。在青春馆,学生通过文字、图片、视频等能科学全面了解人体的结构及生理特点。这里还有人从胚胎到发育成人的整个过程比较逼真的模型,学生通过观看和触摸,认识到生命的来之不易、每个人都是世上独一无二的个体,从而更加珍爱自我,感谢父母的养育之恩。除此之外,学生还通过参观禁毒馆、交通馆、地震馆、公交车逃生等馆室,多种途径多种方式感受生命的可贵和脆弱。生命是一种神秘的巧合和伟大的存在。生命来之不易,失之可惜!生命消失了,就像太阳陨落了,人们会失去欢乐,家庭会失去幸福。因而要增强生命意识,学会自我保护,形成正确的价值观、生命观、人生观,从而提高生命质量。

(二)有效组织活动,激发学生珍爱生命的意识

人的生命是可贵的,但生命有时也是很脆弱的,甚至是不堪一击。基地开设交通安全和消防安全主题教育课程,在具体的活动中,通过多种教育手段让学生理解生命的意义,激发学生珍爱生命、爱护生命的意识。通过实践体验,学生提高了自我保护能力,提高了在灾难面前的避险能力和生存能力。安全来自长期警惕,事故来自瞬间麻痹,安全教育要常抓不懈,学生要经常演练。在119消防日前后一个月时间里,基地每年要组织学生进行消防演练。虽然学生对消防知识有一些了解,但平时在生活中安全意识还是

比较薄弱的,他们面对突发火灾会不知所措,缺乏灵活正确的应对能力。我们利用馆室模拟家庭和公共场所的火灾情景,馆室里有逃生演练通道、灭火器,同时还配有湿毛巾,户外有灭火场地,为消防演练提供了比较真实的活动环境,使学生有身临其境的感觉。通过演练活动学生掌握更多的消防知识,掌握正确的逃生方法,学会如何正确使用灭火器等消防工具。

开展交通安全主题教育,让学生观看具体的交通事故的案例。一件件血腥的报道,令人胆战心惊,一幕幕悲惨的画面,令人目不忍睹。一个个鲜活的生命消失在飞驰的车轮下,一个个幸福的家庭瞬间破碎不堪。真实的事例让学生意识到生命的脆弱,遵守交通规则的重要性。识别交通标识和模拟驾驶的活动环节让学生明白,文明交通是每个人应尽的责任和义务,只有自觉学习遵守交通法规,才能有效保证自己和他人的安全。基地的活动拓展,把每个活动主题或以资料宣传的形式,或以调查问卷的形式,让学生把活动从学校延伸到家庭、社会,使我们的教育活动有了更广泛的宣传教育作用。

(三)通过实践体验,养成关爱生命的良好品质

综合实践和研学实践活动的教育目标是培养学生良好品质,提高学生综合素质和能力。在活动实施过程中,要求学生不仅仅要珍爱自己的生命,同时还应该关爱他人的生命。我们的活动以小组为单位进行合作探究体验,在具体的活动过程中,学生不能只以自我为中心,要考虑到小组集体利益和他人利益。表现突出的小组,我们会颁发最佳小组合作奖,这样有利于培养学生集体荣誉感和团结互助精神。事故急救体验活动中,学生在学习了相应的救护知识以后,以小组为单位制作担架,然后进行运送伤员的演习:医护人员帮助伤员包扎好以后,救护人员小心翼翼把伤员抬到担架上,担架前后各一个人,负责把伤员运送到医院。负责运送的学生责任心很强,挽救生命就是他们的责任,前后两个人尽量保持平衡,如果两个同学身高上有些差距,高个子的学生尽量下蹲一点。宁愿自己受累也不愿让伤员因颠簸而加重伤情,增加痛苦。学生在具体的实践体验中互相扶持,相互珍爱,体验了救助生命的喜悦和呵护生命的崇高。

三、成效与心得

我校是中小学生综合实践和研学实践教育基地(营地),我们在综合实践和研学实践教育活动中开展学生的生命教育。在动物园、植物园、自然博物馆、森林、湿地、草塘深处和农村田地劳动中,让学生感受自然生态保护和休闲对促进个人身心健康的重要性;通过对与人生老病死有关场所的了解,引导学生理解生与死的意义,珍爱生活,关心他人;通过情景模拟、角色体验、实地训练、志愿服务等形式,培养学生在遇到突发灾难时的人道主义救助精神。

今后,我校将持续开发一批生命教育效果突出的综合实践和研学实践活动课程,打造一批具有影响力的研学实践精品线路,建立一套规范管理、责任清晰、多元筹资、保障安全的研学实践工作机制,构建以营地为枢纽的研学实践教育网络,并利用研学实践教育营地,组织开展丰富多彩的突出生命教育特色的研学实践教育活动,帮助中小学生感

受祖国大好河山,感受中华传统美德,感受革命光荣历史,感受改革开放伟大成就,感受生命的美好,从而激发学生对党、对国家、对人民和对自身生命热爱之情,提高中小学生的社会责任感、创新能力和实践能力。把学生培养成为德智体美劳全面发展的新时代建设者和接班人,为国家和社会进步贡献智慧和力量,使每个青年在贡献社会的同时,尽情书写好自己人生这一重要作品!

守望生命的幸福美好　深耕高质量发展之路

四川省绵阳外国语学校　申俊树　王秀春　张丽娜

一、学校简介

四川省绵阳外国语学校,始建于1999年,是绵阳市教体局直属的集小学、初中、高中于一体的全寄宿制、现代化、国际化品牌学校,是一所适应现代教育发展规律和社会主义市场经济发展特色的新机制学校。

学校坚持以培养"具有全球意识、以民族复兴为己任的现代人"为高远办学目标,以"团结、落实、智慧、人文"为工作方针,以"精致卓越、大气开放"为学校远景,坚持"办心中有人的学校"的理念,立足内涵,高位求精。

二、措施与方法

多年来,学校深耕高质量发展之路,以实际行动进行"精神画像"——打造生态校园,构建生本课堂,着力阶梯德育,培养儒雅教师,培育素养学生,成就卓越学校,铸就"有人、有貌、有神、有力、有名"的"五有"标准识别码。涵养绵外高质量校园文化,把学校办成师生的精神栖息地、名师聚集地、学生成长地。

我校通过积极的学校文化,促进生命教育理念的落地,实现"尊重教育",推动师生的生命成长,形成了"学校、教师、学生三位一体"共同发展。

(一)精雕细琢生态校园,齐心建设精神家园

环境育人、氛围养人,要培育身心俱美的高质量学生,必然要有高"颜值"的学校环境。学校通过绿化、美化、净化及亮化的治理,改善了校园文化环境和硬件设施,做到"一墙一壁会说话,一草一木能育人"。党员同志挥汗"伴山先锋林","社会主义核心价值观主题墙"与樱花交相辉映,"知行大道"展示绵外人知行合一的作风,"滴翠泉""泮桥"传扬中国传统文化。移步一景,处处有诗意,景点讲述"绵外故事",让生命在美好中生长。"人是环境的产物",有什么样的环境,就会有什么样的人。美好的生态校园是师生精神的安宁归宿。

(二)着力打造品质课堂,全面发展生命成长

1. 重视课程建设,凸显学校特色

严格落实国家和四川省课程方案,开齐开足所有课程。全面保障技术、艺术、体育、劳动、实验等课程,有针对性地聘请专家,融合优质社会资源(如实践场地和优质教练等),在硬件上给予充分的保障和支撑,确保各类课程落实落地。在爱国主义教育和国防

教育方面,我校充分利用各类形式和媒介,多元渗透、生动实施爱国主义教育和国防教育。

为学生全面发展保驾护航,积极开发校本课程。一是建立以学生兴趣、特长为主的特色活动课程,如击剑、羽毛球、体能训练、射击等等,鼓励有专业特长的或者其他学习力不够强的学生加入进来,强化特长,增强自信,实现我校"多元育才,人人成才"的教育发展观。二是建立以教师特长、兴趣为主的特色课程,鼓励有特长的教师建设、开展属于自己的特色课程。

2. 重视活动育人,凸显生命发展

延伸德育活动手臂,整合社会资源。与医院、社区、友好学校等部门联手开展志愿服务活动,为学生搭建社会实践的平台。通过开展"学习护眼知识,守护明朗双眸""守护安全,畅通消费""莫道桑榆晚,最美夕阳红""统防统控,健康同行"等活动,增强了学生的健康意识、民主法治意识、敬老爱老意识,进一步提高了学生的思想道德品质和社会责任感。系列化、常态化、创新化德育活动,文化浸润心灵。

建立家校共育机制,加强家校联系。开放课堂,邀请家长到校听课;定期召开家长会,鼓励家长校访。将学生在校情况通过书面联系、电话联系等方式及时与家长沟通,使家长及时了解孩子的在校情况,从而形成家校合力。学校利用"母亲节""父亲节""重阳节""妇女节"等节日,以家庭为依托,积极开展家校系列专题教育活动,充分调动家长积极性。

3. 重视生命健康,加强体育锻炼

坚持生命第一理念,心理健康教育到位。我校是绵阳市心理健康教育特色学校,建有"心语轩"心理咨询中心,开设"解忧信箱"为学生排忧解惑,开设心理健康课程,坚持心理健康普测,各班设有心理委员,由专业心理咨询教师进行心理健康疏导,生涯规划中心助力学生成才。

坚持健康第一理念,体育教育机制健全。设施完善,作息时间科学合理。学校长期坚持开展"三操""阳光体育大课间"活动,各个学段均开足、开齐、开好体育课程,借助教体局体教结合模式引进了射击、击剑、羽毛球等特色体育项目,把运动竞技和体育锻炼相结合,充分保证学生锻炼时间,为学生提供多元发展空间。

4. 重视审美教育,凸显艺术特长

以老师为中心,社团为载体,组建了多种美育社团,包括民族舞、儿童舞、爵士舞、陶艺、儿童画、素描、书法、管乐团、琵琶、吉他、合唱团、声乐班、钢琴、古筝、非洲鼓等,其中"向阳花"舞蹈团、陶艺社为绵阳市市级艺术特色社团,"绵外之声"童声合唱团正在创建省级艺术特色合唱团。

5. 重视劳动教育,凸显知行合一

将课程固定化,常规化。将劳动教育设为必修课,每周不少于1课时,建立综合实践活动课程、地方课程、校本课程等劳动教育课程体系。

拓展劳动场景,迭代劳动形式。以校园土地资源为依托,搭建学生劳动平台。充分利用教室周边环境,开发"室内绿植,走廊蔬菜"等劳动实践场地,加强与校外农业企业的联系,建立长期合作关系,固定劳动场地。对校园空地进行调查丈量并有效整合,组织师生开垦利用,或种蔬菜,或栽树木。利用劳动课、植树节、劳动节、清明节等节假日进行实践。拓展户外劳动场所,为学生提供研学机会,如与北川的农业合作社合作,组织学生踏青,为茶场摘洗茶叶等,劳动实践活动取得可喜的成绩。

(三)全力打造活力队伍,凝心铸魂点亮生命

1. 立足课堂,自己塑造"自己"

倡导教师把自己作为研究的对象,研究自己的教学观念和实践,反思自己的教学观念、教学行为以及教学效果,形成自己对教学现象、教学问题的独立思考和创造性见解,使自己真正成为教学和教学研究的主人。通过反思、研究,教师不断更新教学观念,改善教学行为,提升教学工作的自主性。在提升教学水平的同时也形成了特色型教学教研成果,逐步开发出特色校本课程,编写了校本教材。

2. 立足活动,学生成就"自己"

学校开展"教师节""班主任文化节""成长礼""开笔礼""青春礼""感恩礼""师徒节拜师礼",用仪式为师生赋能,用活动让教师找到职业价值。

3. 立足培训,学校打造"自己"

尊重教师,让教师通过业务创新、学习充电、优质优筹、晋升发展等方式实现教师全方位发展。培养教师,让教师有足够能力到任何学校。尊重教师,对教师好到心甘情愿为绵外奉献。

三、成效与心得

学校秉承尊重教育,推行内涵发展,荣获 2020 年度高考评价特等奖,优质生源评价特等奖、绵阳市工会工作先进集体、绵阳市校外教育工作先进集体、在 2021 年绵阳市普通高中学校特色和亮点工作展示 A2 组一等奖、哈工大第十一届建造节特等奖、老百姓心中"最具活力学校"等荣誉;援教贵州、对口帮扶平武龙安中学、北川永昌中学,成为绵阳市义务教育学校高品质发展共同体首届理事长单位、承办 2021 年成渝经济圈(绵碚)高峰论坛、承办市级各类研讨会。绵外的学校画像是生态校园、生本课堂、阶梯德育、儒雅教师、素养学生、卓越学校。

绵外追求高质量发展,是师生的精神栖息地,名师聚集地,学生成长地。守望真善美,过幸福完整的教育生活,深耕高质量发展之路,绵阳外国语学校向美而行。

做有生命质感的心理健康教育

黑龙江省鸡西市第九中学　王秀敏　刘莉　仲维军

一、学校简介

鸡西市第九中学位于穆棱河畔,始建于 1972 年,是黑龙江省东部地区一所全国生命教育特色学校。从 2006 年开始践行生命教育以来,学校始终以生命教育为核心理念,先后把生涯教育、尝试教育、智慧教育等理论融入其中,进行生命教育的个性化探索与实践,并逐步梳理出特色理论,总结出特色经验。如今学校把"做有品质的生命教育"作为办学目标,坚持以"让每一个孩子绽放生命光彩"为办学理念,开展生命、生存、生涯、生态教育,近年来在生命教育视域下的心理健康教育方面取得了较为成功的经验。

二、措施与方法

虽然心理健康教育本身就是一个学科分类,但在实际的教育中把其作为生命教育的一个分支来落实,这样会有更加明确的针对性;学校形成了"生命化"心理健康教育的特色。因此,学校的特色发展更具有生命力,学生的生命成长更有品质。

（一）有思想、有保障,生命教育视域下的心理健康教育有方向

生命教育强调以"生"为核心,这里的"生"既指学生,又指"生命"状态。学生的生命状态不仅是身体健康更是心理健康的表现。为此,学校把心理健康教育纳入生命教育范畴,便是一种办学思想、办学理论的创新之举。为深入落实习近平总书记"生命至上""健康至上"的重要指示精神,贯彻落实教育部《关于加强学生心理健康管理工作的通知》等文件,明确了职责分工,健全了规章制度。

心理健康教育实施一把手工程,副校长主管,组成心理健康教育工作小组。并根据《学校心理健康教育实施意见（实行）》相继制订了《第九中学健康教育工作领导小组职责》《第九中学心理健康教育管理工作细则》《学校心理辅导工作制度》《心理健康教师工作要求》《团体心理辅导要求》《班主任参加心理培训要求》《心理辅导室工作制度》《心理健康教育制度》等。做到有章可循,有章可依,有计划、有总结、有推进过程中的评价。

（二）优师资、细管理,生命教育视域下的心理健康教育有保障

持续壮大心理健康教育师资力量。如今考取国家（二、三级）心理咨询师资格证书的教师有 8 人,占比达 10% 以上;常年设一名专职心理健康教师,四名兼职教师（负责学生心理咨询）;同时学校本着专职教师为主,德育导师为辅的机制开展心理健康教育。德育导师制即全员育人,全体任课教师担任德育导师,根据教师的学科特点、教育风格和学

生情况进行双向选择,重点了解学生个性心理特征,行为习惯养成、道德素养提升,兴趣爱好等并通过面谈、书信、周记、电子信箱等形式开展德育引领,学生每周至少两次向导师汇报思想、生活、学习等情况。学校针对单亲家庭、重组家庭、留守家庭等学生的心理、生活进行重点关注和辅导。

不断完善心理教育管理规范。每位学生都建有心理档案,定期下发调查问卷(学生、家长),并进行统计分析,个别问题调查咨询,找出学生急于解决的心理问题。同时在网络平台(东师平台)、《常青藤》校报、公众号等设有心理专栏。每周三、周五是心理咨询日,设有《心理咨询预约记录表》,来咨询的学生都有《心理咨询记录》。建立"学生心理健康档案",同时让老师更好地关注学生心理健康,学校在班委会专门设立了"心理委员",对班级学生心理问题积极关注,定期在班级黑板上书写心理小格言或提示语。

(三)课程化、学科化,生命教育视域下的心理健康教育有措施

多品类的心理教育课程。学校依托心理健康课和"生命教育"校本课开展心理健康教育。依据生命教育理念和学生身心发展需要编写了系列校本教材《生命教育》和心理健康校本教材,自主开发了心理健康校本辅助教材《读品悟》《读思行》《孝心日记》《用故事美丽学生的心灵》等;通过《给未来自己的一封信》《给父母的一封信》《认识自己》《相信自己》《同心圆》和心理剧等个人及团队活动,帮助学生增强自信,树立理想,扫清心理迷惑。心理辅导室(交流空间)有兼职心理教师进行轮值咨询辅导。

多学科融入的心理健康教育课程。学校有机结合各学科教学、班会课、思品课、活动课等各相关教学内容进行心理健康教育,利用情境设计、角色扮演、游戏辅导、心理情景剧、竞技比赛等形式,引导学生心理、人格积极健康发展。通过各学科教学,挖掘各教材内容,找准心理健康教育的结合点,充分挖掘教学中有利于学生心理发展的因素,尽可能清除各种不利因素,将心理健康教育的思想、内容、行为渗透到各学科的具体教学活动中,在潜移默化中发挥心理教育的作用。

(四)特色化、拓展化,生命教育视域下的心理健康教育有渠道

在研学共建中进行心理健康教育。学校带领学生深入虎头要塞、北大荒纪念馆、鸡西博物馆等爱国主义教育基地,增强学生爱国、爱家乡思想意识;深入气象站、科技馆、自来水厂、鸡西市石墨展厅,增强学生科技创新意识;走进法院、检察院增强学生法治意识;参加机器人编程、科技小发明等交流、竞赛活动,不断激发创新、创造的心理,提升学生心理素质。几年里学校涌现出了国家、省、市级文体奖项 30 余项,325 人次荣获国家、省市级文体奖项;10 人次活动被评为国家级"科学小院士",598 人次获"省科学小院士"荣誉称号。

在资源共享中进行心理健康教育。充分利用"家长学校"进行心理卫生知识教育讲座,利用家长课堂、校园网、微信群等帮助家长了解和掌握孩子成长的特点及心理健康教育的方法,加强亲子沟通,以积极健康和谐的家庭环境影响孩子;成立了"薪火"师生志愿服务队,慰问孤寡老人、携助福利院孤儿、为患白血病学生捐款等,在助人的体验中,使学生实现着"让别人因我的存在而感到幸福"的自身价值;与省、市心理学会、心理咨询师

协会建立合作基地,定期聘请心理专家和老师,对学校心理健康教育进行技术和专业指导,为学校的心理健康教育提供新鲜元素。

三、成效与心得

从"生命教育"这个源头出发,引来了"心理健康教育"的活水,润泽着"每一个生命",助力心理健康教育绽放出生命的光彩。生命教育视域下频频出"招"进行心理健康教育,取得了成效。

(一)锤炼了教育思想,丰富了生命内涵

生命教育理论与经验在校本化的过程中,需结合区域教育实情、学校发展实际进行"内化"与"提炼"。把"心理健康教育"纳入"生命教育"理念之下实施,不但丰富了学校生命教育理念的"内涵",也完善了学校的校本化教育思想。同时也促使"让每一个生命绽放生命光彩"的内涵更加丰富,真正把德智体美劳这"五育"落到实处。

(二)淬炼了师资队伍,丰厚了生命情怀

生命教育视域下的心理教育对象不仅专指受教育者,还包括实施教育者。教师不但掌握了对学生进行心理健康教育的方法,同时自身的心理素养也获得了提升。而教师心理素质和健康程度在一定程度上决定着学校心理健康教育的效度。且不说心理健康教育课程的实施,单说教师的示范作用就不容忽视。可以说心理健康教育让校园内的每一个"生命"都更有情怀。

(三)磨炼了学生意志,丰裕了生命品格

学生的心理是不断变化的,随着心智成熟度和外界环境的变化而随时改变。学生的健商、逆商,即抗挫折力是当前教育不容忽视的一个较大的问题。让学生珍爱生命、欣赏生命、成全生命就需要使学生有一个积极向上的心理状态,而且是持续的"阳光"状态,这需要不断持续地丰富心理教育的方法、开发出新的心理教育载体、拓宽新的心理教育路径,从而不断磨炼学生意志,丰裕学生品质。

(四)凝练学校品质,提升了办学品位

学校继获得了全国特色学校、全国生命教育示范学校等50余项国省级的荣誉之后。以其突出的心理健康教育成果,被评为"省心理健康教育特色学校",课题《留守儿童的心理健康教育实施与探究》获得省级优秀课题奖项。被市委宣传部授予"鸡西市未成年人心理健康指导中心"——"心理健康辅导站"称号。在2022年获省级"文明校园标兵"称号和省级"基础思想政治工作示范点"等荣誉称号。

十几年来,学校"生命教育"办学理念经历了个性化、体系化、特色化、专一化的探索与实践过程,最终实现了"校本化"。如今秉承着"做有品质的生命教育"办学思想,成就有品质的教师、涵育有品质的学生,让学校里的每一个生命都能绽放出生命的光彩。

生命教育点亮精彩人生

北京市前门外国语学校　程剑

一、学校简介

北京市前门外国语学校是坐落在天安门广场正阳门东南的一所饱含文化底蕴的外国语特色学校，学校坚守"教育不是淘汰，而是成就"的教育价值观，秉承"古今融汇，内外兼修"的校训和"三知三行"的育人理念，以"精品化""国际化"为办学特色，努力建设一所"特色鲜明，内涵丰富，质量过硬，校风优良"的知名学校，取得了瞩目的成绩。学校曾获得《北京晨报》、新浪教育、北京新闻广播等多家媒体联合评选的"最具竞争力的中学""市民满意度最高的中学""京城教改创新领军中学"等荣誉称号，具有良好的办学口碑和品牌形象。

二、措施与方法

进入初中阶段，青春期、亲子关系以及快速发展的社会环境等导致学生会出现或多或少的不适，有些学生可能会出现较严重的心理问题（甚至威胁到自身或他人的生命健康），学校适时地进行一些引导和教育就显得尤为重要，2021年教育部印发了《生命安全与健康教育进中小学课程教材指南》的通知。生命安全与健康教育内容主要涉及5个领域，我校在每个领域分别开展了不同的活动帮助学生形成健康意识，提升健康素养，树立珍惜生命、热爱生活的观念。

（一）健康行为和生活方式

通过生物课和道德与法治引导学生学会分析与评估健康影响因素，积极实践健康行为和生活方式。利用每年的学生常规体检工作，检测学生的视力体重等，并以此为契机宣传防近控肥内容，结合生物课眼睛的结构和物理课透镜的讲解，引导学生进一步了解导致近视的内外因素，预防近视，保证用眼健康。利用体检中脊柱侧弯的检查结果，再次强化正确坐姿，让学生相互监督，互相督促，并在每个班级都张贴视力测评表，方便学生随时监测自己的视力情况，邀请专家进校开展预防近视的专题讲座，进一步减少近视的发生。另外通过生物课和化学课分析六大营养素及其功能，从较为专业的角度分析营养搭配的重要性，引导学生合理膳食，健康饮食，树立预防肥胖的意识，注意控制体重增加运动。体育课上，引导学生学习掌握正确科学的运动方式，预防运动损伤，保证健康成长。利用班会、年级会引导学生要合理规划时间保证睡眠，才能提高课堂效率，才能健康成长。学校组织学生参加禁毒知识竞赛，丰富学生理论知识。生物学科教师从学科角度讲解毒品危害健康的原因，并帮助学生树立拒绝吸烟、饮酒、接触毒品的意识，使学生了解到涉毒是违法行为。组织学生制作禁毒小报，展示自己对禁毒相关内容的理解。

（二）生长发育与青春期保健

进入初中学段尤其是青春期，学生的生理心理都发生了较大的变化，要引导学生理解健康的意义和价值，理解生长速度的变化规律，认同体态以健康自然为美的审美观。首先利用生物课，学生从生理上了解进入青春期自身的变化，校医每年开展生理健康讲座，让学生从正规渠道了解相关知识，避免学生因好奇心接触到一些不良信息，并使学生学会自我保护。其次利用道德与法治课让学生懂得生命只有一次，珍惜生命，树立远大的人生目标，坚持追求有意义的生活。开展以《我的理想》为主题的班会，进一步帮助学生树立正确的人生观价值观。利用午休时间播放我国在各个领域取得成就的宣传片，引导学生将个人的发展与祖国的发展相结合，让学生了解为国家发展和稳定作出贡献的人物事迹，感受他们面对困难的勇气以及面对坎坷不屈不挠的精神，学会面对困难和挫折，实现健康成长。利用多学科培养学生的审美观，使学生认识美，感受美，感知生命的绚丽多彩。

（三）心理健康

近年来学生的心理问题开始凸显，焦虑甚至是抑郁的比例也在逐年升高，面对这一现状，我校开展了多项活动来帮助学生缓解焦虑并平稳度过初中的生活。

青春期是比较敏感的时期，我校的办学理念是"待家长如亲朋，待学生如亲子"。老师首先关注到的都是孩子的身心健康，其次才是学习成绩。所以师生关系融洽，学生也愿意和老师分享自己的感受和想法，这就为及时疏导孩子的负面情绪提供了很好的契机。学校会在全体会的时间请专家对老师进行心理疏导和培训，老师在工作中都是心神愉悦的状态，这样才能更好地帮助学生疏导。利用班主任会的时间，学校也会对班主任进行相关培训，让班主任老师能够初步判断学生的心理状态，及时发现异常，及时与学生和家长进行有效沟通，及时干预，家校共育。结合我校的育人理念"三知三行"开展主题教育，引导学生全面客观辩证发展地认识自我，发展良好的人际关系。邀请专家进校园开展心理健康讲座，提供心理咨询途径，学校也开放心理咨询室，让有需求的学生可以进行咨询和求助。

（四）传染病预防

学校每年都有《预防传染病》宣传月活动，学校会利用各种途径对学生及家长进行预防传染病的宣传和教育，如流感、手足口、红眼病、肺结核、艾滋病等。通过宣传视频、宣传册让学生和家长了解相关内容和预防措施。

（五）安全应急与避险

培养学生安全责任意识，使学生学会急救知识，掌握相关技能，提高预防和应对自然灾害、事故灾害等突发事件的能力。学校每学期都会组织全校师生进行防火防震演习,力争让每位师生都熟悉逃生的方法和路线,保障师生生命安全。化学课老师讲解燃烧和灭火,联系生活实际,让学生了解如何避免发生火灾以及发生火灾时如何灭火。学校组织消防人员进校为师生进行预防家庭火灾的专题讲解,并组织学生体验"火灾现场的浓烟"进一步提高学生防火灾的意识以及火灾逃生的技巧。组织家长观看并学会灭火器的使用,尝试在消防人员的指导下使用灭火器,承担起对家长预防火灾的宣传工作。试穿消防人员的专业工作服,体验消防员的部分工作,感受消防人员工作的不易,珍惜美好生活。

实验学科实验前老师都会带领学生学习实验的正确操作以及突发事件的处理措施,安排学生进行实验室安全演练,预防校园安全事故的发生。利用致家长的一封信的形式对家长进行预防电信诈骗的宣传,有问题第一时间给班主任打电话,确认孩子的安全。引导学生不登录浏览不熟悉的网站,增强网络信息安全的能力。

三、成效与心得

一方面,通过开展生命健康教育,学生的身心更加地健康、积极向上,能够快乐地享受校园生活;学生学会了处理人际关系,能够采用正确恰当的方式管理情绪,学生能够将自己所学的内容应用到自己的生活中,感受到生命的可贵,感受到未来的无限可能。另一方面,教师通过开展生命健康教育,提升了自己跨学科主题教学设计的能力,促进了学生核心素养的发展,落实立德树人的根本目标。

生命健康教育是个大课题,学校如何给这些学生提供所需的内容,采取何种形式这是未来要思考的。未来我校将尝试在课后服务时间专门开展生命健康教育课程,加强跨学科的联系,增强专业性、系统性,采用多种形式,增加综合实践活动,让孩子接触更多的生命健康知识、健康技能,拥有健康的态度去感受到这个缤纷多彩的世界,对这个世界充满好奇,充满期待;能运用自己的所学去理解探索这个世界,感受生命的美好,成为有理想、有本领、有担当的时代新人!

积极心态涵育生命品格

黑龙江省哈尔滨美佳外国语学校 丁峰

一、学校简介

哈尔滨美佳外国语学校是民办九年一贯制寄宿学校。学校自建校以来始终坚持以心理健康教育为办学特色之一,不断丰富生命教育内涵——从最初的"生命认识"的1.0版向"生命态度""生命价值观""生命教育意识"的2.0版不断延展。在积极心理学视角下,从体验积极情感、塑造积极人格、整合积极资源三个大方面进行探索,学校完善生命教育的育人体系,增强生命教育实效性。

"积极心理学主张研究人类积极的品质,充分挖掘人固有的潜在的具有建设性的力量,促进个人和社会的发展,使人类走向幸福"。哈美佳外国语学校在积极心理学视域下开展生命教育,培养学生积极乐观、健康向上的生命品质,促进学生身心可持续发展。

二、措施与方法

积极情绪对学生的思想和行为有重要影响。"生机勃勃的积极情绪包括喜悦、感激、宁静、兴趣、希望、自豪、激励、敬佩和爱"。学校以学生发展为中心,以"善待生命、珍惜生命、尊重生命"为主线开展"涵育生命"的特色实践课程,打造生命教育的文化场。

(一)培育积极情感,点燃生命热情

学校以"色彩缤纷的校园生活""庄严神圣的仪式教育""中西合璧的节日文化""意气风发的社会实践"四道风景线为载体,着力培养学生的爱国情怀、学会合作、责任担当等基本素养。学校的特色生命课程——卓越军旅,让每一位美佳学子参加三次军训的洗礼,在深度的生命体验中收获成长。

(二)磨炼意志,让生命更精彩

军训是哈美佳外校五年级、六年级、七年级的开学第一课。在军训期间,学生以军人为榜样,以军纪为准则,一切的行为都以部队的生活作风为标准。在集体生活中、在困难磨砺下,学生也更加能够体会到自身和集体所蕴藏的能量和生命赋予他们的精彩。

(三)淬炼感恩,让生命更光彩

爱国教育是军训期间浓墨重彩的一笔。学生化身为班级荣誉而战的勇士,未来必定是捍卫祖国的栋梁之材。生命教育必须牢牢根植在爱国主义教育的背景中。

亲情友情是军训期间温暖至深的风景。"军中生日会"呈现出多彩生命的"规矩"与"方圆"。学生既体会到严格与规矩,又体会到呵护与温度。此外还有集体生日派对、百人生日歌、军营感谢信、第一封家书。学生在军训中点滴的感动融诸笔端,生命的教育在感恩中凝练升华。军旅各项赛事活动具有强大凝聚力与感染力,点亮每一个少年蓬勃积极的生命热情。

(四)主动发展,让生命更出彩

自我关照是积极心理学中的重要内容。在军训期间学生第一次离开父母的庇护,取得了明显进步,体会到自理带来的生命体验。同时,学会独立解决问题,打破人际交往的壁垒。在军训期间,每一个学生都能感受到生命在各种挑战中跃层,体验到与以往迥然不同的经历,让生命更加出彩。

(五)塑造积极人格,激发生命张力

劳动能力也是儿童生命教育的基石。哈美佳外校发挥寄宿制学校的办学优势,把生命教育从教学空间转向生活空间,开启了分级的自理课程:公寓空间中清洗衣物、收纳物品;美育空间中手工编织、陶艺彩绘;创造空间中3D制作、信息编程等。学生通过力所能及的劳动实践,建立积极的主观体验,培养个性力量、兴趣、价值、天赋等人格特质。

(六)整合积极资源,培育生命根基

拓宽家庭教育的影响力。家校之间合作本着"自愿、尊重、赋能"三个原则,发挥家长的能动性。家长讲堂的内容包罗万象,趣味性、专业性、互动性比较强,每学期六季的"故事爸妈进课堂",深受学生和家长的欢迎。

挖掘校本资源,让生命教育在潜移默化中发生。学校把劳动教育与生命教育紧密结合。学校创建了"学农基地",让农事教育在哈美佳落地生根,把生命体验的课堂开在田间地头。学生参与农作物的传播、夏长、秋收、冬藏的全过程,体验庄稼的生长周期,感悟生命的蓬勃力量。此外,开启"美佳植物园"校本研修课堂,老师带领学生观察校园内两千余棵树木,认养校园植物,培育学生浓厚爱校、爱家的积极情绪。师生互动共同经历生命之旅!

三、成效与心得

生命教育要引导学生贴近生活、体验生活,在生活实践中融知、情、意、行为一体,使学生丰富人生经历,获得生命体验,拥有健康人生。学生是独特的生命体,哈美佳外校关注每一位学生,引导学生认识和理解生命的意义,提升生命的价值。在积极心理视域下,让学生"看到更多、想到更多、创造更多",使人际互动更和谐、亲密。哈美佳外校以积极情绪为生命教育的切入点,推动"卓越军旅"体验。哈美佳外校通过主题引领,创设丰富多彩生活环境,塑造学生积极品格;整合积极资源,培养学生的积极情绪,营造生命教育的文化场。

共筑生命梦想　引领特色发展

福建省福州第十中学　陈黎芬

一、学校简介

福建省福州市第十中学坐落于福州市晋安区东门岳峰，是一所具有80多年办学历史的中学。近年来，学校全面贯彻新时代教育改革发展的新理念、新思想、新观点，坚持以立德树人为根本任务，以"生命教育"为办学特色，着力培养学生核心素养，让每个生命焕发出光彩。

二、措施与方法

（一）研发生命教育课程，课堂迸发生命活力

学校以国家课程校本化为抓手，围绕培养"全面发展的生命强者"这一目标，通过"构建充满生命活力的课堂"的实践探索，融合校本特色课程，以凸显生命教育办学特色为主线，以践行校训为主导，构建"立德、键体、笃学、躬行"四大板块的生命教育校本课程体系，逐步形成内涵独特、成效显著的育人模式。

福州十中的课程研发，出发点是人，是人的各种可能性；落脚点还是人，是人的问题的解决，是人的幸福完整的实现。在此过程中，学生不断成长，教师不断超越，师生通过课程共同书写美好人生。

（二）建设校园文化，描绘生命底色

文化是一所学校的灵魂。有文化自觉的学校，明白该秉承什么、该用什么样的理念影响师生生活，从而促进教师与学生的生命得到更大舒展。文化，为福州十中立魂！

1. 打造校园文化

校园文化是学校精神风貌的集中反映，对学校发展具有导向、激励和凝聚功能。每学年，学校制作"开学贺卡"，组织新生"入学校园游"，参观校史馆、图书馆、文化长廊、生物地理园……校史教育是新师、新生必修课，全体师生于"了解"中思考，于"理解"中热爱。2023年，以福州十中为龙头学校的晋安榕博教育集团在进行了一系列的探索实践后，确定了"各美其美，美美与共"的集团文化理念，举办了首届集团文化艺术节，以文化引领实现文化认同。

2. 建设诚信校园

诚信是中华民族传承千年的美好品质，是立学、立身、立业之根本，是学校开展一切教育活动的重要基础。学校组织全体师生参加"诚信生活"签名活动，开展"诚信教育"主

题班会、"我身边的诚信模范"故事宣讲、"诚信主题"征文比赛和手抄报创作比赛以及"诚信之星"评选活动等。强化学生诚信意识，使学生自觉养成讲诚信的好习惯，体会生命因诚信而精彩。

3. 营造书香校园

学校强调"书为人用"。每年新生入学学校均组织开设"图书情报基础知识""如何利用图书馆""文献检索"等知识讲座；定期对学生进行"细品型"阅读指导；开展汉字听写大赛、古诗积累大赛、读书知识竞赛、"好书伴我成长"、"我最喜爱的一本书"系列征文、读书手抄报和优秀读书笔记展示、广播朗诵、演讲辩论、读书心得会、名著品读会、书画展、书评、剪报等系列读书活动，让学生从阅读中汲取生命成长的精神力量，使校园真正成为学生读书的乐园。

4. 创设班级文化

班级文化是班级独特风貌和精神的表现，是一种隐性的教育力量，是学校文化体系中的重要组成部分。学校在班级文化建设中，注重顶层设计和系统架构，始终关注"学生在场"，尊重学生成长的规律，关注学生情感需求与成长愿望。如班徽网络评比大赛，吸引了41万余人关注，近18万人参与投票，每名学生都在积极实践班徽的精神内涵和班级目标。健康的班级文化为学生成长提供安全的归属感，集体生活的自我存在感和社会交往、个性形成的自我认同感，促进了学生成长和个性发展。

5. 注重美育熏陶

美是纯洁道德、丰富精神的重要源泉。学校所在地是传统花灯、寿山石雕刻、西园软木画、象园木雕等四大国家级别工艺美术非物质文化遗产发源地。学校开设非遗讲堂，通过授课、交流、现场展示互动将非遗文化引进校园。开展"喜迎二十大，翰墨颂中华"首届青少年书法篆刻优秀作品展活动，文化与艺术相得益彰，将爱国情怀与传统文化深植于莘莘学子心中。与当地传统工艺美术结合建设美术工作坊，开设寿山石工坊，丰富和完善艺术教育内容，增强学生的民族文化认同感和自豪感。为美而治，向美而教，伴美而行，培养学生文化理解、审美感知、艺术表现、创意实践等核心素养。

正所谓慧于中，让文化物化于境；诚于内，让文化植根于心；秀于外，让文化彰显于行。在福州十中，可以真实感受到学校文化建设的本义是回归教育的本真，追寻春风化雨、静待花开，完善校园里的每一个人，帮他们描绘好生命的底色。

（三）开展特色活动，丰盈生命体验

学校结合重大事件、传统节日、法定节日开展形式多样的主题活动，从生理、心理和伦理3个层面，引导学生认识生命、珍惜生命、尊重生命、敬畏生命、热爱生命、欣赏生命、保护生命、提升生命，提高学生对生命价值的认识，帮助学生完善人格，促进学生健康成长。

诸如开展"在悦读中感发生命"主题书画比赛，培养学生良好的心理素质，进而养成自信自强的良好品质；开设模拟法庭进行法律实践，引领学生崇尚科学文明的生活方式，不参加危害身心健康的游戏活动；开展"生命与环境系列教育活动"研究性学习活动，组织学生观察环境、采集福州内河水样，开展环保调查，组织学生写观察日记、研究报告，增强学生参与社会生活、关注生命和自然的意识。世界艾滋病日，学校讲授"舞动的红丝带"，采用校本教材《生物教学与生命教育》中有关艾滋病的内容，对学生进行预防艾滋病的科普知识宣传；利用校本教材《探索中国传统节日——以春节、清明节、端午节为例》，激发学生探索中国传统节日的奥秘，增强民族文化自信；利用校本教材《新型冠状病毒：改变历史的分水岭》，组织学生观看关于生命的纪录片，阅读有关感悟生命意义的作品，组织学生进行"金句"点评，引导学生感受中国共产党坚强领导和中国特色社会主义制度显著优势，培养学生求实创新坚持科学的实践品质。清明前后，组织师生前往抗日志士纪念墙广场开展纪念革命先辈活动，参观闽海百年历史纪念馆，邀请福建省新四军研究会会长到校开展党史讲座，在"学思践悟"中继承革命精神，汲取奋斗力量，厚植家国情怀。

三、成效与心得

守望岁月，以日以年。学校多渠道拓展"生命教育"途径，构建学校生命教育体系框架，以课程建设、活动开展为载体，培根、铸魂、启智、润心，让"生命教育"成为学校内涵发展的新的生长点。

通过全体十中人的共同努力，学校被北京师范大学确定为教育部门规划课题"新形势下中小学生命教育的理论与实践探索"重点实验室、示范基地；"以培育生命意识为核心的学校文化建设研究"课题汇报论文获全国生命教育科研成果二等奖；被福州市教育部门确定为"生命教育"特色办学高中；获得全国生命教育科研成果一等奖；被北京师范大学授予"全国生命教育百佳学校"称号。

福州十中在生命教育实践中也斩获佳绩：连续多年获得福州市素质教育目标考评优胜奖、福州市初中教学质量连续进步奖、晋安区教育教学质量突出贡献奖。学校先后获得全国青少年人工智能特色学校、福建省义务教育标准化管理学校、福建省义务教育教改示范性建设学校、福建省学校创先争优先进基层党组织、福建省家庭教育特色学校、福建省平安校园、福州市文明学校、福州市青少年网络素养教育基地学校、晋安区十佳最美校园等多项荣誉称号。

学校努力发展"生命教育"办学特色，以焕发生命活力的课堂、关注生命成长的课程、强化生命体验的活动、注重生命情怀的德育、体现生命价值的文化，来培养学生必备品格和关键能力，引导学生收获核心素养与优异成绩，收获未来人生发展和幸福的能力。

"双减"与"生命教育"双向赋能的成果推广实践

重庆市江北中学校　但汉国　张程垣　金正仕

一、学校简介

重庆市江北中学校是位于重庆主城区北碚区水土街道的一所高中,创建于1909年。在厚重的文化土壤上,学校始终坚持以"生命教育"为办学特色,在"人文至善,科学求真,让师生创造生命的精彩"的办学理念下,建立了适应新时代要求的校本化生命教育新样态。"双减"与"生命教育"双向赋能的江中实践,实时在行动,处处见真招,让各界深切感受到学校积极推进"双减"工作的背后是护航孩子健康成长的真心,以及学校为之积极探索实践的决心。

二、措施与方法

(一)强实践,多元融入,创新推广保障机制

1. 转化实施"四融入"

要使成果实现嫁接、转化、落地、生效,必须选择科学的实施载体和路径。

融入课程。课程是生命教育的核心载体。在把握研判推广应用学校的资源力量现状问题及实际的同时,帮助他们选准引入借鉴应用嫁接结合点,并确定在学校课程改革实施中应用推广的课程或领域,形成推广应用研究的项目课题,组织开展融入学校课程实施、校本课程建设的实践之中。

融入教学。准确分析推广应用学校目前在教学实践领域中的薄弱环节或具有优势的学科、教师,把成果主要内容经验做法转化为该校应用研究的课题,制定切实可行的学科课堂教学应用研究方案计划,扎实开展教学领域环节的应用实践研究。

融入文化。学校文化已成为新时代引领助推学校教育教学改革的重要精神力量。学校文化建设涵括的方面内容极其宽阔丰富,也为教学成果推广应用创设了软环境。在推广应用教学成果时,学校应把优秀教学成果的引进推广应用纳入学校的课程文化、课堂文化、环境文化、教师文化、活动文化、评价文化之中,与学校文化建设统筹融合,使所推广应用的教学成果成为学校育人文化的组成部分、构成元素和新生资源力量。

融入活动。教育教学等活动不仅是学校教育的基本载体,也是学校教学成果推广应用可利用的有效途径。在推广应用教学成果的实践过程中,学校可以根据所引入成果的类别特点要求,在分类分域推广应用相对应成果时,精心设计组织开展教育类、教学类、实践类等教育活动。使教学成果融入学校开展的各类活动之中,拓展成果推广应用的场域路径,发挥活动载体在成果推广应用中的功能。

2. 保障机制"三创新"

创新教研机制。教学成果的推广应用本身是一项创新研究型过程活动。作为推广学校，首先要帮助应用学校创新建立教研制度，提供制度保障；其次要引入教育科研、课题研究的模式、机制，精心策划规划好成果推广应用的校本实施方案，明确教育科研、教学研究的目标、内容、任务；再次要规范化地开展学校教科研工作活动，把成果的推广应用作为学校教研的重要项目内容，丰富、带动、促进学校教研工作的内容、发展、提升。最后还要重视教学成果推广应用研究工作的总结及创新性成果的提炼。

创新培训机制。教学成果的推广应用及实践研究需要一支高素质、勇探索、有能力的创新型教师队伍作为支撑保障。因此，加强教学成果推广应用教师队伍的建设，培养培训就显得尤为重要。学校应依照研究型、创新型教师素养结构的标准，改革创新校本培训的模式、形式、方法，突出强化参与推广应用教师的教育科研素养能力的培训，扎实有效地开展教师的课题研究、成果表达等项目能力的培训活动，提升教师的教育科研素养能力及水平，为推广应用教学成果提供强有力的师资及机制保障。

创新评价机制。教学成果推广应用效果的评价，是学校质量评价、教学评价、教研评价、成果评价的重要内容之一。要调动参与教师的主动性、积极性，发挥其创造性，增强教学成果推广应用工作的实效性，创新评价，发挥评价的导向激励发展等功能是必须重视的环节。学校应依照教学成果评选、评价的标准方法，结合学校质量评价、教师评价的实际，创新学校教研及成果评价，突出对教师参与成果推广应用实践的态度、范围、能力、表现、实绩等评价，并建立学校教学成果评选、研究型教师评选及优秀教学成果表彰奖励的制度。对在推广应用教学成果及学校教科研工作中表现突出的教师给予重奖，在评优树模、职称晋升等方面给予倾斜。

（二）强转化，赋能"双减"，探索"研究＋"推广方法

1. "双向赋能"推进成果项目深化研究

2021年，"双减"和"五项管理"政策的先后颁布，让我们深切感受到政策的背后是护航孩子健康成长、提升学生学习生活质量、促进学生全面发展、恢复教育良好生态的真挚用心。这与重庆市江北中学校多年来积极践行的"生命教育"核心理念相契合。因此，我们必须打好教研训机制创新"组合拳"，持续深入推进课程教学改革，为教学成果项目孵化培育厚植土壤。

"双减"政策颁布后，学校结合"生命教育"实践，从责任落实、特色管理、课后服务、教学质量、教师发展、心理健康、家校联动等多个方面，推动"双减"见行见效。"双减"与"生命教育"相辅相成，让教育回归本真，为孩子播种美好。江北中学校在这场双向赋能的教育改革实践中，也绽放出了美丽的教育风景，这也给应用学校一个很好的借鉴。

2. 探索"研究＋"成果转化有效方法

实施在模仿中深化、在改进中提升、在创新中深化的成果推广应用新方法，探索形成基于成果、高于成果、超越成果的"新成果"样态。一是建立"三个加法"成果转化法。根据不同的研究基础，自主选用"模仿"为主的"移植＋调适"应用型推广方法、"改进"为主的"新观念＋好实践"深化型推广方法、"创新"为主的"原型＋创生"拓展型推广方法，对所选成果进行吸收、利用、改造、修正、完善等"再加工""再研究"，形成校本化推广应用计划与实施方案，提高成果推广应用效果。二是利用"教研、科研、培训、信息化"机构和功能有机整合优势，围绕课程教学改革重点，统筹规划，科学安排，建立"教研问题化、问题课题化、课题课程化、课程系列化"的学科教研工作新机制，建立健全"问题发现征集－问题筛选梳理－课题立项研究－过程跟进指导－成果推广转化"的递进式专业指导实施机制，依托智慧教育云平台，跨时空开展教研训活动，深入推进有效教学、生命化课堂、深度学习等重点领域和项目研究。

三、成效与心得

（一）促进学校优质发展

学校文化系统迭代升级。在生命教育实践中，生命教育成果出色完成2.0版本向3.0版本的迭代升级，文化系统也随之升级，即以"生生不息，灼灼其华"为文化主题，以"立德树人，为生命着色，为幸福奠基"为办学宗旨，以"厚德厚生、立心立命"为学校精神，"立德立功、育人育才"为教师精神，"自爱自强、齐家报国"为学生精神。

物化成果丰硕。学校开设了"烘焙""拓本艺术""阳光测向"等生命教育特色课程43门；成立了教师生命教育研究工作室和班主任生命教育工作室，并有序开展工作；编写出版了生命之悟校本教材《数学与生命教育》《游泳》；但汉国校长作为主编参与了《生命教育——成长必修课(高中版)》和《向死而生——生命教育导论》的编写工作；组织全校师生5000余人参加"停课不停学生命教育创作"，涵盖教学设计、主题班会、学生作品等7项活动3000余个作品；另外，学校生命教育系列丛书《师说生命教育》《生而不凡》《我的教育十年——生命之光》顺利出版；成果推广应用宣传片《生而不凡》《生命璀璨》《智慧江中，"智"引未来》赢得了大家的认可。2021年，《生命教育，涵养学生健全人格》被评为全国立德树人落实机制优秀案例。

成果推广以来，师生幸福指数持续提升。学生在青少年科技创新大赛、体育比赛、艺术比赛等各种活动中获得国家级奖达到13人次，市级奖146人次，区级奖366人次以上。教师获得市区级及以上奖励达到389人次，教师生命教育理论文章发表或获奖168人次。《普通高中基于核心素养培养的生命教育实践研究》《生命教育办学特色驱动教师教学特色生成实践研究》《生命教育视域下普通高中游泳校本课程建设研究》等课题顺利结题。学校获全国生命教育杰出单位、全国文明校园创建学校、重庆市立德树人特色项目实践研究示范基地、重庆市首批美育实践校、重庆市"家校社共育暨家庭教育实践校建设"首批实践校、重庆市未成年人心理健康工作联盟成员单位等17项荣誉称号。2023年，学校作为国家级教学成果推广应用优秀学校受邀参加了中国教育学会"基础教育国家级优秀教学成果推广应用展示会"。

(二)区域辐射发挥引领作用

推广工作开展以来,学校组织了4场大型的全国性的推广应用学术会议,共10万余人通过线上直播平台进行了观看。这进一步推进了学校生命化课程建设,强化了对生命教育的研究,极大提升教师自身的能力和水平。

通过帮助北碚区职业教育中心、朝阳小学、缙云幼儿园等区域内80%的学校(含中小学、职教、幼儿园)、垫江县汪家小学、砚台小学等10余所区域外应用学校应用生命教育成果,实现了教研机制、培训机制、评价机制等的创新,提升了学校办学质量,有效调动了参与教师的主动性、积极性,进一步扩大了生命教育示范辐射区域,提升生命教育成效,物化了生命教育成果,获益人数近十万。

学校接待了市内外专家、友好学校观摩交流1000多人次。生命教育走进西藏、福建、广东、浙江、山东、山西、四川、陕西、天津等地,以生命教育与国家教学成果为主题的讲座、报告70余场次,加强365生命教育课堂研究,班主任生命教育、主题班会等方面不断创新,创生了生命教育新五大工程、生命教育新五大策略。

(三)社会反响推动成果普及

2022年,成果入选全国第二届基础教育论坛暨中国教育学会第34次学术年会(作为首批应用推广76个项目中仅有15项展示项目),成果推广应用经验入选《中国教育学刊》,《重庆日报》、人民网、新华网等媒体累计报道100余次。

生命教育促进人的全面发展

北京师范大学亚太实验学校生命教育研究中心

一、学校简介

北京师范大学亚太实验学校是一所北京师范大学主办,西城区教委管理的十五年贯通培养的实验性示范学校。学校以"办一所受人尊敬的学校,为学生的未来而来"为共同愿景,以"生命与创新"为核心文化,秉持"教育浸润生命,为学生健康、幸福和高尚的人生奠基"的办学理念,培养身心健康、扎实学识、智慧理性、自主自觉、德智体美劳全面发展的社会主义建设者和接班人。

二、措施与方法

(一)生命教育价值观与文化体系构建

我校自 2003 年始开展生命教育研究,致力于探索教育的最高境界和终极追求,有计划、系统而又全面地践行生命教育,并在实际推进过程中,与坚定理想信念教育、落实课程思政理念有机融合,始终坚持将生命教育及其资源建设作为学校的教育内涵,努力达到"让每一个生命都温润、灵动和舒展"。

学校生命教育的实践和研究重视体现理解自然生命,实践社会生命,实现价值生命。自然生命方面重点肯定生命的奥秘、培养生命的虔诚感、开发生命的潜在力;社会生命方面重点学习尊重生命、学习优化生命、学习超越生命;价值生命方面重点汲取多学科中华优秀传统文化和社会主义核心价值观核心元素,坚定理想信念,承担社会责任。

(二)生命浸润课程体系构建

我校立足多项课题的开展与推进,依托多学科课堂教育教学及实践活动,把落实中华优秀传统文化教育和社会主义核心价值观教育融入课程建设相关整体设计和具体实施,与构建学校"生命浸润"课程体系紧密结合,丰富学校课程内涵,让中华优秀传统文化成为学生成长的本色和底蕴,构建学校具有深厚底蕴的人文精神、育人理念、课程和课堂文化,形成以立德树人为本、核心素养为纲、社会主义核心价值观引领、中华优秀传统文化筑基、亚太鲜明特色的"培根铸魂、生命浸润"课程育人体系。

生命浸润的德育课程体系,以"生命浸润"课程育人为主,以立德树人、德育为本为基础,构建了"基础+拓展+应用"的体系结构,以生存与心理健康教育、养成教育、生命教育、理想信念与社会主义核心价值观教育为内容,相互支撑,共同构成一个立体架构,主要以学生的自主管理、自觉行动和自我超越为主题开展日常的学生教育活动,从而使德育课程体系更加丰富。同时形成了一系列研究成果,出版了"生命浸润"课程体系相关的著作书籍及论文等。

(三)生命教育阶段性实践与推进

以五年为一个台阶,我校对生命教育探索推进情况如下:

1. 第一个阶段(2001—2005 年)（启动理论探索与实践研究）

在教育教学实践的基础上,2003 年我校正式启动生命教育研究,标志着我校生命教育的理论探索与实践研究的开始。

2. 第二个阶段(2006—2010 年)（深化认识、开发教材、创新形式）

2006 年我校申报立项北京市教育规划课题《在中小学实施生命教育的校本教材开发和活动实践研究》(2006—2008 年)。基于课题研究我们深化了对生命教育理论与实践的认识,开发了生命教育《美丽的生命》(上中下)校本教材,初步形成了学校生命教育的资源库。

2009 年我校申请并立项全国教育规划教育部课题《中小学生命教育的家校协作方式的实践研究》(2009—2011 年)以拓宽生命教育渠道,创新家校协作形式。并将研发的生命教育资源通过家长课堂、家长社团、家校网络等多种方式扩展,不断深化生命教育教学实践研究。

3. 第三个阶段(2011—2015 年)（完善课程体系、出版生命教材）

2015 年,在深入思考和广泛实践的基础上,我校把生命教育相关的内容逐渐融合到课程体系建设中,完善学校"生命浸润"课程体系。继续进行相关资源的系统梳理、补充完善与创新发展,形成按年级分册的新一代生命教育校本教材,1－9 年级《美丽的生命》由北京师范大学出版社正式出版。自此,《美丽的生命》系列成为学校生命教育最重要的资源,是学校生命教育课堂教学与教育主题活动得以展开的重要抓手,促进了我校生命教育研究与实践更加持续深入的展开。

4. 第四个阶段(2016—2020 年)（丰富内涵、传承文化、践行价值观）

2016 年起,我校将生命教育的视角投射到中华优秀传统文化上,深入研究如何融入中华优秀传统文化并完善"生命浸润"课程体系。完成了北京市教育科学"十二五"规划校本专项课题"中华优秀传统文化教育融入学校课程建设的实践研究"(BBA15020)立项、研究推进及结题工作(2016—2019 年)。中华优秀传统文化的深入研究赋予生命教育更加丰富的内涵与文化传承使命。

2019 年起,我校完成了北京市教育科学"十三五"规划一般课题"中华优秀传统文化视域下中小幼一体化的社会主义核心价值观教育体系研究"(CIDB19404)立项与研究推进,已于 2022 年结题。课题研究的过程是中华优秀传统文化视域下中小幼社会主义核心价值观一体化培育的实践,系统整合了学校已有研究成果和构建社会主义核心价值观教育良好教育环境、教育形式和实践载体的探索,全校师生参与,以学校办学理念"教育浸润生命"为核心,以中华优秀传统文化为起点、基石、资源、路径,带动了全校理想信念价值观教育的深入开展和课程思政理念的有效落实,推动我校生命教育不断深化和进步。

5. 现阶段（2021年至今）（课程思政理念、理想信念价值观教育）

现阶段我们继续推广和实践"中华优秀传统文化视域下中小幼一体化的社会主义核心价值观教育体系研究"课题研究成果，将研究成果全方位融入主题班会、家长课堂、综合实践活动、活动课程等多种形式，以及多学科教育教学全过程，注重实践落实，研究中华优秀传统文化视域下社会主义核心价值观实施途径、思想方法、实效，提升学科育人成效，推动社会主义核心价值观教育落细、落下、落实，内化于心、外化于行。基于中华优秀传统文化的理想信念价值观教育、课程思政理念的落实推动我校生命教育研究走向更高一个台阶。以上述工作为基础，我们正在编写高中版教材《美丽的生命》。

三、成效与心得

在生命教育核心理念指导下，我校国家课程校本化、特色校本课程开发、日常教育教学以及综合实践活动、校园文化建设等得到系统落实和有效应用。学校师生的精神面貌、学校社会影响力得到了改变和提升。

《中华优秀传统文化教育融入学校课程建设的实践研究》，在2020年获北京市基础教育课程建设优秀成果二等奖。《让生命在教育中闪光——"生命浸润"课程中德育资源包的设计与思考》于2019年荣获北京市第二届立德树人德育成果特等奖。《中小学生命教育家校协作方式的研究》于2012年获北京市第六届教育科学研究优秀成果三等奖。《在中小学开展生命教育的实践研究》于2009年获北京市基础教育教学成果二等奖。

2021年11月23-25日学校举行了"生命教育——理想信念价值观教育与课程思政理念的落实"主题研讨会，聚焦新时代"全学科育人"让"立德树人"落地生根。

为推进生命教育理论与实践研究，2021年9月学校成立生命教育与心理健康研究中心，进一步创新了生命教育实践载体，提升我校学生心理健康与生命教育服务水平，辐射与引领全区、全市生命教育及心理健康教育优质资源的共建共享。

在生命教育实践的过程当中，目前我们不断地总结经验，在取得成果的基础上，我们不断地进行改进和提升，随着国家的教育政策的改革，我们也加深对生命教育相关内容的理解，不断地进行修正和调整。

让教育成为生命关怀的事业，让学校成为学生自主成长的乐园。让每一个生命都温润、灵动和舒展，为健康、幸福与高尚的人生奠基。

职业院校·大学篇

乐活·提质·赋彩——"活力中德"育人模式的实践研究

浙江省兰溪市中德职业教育集团　朱葛群　余悉英　章佳飞

一、学校简介

兰溪市中德职业教育集团是国家级重点职业学校、全国生命教育实验学校、省改革发展示范校、省首批示范性职业高中、浙江师范大学合作办学单位。学校倡导"明理知礼崇德向善",大力推行"产学研创"一体的企业教学理念,通过构建"黄金搭档、双师双岗的企业学校"产教融合兰溪模式,校企协同高质量培养紧缺技能人才。引进德国先进职业教育理念,大力推行"活力中德"教育教学改革,推进学校高水平专业建设。倡导生命教育,创建"生命长廊",以心育人。

二、措施与方法

为在实践中积极探索活力教育的构建模式,我校提出"活力中德"品牌战略,即让活力涌动,让生命绽放,让身心愉悦;润泽生命,激活潜能,铸就双元育人的品质选择。学校的活力教育实践目前由7个元素组成,其中活力学生是"活力中德"追求的核心,活力社团、活力校园为培育活力学生提供肥沃土壤,活力后勤是"活力中德"的保障,活力教师是"活力中德"运作的主导,通过活力课程的规划,活力课堂的实施,实现对于活力学生的培养。学校主要构建出活力校园、活力课堂、活力社团三大特色项目。

(一)乐活:营造活力校园文化,促进身心健康成长

围绕"活力中德"的学校教育文化,设计一整套与"活力中德"相配套的学校环境文化内容。融合地方特色的"三爱三立"思政教育,以"善"为践行特色,渗透生命教育。倡导劳动教育,弘扬劳动精神,实现生命教育日常化;学校将准职业人实践周融入实践活动中,促进准职业劳动项目化;强化家校社企四维联动,推进服务性劳动教育社会化。探索并实践"明理知礼,崇德向善"的向善德育,塑造"存善心""讲善言""做善事"的"三善学生",以思政育心,以劳动促行,营造活力校园文化。构建多元生命教育体系,以活力校园文化为载体,可以让学生身心健康成长。

(二)提质:多项举措兼施,保障课堂质量提升

在校本课程的活力研发和有效实施的基础上,根据专业特色开发精品活力课程。坚持以生为本和行动导向教学理念,以培养学生核心素养为目标,充分体现主体性、实践性、生命性的课堂教学模式。活力课堂主要体现在"活"与"力"的三大维度。设置多元生命课程体系,根据各专业特色开展生命教育。生命教育教学团队由校长领衔,下设职

业教育名师工作室、联村导师团队和心育导师团队。

1. 重构活力课堂教学模式

学校重构活力课堂的教学模式，活力课堂中让学生在活动中学习，整个课堂教学过程流畅活跃，课堂的内容来源于生活。

(1)活动：学生在活动中学习。设计具有情境性、探究性、行动性、开放性的学习活动，促进学生互动与发展。营造身临其境的学习环境，使学习活动自然联系学生丰富真实的学习经验，教学组织科学合理，形式多样。基于开放性教学理念，以学生为中心，开展教练式、研讨式、项目式等协作学习。

(2)活跃：教学过程流畅活跃。教学过程是由一个个层次、一个个环节组成的，流畅的课堂教学就是把这一个个层次、一个个环节连为整体，汇为一脉。教师教学思路清晰，教学时知识形成的过程流畅，学生思维流畅。问题应逐层提出，环环相扣，保持学生思维的连续性与流畅性。

(3)生活：课堂内容来源于生活。合理处理教学内容，保持知识的鲜活性、前沿性、延续性，体现专业特征，倡导学科知识与思政教育的融合。根据教学的需要组织学生到博物馆、景区、工厂等场所上课，将思政教育、素质教育和人文教育有效融入课程教学，提升课堂活力。比如将准职业人实践周融入教学活动中，促进准职业劳动课程项目化，有计划、有目的地直接教育与专业教学相互渗透来实施对中职生的生命教育。

2. 打造活力课堂多向交流模式

学校打造活力课堂多向交流模式，通过活力课堂展现有张力的课堂空间、建构有动力的智慧课堂、创设有生命力的灵动课堂。

(1)展现有张力的课堂空间。教师上课的时候语言动作姿态有张力，能够提高教师的和谐力，让课堂形成生机勃勃的氛围。教师的亲和力、一举一动中流露出个人魅力和教学艺术对学生产生积极影响，无形中凝聚了学生的兴趣与爱好，也创造和扩展了学习的良好空间。

(2)建构有动力的智慧课堂。学校积极建设信息化网络空间，建设适用于学生个性化、碎片化学习的助学性资源以及适用于教师知识管理、专业化成长的助教性资源。借助省教育资源公共服务平台网络空间的建设，不断推动网络空间与职业教育教学深度融合和演进，积极探索基于网络学习空间新路径，实现智慧课堂。

(3)创设有生命力的灵动课堂。课堂是学生成长的原野。有生命力的课堂，能够让知识扎根在学生的脑海中。课堂在生生、师生之间的多向交互中，通过互动交流，彼此释疑解惑，学生由直觉与顿悟，再生多种课堂教学资源，师生通过对这些资源的理性处理与应用，促进学生发展批判性、创造性等高阶思维，实现自我认知与深度学习。

(三)赋彩：融合实施活力社团，倾心打造校园工匠

学校坚持以培养全面发展的学生为目标，依托中职特色文化和学校实际创新服务，开设各类课后服务社团，以"兴趣＋特长"打通学生个性发展的通道，以活动育人，打造中职校园工匠。我校开设学生社团17个，学生参加人数有八百余人。学生社团主要分为

两种类型：一是文体艺术类社团组织：校书法篆刻社、黄蜡石雕刻社等；技能竞赛类社团：按省市技能大赛和创新创业大赛项目。为中职生提供展示青春生命活力的舞台和人际交往的平台，激发对生命的热爱。

三、成效与心得

（一）形成活力课堂育人模式

基于课程特征发挥应有的活力课堂育人功能，围绕知识传授与价值引领相结合的"活力中德"模式，从学生内心成长的职业情感起始阶段，规划职业能力形成的生成路径，打造多元素的育人环境，构建育人主体全员化、育人渠道立体化、育人成效最大化的生命教育，项目成果颇丰。丰富多彩的教学手段和方法，更贴近学生好奇心和爱动手的特点，教学过程的丰富多彩，让理论课不再死板枯燥，赋予课堂生命活力。

（二）创新生命教育的有效载体

学校提出"活力校园"的发展理念，进行了系列课堂改革。在增强课堂活力、提高教师素质、改进教学方法等方面取得了一定的成效，并逐步完善了开放式活力课堂教学模式。活力课堂的三大维度，活力课堂文化让我们的课堂始终生机勃勃，让学生在富有活力的课堂学习中，得到了更加理想的发展与提升。活力课堂，让师生共享知识，共享智慧，不仅发展了学生，也成就了教师。

五彩缤纷的社团活动既丰富了学生的课余生活，也成为学生提升综合素质的实践平台。针对职校特点，结合本校社团特色，每个学生跃动青春的精彩，激发生命的活力，让充满活力的校园生活伴随他们的成长。

（三）促进专业教师的跨越式成长

活力学校的建设，参与模式改革的教师提升了自身的实践能力，减弱了大部分中职教师"传统教学"的特征，拓展了专业认知领域的同时也增强了生命教育。专业教师从原本的理论派上升到实践派，除了对于专业知识的把握更加全面到位，也在课堂中完美融合了思政教育、劳动教育、人文教育。促进了教师教学的拓展，从单纯的知识理论课堂向综合生命教育跨进，更利于一个研究型教师的培养。改变了以往的讲授知识、示范技能等传统的教学手段，着力挖掘生命教育的内涵，针对性地强化对活力课堂的营造，把课堂还给学生，学生的抬头率、技能学习的热情都有了大幅度提高。教师在省市比赛中屡获佳绩，学校多名教师合作完成"省级微课"开发，不少教师完成之江汇网络同步课程建设。

基于"船行文化"的生命教育创新实践

吉林经济贸易学校　孟庆华　徐淑香　吴群

一、学校简介

吉林经济贸易学校坐落在风光秀美的吉林市职业教育园区,是教育部首批认定的一所全日制公办国家级重点中等职业学校。学校秉承生命教育理念,取得了丰硕的办学成果。学校是吉林省家长满意教育先进单位、吉林省教育系统先进单位、全国物流职业教育人才培养基地、吉林省中等职业学校技能竞赛基地校,学校综合实力已跻身全市中职学校前列,办学质量深受社会、家长和学生的好评和赞誉。

"生命教育是教育的灵魂,是职业教育的终极目标。"吉林经济贸易学校校长孙承平曾这样对生命教育精准定位。作为生命教育实验校,我校依据生命教育的内涵,把生命教育实践活动与学校"船行文化"——"领航、护航、启航"三个模块相结合,从引领生命航向到呵护生命成长再到激励生命绽放,相得益彰,通过实施丰富多彩的生命实践活动,使全体经贸人焕发出生命的勃勃生机。

二、措施与方法

(一)领航——引领生命航向

1. 船行文化——唤醒生命力量

学校的文化是引领师生生命航向的灯塔。2018年,学校把体现同舟共济和激流勇进精神特质的"船行文化"确立为学校文化。围绕船行文化,确立了办学纲领,设计了校徽、校歌、楼宇名、浪木根雕"同舟共济""匠心"文化石等文化标识,创作了《舟行赋》《教师誓词》《学生誓词》,学校的班级文化、寝室文化、墙体文化、橱窗文化、实训文化等都围绕"船行文化"设计实施,引领师生向着生命的亮处拼搏、进取、奋斗、向上。

2. 开学典礼——彰显生命活力

学校的开学典礼是最具仪式感的生命教育,学校每年精心设计的开学典礼令师生终身难忘,触及灵魂,沐浴心灵,启迪智慧。2021年开学典礼结合"船行文化"和生命教育,以领航、护航、启航三个篇章精彩呈现,这充满生机活力的开学典礼激励全体师生昂扬向上。学校的开学典礼已然成为全体师生精神生命的一道大餐。

3. 专家讲座——拓宽生命宽度

生命成长需理念先行、专家引领。近年来,学校邀请了国内的生命教育专家到校与师生分享体验生命、感悟生命、绽放生命的经典故事。学校定期邀请优秀毕业生分享他们精彩的生命故事;同时定期邀请学校的校级领导、科室领导、国学办、心理咨询处等部门给全校师生作系列的生命教育分享。这些分享让师生享受了一次次的精神盛宴,拓宽了生命宽度,师生们从中汲取了磅礴的生命力量。

(二)护航——呵护生命成长

1. 体育活动——乐享生命美好

生命在于运动,毛主席曾说,青少年要"文明其精神,野蛮其体魄"。学校通过新生军训、大型团体操、秋季田径运动会及趣味运动会、阳光大课间、跳绳比赛、拔河比赛、越野长跑、重走长征路、滑雪体验等体育活动,让师生身心得到锻炼和滋养,体会到生命的跃动弹唱,通过有设计的、不同维度的体育运动,锻炼体能,提升品质,感受生命的活力、美好。

2. 三乐课堂——丰富生命体验

学校秉承"为每一位学生的终身乐业奠基"的办学理念,以培养朴实无华、吃苦耐劳的乐业人为目标,结合生命教育内涵创造性开设了40多门独具中职特色的"三乐"校本课程,由孙校长谋划,国内知名教育专家进行理论培训,以构建乐知、乐技、乐创"三乐"课程体系为载体,以培养学生核心素养为重点,全校实行网上选课、走班上课,实现了学生私人订制的个性化学习模式。三乐校本课程包括手工DIY、摄影、手绘、编织、十字绣、读书、茶艺、养生、化妆、书法、模联、声乐、羽毛球、叉车特技、快递、无人机、街舞等多门课程。学校现已成为吉林市社会实践研学基地。"三乐"课让学生在实践中积累生活技能,享受生活情趣,丰富生命素养,提升生命质量。

3. 安全教育——保障生命健康

平安是福。学校努力打造"平安校园",为师生营造一个安全健康的生命成长环境。安保处与学生处定期开展管制刀具排查、消防演练、地震演练、防溺水讲座、禁毒知识讲座、法制讲座、疫情防控讲座等活动,并把这些活动内容通过板报和手抄报的形式让同学们强化识记,引领学生积极、主动关注生命安全,尊重生命,爱护生命,乐享生命。

(三)启航——激励生命绽放

1. 技能竞赛——演绎生命精彩

学校把专业技能竞赛作为学生出彩人生、绽放生命的一个竞技舞台。每年都按计划进行校级技能竞赛,同时有序组织师生积极参加国家、省、市技能竞赛。在学校技能竞赛中,为学生量身定制了朗诵、书法、思政、叉车驾驶、金融常识、无人机竞速、高铁服务、手绘POP等44个竞赛项目,学生全员参与。在国家、省、市竞赛中,选手们勇于摘金夺银,每年的各级比赛学校都收获满满。其中最值得骄傲的是马英博同学在第52届世界速录大赛中夺得两枚宝贵银牌,谱写了吉林职业教育的辉煌篇章。学生在竞赛中展示生命竞技,绽放生命个性。

2. 文化艺术节——滋养生命活力

艺术浸润生命,文化提升素养。学校定期举办"十月放歌""歌梦翱翔""校园文化艺术节""非遗文化节""课本剧大赛""师恩难忘毕业典礼"等多姿多彩的文化艺术节活动,引领学生用艺术浸润生命的成长。学生吹拉弹唱、展示风采、特长，生命情趣得到滋养。

3. 大师工作室——丰盈生命厚度

学校遵循"促进教师专业发展，丰盈教师生命，是生命教育的逻辑起点"的理念，通过文化引领，目标导向，为教师搭建长远、扎实的成长平台，分别成立了张晓春大师、张洪铭大师、马驰野书法、董大军书法、张雪设计、名优班主任等多个特色工作室。这些工作室丰盈了教师的生命厚度，使教师的生命价值精彩绽放，教师再以生命引领生命，助力学子成才、成长。

三、成效与心得

"教育因生命而精彩，生命因教育而灵动。"吉林经贸学校开展生命教育以来，取得可喜可贺的成绩，深受社会各界的好评。学校先后被授予吉林省级精神文明建设先进单位、吉林省绿色学校、吉林省百所健康促进校、吉林市教书育人先进单位、吉林市依法治校先进单位、吉林市综合治理标兵单位、吉林市"最美校园、最佳管理"标兵单位等荣誉称号，成为吉林市职业教育一颗璀璨的明珠。

学校通过领航生命、呵护生命，绽放生命三个不同维度的生命教育实践活动，全体师生认识生命、感恩生命、尊重生命、热爱生命、珍惜生命、敬畏生命、绽放生命、成就生命的生命情怀和理念被唤醒、感染、激励。师生在"爱心呵护生命，运动激发生命，书香浸润生命，科技拓宽生命，艺术熏陶生命，技能成就生命"的氛围中学习、生活、工作，乐享生命。清代诗人袁枚曾写过一首小诗《苔》，诗中写道："白日不到处，青春恰自来。苔花如米小，也学牡丹开。"生命小如青苔，又磅礴万千，我们会拼搏笃行、砥砺扬帆，让我们的生命像牡丹一样绽放。春华秋实，初心不改，学校将继续探索更精彩的生命教育实践活动，在活动中育人，在育人中活动，谱写生命教育的精彩华章。

运用红十字应急救护体验馆丰富生命教育资源

四川省成都职业技术学校　刘茂秋　李让秀　李荔

一、学校简介

成都职业技术学校有近70年办学历史,是成华区优秀红十字志愿服务组织、红十字优秀基层组织、首批全国急救教育试点学校、成都市红十字会工作先进集体。学校秉承"德技双馨、匠心致远"的育人理念,立足"成华文旅、成华文创、成华文商、成华智造"发展目标,设置土木建筑、财经商贸、电子与信息技术、旅游服务、交通运输五大专业,服务区域经济,践行职教高地建设行动,助力成都公园城市示范区职业教育融合创新发展。

二、措施与方法

成都职业技术学校自建成都市红十字青少年生命教育体验中心,开发馆校课程,培养青少年学生"崇尚人道、敬畏生命"的意识,增强其应对灾难时的心理承受能力,有助于锻炼和提高其在灾难来临之际的决策和行动能力,最大限度地为保护生命健康发挥积极作用。馆校课程为学校课程实施拓展空间场域、丰富资源平台和提升专业支持,是生命教育课程改革深入发展的基础条件,为中职生的生命教育知识理解、救护技能提升、情感价值熏陶提供支持,提升青少年学生的人文精神和服务社会的软实力。

在成华区红十字会的支持下,2019年5月成都职业技术学校成为西南地区首个中职红十字学校,成立了成都市红十字青少年生命教育体验中心、红十字志愿服务队。2021年11月,经教育部认定,学校入选首批全国急救教育试点学校。场馆建立以来,秉承着"人道、博爱、奉献"的红十字精神,结合学校特色,从保护青少年学生生命健康出发,积极开展红十字文化宣传、生命安全教育、应急救护、禁毒防艾、精准扶贫、卫生防疫等活动,引导青少年参与红十字事业,促进青少年形成积极健康的人格和良好的思想道德品质,推动文明校园建设。现有注册学生会员1413名,中国红十字救护师资教师5名,200余名教职员工取得红十字应急救护员证书。因特色突出,荣获了成华区优秀红十字志愿服务组织、红十字优秀基层组织、成都市红十字会工作先进集体等称号。

(一)建设红十字体验馆,体验生命安全

作为中职红十字会学校,校内建有红十字青少年生命教育体验中心,内设红十字文化墙、电子书、心肺复苏模拟人、地震模拟仪、急救知识问答器、模拟灭火体验等体验设备。根据"人人学急救、急救为人人"的理念,学校红十字会利用该场馆面向全校师生广泛传授红十字文化、应急救护知识;按照成华区群团中心的要求,正式在"智慧群团"中上线了功能室——成华区教育系统红十字群团服务站。学校充分利用场馆资源,组织全

校师生以及邀请街道、社区居民、区内其他学校师生、企业员工进校参访并体验。

体验中心按功能划分为理论教学区、情景体验区和技能实践区。理论教学区供体验者学习相关理论知识;情景体验区借助于虚拟现实(VR)、裸眼3D、全息影像、互动投影等影院特效技术为体验者呈现一个三维虚拟的生命安全体验,增强体验者身临其境的真实感和沉浸感,直观地了解灾害、灾难、事故对生命财产造成的危害,从而有效激发体验者学习防灾避险和自救互救知识的兴趣;技能实践区是在情景体验后进行避险及救护技能实践的场所,主要包括心肺复苏、自动体外电除颤、创伤急救、气道异物梗塞急救、烧烫伤处理、地震火灾逃生、野外生存等技能的实践。

(二)培训应急救护技能,争做生命护航人

应急救护,走进课堂,一技在手,生命至上。学校积极传播红十字文化及开展应急救护知识和技能的培训,完全依照《中华人民共和国红十字会法》对应急救护培训的要求,并按照由中国红十字总会编撰的《救护员》教材的内容,完成对青少年学生的培训工作。学校专门建设应急救护知识相关课程,借助于应急救护、生命体验、禁毒防艾等教育场馆,在高一年级全面开设《安全教育》课程,每班周课时1~2节。同时,对学生开展了普及性的应急救护培训:心肺复苏、创伤包扎、意外伤害、禁毒防艾等,提升了学生的自救互救意识及能力,应急救护的普及率达到了100%。此外,每年还利用现有师资,组织年满18岁的学生参加救护员培训,目前已有62名学生获得救护员证书。学校充分发挥体验中心的育人作用,引领全省红十字文化,积极开展生命教育及应急救护培训,培养了一大批优秀的红十字青年志愿者。

(三)组建红十字志愿者团队,绽放生命精彩

1. 志愿队伍,服务周边,温暖他人,守护生命

从2019年5月起,学校红十字会志愿者在区红十字会的指导下,开展以社区公益爱心服务、青年同伴教育培训、防艾宣传为主题的一系列活动。我校还有教师在区红十字会线上心理平台上,以心理援助志愿者的身份为需要心理援助的群众提供服务。2021年3月,配合区红会关于垃圾分类的宣传活动,赴万象城党支部对志愿者进行培训。2021年4月7日,组织学校红十字学生志愿者到保和社区进行志愿者服务活动,活动主要深入社区帮助清扫街道,宣传垃圾分类等相关知识。2021年4月8日,利用校内师资,对金牛区中小学、幼儿园《安全教育》任课教师进行了《生命至高无上,急救刻不容缓》的主题培训活动,让急救知识更好地落地校园。2021年6月,学校志愿服务队两次赴锦江区双桂社区对小朋友进行垃圾分类宣讲。

2. 学生社团,青春代言,同伴教育,生命陪伴

2021年9月,全省首场红十字青春善言行课程落地我校,46名学生取得了"红十字青少年骨干培训班结业证书"。2021年12月,我校正式成立的红十字学生社团,旨在通过一系列培训活动,使之成为青春善言行的传播者、同伴教育的践行者、红十字文化宣传的主力军。

3. 特色活动,文化传播,用心体验,珍爱生命

2019年5月,由四川省红十字会主办,成都市成华区委、区政府承办,中国造血干细胞捐献者资料库四川省管理中心举办的2019年"红十字博爱周"在学校启动。现场活动中由学校创编的激情洋溢、融合了红十字精神和急救知识技能的救护操首次亮相。学生表演的救护操用轻快、时尚的风格传递了人人学急救、急救为人人的理念,展现了应急救护的各项基本技能,让应急救护知识和自救互救能力有效地入脑入心。2019年11月,由四川省红十字会主办的"红十字红丝带"防艾宣传活动在学校举行,通过问卷调研、防艾网红墙打卡、唱歌等活动,让全校学生了解防艾的相关知识,从心中筑起一道禁毒防艾的长城。2020年10月—12月,完成四川省红十字会2020年"红十字·红丝带防艾青春行"进校入园项目的申报及实施,通过"人人知艾、人人防艾、人人无艾",提高了学生对艾滋病危害的认识和自我防范能力。

三、成效与心得

在未来的日子里,学校红十字会将继续发扬"人道、博爱、奉献"的红十字精神,践行"人人为我,我为人人;尽一份力,献一份爱"的志愿者精神。勇于直面存在的缺陷与不足,积极作出调整,坚持人道传播,构建校园"红十字文化圈"。嵌入救护培训,织密校园"红十字安全网",关注青少年生命健康,真正做到"用心呵护璀璨生命,助力书写人道华章"!

呵护心灵　坚守教育的生命立场

皖北经济技术学校　刘言坤　何卫国　张利君

一、学校简介

皖北经济技术学校位于安徽省阜阳市临泉县,设立五大系部十八个专业,全日制在校学生八千多人。学校职业教育与技工教育多元共融,技能培养与对口升学齐抓并重。先后荣获省级示范特色中职学校重点建设学校、省级示范重点建设实训基地、省中职学校教学能力比赛优秀组织奖、省文明礼仪示范校园、市中职院校技能大赛优胜单位、市五星级标准化规范化党组织、市文明单位、市第一届文明校园、市教育系统先进团委等荣誉称号。

二、措施与方法

（一）关注特殊群体,确保健康成长

1. 心理健康教育全程相伴,护航学生成长

一是建立学生心理健康档案。学校依托心理测评软件,组织开展心理健康状况普查,准确把握学生的心理状况。二是根据排查数据,开展个体疏导。班主任以心理测评数据为基础,与排查中需要一般关注的学生面对面交流,倾听学生心声,了解学生烦恼,做学生的知心朋友。三是心理咨询室全天开放,满足学生疏导需要。心理教师对问题突出的学生进行引导和帮助,对带有共性的问题,建议学校采取必要的防范措施。

2. 医教结合畅通联络渠道,便于学生就医

一是与本地精神卫生中心探索建立"医教结合"心理健康服务体系,形成学校与医院的合作关系,整合医疗机构与学校的力量,预防和干预学生危机事件。二是组织心理教师利用寒暑假时间到本地精神卫生中心进修。心理教师进修期间通过每日跟随精神科医生查病房、与各类精神障碍患者谈心、参与医院院本培训等形式,增强了对精神障碍的识别能力,深化和拓展了学校心理咨询师对个案的理解。三是在特殊时间节点邀请专家到校提供专业的支持,为严重心理疾患学生建立就医住院等绿色通道。

3. 家校共育筑牢心理防线,为爱携手同行

一是走出去。班主任、任课教师利用周末、节假日、寒暑假等时间走进学生家中,与学生、家长面对面交流,更具体、更客观、更立体地认识学生,深入了解学生的原生家庭和心理动态。二是请进来。家长、学校组建家庭教育讲师团队,搭建家长学习平台,为广大家长提供优质的心理课程资源,每学年至少两次邀请家长进校参加心理讲座或宣讲活动,充分发挥家庭教育理念和家长科学认知对孩子成长的正向导向作用。三是畅沟通。

当学生出现心理危机时,第一时间与家长取得联系,系部、心理中心、班主任一同做通家长工作,消除家长、学生的病耻感,确保学生能够及时就医。

(二)开展主题班会,引领正向成长

主题班会是学校对学生开展生命教育的主战场。通过主题班会的开展,让学生感悟成长的快乐、畅想职业的幸福、领悟生命的真谛。让学生在班主任的引领下懂得安全的重要性,学会与自己沟通、和别人相处,能够悦纳自己、欣赏别人。

根据学生所学专业,学校定期安排各系部开展安全教育、禁毒教育、传染病防治、法制教育、成长教育、感恩教育、心理健康教育等方面的主题班会。在班主任老师引领下,通过观看时事热点、分组合作探究、成长故事分享等环节,让学生在交流中理解生命的意义和价值,学会珍爱生命、热爱生活,形成正确的生活态度和清晰的人生目标,在成才的过程中获得生命的修炼与成长。

为保障班会育人落到实处,学校德育处每年都会协同班主任工作室举办一次班主任主题班会设计比赛活动。要求在班会设计比赛中获得一、二等奖的老师录制班会实录视频。高质量的班会实录视频通过班主任工作室的微信公众号、智慧校园系统等推送给全体学生,从而实现班会育人的最大作用。

(三)融入学科教学,师生共同成长

在课程思政和全员德育育人理念指导下,我校尝试并推行课任教师"微班会进课堂"的育人模式。具体做法是在每节课的最后一两分钟,课任老师用简短的几句话给学生讲解安全教育、健康教育、心理教育、生命教育的基本常识。让学生在长期的潜移默化中树立"生命至上、正向发展"的个人成长理念。通过课任老师、班主任的不断熏陶和班集体正能量的良好氛围中,让学生逐步树立科学的世界观、生命观、价值观,从而为学生个人成长、专业发展、未来事业打下坚实的基础。

(四)实施家校共建,携手呵护成长

家校共育是我校育人的一种重要途径。近年来,我们通过开展家事活动来让学生学会做力所能及的家务劳动,帮家人适当分担家庭劳动,学会感恩父母、感恩社会;通过线上家长微课堂来助力家长做好家庭教育,指导家长学习科学的教育知识。在科学理念的指导下引领学生懂得珍爱生命、正向成长,掌握与他人和谐相处的方法,有能力处理自己的不良情绪;通过举办成人礼、召开家长会等形式,邀约家长到校,与班主任、科任老师一起针对每个学生的具体情况来共同探讨学生成长的方法和途径,家校共同努力呵护学生的健康成长。

(五)专业技能比赛,成长铸就成才

在德育处、校团委、体卫艺共同组织下,各系部、各班级开展职教周活动、"爱生活、爱技能"专业技能比赛活动。

职教周活动期间各系部根据不同专业开展符合自己系部特色的活动。这些活动的开展不仅充分展现了各系部、各专业师生的靓丽风采,也为同学们搭建了一个展示技能及相互学习交流的平台,对展示我校特色专业,营造尊重知识、尊重技能的良好中职学校校园氛围具有重要意义。同时还拉近了职业学校与社会的距离,增强了职业教育的吸引力、凝聚力。

以职教周活动为契机,向社会充分展示我校师生的专业技能和精神面貌,传承技术、技能,加快培养高素质劳动者和技能人才。各系部自主开展的"爱生活、爱技能"专业技能比赛活动,在检验学生专业技能掌握熟练的同时,也加强了学生对专业的理解、对职业的认识,为学生的专业成长打下坚实的基础。

三、成效与心得

(一)凝心聚力,擦亮学生心理健康底色

学校各部门、班主任以及一线教师在学生生命健康教育的阵地上既是指挥官又是战斗员。思想统一、目标一致,战斗力强,成绩斐然。尤其是学校心理健康教育中心以问题为导向,以实施效果为目标,不断在实践中探索,探索中反思,反思中总结,形成了一套较为完整、有效的适合学生心理健康教育的新思路与新模式。

截至2021年10月,累计接待学生和家长咨询1191人次,团体心理辅导参与2300人次,心理讲座19000人次,培训心理委员400人次、宿舍心理信息员1000人次、班主任1600人次,成功实施心理危机干预32起。学生受益颇深,家长获益匪浅。学生心理健康底色厚重无比,学习信心倍增,学习动力十足!

(二)融入课程,常态化教学落地生根

生命教育课程融入课程有效地弥补了班会育人时段的局限性和空间的狭窄性。常态化生命教育课程的教学有随风潜入夜,润物细无声之功效。严格贯彻落实了教育部所印发的《生命安全与健康教育进中小学课程教材指南》的文件精神,也扎实推进了生命教育的进程,为落实立德树人根本任务奠定了重要基础。常态化的教学很好地引导了学生理解和感悟生命的意义和价值,也厚植了学生学会珍爱生命、热爱生活的积极情怀,使学生的世界观、人生观、价值观在一定程度上产生了较大的改变。学生遵纪守法意识明显增强,文明礼仪风范逐渐形成。

(三)多维历练,敬畏生命铸就品格

职教周和第二课堂给学生提供了展示自我的舞台。文艺演出、学生作品展、花样点钞比赛等活动不仅激发了学生的兴趣,还提升了学生的专业技能,培养了学生吃苦耐劳的精神,涵养了学生爱岗敬业的情怀,促进了学生内省生命的价值和意义,使他们萌发了积极进取的动力。公益性活动的开展帮助了学生走进社会、融入社会、服务社会,真正践行了学以致用的理念,培养了学生的工匠精神。区域社会获益颇多,反响较大,激活了学生的社会责任感,也促使学生敬畏生命,铸就良好品格。

(四)家校共育机制成熟,生命健康教育形成了闭环

以生命教育为契机凝聚了家校之间的共识,畅通了家校共建、共育的路径。成人礼的隆重举办、家长会的如期举行有力承载了家校的育人目标,为孩子的养成教育、生命健康教育保驾护航,也使得家校共育的实施形成了完美的闭环。总之,呵护学生的心灵,坚守教育的生命立场,引导学生理解生命的意义,感悟生命的价值,促使学生健康快乐成长,践行为国育人,为党育才的历史使命,我们不容后退,也定会砥砺奋进,再创辉煌!

"三自"品质　助力成长

宁波行知中等职业学校　邱燕华

一、学校简介

宁波行知中等职业学校是国家级重点职业学校、国家中等职业教育改革发展示范学校、浙江省中职名校和浙江省中职高水平学校建设单位、浙江省现代化学校。学校致力于现代服务业高素质高技能人才培养,专业品类丰富。学校全面落实立德树人根本任务,以"绿色德育"理念为先导,践行"一全双核"的育人模式,2020年创建国家级生命教育示范校,逐步探索以"课程育人、活动育人、实践育人"三育融合模式培育学生"三自"心理品质为核心的生命教育实践历程。

二、措施与方法

为促进生命教育理念的现实落地,实现生命教育内容的系列开展,推动学生生命力量的逐步成长,我校形成了"课程育人、活动育人、实践育人"三育融合的生命教育整体架构。我校通过系列化生涯课程、渗透式生命课程和多样化校园活动,帮助学生夯实自尊、提升自尊、优化自尊,进而拓展生命的宽度;通过专业化心育课程、流动式专家课程,帮助学生学会自爱、增强自爱,进而浸润生命的温度;通过志愿服务和实训历练等实践活动,帮助学生体验自强、实现自强,进而拔升生命的高度。

(一)"自尊"品质,拓展生命的宽度

1. 系列化生涯课程,夯实自尊

学校开设系列化生涯教育课程,通过对学生世界观、人生观、价值观的积极引导,帮助学生树立自尊自强的理想信念和爱国主义情怀。在帮助学生进行充分的自我认识基础上,引导其学习职业和人生规划。同时联合校外企业,打造高一至高三的系列化生涯规划发展培育方案,通过课程教学、社会实践、企业实习、家长资源引进,帮助学生了解社会人才需求和自身优势特长,树立职业精神和人生规划意识,进而合理定位生涯发展目标,助力学生夯实自尊,收获真实自信。

2. 渗透式生命课程,提升自尊

学生的"大我"不仅是关于自我实现、"中国梦"的实现,也须对接自然生态和地球命运。为帮助学生树立"人类命运共同体"意识,我校将环境课程、生命教育隐性课程渗透进日常的学科教学中。通过渗透式生命课程,帮助学生认识到人类生存与自然环境的密切联系,提高学生的可持续发展意识,引导学生关爱动植物,帮助学生养成环保、勤俭的日常生活方式,将关注"小我"的低自尊上升为促进人类与自然和谐发展的高自尊。

3. 多样化校园活动，优化自尊

通过才艺展示、技能比赛、创新创业等活动，让每个学生都有属于自己的舞台，提升专业技能，发挥个人所长，优化自身品质。每学期由政教部门组织开展主题班会比赛，学生在故事创作、选角排练、现场演绎的过程中，学习尊重他人，欣赏自我。通过新生文艺表演、大合唱比赛、校园十佳歌手、校园广播操等各类文艺展示比赛活动，以艺术之美育带动心境界之提升，在锻炼专业技能的同时，提升自信，提高自我价值感。

（二）"自爱"品质，浸润生命的温度

1. 专业化心育课程，学会自爱

我校自2003年起初步探索学校心理健康教育，经过十余年实践，形成了以心育课程、个体咨询、团体辅导为主要载体，以心理社团、心理剧、同伴互助、心理健康周等主题活动为辅助的学校心理健康教育模式。围绕学生"三自"心理品质培育目标，针对当前中职生承压能力弱、心理复原力差等心理现状，设计了心理复原力提升"4I"课程模型，包括"I am"学会自信、"I want"学会自爱、"I have"学会求助和"I can"学会自控等四大课程模块，以培养学生的积极心理品质为核心，帮助学生正确认识与处理自己与自己的关系、自己与他人的关系以及自己与社会的关系，进而懂得爱己爱人。

2. 流动式专家课程，增强自爱

学校联合社会力量开展生命教育，整合卫健系统、政法系统、公安系统等专家资源，每学期开展关爱生命、预防传染病、防毒防暴、法治等主题活动，提升学生作为社会公民的道德意识、法律意识、安全意识。邀请检察官、律师、医生、公安等专家走进校园，开设主题讲座，提升学生的自我保护意识，树立自我关怀的思想意识，掌握自我保护的技巧，培育"自爱"的心理品质。同时引导学生关爱自己和他人生命，养成健康规律的生活习惯，培养自尊自信的阳光心态。

（三）"自强"品质，拔升生命的高度

生命中难免有挫折和苦难，学校生命教育一方面要提高学生获得人生幸福感的能力，另一方面也要重视学生从挫折中成长、从创伤中复原的能力。生命的厚度须以人格的坚韧为基础，"自强"的心理品质需要在实践中去体验和养成。

1. 志愿服务，体验自强

依托我校旅游专业优势，与国际金钥匙学院合作，在国内率先成立校园金钥匙学院。通过知识培训与实践锻炼相结合，促进学生综合素质的提升与专业服务理念的成长。通过各类重要会务组织接待工作、社区服务、慈善义卖等活动，发挥专业特长，领会服务理念，彰显工匠精神。学校组织学生到社区街道、敬老院、特殊学校开展送温暖服务，在帮助他人的实践活动中提升自我价值感。同时在经历困难挫折，突破自我舒适区的实践经历中，提高学生的耐挫能力，培养耐心、坚毅、勇敢的"自强"品质。

2. 实训历练，实现自强

学校与市内外多家企业单位合作开展校企联合培训，让企业文化进校园，通过新生

职业教育，帮助学生了解企业真实工作场景，培养专业梦想。学生根据专业定向实习，理论结合实际，以练为战，在与陌生人际工作环境的接触——磨合——适应过程中提升社会适应功能，以专业梦想为动力，提升坚强、执着的个性品质。

三、成效与心得

1. 培育积极品质，优化学生个人成长

培育学生的自尊品质，使其自尊品质由低级向高级发展，由"小我"向"大我"发展，拓展了学生个体生命的成长版图。"自爱"品质的培育让学生从"爱己"启航，逐步走向关心他人、关爱社会、关注生态的"大爱"，滋养其情感，温润其生命。"自强"品质的培育，促发学生冲破现实的藩篱，通过个体努力、团体协同掌舵生命的航船，驶向梦想的彼岸。十年树木，百年树人，学生脸上的笑靥、人际间的谦和礼让、内在的温暖平和、赛场上的奖杯金牌，皆是学生个人成长的里程碑，更是生命教育的坚实足迹。

2. 助人自助行动，彰显社会责任担当

一抹"行知红"，温暖整座城。行知的"校园金钥匙服务队"，自成立以来，多次参与各类大型活动志愿服务工作，受到社会各界的广泛好评，成为展示我校学生良好形象的重要窗口。"用心极致"的校园金钥匙服务理念，"学会关心、用心极致、成就自我"的校园金钥匙精神，既体现了我校学生自尊、自爱、自强的核心素养，也贯穿了"大国工匠"精神，彰显了职校人的精神风貌。我校通过提升助人意识，优化助人行动，进而实现学生自我的成长。

3. 三育融合模式，打造专业德育品牌

我校生命教育工作自起步以来，积极探索"课程育人、活动育人、实践育人"三育融合，将学生"三自"心理品质的培育作为生命教育实践抓手，探索德育品牌之路。《浙江教育报》以《让中职生也能拥有闪光人生——宁波行知职校"三自"心理品质培育侧记》为题，对我校生命教育工作进行了细致报道。经过多年实践探索，居于全国首创的"校园金钥匙学院"成为我校德育工作的一张金名片，也让我校成为全国唯一获"中国服务贡献奖"的中职学校。

生命教育之花芳馨中职校园

湖北省黄冈市红安县职业技术教育中心　王丛军　李国新　韦伟

一、学校简介

将军故里育桃李，生命教育泽万家。红安县职业技术教育中心位于"中国第一将军县"——红安县，是第二批国家中等职业教育改革发展示范学校、国家级重点中职学校、湖北省示范中职学校，湖北省"雨露计划"、劳动力转移培训基地，是服务县域经济社会发展的职业教育与职业培训"双龙头"学校。学校秉承"安全立校、特色活校、文化兴校、技能强校"的办学理念，践行"为党育人、为国育才"的教育使命，建设朴诚勇毅的融怡校园、专能精技的融陶殿堂。近年来，学校因地制宜传承红色基因，用红安特有的将军文化引领学生健康成长，把生命教育融入学校各项工作之中，培育引导师生践行社会主义核心价值观，激发生命活力，彰显青春作为，建功伟大时代。

二、措施与方法

（一）导师领航担使命

班子强不强，要看"领头羊"。针对中职生普遍缺乏自信、对未来比较迷茫等缺点，校党委书记、校长王丛军大刀阔斧推行生命教育改革，为师生成长领航。成立生命教育实践活动领导小组并任组长，通过召开全体教职工大会宣传生命教育实践活动，结合班主任管理工作会开展生命教育教师培训，先后多次组织骨干教师参加生命教育视频培训，不断夯实教师的生命教育能力水平，引导全体教师树立"人人都是生命教育工作者"的理念，建设德艺双馨的双师型教师队伍，为学校培养一批懂生命教育价值理念，能立德铸魂的教师团队。

（二）善用资源搭载体

关注生命教育，激发校园活力。充分利用红色文化墙、校报、宣传展板橱窗、学校广播站、班级黑板报、手抄报等阵地多角度多渠道宣传安全教育、心理健康引导等生命教育相关内容，先后多次征订《生命教育》下发到学生手上作为班会课选用教材，开展分段学习，让生命教育融入校园的角角落落，课堂内外。

聚焦生命教育，创设高效课堂。结合专业特色，打造"有用、有趣、有效"的"三有"高效课堂模式，找寻各学科与生命教育的契合点，让生命教育贯穿于教学全过程，增进学生对生命的理解和敬畏爱护。

突出生命教育，活用教育资源。积极探索和构建关注学生生存、生命、生长、生活的

"绿色生命教育"途径,精选内容涵盖青春期性教育、安全、法制、礼仪、励志、环保、防诈骗、禁毒和预防艾滋病、垃圾分类、光盘行动等教育资源,针对各年级学生不同的生理、心理特点,开展系统性、序列性的生命专题教育,实时共享给全校教师,指定专门的班会课统一开展相关生命教育课程学习。

重走红军路,再感先烈情。充分利用红安的红色资源,把"鄂豫皖苏区中心烈士陵园""红四方面军指挥部""红军洞"等区域作为学校德育教育基地,定期组织师生到基地开展红色德育活动,让师生在追寻先烈足迹、了解红军历史等活动中,受到革命传统的熏陶和洗礼,为学生生命教育引领正确方向,为生命意识、生命价值、生命挫折耐受力教育提供新的载体。

(三)融合育人建体系

三色互融赋新能,文化熏陶润无声。学校依托红安将军文化底蕴,创造性地把红色引领文化、绿色内涵文化、蓝色职教文化在我校互融,形成红色领航、红绿相融、红蓝互结的"三色"共生的"融"文化体系,每一座建筑以含"融"字词语命名,"融技楼、融能楼、融刚楼、融芳楼⋯⋯"别具韵味的名字增添了校园活力,为管理育人增值赋能。

多方联动织网络,协同育人久为功。建设"校—家—社—企"互联互通德育网络,四方联动强化协同育人功能;与本地检察院、公安局、律师事务所等法律机构建立联动机制,定期开展"以案说法"形式的安全法治教育;真正让生命教育成为生命群体共同的使命。充分发挥中职学校特色优势,构建文化育人、课堂育人、实践育人、劳动育人"四位一体"的生命教育工作新格局。

服务社会亮特色,百花争艳郁芬芳。通过组织"中华公益小记者"志愿服务队、"小红帽"等公益志愿团体开展志愿服务活动,让"奉献、友爱、互助、进步"的志愿服务精神在校内外落地开花,不断延伸生命教育实践活动的广阔育人空间。假日,"小小红色讲解员"的声音响彻红色馆场内外,顿挫之余,鲜活的革命故事深入人心;课间,"志愿服务队"身影出现在街头巷陌,俯仰之间,一片狼藉的地面瞬间干净整洁;黄冈市招商引资集中签约仪式会场、红安县农民丰收节会场都有学生们展示着中职学子的青春风采。红安职教师生正以昂扬的斗志和专业的精神默默服务于地区经济社会发展,展现职教师生担当。

三、成效与心得

(一)成效

通过生命教育活动的开展,让学生学会了关爱,学会了尊重,学会了宽容,让学生体验到生命的意义,也让学生认识到痛苦和苦难是生命的一部分,生命只有在战胜苦难中才会有乐趣,才会有生机。从而能够更加欣赏生命,珍惜生命,提升生命的意义和质量。学生的规范礼仪行为逐步养成,校园风气明显改观。近年来,学校连续被评为平安校园和文明单位,先后荣获全国"首批中等职业学校'双师型'教师队伍建设学校"、黄冈市"先进基层党组织""安全工作先进单位""教学质量优秀奖"等荣誉表彰;师生获150余项国家、省、市级奖项,涌现出一批高素质的德育骨干教师队伍;几十篇稿件登上学习强国、中国教育报、环球新闻华中网、湖北教育、今日湖北等省级以上媒体平台,其中《中国教育报》头版头条以"一个国贫县'摘帽'中的教育担当"为题深入报道了我校职业技能培训成果;创编的节目《八月桂花遍地开》荣获黄冈市优秀节目奖。

(二)心得

生命教育的宗旨就在于:捍卫生命的尊严,激发生命的潜能,提升生命的品质,实现生命的价值。中职生受自身的不成熟、家庭教育的缺位、不良社会风气的影响等诸多因素制约,容易出现各种不良心理健状况和人身安全隐患,因此加强对中职生的生命教育,让他们学会珍爱生命、热爱生命、提高自我保护能力,变得十分紧迫也十分必要。

学校开展生命教育,必须上下联动形成一个体系,营造一个整体氛围,打造一支有责任心、有能力的师资团队,同时要构建学校、家庭、社会共同参与的机制,才能确保真正发挥生命教育的功能。

教师通过生命教育课程的开展,既教育引导了学生,也让自己收获了更丰富的情感体验知识和方法,也有助于帮助和影响学生打造健全完善的人格,培养对社会有用的人才。

总之,生命教育既可以促进学生关爱生命,尊重自身和他人的生命价值,同时还能让学生认识到生命除了"长度",还要有"宽度"和"高度",从而激励学生树立远大的人生目标,养成健康向上的生命观、人生观,提高面对人生挫折的能力,使自己的人生更加宽广、深厚。

健康寝室创建:开展生命教育的有效路径

浙江省杭州市萧山区第四中等职业学校　沈建军　高小燕　许吕江

一、学校简介

杭州市萧山区第四中等职业学校坐落于奔竞不息的钱塘江畔,是一所有着深厚文化底蕴和区域影响力的学校。学校创办于 1956 年,是国家级重点中等职业学校、浙江省首批一级中等职业学校,先后获得国家级禁毒教育示范学校、全国国防教育特色学校、全国生命教育基地学校等荣誉称号。学校专注于专业赋能,跨界融合,强强联合,开设有护理、药剂、康复、建筑、数控、国际商务等专业,做有高度的教育;精心创设阳光德育课程,做有温度的教育;大力倡导生命教育,做有厚度的教育。

二、措施与方法

学生具有健康的身心与人格,是实施美好教育的前提,也是生命教育的初心。作为寄宿制学校的学生,至少有三分之一的时间是在寝室中度过的。寝室,作为中职生学习、生活、成长的物质载体和互动空间,不仅仅是一个物化场所,同时还是一个精神家园,在一定程度上揭示了中职生与周围世界关系(包括朋辈关系、家庭关系、社会关系、网际关系等)的深层感悟和现实体验。同处一室的学生,虽然来自不同家庭,具有不同的性格和成长经历,但他们有共同的生理、心理和社会特征,因而,营造一个积极、健康、向上的意义世界和育人世界,对中职生的健康成长、走向成才具有重要的现实意义。

萧山四职是最早倡导生命教育的学校之一,近年来在生命教育方面不断探索,在生命教育学校文化建设、生命教育校本课程开发、生命教育课堂创新等方面多点开花,局面喜人。在众多的创新实践中,我们认为健康寝室创建是开展生命教育的重要路径,我们正是沿着此路径,以点带面,逐步构建起以健康寝室创建为抓手,基于生命视角的完整的生命健康教育体系,使得我们的学生,不仅在校能习得一定的专业知识和技能,更能成为珍爱生命、身心健康、人格健全的时代新人。

(一)缜密研制健康寝室标准

健康寝室,即根据中职生生理、心理和社会特征,创设宜居、适情、雅趣的寝室单位,通过文化熏陶、活动引领等方式,使室员具有热爱生命、珍视健康、体魄强健、心理强大、社会适应能力强劲的健康中职生。

首先,设定了五个维度。即宜居的物质环境、健康的生活方式、融洽的人际关系、积极的心理状态、良好的社会适应。

其次,每个维度再细化为十项标准。如健康的生活方式细化为:按时入睡不卧谈、按时起床不赖床、睡前起后要洗漱、整理床铺不马虎、物品摆放不凌乱、毛巾洗净晾晒干、牙刷三月换一换、室内从不吃零食、离室开窗常通风、快去操场练一练。

这些"标准",既是现实的起点,也是只要通过自我约束或同伴提醒就能达到的终点,"跳一跳,能摘到桃"。

(二)精心策划特色活动方案

根据五个维度,五十项标准,精心策划对应的特色活动,做到系列化、序列化、常态化,每项活动要充分发掘活动过程中的文化因子和教育元素,以期达到教育的最大张力。

在实践中,主要是通过唤醒、引导、助力三条路径进行,即唤醒学生自我意识、引导学生树立理想、"助力"学生美好未来。

第一步,唤醒自我意识,从朦胧走向清晰。通过新生护照、四职规划书、四职阳光课程等载体唤醒学生的自我意识,让学生觉察,知道"我是谁""我要去哪里""我怎样到达那里"。而这些载体都被记录,并形成私人订制的"成长报告单"。

第二步,建立人生理想,从被动走向自觉。通过"青春讲堂""名人名家"等课程指导、活动体验带领学生明晰目标,逐步从被动走向自觉。

第三步,助力扬长补短,从现在走向未来。学校通过拓展兴趣的助力平台"阳光课程"、张扬个性的助力平台"私人订单"以及展现自我的助力平台"风采展示"等,引导学生进行自我管理,扬长补短,为今后的个性发展打好基础。

例如,对应于"健康的生活方式"中的"牙刷三月换一换",策划举办"牙刷节",通过对换下来的牙刷消毒,学习物品消毒的一般操作;通过对消毒后的牙刷进行创意制作,学习垃圾分类、变废为宝的知识与技能。

(三)深入挖掘多重育人功能

健康寝室的创建不是为创建而创建,而是在创建过程中达到室雅人美(健)的育人效果。做到创建与劳动教育相结合,通过人人动手,共建宜居雅室来培育培养崇尚劳动、尊重劳动的意识,强化与劳动人民血肉相连的劳动者身份认同,促进寝室成员更加凝聚人心融合团结;做到创建与体育相结合,通过室与室之间的体育比赛,践行享受乐趣、增强体质、健全人格、锤炼意志"四位一体"要求;做到与生命教育相结合,通过室员之间心手相连一家亲等活动,营造温馨融洽、心情舒畅的精神家园。

健康教育及该理念下的健康寝室建设,与我校近年来所开展的阳光德育在价值取向上是相互呼应的。"阳光德育"核心理念:让每一个学生都有参与德育活动的积极性和主动性,并且在活动的过程中学会爱、学会关心、关爱、关怀、关注、关切和关照,成为笑得灿烂、玩得开心、活得快乐、学得轻松的一代新人。

三、成效与心得

通过健康寝室创建的实践与研究,以点拓面开展生命教育,给学校文化注入了新的内涵,使校园生活有了新的意义。概括起来说,主要表现在以下几个方面。

（一）形成了具有浓郁校本特色的生命教育模式

逐步形成了"以学校资源和专业特色为依托,以寝室内部或寝室与寝室间的主题实践和活动体验为手段"的生命教育模式。近年来的探索,证明了这个模式在实践中的实效性和在理论上的合理性,得到学生、学生家长的好评,学校也因此获得了一定的社会美誉度。学校先后被评为萧山区德育特色学校、萧山区首批文明校园、杭州市德育工作先进集体、杭州市首批美丽班级、浙江省中职德育工作实验基地、全国禁毒工作先进单位、全国国防教育等。

（二）开发了培育健康生命的活动模式

通过开展丰富多彩的生命教育系列活动,培养具有"自信、自主、自立、自强"的阳光心态、"爱自然、爱社会、爱人民、爱生活"的阳光品质、"会学习、会表达、会合作、会负责"的阳光能力的四职学子,将全面育人、为学生多元化发展创造机会的理念落到实处,让每一位学子像阳光一样闪亮。

（三）推动了教师专业发展的校本模式

首先是转变了教育观念。通过生命教育实践,教师们认识到:教育要促进学生的成长,要关注学生的发展;课程是在动态过程中逐步构建起来的会话和体验过程;教育教学是对课程的进一步开发,是师生真诚交往、积极互动的过程,既是学生发展的过程,也教师自我实现的过程。

其次是优化了教育行为。以班主任每周一次的主题班会课为例,主题班会方案的设计从原来的以班主任为中心,转为以学生为中心;目标的设计更注重学生内化体验;班会课流程更多倾向学生的活动环节。在课堂上,师生、生生互动,彼此敞开心怀交流沟通,共享观点的回应和碰撞,在对话合作中修炼生命,在活动体验中感悟生命。

最后是增强了研究意识。通过一系列的研究与思考,教师对生命教育的自主决断能力、课程开发能力和教育教学研究意识都大大提高。多篇有关生命教育的研究文章获区级及以上奖项。

专业为生命护航

浙江省衢州应用技术学校　吴贞娟　程黎霞　洪涛

一、学校简介

浙江省衢州应用技术学校坐落于烂柯围棋圣地北侧,创办于1995年,是在"衢州五统筹"改革推进下逐步发展而成的具有鲜明办学特色的民办中职学校,现有在校生1900余人。学校秉承"做有温度的教育、办有故事的学校"的办学理念,全面落实立德树人根本任务,践行"生命教育、食育康养、劳动实践"的"三特"育人模式,坚守"南孔雅士"教师初心,担当"三衢儒匠"育人使命。

二、措施与方法

作为设有烹饪专业的中职学校,使在校学生掌握食物营养知识,懂得合理膳食,延伸生命长度,既是专业建设和人才培养目标,更是学校生命教育的关键要素。我们认为,营造科学、健康的食育文化氛围,培养懂膳食、会创新的"食育人",推广食育康养,传承生命教育,对中职生的健康成长、走向成才具有重要的现实意义。

学校把生命教育写进烹饪专业建设大纲,聚焦核心课程构建,丰富了以食育为核心的"生命教育"内涵建设,形成了课程的载体与路径,达到了全校普及提升、循序递进、辐射社会的生命教育一体化的目标要求。

(一)理念引领——合理膳食,健康人生

随着生活水平的提高,人们对饮食的要求也越来越高。尤其是对正处于身体发育关键时期的中学生来说,面对膳食结构不合理、营养知识匮乏、食品安全存在隐患等问题,"合理膳食"是当下社会的普遍共识。学校通过知识普及、活动引导、实际体验等方式,引导孩子们合理膳食、健康生活,践行以食育为载体的"合理膳食,健康人生"的生命教育理念。

1. 行业名师、专家开坛演讲,提升理念认同

学校邀请余国良、翁孝川等全国知名教育专家来校进行"遇见生命的美好"系列讲座,围绕"生命至上"与师生一同分享经典鲜活的生命教育案例;定期邀请区域营养学专家给全校师生带来营养膳食科普讲座,开展《知"食"就是力量》健康大讲堂,引导学生知晓健康生活方式,懂得合理均衡膳食,关爱生命,敬畏生命。同学们逐步意识到饮食与生命健康息息相关,如长期食用方便食品、外卖、小零食等,必然会给身体带来危害;合理膳食对青少年的智力发展、提高免疫力、身体发育有着直接的关系。学生对"合理膳食,健康人生"理念的认同不断得到提升。

2. 专业教师、企业大师合作科研,开发校本课程

学校聘请了烹饪大师、中医名家为顾问,以中餐烹饪专业课教学为实践平台,开展专业组教学研讨会,把"合理膳食,健康人生"的生命教育理念纳入专业课教学体系,规划以合理膳食为主体的生命教育新思路,逐步形成科学、合理、有效的教学方案。依托二十四节气中华传统饮食习俗、药膳文化,我们自主开发了以"二十四道菜、二十四道汤、二十四道茶"为主体的特色校本课程,并将其作为全校师生的必修课,使全体师生逐步树立起"因时膳食"、为生命护航的健康理念。

(二)活动主导——多措并举,"育"见美好

1. 开展"'食'在应用,'育'见未来"主题微视频创作大赛

活动以小组团队报名参赛,通过活动不仅锻炼了学生们的团队协作能力,更大大激发了学生对于"食育"的探索兴趣。学生们自发学习《中国居民膳食指南》,多方位、多角度用镜头记录食育收获,诠释生命教育,成为"合理膳食,健康人生"的积极践行者与传播者。

2. 举办寻味"家乡美"主题展览

活动聚焦地方烹饪文化传承,要求学生们根据所学理论,充分挖掘民间传统菜肴、传统工艺中所蕴含的"合理膳食"的精髓,把传统工艺、民间美食和师傅绝活通过现代媒介手段记录下来,并以图片、视频等方式呈现。同学们或是走访百年老店,探寻制作流程;或是进行感官评定,分析营养价值;或是搜集查阅资料,了解美食背后的文化故事。学校把摄影佳作制作成精美画框,装饰在学校餐厅,把优秀视频在校内电子屏上播放,突出校园内"营养元素",营造浓浓的"舌尖健康"文化氛围。学校鼓励学生匠心守护,积极传承,勇于创新,成为守正创新食育追梦人。

3. 开设"四菜一汤"全员烹饪社团

以理念指导实践,将实践融入生活。烹饪教研组以"二十四节气菜肴"校本课程为基础,组织开展"四菜一汤"全员烹饪社团活动。以一月为教学周期,学员一月一轮,确保全校学生在两年时间内做到"人人可学,个个能成",护航生命健康。

三、成效与心得

近年来,学校本着以人文本、以生为本的教育理念,开展以"专业为生命护航"为核心的生命教育实践,在教育教学过程中坚持呵护学生身心健康,给生命营养,拓宽生命长宽高,促进了学生的健康成长。学生在教育中成长,老师在实践中收益,促进了学校品牌建设,取得了良好的社会效应。

1. 唤醒生命,润泽心灵,促进学生健康成长

通过不断学习,引导学生形成了"合理膳食,健康人生"的理念,达成营养膳食的科学共识。通过积极实践,让学生从生命健康的角度来关注生命、理解生命,唤起大家对生命的热爱,对生命质量的重视。

2. 科研引领,共同提升,助推教师自我成长

通过教学研究与实践,树立了教师正确的教育理念,提升了课程开发和教学实训能力。在生命教育理念的引导下,把生命教育融入各科课程,让全体教师参与和关注生命教育,共同承担起推动生命教育的责任。教师们自发地组织参加了各种生命健康教育的相关培训,90%以上教师考取三级公共营养师证书,三分之二教职工取得应急救护员证。

3. 专业做强,提质培优,提升专业建设水平

在"合理膳食,健康人生"的理念指导下,各学科相互浸透,组建以营养学、烹饪、护理学教师为主体的创新团队,结合二十四节气,研发了"二十四道菜、二十四道汤、二十四道茶"中华养生锦囊,并编写成活页式校本教材,丰富数字化教学资源库,推进了高水平专业建设。

4. 同频共振,共享成果,赋能乡村振兴

加大社会培训投入和资源共享力度,提供多层次社会服务。发挥我校烹饪实训基地的作用,充分利用师资优势,送技下乡,送技上门,推广"二十四"养生锦囊,为民宿、农家乐提供技术支撑,积极打造区域旅游休闲特色,赋能乡村振兴,助力共同富裕。

阜新市第一中等职业技术专业学校心理社团建设的探索

辽宁省阜新市第一中等职业技术专业学校　肖红　聂倩倩　邓未末

一、学校简介

阜新市第一中等职业技术专业学校始建于1980年,是教育局直属公办学校,是全国中等职业教育的源头之一,被教育部认定为"国家级重点中等职业学校",先后获得"全国职业教育先进单位""全国中等职业教育德育先进集体""全国生命教育科研先进单位"等荣誉。学校办学理念先进,将人才培养质量视为学校的生命。学校坚持与时俱进,逐步确立了"为就业者铺路、为升学者搭桥"的办学理念,注重"人文关怀"的德育教育,形成了独有的"面向社会、服务高职、加强素质教育、重在技能培养"的办学特色。

二、措施与方法

学生具有健康的身心与人格,是实施美好教育的前提,也是生命教育的初心。我校近年来在学校文化建设、校本课程开发、课堂创新等方面不断探索。在众多的创新实践中,心理社团创建是开展生命教育的重要路径,我们正是沿着此路径,以点带面,逐步构建起以心理社团创建为抓手,完整的生命健康教育体系,使得我们的学生,不仅在校能习得一定的专业知识和技能,更能成为珍爱生命、身心健康、人格健全的时代新人。

根据中央文明办《关于加强未成年人心理健康教育工作实施方案》工作要求,深入贯彻落实教育部《中小学心理健康教育指导纲要(2012年修订)》文件精神,积极探索心理社团建设、管理及运行工作,形成了以"立足需要,服务学生心理健康成长"为出发点,通过团体心理活动、个体心理咨询、心理课、心理讲座等多种方式,开展心理健康生命教育工作模式。

（一）制定心理社团建设方案

1. 明确心理社团的功能

(1)拓展课堂内容。心理社团活动是对课堂的拓展和深入。通过组织社团活动进行学习、交流来学习相关的知识。学生可以把观察、体验搜集到的知识展示出来进行讨论交流,与研究性学习相结合,这样可以加深理解,加强解决实际问题的能力,让学生在学与用中体验学以致用的效果。

心理社团通过这些活动一方面可以使学生更成熟自信,另一方面也使他们有能力全面开展心理社团的工作,从而推动整个学校心理健康教育生命教育工作更有效全面进行。

(2)发展合作意识。在心理社团活动中,学生通常可以享受亲密感,增强归属感和认同感。通过观察团体行为,学习社会交往技巧。

开展心理社团活动,通常要尽力发挥每一个学生的优势。他们来自于不同的年级和班级,具有不同的性格特点和知识结构,可以培养有能力的学生成为社团的核心,由于成员的兴趣爱好各不相同,若能充分发挥每个成员的特长专长,就会使得整个团队协作向前发展。

在心理社团中,一般会营造这样的氛围,只要愿意融入和付出一般是不会体会失败的,这一特点使得社团成员乐于参与活动,乐于与其他人分享自己的经历。社团成员间的信任、尊重以及悦纳自我和欣赏他人的态度,会很快消除学生内心的孤独感,克服社交障碍带来的恐惧心理。

很多社团成员能够将学习到的知识运用于社团活动中,因此也让他们人际沟通的能力有所增强,所以心理社团可以起到"以点带面"来带动全校的心理健康生命教育工作。

(3)提高服务性意识。心理社团的学生除了参与社团成员设计的活动外,一般还需要承担学校心理健康生命教育宣传工作,发挥朋辈辅导的作用。心理社团是学校普及心理健康生命教育的后备军。

(二)心理社团成立的宗旨

宗旨包括以下四点内容:一是分享社团的阳光,传播社团的温暖;二是研究青少年心理成长规律,促进学生身心健康;三是热爱生命,珍视健康,积极参与,主动适应;四是开启心灵的窗户,健康成长,充实快乐每一天。

(三)心理社团活动开展

心理社团成立以后,以"参与中实现心灵成长,开放中力求助人自助"为宗旨,以社团为平台,依托宣传板报等进行心理知识普及,心理困惑的疏导工作;组织心理健康生命教育讲座、观看相关影片等系列活动;通过结构式和半结构式小团体活动等进行团体辅导,以帮助学生缓解心理压力,提升生命质量,轻松面对学习和生活,指导社团团员们做好班级心理健康工作。

心理社团每周都有体验式团体心理成长活动,让学生在参与活动的过程中,获得体验与感受,促进分享与感悟,从而达到心理健康生命教育的目标。通过在全校招募团体成员,使有共同需要的学生在固定的时间,由专业老师带领,活动前就团体心理活动事宜与参与活动的学生签订知情同意协议,明确双方的权利、义务以及活动中的注意事项,团体活动中强调学生的自我探索、自主发展,努力实现"参与、体验、分享、感悟、自助、发展"的境界。

(四)心理社团活动所需条件

心理社团活动所需条件:学校领导的大力关怀与支持、班主任及任课老师的理解与参与;专业心理老师的直接指导;学校学生处、团委、学生会、电教室和各级部门的协助;

心理预约接待室、心理活动室、心理咨询室、心理沙盘室、心理减压室等活动场所的建设。

三、成效与心得

（一）成效

历经四年多的探索实践，心理社团工作得到了学生、家长、老师及社会各界的认可。

重点开发了适合中职生的结构式、半结构式和非结构式团体辅导。通过地面及线上方式、每周进行活动。由专业心理教师带领，初步实现了全程、全方位的学生发展指导模式。

通过线上咨询、面对面咨询等个别辅导方式为学生提供长期性、专门性的服务，使学生的求助渠道畅通；面对危机风险个案，发挥学校、家庭、社会协同合作的优势，共同应对危机，组织编写了《特殊学生跟踪手册》，为学生生命安全保驾护航。

推广心理健康教育、生命教育、生涯教育以及学业指导等内容，定期召开会议收集信息并研究活动方案。

在专业老师的指导下，通过团队协作，开展主题实践探索，完成了阜新市社会科学立项课题"正念技术在中职学生心理健康教育中的应用研究"。

心理社团得到了阜新市心理咨询学会的肯定和支持。学会相关领导参与心理社团活动，研究课题在心理学会公众号上刊登。阜新市心理咨询学会、阜新市卫生学校、阜新市第二职专、阜新市第三职专、阜新市铁路高中等专业老师及领导先后来我校参观并研讨。

（二）心得

阜新市一职专心理社团服务宗旨的确立和育人模式的实践探索，整合了学校、社会资源，丰富了心理健康生命教育服务的内容，拓展了服务领域，形成了全员、全程、全方位的"三全"育人的服务模式，体现了新时代的育人目标，为心理健康生命教育服务的建设提供了实践案例。

我校心理社团还要从以下四个方面努力开展服务模式的有效性研究探索与实践：一是加强未成年人心理健康生命教育基础性研究；二是加大服务队伍培训；三是增聘专职人员、申请专项资金，完善保障机制建设；四是不断探索新模式，切实实现家校社协同育人功能。

生命教育是为了生命主体的自由和幸福所进行的教育，这是全社会的责任，应该汇聚起教育系统和社会各方的合力，为学校及社会提供高质量服务，促进未成年人健康快乐成长。

做"中国芯"职教 育"中国心"人才

四川省开江县职业中学 唐天瑜 刘海洋 李斌 唐靖新 蒋钧如

一、学校简介

四川省开江县职业中学始建于 1902 年,是四川省重点中等职业学校,四川省"双示范"学校,国家第二批"1+X"证书试点学校,四川省"三名工程"建设学校。学校建有全国第 9 个"邹六根工作室"及"陶功明大国工匠工作室"等六个名师、大师工作室。先后荣获"全国德育管理特色校""国防教育特色学校""全国新德育优秀特色校""魅力德育校""四川省依法治校示范学校""省级交通安全示范学校"等 121 项荣誉。

二、措施与方法

(一)创新"三全育人"行动体系的教育理念

少年强,则中国强;少年弱,则中国弱。谁想拥有未来,就必须先拥有青年一代。培养属于我们自己的青少年,就在创造我们自己共同的未来。当前中国处于近代以来最好的发展时期,世界处于百年未有之大变局。机遇与挑战并存,教育是关键。开江县职业中学以习近平总书记的"教育三问""健康第一"理念为引领,提出并践行"三全育人"新理念——做"中国芯"职教,育"中国心"人才。

(二)创建"三全育人"行动体系的建设目标

开江县职业中学构建"三全育人"行动体系的建设目标是创建一个服务国家意志,服务政府政令,服务社会稳定,服务经济发展,服务师生成长,服务中职生综合素养提升,具备时代性、现实性、成长性、长期性的现代中职学校全国典范"三全育人"行动体系。

(三)创构"三全育人"行动体系的教育理论

开江县职业中学"三全育人"以"立德树人"为根本,依据习近平职业教育思想、马克思主义关于人的全面发展理论、教育本质论、系统论等教育学思想与原理,构建了"一个目标、三条路径、多元载体"的"三全育人"行动新体系——"上海东方明珠塔"三全育人模型。模型如下:

一个目标:开江县职业中学"三全育人"的创新目标是培养"胸有祖国、怀有梦想、身有正气、肩有担当、手有技术、眼有世界"的"六有"新一代开江人。

三条路径:实施"生活教育、学习教育、成长教育"。

多元载体:学校汇聚"家庭、社区、行业、企业、岗位、政府、学校"七大资源,服务师生的"身体健康、心理健康、道德健康、生活健康、学习健康、成长健康"六大健康,实施"立体＋多维＋交叉＋融合"内容整合,开发"项目引领、课程导入、课堂优化、活动生成"的行动学习,用学校可实现的"新基地、新项目、新社团、新课程、新课堂、新活动",重构开江县职业中学特色的"三全育人"多元育人新载体。

"上海东方明珠塔"
三全育人行动体系模型

（四）创构"三全育人"行动体系的建设内容

开江县职业中学"三全育人"行动体系的建设内容重点完成四个项目：打造"文化育人、管理育人、课程育人、技术育人"四大特色全国典范学校项目案例,建成一个"三全育人"全国典范创新工作室,形成一批家庭育人、社区育人、企业育人、学校育人"四方协同三全育人"经典案例,培养"三全育人管理干部、三全育人骨干教师与班主任、课程思政教师"三支"5＋X"内涵的德育师资队伍。

（五）创新"三全育人"行动体系的教育评价

开江县职业中学"三全育人"行动体系的教育评价,以习近平总书记的"六个下功夫"为"三全育人"质量标准,实施"现代中职生综合素养标准实践与评价育人"工程。

三、成效与心得

（一）成效

开江县职业中学实践"三全育人",取得如下成果：一是构建了开江职中"三全育人"行动体系。二是建成了现代化的、区域性的、全国互通的、融合大资源的、"德育创新工厂"理念的"三全育人"创新工作室,建立健全"三全育人"创新工作室建设标准体系与评价标准,为全国名班主任、技能大师、教学名师工作室建设提供了一揽子解决方案。三是从"生活教育、学习教育、成长教育"三大教育中解构与重构了"家庭教育、社区教育、企业教育、学校教育"四方协同的教育案例集。四是培养了杨丽君、顾江红、林佐成等一大批"三全育人"创新工作室领衔人和骨干教师。

（二）心得

近五年来,学校师生无违法犯罪行为发生,学生在各级各类大赛中荣获金银铜、一二三等奖达 200 多人次,师生荣誉达 100 多项,来自省内外中职、高职到学校参观考察"三全育人"行动体系构建与实践研究成果的达 5000 多人次,学校先后获得为"全国特色德育示范校""全国中小学国防教育示范校""新生入学教育省级三等奖"等荣誉。

尚正大道走出生命新精彩

内蒙古建工职业技术学校　张丽霞　李佳　贾文净

一、学校简介

内蒙古建工职业技术学校坐落于内蒙古自治区首府呼和浩特市,是经自治区教育厅批准成立的一所全日制民办中等职业技术学校,始建于2006年。学校通过"立正心·弘本真"的"正"文化思想引导,围绕"树正风""塑正型""立正心""行正道"的核心理念,全力打造"正文化",走出了一条"正"文化教育与生命教育相结合的特色发展之路。

学校构建特色德育体系,目标是让每个生命朝向幸福生活。成立六大中心,让学生掌握文化知识和专业技能的同时,通过"塑型"教育,树立正确三观,重建自信,培养学习兴趣,懂得今天美好生活来之不易和对未来美好生活的向往。

二、措施与方法

（一）树正风,引领生命正能量

学校秉承要崇尚道德、崇尚正气;教育要正面引导、正面管教;学生要学以承责、学以尚正。形成学校有正风、老师有正气、学生有正貌的正能量校园氛围。

1. 榜样引领,树立生命教育理念

学校重视生命教育课程体系的建设,成立教师专业能力发展中心,教师对生命教育课程进行探讨,让学生通过一系列学习从理论上认识到尊重自己和他人生命的重要性。同时让同学们明白生命可以拥有很多知识和技能,提升生命的价值和意义。通过生命教育,让学生明确自身的人生目标,获得努力奋斗的动力,创造并提升自身的人生价值,主动承担起建设社会的责任和担当。教会学生正确处理生命之间的关系,使学生尊重他人,学会正确处理人和社会之间的关系,尊重人与自然之间的规律,寻求和谐共处的方式,将自身融入社会和自然中去,更加自如地生活和学习,提高生活的幸福度。教师们坚持以身作则,率先垂范。他们都秉承"正"德修身这一理念,树立事业心,增强责任感。同时学校还成立专家工作站、大师名师工作室,邀请全国德育专家余国良、翁孝川等教授对师生进行培训,分享生命教育案例。

不断汲取榜样的力量,才能擦亮生命底色。学校加强学生干部管理,牢固树立"从学生中来,到学生中去,服务全校师生"的服务理念。提高学生干部的整体素质,定期开展学生干部培训工作,使每一名学生干部明白"严己才能律人,榜样的力量是无穷的,从自身做起"的基本道理。

2. 恒心育人,明确生命教育形式

成立师生身心健康促进中心,心理健康咨询室,生命教育展示厅以"八防"文化为主线丰富生命教育的内涵。以多元化形式开展课程活动,大力开展爱国主义教育、传统文化教育、法制教育、礼仪教育、工匠精神教育、青春期教育、安全教育、行为习惯养成教育、心理健康教育等进行深度生命教育,并通过主题班会、升旗仪式、主题活动周等不断进行深化、细化和具体化。加大生命教育的渗透,以达到潜移默化、深远持久的教育效果。要求学生在学习上勤奋上进,做一个热爱读书的人;在礼仪上敬人自律,做一个举止文雅的人;在体艺上坚持锻炼,做一个健康阳光的人。努力让学生成为一个快乐的孩子、热爱生命的孩子,成为最具潜力的孩子。在红色文化浸润中心以开展公共讲座、红色电影赏析等方式,引导学生积极思考生命价值,感悟生命的意义,珍惜身边一切,同时通过观看残运会的方式激励学生热爱生命。

(二)塑正型,发现生命闪光点

学校自建校以来,始终把"立德树人"作为基本任务,狠抓生命教育有形化。学校运用"四抓两培一树"的塑型机制——四抓:抓手机,抓吸烟,抓内务,抓时间观念;两培:培养学生的学习兴趣,培养学生对未来美好生活的向往热情;一树:通过各种形式、途径,进行树立正确的"三观"教育。

1. 校园无烟,守护健康少年

学校以管理为抓手,开展定期与不定期违禁品检查,从源头切断香烟、打火机入校园。班主任根据学生入学实际情况,制定个性化戒烟计划,循序渐进促使吸烟同学彻底戒烟。每学期定期召开"拒绝吸烟,培养健康生活习惯"为主题的系列活动。旨在通过活动教育学生拒绝吸烟,创建"无烟校园",同时学生带动家庭共同参与的方式,向家庭、社会宣传烟草危害,有效帮助青少年远离烟草,增强全民控烟意识。

2. 宿舍"四化",打造自主少年

如果说校园是师生和谐相处的大家庭,那么,宿舍则是学校日常行为管理的重头戏。学校通过以宿舍评比规范化活动为常态,形成以"四化"(美化、亮化、净化、文化)为主题的宿舍文化氛围,把劳动教育、生命教育与学生的个人生活和校园生活有机地结合起来。例如学校特色宿舍活动:"宿说建工情,共筑青春梦"宿舍文化节、"寓建美好"最美宿舍评比、每周"标兵宿舍""最美床铺"评比以及校园"叠被子"技能大赛等。营造一个良好的学习、生活环境,培养学生主动、积极、努力、向上,自觉完善自我的行为习惯,进一步提高学生的思想道德素质和文明修养。

在塑型教育的浸润下,我校学生无论是升入高校亦或是步入社会,都让自己的生命闪闪发光。我校学生在升入高校后大多担任学生干部、班级委员,更有优秀的同学成为学生会主席以及老师助理;大部分同学走上实习岗位后能迅速适应,成为主班教师、设计明星等。通过科学系统的引导,改变了学生的不良行为习惯,学生在学习专业技能的同时成就了良好的品质。

(三)立正心,挖掘生命新力量

为了让学生真切的感受生命教育的内涵,我校凝聚了一批志同道合的同学,搭建了一个开展生命教育的良好平台——社团。社团丰富了学生的课外生活,使学生远离不健康的活动,树立"正"方向,养"正"以育德。

1. 挖掘兴趣,成果滋润心田

以社团内部学分为刚性约束,以学生的成长需要为出发点,开发设计了27个生命教育社团课程,有以体育竞技为主的跆拳道社、足球社、篮球社、排球社等,以专业拔高为主的计算机硬件社、奥尔夫音乐社、百脑汇软件社、动漫原画社、回声话剧社等,以休闲怡情为主的锄禾园艺社、化妆社、蜜斯微甜美食社、礼仪社、浮雕社、舞蹈社等,共同推动生命教育的开展。每周三"锄禾园艺"社团的老师会统一组织学生到我校劳动教育实践基地,在田间地头观察植物的生长,了解植物的特性,动手培育蔬菜瓜果。当一棵棵幼苗,一粒粒种子通过同学们的双手播种,最后发芽结果,当成果展现在每位同学面前时,他们能更加直观地感受到生命的力量。

2. 启迪思想,领悟生命真谛

学校结合社团的特点,用活动课展示生命教育实践的现状,并从中总结分析经验做法,探讨社团建设在中职学生生命教育中的积极作用。以生命教育为核心的社团成立后,不仅增加社团管理职能,更是提升了学生的生命教育自主性。

其中最值得一提的是我校支军老师创办的"计算机硬件社团"不仅全面提高了学生的专业知识水平和实际操作能力,更是改变了学生的人生态度。在社团中有一个叫于洋的孩子,当初之所以选择"计算机硬件社团"是因为自身非常内向,不爱与人交流。经过一年的社团学习,于洋同学发生了"翻天覆地"的变化。当社团需要选社长的时候,他主动担起社长的职位。在内蒙古自治区第一届职业技能大赛中于洋荣获三等奖,其社团指导老师支军老师在内蒙古自治区第一届职业技能大赛中成绩突出,荣获"呼和浩特市技术能手"称号。

(四)行正道,创造生命真价值

我校的生命教育贴近社会,贴近生活,学校始终致力于培养学生的生活能力、生存能力和创业创新能力。坚持正确的育人方向,加强思想政治教育、品德教育,引导学生树立远大理想和崇高追求;坚持注重学生创新精神和实践能力的培养,促进学生德智体美劳全面发展;坚持以学生发展为本,把握教育本质,唤醒生命、润泽生命、点化生命,遵循教育规律和学生成长规律,承认学生差距,关注个性差异,努力提供适合每一位学生个性发展的教育,完善个性,成为最好的自己,让他们得到充分、自由、全面的发展,同时引导他们实现自我管理、自我教育、自我发展,为学生终身发展奠定坚实的基础。

三、成效与心得

（一）成效

在"正文化"思想引领与生命教育的有机结合下，我校师生珍惜生命每一刻，不断汲取能量、不断充实自我，在尚正大道上走出精彩的人生。通过学校生命教育体系建设，学生们能够在很短时间内改掉之前不良的行为习惯，重塑自信，对学习产生很大兴趣，并且对未来有了目标。我校班主任老师在呼和浩特市班主任技能大赛中拔得头筹；多名教师荣获赛罕区优秀班主任、赛罕区优秀德育工作者、赛罕区最美班主任等称号。近几年高考，我校升学率保持稳定，同时本科上线率逐年提升，我校学子被大连外国语大学、重庆三峡学院、河套学院、大连艺术学院等高校录取。在全区中等职业学校"文明风采"竞赛中，我校荣获一等奖。内蒙古建工职业技术学校在稳定中快速发展，在2016年被评为赛罕区优秀民办学校，在2017年被评为AAAA级学校。

（二）心得

内蒙古建工职业技术学校坚定不移地打造以"正文化"为主题的校园文化，让学校的人、事、物以及环境，时刻都在对全体师生进行着潜移默化的正能量生命教育浸润熏陶，让学校的每事、每章、每制都成为和煦的阳光、知时的春雨，洒照在每个师生身上，传递正能量，推动学校的科学发展。我校坚持做有温度、有良心的职业教育，坚决不做混日子的职业教育，坚决不做只为劳务输出的教育，让学生学有所成，让他们的生命更有价值。我校以'正文化'浸润浩然之气，努力争创自治区一流名校，办好让人民满意的教育。

用心呵护种发芽，迎面阳光枝开花

四川省绵阳市游仙职业技术学校　刘权利　张雪　勾俊

一、学校简介

绵阳市游仙职业技术学校是绵阳市游仙区唯一一所公办双示范中等职业学校。2019年，学校被批准为四川省示范中职学校建设单位，2020年，学校被批准为四川省中等职业学校示范专业建设单位，2022年，学校被批准为四川省四星名中职学校建设单位。

学校开设有机械加工技术、电子商务、汽车运用与维修、旅游服务与管理等11个专业。10多年来，学校以建设"省市一流，西部有影响力，全国知名"的中职名校为办学目标，培养了以"两届全国人大代表"王安兰为代表的技术技能人才3万余名，毕业生"双证书"获取率95.16%，对口就业率82.18%，升学率68.35%，学生和企业满意度高达96%以上。

二、措施与方法

中职生是一个特殊的群体，他们大部分来自农村，家庭环境较复杂：留守、离异又或单亲，缺少关爱、管教等让学生产生一定的心理阴影；青春期的他们，面对环境适应、职业选择、学业现状、人际交往等问题，内心时常会产生一定的困惑和矛盾；又或遭遇重大变故、突发事件引起极端行为。为此我校确立了"用心呵护种发芽，迎面阳光枝开花"为主题的生命教育，命名为"护苗护花行动"。

护苗护花行动确定了"发芽、开花、结果"的生命教育目标。

以中职德育大纲总体目标为依据，分层分步建立学校生命教育的三级目标。一年级："迈好发芽第一步，做文明学生"，以理想信念、行为规范、文明习惯为德育主题；二年级："迈好开花第一步，做阳光学生"，以道德品质、健全人格、思想意识为德育主题；三年级："迈好结果第一步，做魅力学生"，以法治素养、责任担当、工匠精神为德育主题。

（一）为种子松土，营造快乐生长的环境

全校开展班级文化建设，通过文化育人，"内化于心，外化于行"，用优秀的班级文化，影响师生终身发展的精神面貌和行为方式，为种子营造团结的环境；通过制度育人，用兴趣小组自治制度，班级管理公约，操行分实施细则等制度，帮助同学们讲规则懂制度，为种子营造懂责任的环境；各班撰写《心灵之路成长手册》，师生交谈，为种子营造交心的环境；为种子发芽营造合适的环境。建立劳动基地和心理咨询室，为种子营造发泄的环境；通过两微一端建立家校沟通群，为种子营造舒适的环境。

(二)给播种找合适的土地,引导种子发芽

组建六大社团活动,自信筑基,引导种子发芽。音乐陶冶情操,做音乐种子选手。组建音乐兴趣小组,请音乐老师定期给大家培训。我校学生父母不在身边的很多,他们与爷爷奶奶之间多少会存在沟通的阻碍,而歌曲能陪伴他们,疏导他们。舞蹈培养气质,做舞蹈种子选手。形体对孩子们来说很重要。而舞蹈不仅让孩子们变得更加自信美丽,还可以养成健康的身体。绘画锻炼耐心,做绘画种子选手。绘画使人心灵安宁,锻炼孩子们的耐心,提升审美,让孩子们懂得发现美,欣赏美。体育强健体魄,做体育种子选手。体育不仅可以调节人体紧张情绪,改善生理和心理状态,让学生更有精力地投入学习,还可以培养学生的团结、协作及集体主义精神。书法培养底蕴,做书法种子选手。学习书法可以提高文化素养,更能提升同学们的文化自豪感。朗诵提高沟通,做朗诵种子选手。组建朗诵小组,确立一一帮扶制。一个同学带一个同学,一定可以提高同学们的朗读能力,提升同学们的语言沟通能力。

(三)给种子施肥,激发种子开花

以中职德育大纲中德育内容为依据,依托学校"生命教育工作室""心理咨询室""志愿服务室""禁毒教育展厅""德育网络平台"等阵地,给种子施肥,将理想信念教育、中国精神教育、道德品行教育、法治知识教育、职业生涯教育、心理健康教育融入德育课程,分阶段实施,结合不同的德育路径,创造丰富多样的德育方法拓宽德育内容的深度和广度。举办各级各类比赛,通过活动施肥,激发种子开花的内驱力,帮助种子开花。

(四)替种子捉虫,建立合理评价体系

一是制定学校对班主任和任课教师的德育评价标准。形成了综合素养及业务能力等5个方面的一级评价指标及思想道德素质、教育指导能力等20个二级指标,督导检查学校德育工作的水平和质量。二是制定班主任、任课教师、家长对学生的"一体双核,五育并举"综合评价体系,借助学校五育评价平台对学生在德智体美劳五育方面开展评价。通过学生的评价数据生成学生对应的"五育图",对学生的全面发展进行评价,帮助种子结果。

三、成效与心得

(一)成效

1.完善了"生命教育工作室"的硬软件设施,形成了"生命教育工作室""心理咨询室""志愿服务室""禁毒教育展厅""德育网络平台"等多方协同育人的阵地,保障了个体与团体咨询辅导的有效实施。

2.建成了一支专业生命健康教育专家老师团队,为守护学生"生命"保驾护航。

3.拓宽了中职学校生命教育路径,加强了生命教育资源的开发与利用,全员、全过

程、全方位关注学生的健康成长,把生命教育当成教育的生命来实践。

4.具有学校特色的积极生命健康教育模型与"五育评价"的综合评价模型初步形成,学生健康快乐毕业、成功就业与升学人数逐年增加。

(二)心得

立足本校实际,不断探索新的方法与路径。在学校"双示范建设"与"三名工程"建设的进程中,学校办学规模日趋扩大,生源变得更为复杂,学生生命教育工作任重道远。

提升专业素养,增强教师职业幸福感。"闭门造车"已无法满足教育实际,教师在不断的专业提升中获得职业幸福感,用"爱"守护学生心灵健康成长,才能点滴渗透"润物无声"。

在生命教育课题研究与案例的撰写、分析上下功夫。在总结中反思,在实践中不断完善,才能逐步提高团队甚至学校的生命教育工作水平,才能完善同类生命教育问题处理模型。

积极的生命教育体系的建立需要学校、家庭、社会等多方合力。如果中职教育有排序,生命教育当放在首位!

绽放生命的精彩

江苏省盐城机电高等职业技术学校　陈林　崔益银　吴培培

一、学校简介

盐城机电高等职业技术学校始终秉持"以学生为本"的理念，坚持将理论教育与实践教育紧密结合起来，从打造积极课堂、培育幸福校园入手，以心理健康教育作为生命教育的落脚点，从多方面多角度渗透心理健康教育，采取寓教于乐的方式开展各种行之有效的生命教育实践活动，唤醒学生的"生命意识"，让每一个学生绽放生命的精彩。职业学校的学生正处于青春发育期，他们会时常觉得"我是成年人了"，但学生生理成熟仅仅只是一个表象，心理未必成熟，身心的发展差距，往往非常容易导致矛盾爆发。我校学生在学习、成长、生活和人际交往等方面表现的心理问题主要包括厌学、自卑、焦虑、消极心态、适应性不良等问题。

二、措施与方法

为培养学生良好的心理素质，培育学生乐观向上的心态，促进学生人格的健全发展，我校将心理健康教育作为生命教育的落脚点，将其渗透在教育教学工作的全过程，不断健全心理健康工作机制，规范心理咨询平台，完善家校合作教育网络，让生命教育潜移默化地渗透到每一位师生与家长的心中。

1. 重视心理健康教育宣传，营造氛围潜移默化助力生命教育

充分利用宣传橱窗、黑板报、校园公众号等校园媒介，采用多样的形式、定期宣传心理健康教育内容，让师生共同关注心理健康。

通过《调整自我，和谐相处》等专家讲座、以《珍爱生命，心向阳光》为主题的心理健康月专题系列活动，向学生普及心理知识，强化心理素质，培养学生健全的人格和良好的心理品质。

2. 加强硬软件投入，为生命教育提供物质基础保障

加大心理咨询室软硬件投入，保障心理健康工作有序进行。通过科学设置心理咨询室、团辅活动室、放松室、宣泄室等，配备心理健康测试软件系统和心理健康教育图书，制定相应的管理制度，以保证各项心理健康教育工作的顺利开展。

开拓校外教育资源开展心理健康教育。与盐城市未成年人成长指导中心合作，组织开展各种有益于学生身心健康的文体娱乐活动和心理素质拓展活动，拓宽心理健康教育途径。

3. 加强专业队伍建设，实现全员生命教育的核心理念

构建家校合作全员育人新平台，助力学生全面成长。建立健全家长学校制度，科学引导家长并提升家长的家庭教育能力。开展"送法进万家,家校伴成长"的家访活动,全面了解学生的家庭情况、成长环境、学习习惯等,与家长共同交流促进学生发展的教育方法。

加强心理健康专业教师队伍建设,不断提高心理健康教育教学水平。通过引进高学历心理专业教师,逐步增大专职教师的配比。不断创造学习和培训机会,提升教师的专业知识、实践技能和教科研水平。

建立"倾听一刻钟"制度。所有任课教师结合所任教班级,每天与一名学生进行15分钟交谈,从言谈举止中了解学生的思想动态,及时发现问题,化解学生的"心结",成为学生的良师益友。

所有班级开设心理健康教育课程,让学生在学习和生活中遇到心理困扰时,得以纾解和释放。所有课程教学中渗透生命教育,着力挖掘"心育"的因素,适时渗透"心育"的内容,采用激励性评价机制,竭力帮助学生达成或接近"心育"的目标。

4. 全员齐参与,保障学生信息的全面反馈

定期心理普查,及时发现问题。对预警学生"一对一"建立学生心理档案。结合个体咨询和团体辅导,引导学生自我认识与调节,帮助学生建立和谐人际关系,培养学生以积极的心态对待学习和生活。

建立班级心理健康信息员制度。发挥"小委员,大作为"的优势,以化整为零的方式向全校学生普及心理健康知识,做老师的"千里眼""顺风耳",让生命教育散落到学校的每一个角落。

三、成效与心得

（一）成效

通过开展系列活动,我校学生的心理调适能力、心理健康水平等方面均有了明显的提高,人际关系、学习压力方面得到了显著缓解。学校从未发生因心理健康问题产生不良后果的事件。

师生积极主动参与以"生命教育"为主题的各类活动,成绩显著。王峰老师撰写的文章《小工匠,成大器》和陈静老师撰写的文章《奉献也是一种幸福》入选《生命教育——成长必修课（中职版）》教材。盛媛老师执教的生命教育课——《自律者,方可掌控人生》在全国第九届生命教育创新高峰论坛暨教学观摩比赛中荣获特等奖,学校获"优秀组织奖"。陈林老师撰写的论文《走近学生,走进心灵》在2020年全国生命教育学术论文征集活动中被评为一等奖,撰写的德育案例《劳动砺心志,实践促成长》被评为盐城市中小学德育工作典型案例。我校精心组织报送的《构建家校合作全员育人新平台》案例成功入选江苏省职业院校"三全育人"工作典型案例（全省仅有12个案例入选）。

（二）心得

不断健全生命教育的考查方式,设置多主体,认知性和实践性相结合的考察方式,保障学生信息的全面反馈。

增强家长生命教育意识,通过家长会等多种形式对家长进行生命教育培训,为学生创造良好和睦的家庭环境。

充分发挥学生的同伴作用,向积极向上的同伴倾诉情绪,有利于学生学会管理情绪,有助于提升学生的自我效能感,消除自卑,收获快乐,增强社会责任感,用实际行动履行社会责任。

生命银行机制育人模式

江苏省盐城机电高等职业技术学校　陈林　崔益银　吴培培

一、学校简介

东阳市职教中心是东阳市唯一的公办中职学校,由东阳技校和东阳二职两个校区组成。学校是首批国家级重点职校、浙江省一级中等职业学校、浙江省现代化学校、浙江省中职三十强、浙江省首批改革示范校。设有7大专业群、31个专业,其中建筑、机电、木雕、汽修、电气、计算机等6个专业为省示范专业,建筑、木雕专业为省级高水平建设专业、骨干专业、省中职品牌专业和特色专业,建筑专业是浙江省建筑类专业教研大组理事长学校。建筑实训基地是国家级实训基地,机电、电子技术、汽修实训基地为省级实训基地。学校下辖4个培训机构。建有专业实训室70个,设备值3000余万元,与企业合作共建生产型实训基地5个,校外实训基地51个。

二、措施与方法

1. 构建"生命银行"的整体设计,重视学生生命价值

近年来,我校开展爱国、爱校、爱家的精彩生命教育,围绕学校"青松精神"激励文化,培育学生核心素养,采用基于核心素养的"生命银行"德育积分制,把德育、智育、体育和劳动技能教育有机统一起来,取得了良好效果。

为了让德育积分制的理论价值真正体现到德育实践中来,真正实现全员、全过程、全方位的德育,让德育真正为学生的成长记录与核心素养评价服务,我们通过对德育积分制内涵的创新以及扩大德育的外延,在我校创设"生命银行"积分评价系统,借助信息化技术的"生命银行"德育积分制,利用学生校牌二维码和手机 APP 平台设立"生命银行",把学生的课内、课外行为归类量化,建立积极而现代化的中职学校学生德育评价管理体系,促进中职学校的德育评价管理的信息化和联动化。

2. 设计"生命银行"的赋分模块,细化学生生命积分

根据中职学生核心素养"品德优良、人文扎实、技能精湛、身心健康"的表述,我们设计的"生命银行"由"品行支行""人文支行""技能支行""健康支行"等四个"支行"构成,并细化为品德、纪律、卫生、课堂学习、人文特长、专业技能、生产实习、创业创新、体育、心理健康、安全等16个赋分模块。

学生"生命银行"积分构成以正向"存款积分"为主,负向"透支积分"为辅,而每个大类、小类和具体条目的积分都根据其对学生个人成长、集体影响的轻重大小和延续性等因素,设置不同的赋分项目和分值。目前包括16个子模块、388个赋分项目。随着"生命银行"应用的不断深入,赋分项目也在不断地扩容中。

再者，生成个体"生命二维码"信息化校牌，传统意义的校牌就升级成为流动的教育媒介。赋分值越高，表示生命活力越强，学生亲切地称之为"生命二维码"。学校基于"生命二维码"创设"生命银行"积分信息化管理平台，"生命二维码"成为学生行走中的教育标识和德育评价的新媒介。

3. 授权"生命银行"的赋分主体，全员助力学生生命

学校全体教职工，包括保安、宿管等，按照自己的权限进行积分登记，用手机APP扫描"生命二维码"或用电脑系统登录均可进行分数录入。营造人人参与、全过程管理、师生家校可交互的激励机制，融个人学分管理与班级竞赛于一体。

为保障积分制的有序、公平，设立了"权限分级赋分＋分级审核＋异常反馈"的制度，根据各赋分成员的性质、职责，对积分录入权限进行了细分，并由各学部负责人和相关处室进行审核，系统还能自动甄别异常情况报分管副校长处理。各职能部门和学部联动工作，实现信息化、扁平化管理。

4. 建立"生命银行"的荣誉段位，激发学生乐趣

每个支行分4个级别，积累超过100分上升一个级别，当四个支行全部达到100分以上的学生进入"真才俱乐部"，授"真才"勋章；四个支行全部达到200分以上的进入"英才俱乐部"，授"英才"勋章；四个支行全部达到300分以上的进入"将才俱乐部"，授"将才"勋章；四个支行全部达到400分以上的进入"帅才俱乐部"，授"帅才"勋章。学生除了优秀表现可以得到相应的正向存款积分进入"四才俱乐部"外，不良行为习惯也会被赋予负向透支积分。负向透支积分达到一定值后会进入"服务公司"学习"为人民服务"课程，进行行为规范矫正。

通过"游戏升级"的形式，一定程度上激发了学生对"生命升级"的乐趣，从而达到学生对人文素养、技能素养、健康素养、品行素养的重视，进而使学生得到生命的提升与发展。

5. 创建"生命银行"的保障机制，全力为学生生命保驾护航

一是队伍建设：组建"德育品牌建设领导小组"（学校校长任组长，副校长任副组长，相关职能部门负责人任组员），在其指导下，推进德育品牌建设。二是制度保障：制定《德育品牌建设实施方案》《生命银行学生手册》《德育品牌建设项目计划》《德育品牌建设专项资金分配、使用、管理实施细则》等规章制度。三是经费保障：软件系统开发和硬件建设。先后投入40余万元开发了"生命银行"系统，现在已升级到3.0版本；硬件方面我们投入60余万元在每个教学楼门厅和教室门口设置"生命银行积分查询与展示平台"，让学生的表现通过积分与荣誉勋章的形式随处可见。

三、成效与心得

（一）成效

1. 提生命值，入学生心，造高品质

根据中职学校学生"生命银行"实施方案，通过全员参与、全过程、全面评价的"三全活动"实施核心素养的培养。学校创立"国旗班",树立学校标杆;组建"篮球队",锻炼男篮精神;建立"射箭队",践行"正己而后发";举办"技能擂台",比拼技能;举行各类"演讲比赛,彰显青春;为了拓展学生能力和学校影响力,我校还不定期开展职业体验活动,开办城市客厅,走进商场、木雕小镇和参加乡村旅游节表演节目;助力地方旅游节,在给当地注入了新鲜血液的同时,让学生体验社会课堂;举办一年一度的樱花节、青松会,让学生展示才华、学会交流、体验高雅的诗情画意;非遗之夜,让学生在 10 个非遗社团大师们的悉心教导下传承非遗技艺,追求工匠精神等等。

长此以往,学生在活动体验中发展优良品行、人文素养、职业技能、身心健康等素养,从而积累自身"生命银行"积分,绽放自身生命精彩。

2. 以点带面,辐射发展,职教精彩

在学校领导大力支持下,"生命银行"建设前期工作已经积极开展,开展了金华市教研课题及相关软硬件资源升级,撰写了典型案例和优秀案例,如在 2019 年,《生命二维码——行走中的教育标识和教育媒介》获金华市职业学校"文明风采"活动案例评比一等奖,报省教育厅参赛获优秀案例……通过生命银行的持续开展,走出去交流学习,不断将其发展与完善,同时也吸引了一些学校的参观学习,并取得了一定辐射效应。

(二)心得

1. 温暖评价,个性化育人

"生命银行"扭转了过去一把尺子衡量所有学生的局面,让"以德为先"的多元教育评价体系代替了以往"冷冰冰的分数"的单一评价维度,用量化的方式将学生在校取得的各类大小成绩可视化通过"生命银行"的实施,学生表现更为精彩。如在全国第十一届残运会暨第八届特奥会中,国旗班射箭队员胡欣妍与两名队友一起获得了女子反曲弓公开级团体赛第二名。

2. 师生共建,生命更精彩

我校已初步研发"育匠大脑"系统,利用大数据、云计算、人工智能等技术,分析学生"生命银行"数据,提供多维评价的"个性化诊断报告",打造个性化职业发展课程体系,为每个学生提供看得见的"精彩生命"评价体系。

除此之外,在学生"生命银行"的基础上通过学习通平台建立了教师"生命银行"。为培育"卓越工匠",学校努力按习近平总书记"四有好教师"标准,着力打造一支有理想信念、有道德情操、有扎实学识、有仁爱之心的有温度的"四有"师资队伍。

完善生命认知　走向高品质生活

绵阳职业技术学院　叶芹　龚勋

一、学校简介

绵阳职业技术学院是绵阳市人民政府举办的一所综合类高等职业院校,现为国家示范高职院校。秉持"诚信为基、能力为本、创新为魂、特色为翼"的办学理念和"质量立校、特色兴校、人才强校"的治校方略,按照"能力本位+综合素质"的人才培养模式,努力探索和构建高等技术应用型人才培养体系,已为国家造就了一大批管理人才、技术专家和企业家,在同类高职院校中,走出了一条成功的特色办学之路。学校先后获得全国职业教育先进单位等荣誉,是教育部全国建材行业职业教育教学指导委员会常务副主任单位、全国高校心理委员协作组理事单位、四川省首批高端技术技能本科教育试点院校。

二、措施与方法

(一)暖心—探索生命的需要

1. 通过心理测评和访谈找出生命安全教育的工作对象及问题形成原因

科学选择测试量表,使用大学生人格问卷(UPI)和90项症状清单(SCL-90)。1993年,由樊富珉等主持的全国UPI应用课题研究,主要以大学新生为对象,作为精神卫生状况实态调查而使用,以了解学生中神经症、精神分裂症以及其他各种学生的烦恼、迷惘、不满、冲突等状况;SCL-90作为一种适用面广、包含病理性心理症状项目多的自评量表,在临床上具有不可替代的作用,是一种十分有效的评定工具。这些科研成果,目前已经成为高校心理咨询与大学生心理健康教育工作的有效辅助工具。以我校2017级新生心理测评数据为例:有严重心理问题的有19人;有过"轻生"念头的有58人;中重度抑郁的有219人(其中5人严重)。这些学生心理不健康的成因主要是原生家庭变故(父母离异或去世)、家庭贫困、高考失利、情感挫折、过往病史、校园霸凌、家庭暴力、组合家庭等。将这部分学生列为高关怀对象,对符合政策允许的并在征得本人同意的情况下协助其评定助学金和纳入社会资助系统。

(二)护心—完善生命的缺憾

1. 依法建立家校、医校、社校合作机制,形成完善的生命守护线

通过制定《绵阳职业技术学院心理危机干预实施办法》,构建学校、院系、班级、宿舍、家长、医院、社区预警防控体系。科学规范学生心理危机管理的工作流程,形成学生心理危机的排查、家长知情同意、安全责任承诺、关怀学生的咨询、反馈、转介与治疗工作机制,搭建家校、校医、社校合力帮扶工作平台,绵阳第三人民医院和西南司法鉴定中心成为这个帮扶平台的转介单位。

2. 通过"呵护我的心灵之花"活动,激发学生内在生命力

每年的3月下旬至6月上旬开展"呵护我的心灵之花"专题活动,活动设计认领"心灵之花"、播种"心灵之花"、呵护"心灵之花"和评比四个阶段。认领阶段,同学们以个人或组队形式在心理健康教育与咨询中心认领自己的"心灵之花",并为它取名、安家,根据自己的喜好装饰花盆和花牌;播种阶段,同学们自行查阅花朵的种植资料,按植物习性正确播种;呵护阶段,同学们每天络绎不绝前来"心灵花园"为自己的花儿松土、浇水、摘叶、打顶,园丁们互帮互助共同照看彼此的花儿,并用照片或图文的形式记录花儿从播种到发芽过程中的点点滴滴及自己的心路历程;最后心理健康教育与咨询中心组织开展活动评选,产生"最暖心灵""温暖之心""最美心灵之花""美丽心灵之花"。帮助学生学会自我疗愈、推动其进行自我教育和自我成长。

（三）育心——超越生命的限制

把生命教育内容融入心理健康教育,通过选修课设置和团体辅导课程,培育学生积极心理品质。通过《电影文本成长心理学》《积极心理学》《健康人格心理学》《影像中的生死学》等选修课的开设和结构式团体心理辅导、积极品质心理沙盘、户外心理素质拓展、音乐团辅及心理沙龙的活动开展,帮助同学们在团体互动中表达自我、认识自我、接纳自我,发掘自身的内心动力和心理资源,达到提升积极心理品质的目的。

（四）助心——走向生命的高峰

通过建立互助成长理念下的朋辈辅导工作机制,促使学生自我管理、自我完善。朋辈辅导工作是指具有一定助人技能的学生,在专业老师的带领下开展助人的过程。它的基本前提是:如果给予人们一些机会和指导,他们就有能力解决自己的大部分问题。班杜拉的观察学习理论认为,学习者不必直接做出反应,也无需亲身体验强化,通过观察他人在一定环境中的行为,并观察他人接受一定的强化就可以完成学习,减少了不必要的尝试错误。而大学生之间更容易拉近心理距离,建立良好人际氛围,他们彼此之间的示范学习其实普遍存在,朋辈辅导为他们的观察交流提供了一个相对专业的示范学习环境。

用情感体验法帮助学生深刻领悟到生命的伟大并发现自己的优势、增强自己的信心、创造自己的价值,从而激发学生对成功的渴望,进而达到对生命的重视和热爱。

三、成效与心得

生命教育的目的在于使学生感悟到生命的有限性、唯一性、不可逆转性,从而思考个体生命存在价值,并在实践中实现其价值。加强大学生生命教育可以从开发"思政课"的教学潜能着手,高校的"思政课"教学本身就是帮助学生形成正确的世界观、人生观、价值观的主渠道、主阵地,也是进行生命教育的主要课程载体。生命道德教育是个系统工程,要取得满意的成效就要多管齐下,除了有融洽的家庭关系、良好的学校教育、积极向上的社会风气外,还需大学生本身的积极参与,努力提高本身的道德素质、生命意识、心理素质、责任意识等等,任何一方面的缺失都会影响生命道德教育的实际效果。

为此,我们必须不断总结工作成效,探索更加科学有效的教育措施,将开发"探索生命的需要""完善生命的缺憾""超越生命的限制""走向生命的高峰"等生命教育课程。

用地域民族文化之美浸润"双苗"

彭水苗族土家族自治县职业教育中心
赵学斌　张泽容　谢承丹　姜雪剑　刘再容

一、学校简介

彭水苗族土家族自治县职业教育中心是重庆市高水平学校、双优学校建设单位,荣获全国民族团结进步示范单位、教育部国防示范学校等荣誉称号20余项。学校立足"世界苗乡",以传承弘扬中华民族传统文化和立德树人为双重使命,以"国际视野、民族情怀、双苗教育、多彩校园"为办学定位,通过营造良好教育氛围,让每个生命出彩。

二、措施与方法

学校地处武陵山少数民族地区,所在区县是国家乡村振兴重点帮扶县,有13个少数民族聚居,学校留守儿童学生占比达90%,学生家庭教育缺失、缺乏关心关爱,是学校教育面临的突出问题。

学校立足现实,以关心尊重生命为源点,以培育学生健康成长为目标,以学生终身可持续发展为追求。珍爱生命、敬重生命、承认生命个性化差异,以人为本,教而化之。同时针对学生普遍缺乏家庭温暖的现实问题,发掘地域民族文化之美,引导学生热爱生命,热爱生活,进而激发他们创造美好生命和美好生活的自觉。

（一）讲好民族故事,以文化之美润心

1. 深挖民族优秀故事,以文化之美筑心

美,是人们生活中前行的动力源泉。深度挖掘地域"黔中文化""盐丹文化"等地方文化资源,融入"蝴蝶妈妈""蚩尤神话"等故事渗透的文化精神结合中职学生成长规律及职业学校办学特色,升华学校一训三风。以校史馆、党史馆宣讲学校和地域红色故事,以红色之美浸润学生爱党、爱国的思想;以学校民族文化展览馆、禁毒长廊等文化宣传点,讲述民间"太子豆花""禁毒英雄"等相关故事,引导学生尊重生命、珍爱生命、敬畏生命;以宣传栏、光荣榜为依托,讲述蚩尤锻造之术的故事,培养学生的自主发展、社会参与等核心素养,结合职业教育的"职业蓝"之美,培养学生的工匠精神、劳模精神,让学生树立职教自信,生涯自信,为学生可持续发展奠定基础。

2. 实施"六个一"素质工程,以文化之美暖心

美,能唤醒人们对生命的热爱。学校结合民族文化精神,实施"六个一"(会说一种民族语言、会唱一首民族歌曲、会跳一支民族舞蹈、会一项民族体育运动、会做一道民族菜、会一种民族技艺)素质工程,让学生各展所长。充分发挥自身优势,让学生感受"德润童心,生命至上"的快乐,读懂民族故事,传承中华优秀传统文化,提升学生的自信心和综合素质,实现春风化雨般的以文育人,拓展生命的厚度。

坚持"美化、绿化、净化、文化"的寝室、教室规范四化原则,培养学生发现美、欣赏美、创造美的素养,评选最美寝室、最美教室,给学生的生活与学习创造舒适、整洁的环境氛围,以美导行。

(二)传民族技艺之魂,以文化之美启智

1. 模块课程夯基础,唤醒学生对生命之美的体验

美,具有解放思想的品质。将优秀的民族文化有机融入公共基础、专业和素质拓展三模块课程体系中,培养学生的思想政治素质、科学文化素养和职业道德精神,为学生的可持续发展奠定基础。尤其是在素质拓展模块,学校开设民歌、民舞、竹铃球、刺绣、剪纸、蜡染、射弩等专业素质课和社团素质课,建立民族文创研发基地、大师工作室、民族文化实训基地、民族文化展览馆、民族文创产品销售基地,推进传承基地建设工程。素质拓展模块既可以让学生提升专业素养,又可以帮助学生认识生命、珍惜生命、尊重生命、热爱生命,为学生的幸福和发展奠定基础。

2. 创新"四化特色活动",激励学生创造美好生活

美,能激励人们的生命活力。针对职教学生在初中乃至小学阶段长期形成的习得性无助问题,根据马斯洛需求层次理论实施爱的行动教育。充分给予学生尊重和关心,肯定和鼓励,开展素质活动常态化、特色活动节日化、展示活动系列化、文化活动主题化"四化"活动系列工程。围绕"文化兴县、旅游富县"战略部署,通过深入开展"民族节日"活动,苗年、女儿节、龙华会、社公会等传统活动,民族体育活动节、踩花山节、民族作品展示节、艺术活动周等节日活动,知识竞赛、民族文化大讲堂、朗诵比赛、送文化下乡等活动,夯实学生文化基础,促进学生自主发展,提升学生社会参与度,让学生获得自我归属感、认同感,进而产生努力学习、实现自我价值的高层次心理需求。

(三)将美育融入德育,塑造中华美德

1. 营造民主师生关系,共同创造美好生活

美,能促进人与人之间的和谐。围绕理想信念、中华优秀传统文化、社会主义核心价值观、生态文明、心理健康、行为习惯养成及礼仪、法治与安全、感恩励志、劳动教育及生涯规划等教育内容,实施五项行动计划,以美树人,静待花开。主题班会课是落实生命教育的重要途径,根据职业学校特点和学生成长规律,结合培养目标,我们对学生在校期间主题班会授课主题进行全面梳理,形成三年主题班会德育资源库,培育学生民族团结精神。

学校统筹调配教育教学资源,以学会生活为导向,建立了茶艺馆、礼仪馆、烹饪馆、苗医药馆、刺绣馆、蜡染馆、剪纸馆、书法馆等生活化德育馆,围绕学会生活、传承文化开发了一系列教学资源,学生通过德育生活馆以及相关的课程、资源的学习,学会必备的生活技巧,同时也能拓宽自己的专业技能,真正成为能生存、会生活的复合型人才。

2. 标准化管理淬炼，强化知美行美的定力

美，能激发人们去重塑生命。针对学生的行为习惯养成教育，学校主要采用标准化管理。建立了"政委、总教官→军事教官→排长→标兵"贯通管理体系；参照部队管理标准制订一日生活常规制度、寝室内务整理标准、教室清洁卫生标准以及学生仪容仪表标准；利用每周的军事课，常态化开展坐姿、站姿、走姿、文明礼貌用语训练；依托准军事化汇报展演活动对学生行为习惯养成教育进行评价总结。以标准之美，淬炼其坚毅、自律的品格。

三、成效与心得

（一）"文化"赋潜能，美育促成长

学校坚持以中华优秀传统文化为特色，成功创建全国民族团结进步示范学校，荣获全国美育教育先进集体、重庆市民族团结进步先进集体、重庆市立德树人特色项目研究基地等20余项基地及荣誉称号。通过"四化"活动，学生体质健康得到提升，体质健康率高于全国平均水平近6%；学生参与各级各类竞赛获奖350余次，其中获国家级奖项20项，市级技能大赛奖项52项，其它市级奖项157项；思想道德行为养成规范，五百余人荣获"三好学生"，三百余人获得德育标兵称号；优秀共青团员85人；学生双证书率达98%；就业率达97%，学生综合评价满意率达95%以上；同时学生幸福指数与进校时相比明显提升，问题学生的比例逐年下降，学生的流失率控制在10%以内。

（二）民族多元共融，民族技艺创新发展

师生民族共同体意识增强，传统技艺得到创新。传统剪纸技艺项目在传承基础上大胆创新，改进剪纸工艺、套色剪纸工艺取得了国家设计专利，自主创新设计剪纸《娇阿依》图形成功申报国家知识产权保护；《丰收》《打糍粑》等作品获得知识保护产权28项；学生原创作品民族舞蹈《绣》在2020年中国教育电视春晚播出；原创民族音乐《祭》《遗风》申报了国家知识产权保护并编排两个原创民族舞蹈；审美能力荣获全国美育教育教学成果学生作品一、二、三等奖10项；通过民族大师与学生共同努力，制定蜡染工艺标准并申报国家蜡染工艺标准；严春淋、王海燕等13名学生被认定为县级非遗传承人，学生非遗传承和保护意识得到增强。

密织三圈工作网络　扎实做好生命教育队伍建设

上海海关学院　任丽杰

一、学校简介

上海海关学院是经教育部批准设立的具有高等学历教育招生资格的全日制普通高等学校,由中华人民共和国海关总署主管,由海关总署与上海市人民政府共建,学校入选上海高等学校一流本科建设引领计划、上海高等学校一流研究生教育引领计划。上海海关学院对学生实施准军事化管理,积极探索具有海关院校特色的育人模式,构建内涵学军的良好氛围,将"立德树人"贯穿于人才培养的全过程,立足培养"爱国忠诚"的国门卫士。

二、措施与方法

大学生生命教育是个系统工程,需要以系统思维和多元视角,立足发挥学生的主体作用,整合校内外资源,建立协同工作机制,密织工作网络,持续不断地提升队伍工作水平,形成"内圈、中圈、外圈"三圈呼应,"人人有责、人人参与、人人可为"的生命教育队伍建设格局。

(一)密织内圈工作网络:*发挥学生主体作用,确保学生全员覆盖*

1. 面向全体学生开展生命教育宣讲

上海海关学院自2013年起建立学生组织——青青草朋辈互助联盟(见下图),主要职责是对大学生开展生命教育和心理健康教育。青青草朋辈互助联盟下设生命教育宣讲团,与主题班会合作,每年进班宣讲《危机干预五法宝》,确保每位学生能够识别危机信号并了解应对措施。

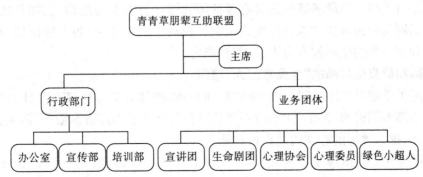

2. 分层分类做好特殊群体学生心理健康教育促进工作

针对容易发生心理问题的特殊群体,心理健康教育中心与学校相关部门合作,发挥合力,建立协同机制,共同做好经济、学业、就业困难的学生、退伍学生和少数民族学生的心理健康促进工作,发挥系统的力量,做早做巧,防患于未然。

3. 丰富多彩的生命教育主题活动全员覆盖

自2013年起,每年的11月和12月,开展生命教育宣传月。生命教育宣传月主题丰富,有聚焦人际交往的"温柔待己·温柔待人",有聚焦挫折应对的"向阳而生·逆风飞扬",有聚焦个人修养的"以礼待人·文明修身",有聚焦家国情怀的"我和我的阿中"等。生命教育宣传月形式多样,具体包括主题班会、演讲比赛、专题讲座、心理剧表演大赛、社会公益活动、青春期与性健康主题教育等。通过丰富多彩的活动,引发学生对生命价值的思考,不断提升生活品质和生命质量,建立良好的校园和社会氛围。

(二)密织中圈工作网络:培养"生命守门人",夯实全方位工作队伍建设

大学生心理健康不仅影响着个人安危,而且影响着未来人才成长乃至国家的建设与发展。维护大学生的心理健康是一项系统工程,是"人人有责、人人参与、人人可为"的,每个人都可以成为一位"生命守门人"。

1. 学工和保卫队伍的"生命守门人"项目

在上海市教委德育处的支持下,在上海市学生心理健康教育发展中心的指导下,上海海关学院获得"生命守门人"专项经费支持。2021年10月27日至30日期间,面向上海市高校学工和保卫部门开展了专题培训。22所高校的45名老师参加了本次培训,其中,辅导员22人、保卫处工作人员10人、专职心理咨询师4人,宿舍管理工作人员2人,7人来自学生处的其他工作岗位。培训为期四天,旨在养成系统化工作思维,探索系统化工作规范,提升系统化工作技能,培养大学生生命安全的守门人。培训精心设计课程内容,从学工、保卫、警察的视角分别阐述如何守护大学生生命安全,在系统化思维建构的同时,注重提升工作队伍的心理危机识别与应对、急救技能和消防安全等技能的培养和演练。

2. 心理教师和辅导员的生命教育培训

学校通过校内外专题培训加强对心理教师和辅导员的专题培训,比如开展《大学生心理危机识别与干预》《生命教育体验式课堂》《影视中的生死学》等专题培训,不断提升心理教师和辅导员的生命教育意识、素养和能力。

3. 教师和研究生导师的"生命守门人"培训

上海海关学院自2019年起面向全体教师开展"教师员工福利(EAP)计划",定期为教师提供心理专题讲座,提供24小时心理热线和每月线下心理咨询服务等,加强对教师的心理关怀,提升教师的心理关爱意识和能力。

针对研究生心理健康亟需关注、导学关系紧张等现状,2021年12月13日,召开研究生心理健康专题研讨会暨研究生导师心理健康教育工作培训会,在深入剖析研究生心理健康现状与对策的基础上,从研工部、二级院系和心理中心的视角分别邀请兄弟院校介绍了具体的工作做法与经验,有利于研究生导师达成共识,充分重视和及时处理研究生的心理问题,防患于未然。

4. 学生骨干的"生命守门人"培训

心理委员和宿舍长是学校四级心理健康队伍中最贴近学生的骨干力量。各高校均高度重视对心理委员和宿舍长的培养,在新任心理委员岗前培训和新生宿舍长培训中会专门开设"心理危机识别与应对"的专题讲座与练习,这样有利于从班级层面和宿舍层面更多、更快、更便捷地获取信息,有利于对心理危机问题的及时处理。部分高校也会开展急救和防火技能培训,有利于心理委员和宿舍长具有"敏锐的双眼"和"有力的双手",既能够及时发现危机也能够有效处置危机。

(三)密织外圈工作网络:四个融"合",助推全过程生命教育工作

1. 开展医教结合,守护学生心理健康

在上海市学生心理健康教育发展中心的指导下,上海市各高校高度重视医教结合工作,通过多种渠道开展医教结合,方便学生转介治疗,依托医教结合资源,不断提升心理专职教师的心理疾病识别能力与转介意识,有利于学生心理问题的"早发现、早干预、早治疗"。

2. 开展警校联合,呵护学生身心健康

上海海关学院心理健康教育中心与上海张江高校派出所合作,聘请派出所警官担任学校生命教育工作顾问,定期开展工作交流与研讨,促进学校安全教育与生命教育工作。

3. 开展家校配合,保护学生支持系统

各高校高度重视家校配合工作,尤其是特殊学生的家校配合工作。伴随录取通知书,寄送"心理健康教育中心致新生的一封信",在新生家长开放日进行大学新生心理分析,建立辅导员与家长定期联系制度,做好陪读家长的支持和辅导工作,共同做好学生教育管理与培养工作。

4. 校内资源整合,爱护学生生命能量

整合校内资源,所有部门均可以成为大学生的生命守门人,均可为大学生健康成长助力。比如与教师工作部合作做好教师的心理健康教育工作;与研究生教育管理部门合作,做好导师的心理健康教育培训工作;与保卫部门合作,开展法治安全、消防演练、逃生演练、防止诈骗等系列安全教育活动;与团委合作,通过丰富多彩的第二课堂活动,丰富学生生命体验。

三、成效与心得

(一)成效

上海海关学院自 2013 年开始开展生命教育工作,由心理健康教育中心牵头,扩展心理健康教育内容,将生命教育与心理健康教育进行融合。生命教育工作不是另起炉灶,

而是整合现有的教育资源,将课堂教学、安全教育、心理健康教育、校园文化活动等整合在一起,采取专题活动与学科渗透相结合的多元形式,创新活动形式,以唤醒学生的生命意识,引导学生认识生命的意义,追求生命价值,提升生活质量和生命品质,活出生命的精彩。经过多年探索,学校的生命教育活动获得上海市教委的认可,并在2021年获得专项经费支持,面向上海市高校推广"生命守门人"项目。

此外,学校也注意进行工作凝练和推广。学校申报立项了上海市德育实践课题《大学生朋辈教育在高校生命教育中的实践探索》并顺利结项;出版专著《生命故事与心理咨询》;2018年加入全国生命教育研究实验学校;在第三届和第六届"全国大学生预防艾滋病知识竞赛"中,荣获优秀组织单位和优秀指导教师;荣获2019年度全国生命教育形象大使征文活动优秀组织单位;获批北京生命教育科技促进会支持开展的生命教育工作室等。

同时,学校注重开展青春期与性心理健康教育工作,成为首批上海市心理学会青春期与性教育实践基地,连续三年获得国家计划生育协会资助的"青春健康高校"项目立项,承办了上海市"赋心灵之能、护青春之路"青春期与性教育作品竞赛以及家校共育工作研讨会。

(二)心得

学校密织三圈网络,扎实做好生命教育队伍建设,采用多元视角,建构系统思维,培养更多的生命守门人,以生命影响生命,为培养大学生理性平和的社会心态、构建和谐稳定的校园环境、培育担当民族复兴大任的时代新人而不断努力!

珍爱生命 管理育人——一枚天鹅蛋的故事

四川省旅游学校 赵晓鸿 马友惠 龙江 李文路 张珍

一、学校简介

四川省旅游学校创建于1979年,是全国最早设立的旅游院校之一,隶属于四川省文化和旅游厅,是四川乃至全国旅游人才培养的摇篮和标杆,被誉为"四川旅游行业的黄埔军校"。多年来,学校确立了党建引领,思政先行,文化浸润,德技并修的办学指导思想,通过理念文化建设、视觉文化建设、环境文化建设、行为文化建设、制度文化建设等,构建了突出办学特色的校园文化体系,在生命育人、环境育人和管理育人上均取得了较好成绩,具有一定的示范意义和价值。

二、措施与方法

1. 环境育人,人与自然实现生命和谐

四川省旅游学校创建了"景校一体"的理念,力求将自然景观与学校自身的历史文化背景有机结合,创建旅游专业学生职业素质养成的良好环境和氛围,营造一种符合校园生命教育精神特征的、具有旅游专业特色的优美学校环境和理想生活家园,培养学生热爱旅游业、热爱学校、热爱自然与生命的高尚情操,使得校园不仅是优美的教学环境,同时也是学生实习实训基地以及外来参观考察与旅游的景区,更能够让学生在自然而美好环境中实现人与自然生命的和谐共生。2016年学校在成都市教育局、成都市电视台举办的"点赞最美职校"活动中,荣获"最美职校"排名第一。

景校合一,环境育人,人与自然和谐共处中值得一提的是——"一枚天鹅蛋的故事",天鹅一向被视为美丽吉祥和高贵的象征,而黑天鹅又是天鹅家族中具有独特魅力的品类。黑天鹅形体优美,雍容华贵,性格斯文,与人亲善,被视为忠诚和永恒爱情的象征,观赏价值极高,深受人们的喜爱。

2015年底,一对美丽的黑天鹅入住了四川旅游学校的校园,全校师生对此兴奋不已且充满好奇,有的学生从未见过天鹅,更别说近距离在自己的校园里接触到美丽的黑天鹅了,看到了黑天鹅的独特姿态,也有不少师生好奇想看看天鹅蛋长什么样子。2016年3月,黑天鹅在校园路边的草地里产的一枚天鹅蛋不翼而飞。学校领导马上意识到这是一个教育学生爱护自然、保护动物、尊重生命、培育学生爱心同时进行生命教育的好契机。学工系统响应校领导号召,马上启动了"一枚天鹅蛋"教育工程,发动全校师生一起寻找失踪的天鹅蛋,最终在一位男同学手里找到了因好奇而拿走的天鹅蛋,将天鹅蛋还给了黑天鹅夫妇。学校及时召开全校学生大会,以这枚天鹅蛋的失与得为主题,倡导全校师生从爱护天鹅蛋到爱护校园一草一木,爱护所有的生命,尊重生命、敬畏生命。各班

级召开"爱护自然、尊重生命"的主题班会,采用形式多样的演讲、汇报表演等班级活动,用实际行动践行爱护自然、尊重生命的教育理念。

从此以后,学生爱护自然、尊重生命、敬畏生命的传统教育作为新生入校的第一课。"蛋从外打破是食物,从内突破是生命。"学校开展的"一枚天鹅蛋工程"的意义不仅仅在于这一枚天鹅蛋的得失,而是从小事出发,从身边做起,教育学生校园是我们另一个家园,我们有责任、有义务爱护校园的自然环境,对校园里黑天鹅生命的繁衍孵化我们更应有担当。现在校园里常常见到学生们遇见天鹅孵蛋就会避让绕行、帮助掉到地上的幼鸟回窝、为受伤的鸽子找校医等画面,黑天鹅在校园内自然繁衍,从两只增加到30多只,实现了人与自然和谐相处的生命教育目标。

2. 理念育人,树立生命安全警戒意识

2020年,四川省旅游学校校园里新建了实训游泳池,领导们就游泳池的安全防护设施发生了争议。有人说,校园里生命安全是红线,学生私自下水隐患很大,建议环绕游泳池修一圈高高的铁丝网防护栏,以此预防学生私自下水出现生命安全事故。与此相反,校长建议防护栏只需用四十五厘米高的景观栅栏,只用来阻止天鹅、野鸭等小动物进入泳池游泳。校长解释说:"蓬生麻中,不扶自直"。

学生自从懂事起到小学、中学,一直在被教育要有生命安全意识,要注意自身生命安全、注意他人生命安全、珍惜和爱护生命,但是,仍有本来可以避免的生命安全事故发生,很多人却不把安全问题放在眼里,以至于造成了许多悲惨的故事结局。

学校有校规,"严禁私自进泳池游泳",学生的生命安全意识和规矩意识要靠潜移默化、循序渐进地浸润、感染、熏陶;要给学生更多正面的、积极的心理暗示和精神引导,促进学生自觉自发地遵守校规校纪,明白生命可贵,要靠自觉自信,从而树立起内心的生命安全红线意识。学生的生命安全意识要从"学校要我安全"转向"我要自己安全",实现生命安全意识的飞跃,这种飞跃只靠防护栏是做不到的,只有学校不断开展的生命安全教育和学生意识内化才能从根源上落实生命安全教育。

事实证明,校长的理念是对的。"严禁私下泳池"已被列入四川省旅游学校校规校纪"十大红线",违纪者将按照校规校纪处分。通过学校德育系统"四十五厘米高的游泳池安全护栏"教育工程的实施,尽管泳池的防护围栏不高,但是学生脑海里早已树立了高高的生命安全纪律围栏,面对仅有四十五厘米高的泳池围栏,在行动上没有出现私自越雷池的例子,生命安全的规矩栅栏已经内化高筑在学生的心中。

三、成效与心得

(一)成效

四川省旅游学校坚持以学生为中心,在尊重学生、理解学生、关爱学生的基础上,把规范管理的严格要求和春风化雨、润物无声的教育方式结合起来,强化管理育人对道德涵育的保障功能,发挥"内化于心"在中职学生思想政治教育中的作用,把社会主义核心价值观教育融入育人全过程,管理育人硕果累累。

学校依托校园内独特的教育资源，开展具有特色和延伸意义的生命教育，帮助四川省旅游学校的学子树立爱护自然、尊重生命的意识，使学生生命安全意识成为内发动机，从而保障了学生自己的生命安全，营造了和谐健康的校园氛围。

　　近年来，学校被评为"全国德育管理先进单位""全国青少年普法教育先进单位""全国青少年文明礼仪教育示范基地""四川省校风示范学校"。学校在"四川省中等职业教育示范校"建设和"四川省中等职业教育示范（特色）专业"建设验收中，均获得了好成绩。学校为四川省乃至全国旅游产业发展提供强大的人才支撑，成为让学生、家长和社会放心的名副其实的"一流环境、一流师资、一流学生"的高品质中等职业学校。

（二）心得

1. 创新

　　一是内容创新。四川省旅游学校因地制宜地选取了校园的特色观赏动物为教学资源，通过"一枚天鹅蛋"教育行动，开展具有特色和延伸意义的生命教育，让学生通过天鹅蛋到小天鹅的成长过程直观地感受生命的奇妙与伟大。二是思路新颖，敢于尝试。常规的安全防护都会选择高的围栏以此预防不安全事件，但是学校选择了低矮的围栏，通过生命安全教育使学生由内而发地树立安全意识。

2. 改进

　　生命教育相关活动的推行实施，是一项非常复杂而艰巨的工程，仅仅依靠学校教育不能将生命教育的意义发挥到极致，学校教育只能调动校园内的教育教学资源，不能对校外各项资源进行很好的整合，进一步整合生命教育的资源，需要学校、家庭、社会形成三位一体的生命教育体系。在接下来的生命教育工作中，具体工作根据不同情况和学生的反馈，阶段性地及时解决新问题和新困难。

生命教育理念下教育类专业人才培养模式的实践探索

江西科技学院教育学院　兰霞萍　吴海洋　黄可

一、学校简介

江西科技学院教育学院于2019年6月成立,是为适应基础教育发展需要,面向幼儿园、早教机构和中小学等企事业单位培养具有生命温度德智体美劳全面发展人才的二级学院。学院秉承"教文行忠信,育生命觉醒"院训,以生命教育理念为引领,把立德树人作为立院之根、兴院之本,将生命理念融入教育学、学前教育、小学教育三个本科专业人才培养全过程,为新时代培养有志于从事教育事业的高素质应用型人才。

二、措施与方法

教育学院坚持并践行生命教育理念,构建教育类专业"1＋3＋4"人才培养模式,进行持续三年的生命教育实践探索,旨在提升教育类专业人才培养质量,为新时代教师培根、铸魂、立德、明志、笃行奠定坚实基础。

1. 坚定一个生命教育培养理念

教育学院以培养未来教师为人才培养目标,坚持"以生命教育生命、以生命引领生命、以生命滋润生命、以生命影响生命"的人才培养理念,将生命教育理念融入小学教育、学前教育、教育学等教育专业人才培养全过程,提出生命化教学概念,强调教师必须要有生命意识和生命视野,有尊重生命、呵护生命、滋润生命、塑造生命的教育情怀和教育理想,必须要用生命化思维、生命化行为去看待和理解教育教学,去培养未来有志于从事教育事业的优秀教师。

2. 通过三种生命教育推进措施

一是以教研活动普及生命教育理念为动力,多视角、多维度理解生命教育概念,树立正确的生命教育观,形成学院生命教育文化,以生命教育理念推动全院人才培养改革与内涵发展建设。坚持生命教育研讨活动,把教研活动作为理解、推动、落实生命教育理念的重要方式,教育学院把每周三上午三四节课作为生命教育教研活动的固定研讨时间,初步形成生命教育教研团队,每一位老师选择与生命相关的一个主题进行讲授,通过对生命教育的研讨、交流,深化对生命及生命教育的理解,坚决落实生命教育研讨活动,推动生命教育走深走实。

二是以教师共建生命教育课程为手段,整合教育学院全院师资力量,共同打造的一门组合特色课程"生命教育与生命成长"。"生命教育与生命成长"课程由教育学院长兰霞萍博士牵头,吴海洋副院长负责推进,15位骨干教师共同参与、研讨、建设而成,课程共16讲,32课时。第1讲为生命教育概论,兰霞萍博士主讲,后15讲由骨干教师围绕危机、音乐、舞蹈、家庭、婚恋、仪式、环创、苦难、疾病、影视、绘本、安全、劳动、友谊、自然等生命主题展开,建立完善《生命教育与生命成长》课程内容体系,深化生命教育理念理解,树立教育学院特色课程建设典范,并以生命教育理念为课程改革理念,全面推动教育学院教育类专业其它课程的改革与建设。目前《生命教育与生命成长》课程作为学校公选课已开课四轮,取得较大影响,且本学期学前教育本专科5个班同时开设,课程内容体系仍在不断完善。在超星学习通平台自建课程资源,采用混合式线上线下教学模式进行授课,预计下半年参加校级一流课程建设的遴选,并计划在校级一流建设课程基础上冲击省级五类一流建设课程。

三是以生命教育理念融入课程教学为方法,着眼教育教学方法,将生命教育理念细分为生命视角、生命化思维等,把生命教育看作是为了生命、关于生命、通过生命的教育,追求充满生命气息、具有生命温度、激发生命情感的课堂氛围,创造性地提出生命化教学概念,探索教学目标、教学过程和教学方法融合统一理念,构建教育教学过程中生命互动与感通的师生关系。

3. 贯彻四条生命教育实践原则

一是生命教育作为一种教育理念,指导教育类专业人才培养全过程,使未来从事教育事业的教师,深入理解生命教育,将生命教育理念融入教师专业发展与职业发展,建立具有教育理念、教育情怀、教育理想的教育观。

二是生命教育作为一种教育策略,试图解决教育类专业简单、僵化、缺少互动的教学方式,强化师生生命与生命的交流、互动,把生命教育理念作为师生之间交往、教学的一种教育策略,让课堂教学重新焕发生命活力。

三是生命教育作为一种教育价值,构建生命与生命教育的价值谱系,生命是教育的起点和终点,生命价值即是教育价值,生命教育是把生命、生命价值作为衡量教育成效的准则,促使它们成为教师在教育世界、生活世界和物质世界衡量一切活动和行动的判断标准。

四是将生命教育作为一种教育行动方式,不断践行并探索生命化教学,改善并重构高校师生关系,营造具有生命意识、生命温度、生命情感的教学氛围,培根铸魂,启智润心,展现师者人格魅力和生命情怀,春风化雨,润物无声。

4. 形成教育学院"一个理念、两大抓手、三种统一、四条策略、五点期待"发展思路

学院在生命教育理念引领下提出"一个理念(生命教育理念)、两大抓手(课程建设、学科专业一体化建设)、三种统一(教学与科研相统一、日常教学管理与教研活动相统一、生命教育与人才培养全过程相统一)、四条策略(全员参与、集体探索、有序协作、整体提升)、五点期待(教师有提升、学生有温度、课程有成效、专业有水平、学院有特色)"的发展思路,将生命理念融入人才培养全过程,积极探索有特色、上水平的教育学院内涵发展模式,为把教育学院建设成为在校内外有影响的二级学院而不断奋斗。

三、成效与心得

1. 培养教育学院生命教育师资,使生命教育理念融入日常教育教学过程中

通过对生命教育师资队伍的培养,促使教师深入了解生命教育理念,促进教师生命成长,使生命教育理念切实融入教师课堂教学,为培养具有生命教育理念的未来师资而不断努力。

2. 让教育者先受教育,打开生命,自利利他,解决教育活动中生命不在场的现实问题

教研活动中钟华老师非常激动说:开展生命教育,进行生命教育课程建设,可能最受益的还是我们老师自己。作为生命教育的实践者,教师要先受教育,至少要解决以下四类问题:一是教师生活世界不断挤压教师的教育世界和生命世界,导致教师教育情怀和教育理念缺失的问题;二是教育教学方式较为简单,教师与学生个体生命互动、交流与碰撞较为缺乏,课堂教学失去生命活力,"生命不在场"成为教育类专业人才培养过程中的主要问题;三是教育的工具价值自觉地忽略生命作为教育起点与终点的价值追问,凌驾于教育的本体价值之上,生命意义追寻、生命价值实现缺乏根基,无所依存,导致个体生命不断被宰制,迷失在科技迅猛发展的现代社会和繁荣的物质世界;四是教学过程中生命意识淡薄、生命情感钝化、生命温度缺失,师生关系呈现出知识输出与被动接受的冷漠状态,僵化、机械化和程式化教育教学行为不断增多,对师生关系的感性经验直接影响教育类专业培养的教师的教育教学行为和专业发展。确实,作为生命教育实施者、践行者与推动者,教师只有先打开自己的生命,才能更好地打开学生的生命,因为生命教育活动根本上说是以生命影响生命、以生命引领生命、以生命感动生命的"生命实践"的教育。

3. 围绕生命教育,强化制度建设,营造氛围,久久为功,收获满满

经过三年多的探索,教育学院构建了落实"三种统一"的教研活动制度,切实营造教育学院浓郁的教研科研氛围;建立了学院组合特色课程《生命教育与生命成长》完整的课程教学内容体系;修订完善了教育类专业本专科人才培养方案,增加《生命教育》课程;制定了教育学院《教育学院教研活动工作制度》《教育学院课程群组实施方案》《教育学院"四有"课程改革与建设指导意见》等基本制度,有效保证生命教育理念下教育类专业人才培养实践顺利开展;取得一批重要的探索成果,有力促进了教育学院内涵发展与建设。2022年黄可老师的《美术手工制作》课程被批准为江西省"五类"一流建设课程、2021年杨戈老师《小学教育专业导论》获批为校级"线上线下混合式一流金课",并取得一批省级、校级各类教师教学技能竞赛获奖。

"以生命的名义践行师道":高校生命教育课程开发与实践路径探索

洛阳师范学院　赵丹妮

一、学校简介

洛阳师范学院是一所省属普通高等本科院校,拥有 23 个学院,2 个公共教研部,74 个本科专业。2011 年获批教育硕士专业学位研究生培养试点单位,2015 年获批非全日制研究生招生资格。2018 年以优异成绩通过了教育部本科教学工作审核评估,赢得了"有活力、有品位、有温度、有颜值、有潜力"的"五有"高校美誉。2020 年学校被列为河南省特色骨干学科建设高校。

自 2016 年开始,洛阳师范学院教育科学学院打造了一门全新的通识教育课程"师范生生命教育"。2017 年获批校级精品课程在线课程。2019 年获批河南省精品在线课程,并作为学校的首批"课程思政教育教学改革试点"课程。2021 年获批河南省首批课程思政样板课程。2021 年获批河南省第二批一流本科线上课程。生命教育已成为引领"新师范""新人文"课程的"源头活水",构建生命教育课程引领其他人文课程,与思想政治教育、心理健康教育、生涯规划教育、教师伦理紧密结合,与学院文化有机融合,并渗透到教师教育专业中去的"1511"立德树人长效机制,探索师德养成新方法。

二、措施与方法

(一)构建思化、德化、生命化的"三化"生命教育课程框架

我校生命教育课程充分发挥"课程思政"的育人功能,在"课程思政"理念的引导下,将"生命教育"与"生命成长"进行有机结合,既系统介绍涵盖"死亡教育"在内的生命教育理论知识,也包括对于"生命成长"的关注,以促进学习者"个体生命"与"职业生命"的共同成长。课程内容从个体生命历程切入,将出生、成长、成熟到衰老死亡喻为生命四季,分春夏秋冬四个篇章 18 个专题,探讨人生不同阶段面临的重大生命议题和教师职业生涯发展。充分融入敬畏生命、人民至上等课程思政元素,以课程思政为生命教育课程发展赋能,以生命教育课程作为课程思政落实的载体,打破长期以来思政教育与师范生专业教育相互脱离的状态。突出课程优势,紧紧围绕立德树人根本任务,构筑"以生命的名义践行师道""教真育爱铸就师魂"育人大格局;注重价值引领,引导学生自主解决生命成长中的困顿,注重培养学生实际解决问题的能力。

（二）遵循"混合式"理念进行教学体系设计

1. 在教学目标上将预设性目标与生成性目标相结合

作为一门体验式课程，本课程充分尊重学生个体差异性和主观能动性，在预先设定陈述性知识和程序性知识学习目标的同时也注重教学的生成性目标，强调通过案例使用、活动设计、教师引导等教学活动帮助学生理解并内化生命教育相关内容。

2. 在教学内容上将陈述性知识和程序性知识相结合

本课程教学内容涵盖了生命教育相关的基本原理，此外还坚持任务驱动，注重单元之间的链接，通过问题情境的设置帮助小学教育师范生发展生命教育教学的能力，如使用生命教育教学技能，策划生命教育教学实践活动等。

3. 在教学时空上将线上与线下相结合

学生在线上通过"自建慕课＋自主研发虚拟仿真实验＋腾讯会议＋微信群"的数字化平台深化概念性知识的学习，方便教师追踪学生自主学习进度。通过自主研发的生命教育虚拟仿真实验项目，身临其境体验生死、训练火灾、地震等逃生技能；通过腾讯会议、微信平台及时且深度学生的生命疑虑及生命困惑，实现全方位指导。提供"沉浸式"的学习体验与"泛在化"的学习空间，实现生命教育理念与安全技能训练的有机整合。

4. 在线下采用实践取向的生命化教育教学方法"一念三法"

生命教育的任课教师要在心底相信生命教育的核心教学理念：学生才是自己生命的主人，他们都是面对自己生命挑战的专家；相信在学生们的生命成长中有无限的可能性。将情境体验法、生命叙事法、混合式教学法交叉融合，如情境体验法，结合不同的课程主题引导学生主动运用亲身经验描述情景、讲述故事；生命叙事法则是应用后现代心理学的叙事疗法，彻底改变传统的一言堂的教学模式。总的目的是帮助学生在不同的教学空间获得知识和精神的不同体验，激发学生发展自主性，进而实现"把课堂还给学生"的目标，实现课堂教学过程中师生双向赋能的积极互动。实现师生共同的生命成长。

（三）基于兴趣研究和课程思政建立起一支"2＋2＋N"学习型团队

紧密结合生命教育科研与教学实践，创新性地将新老教师、辅导员、技术人员、生命教育志愿者进行有机整合，组合为学习型团队。新老教师是生命教育课的设计者和导演；辅导员和技术人员是生命教育课的辅助者和技术支持者；生命教育志愿者在生命教育课堂讨论中起着"酶"的催化作用。确保生命教育的教育质量和始终关注学生的设计初衷。在课前有集体备课，包括游戏、案例、多元视听媒体的准备都要和学生一起认真加以讨论；从学生的需要出发，而不是从老师的个人意愿出发。在课中，大家通力合作，共同关注和保障教学的有序高效进行，在课后共同反思，从不同角度提供建议，推动课程设计的新一轮改善，这种组合确保了生命教育的教育质量和始终关注学生的设计初衷。

（四）知行合一开展广泛而丰富的社会服务

在课程团队的领导下，以教育科学学院生命会心志愿者协会为主阵地，组织学生进行生命教育三下乡社会实践活动、暑期文化科技卫生"三下乡"社会实践活动和"护航计划"线上公益宣讲活动,既提升学生的生命教育意识,在志愿服务中找到人生价值,又将生命价值的种子传递给更多的人,让社会大众感受到生命教育的温暖。

三、成效和心得

(一)成效

1. 紧密围绕"生命至上"核心议题,打造生命教育"金课"

《教师素养与生命教育》于2017年获批校级精品在线课程;2019年获批河南省精品在线课程;2021年获批河南首批课程思政样板课程,并认定为河南省第二批一流本科课程,形成了一套内容连贯、架构完整的课程体系。近两年,课程不仅面向本校师范生开课达到1500余人次,还吸引来自中国地质大学、兰州交通大学、哈尔滨师范大学、齐齐哈尔高等师范专科学校等高校的学生参与慕课学习。同时在河南省内得到同类院校的支持和推广。整体上能够有效满足不同高校师范生对于生命教育的学习需求,具有较强的推广价值。

2. 坚持教科研与课程深入融合,助推产出优秀研究成果

在《中国教育学刊》《中国高等教育》等期刊发表学术论文十余篇,持续深入推进项目研究。省部级项目包括河南省教师教育课程改革研究项目"区域性小学生命安全教育课程的开发与研究",河南省高等教育教学改革研究与实践项目"基于《师范生生命教育》在线开放课程建设的研究与实践",河南省哲学社会科学项目"小学教师生命情怀培育路径研究",河南省"十三五"教育科学规划重点项目"师范专业认证导向下小学全科教师教育情怀培育路径研究"。

(二)心得

生命教育是让生命走向成熟的教育,是教师发展的核心素养。通过对教育过程中生命"空场"的有效弥补,指向全人指导,具有极强的现实价值。结合生命四季和师范生职业特点进行混合式学习和实践,能够引导学生系统掌握生命教育相关的专业概念及理论知识;具备善于发现生命教育教学素材的能力,熟练使用生命教育教学技能,完整策划生命教育教学实践活动;树立生命意识和生命教育意识,尊重自身和他人生命,增强对"四有好老师"的认识,深化对"立德树人"根本任务的理解。

附录1 中国教育电视台专访:为生命教育,让生命精彩

中国教育电视台(CETV)《育见》节目
话题:为生命教育,让生命精彩
主持:中国教育电视台 苗耳
嘉宾:北京生命教育科普促进会常务副会长兼秘书长 曹专

2021年4月2日,北京生命教育科普促进会常务副会长兼秘书长曹专接受中国教育电视台《育见》栏目专访,以下为采访的文字版(有删减):

【主持人】清明节是让孩子感受生命价值,实现健康成长的教育契机和成长机会。最近几年我们一直在提到"生命教育",这似乎是个很大的教育命题,那么生命教育到底是什么?

曹专:感谢中国教育电视台的邀请,感谢主持人。正如您刚才所说,清明节确实是进行生命教育的一个契机,但我写过一篇文章《不要在清明节才想起生命教育》,因为生命教育在我们生活的每一天。那么生命教育到底是什么呢?一花一世界,任何事物都可以无限放大,也可以无限缩小。如果把生命教育放大,它是"为了生命、关于生命、通过生命、充满生命气息的教育",它其实就是教育本身,著名教育家顾明远老先生说"教育的本质就是生命教育",北京师范大学肖川教授说"生命教育是真正的教育、优质的教育、理想的教育的代名词",这是从广义上来理解生命教育。如果把生命教育缩小,从狭义上来理解生命教育,生命教育就是关于生命的教育。也就是我们既要学习关于客观世界的知识,也要学习关于生命本身的知识。数学、物理、化学是偏向于认识客观世界的课程,生命教育是偏向于认识生命本身的课程。也就是说,关于生命本身的知识与技能、过程与方法、情感态度与价值观可以形成一门系统的课程,对于健康人格和幸福人生而言,这门课程甚至比许多认识客观世界的课程更加重要。

【主持人】不是所有的教育都是生命教育,也不能说以生命教育为名的教育就是生命教育。那么,我们要以什么标准来评判一种教育是否为生命教育呢?

曹专:我觉得可以从四个方面来评判一种教育是否为生命教育:一是从教育的目的来评判,看这种教育是为了成绩、升学率、荣誉这些功利性的目标,还是真切地关注生命本身的成长与幸福;二是从教育的内容来评判,看这种教育是否涉及了生命中的核心议题,如"感恩生命、热爱生命、尊重生命、欣赏生命、保护生命、成就生命、敬畏生命"等等;三是从教育的过程来评判,看这种教育是不是注重对话和体验,是不是洋溢着生命的活力、温暖与乐趣;四是从教育的效果来评判,看这种教育是不是让人生发了美好的生命情怀,积攒了生命的力量,获得了生命的启迪与智慧。

【主持人】从您这么多年的从业经历来看,您觉得生命教育的价值是什么?

曹专:我觉得生命教育具有三方面的价值:一是对于人本身的价值,一个系统接受过生命教育的人,会对生命有更多的认识和热爱,会更懂得保护、尊重、发展和享受生命,从而提高生命的品质;二是对于教育的价值,它会促进教育回归初心,做到如我们今天的主题所讲"为生命教育,让生命精彩",这样教育的品质就提高了;三是对于社会的价值,它有利于培育和践行"生命至上"的价值观,有利于更多人拥有追求美好生活的信念、勇气和技能,从而提升整个社会的品质。

【主持人】其实如今我们越来越重视生命教育了,不管是家庭还是学校都在做出努力,但是目前青少年自杀现象和情绪问题却仍时有发生。您怎么看待这一现象?

曹专:我对自杀现象和情绪问题没有专门的研究,但确实关注到经常有此类报道。我个人认为自杀现象与情绪问题是存在一定关联的,一个人在自杀之前,很有可能存在长期或瞬间的痛苦和绝望的情感体验。我觉得,美好的情感体验对生命非常重要,一个人对生命产生无限的眷恋与柔情,一定是有丰富而美好的情感体验。美好的情感体验来源于哪呢?对于平常人尤其是青少年来说,是来源于美好的生命关系。一个人处于美好的生命关系中,更容易产生美好的情感体验,也更可能形成健康人格。一个有健康人格的人,也才更容易和他人建立和谐的关系,从而获得美好的情感体验。如果一个人总是生活在恶劣的关系中,总是被忽视、被冷落、被排斥、被孤立、被压迫、被打击甚至被奴役,他的身心一定会受到严重的伤害,他就难以有美好的情感体验和健康人格,而这会进一步恶化他的生命关系,使之陷入一个恶性循环,从而出现一些棘手的生命问题和极端事件。"不在沉默中爆发,就在沉默中死亡",许多自杀事件可能是累积的屈辱的、糟糕的、痛苦的、绝望的情感体验带来的毁灭性一击。有人说"智商高的人善于让自己快乐,情商高的人善于让别人快乐",可在教育中尤其是在家庭教育中,许多人智商和情商好像都会降低,既让孩子不快乐也让自己不快乐,长此以往,不仅累积了糟糕的情感体验,也恶化了双方关系,最终造成悲剧事件。所以,不要烦扰他人、不要激怒他人,学会建立美好关系、学会情绪管理,也是生命教育中重要的内容。

【主持人】现在生命教育越来越成为全社会关心的一个话题,教育部也在公开文件中正式提出了生命教育,网络上出现了许多生命教育的直播课。那么,生命教育的课有哪些特征?如何上好生命教育课?

曹专:生命教育课的特征,可以从以下几个方面来认识:第一,生命教育的课更强调情感态度与价值观的目标,因为情感态度与价值观的固化就是一个人的性格,性格决定一个人的走向和命运。培育美好的情感态度与价值观,培养性格可爱的人,是生命教育的首要任务。第二,生命教育的课强调抓住生命中最根本的学习主题与内容,关注生命的核心需要与问题,聚焦人生要事。第三,生命教育的课强调对话与体验,引导学生将生活事件和人生经历化作学习与成长的契机,通过直面内心,反求诸己来获得生命的启迪与智慧。如何上好生命教育课?一是成为一个具有美好生命姿态的老师,二是积累、开发和应用饱含生命情愫与美感的教学资源,三是了解、尊重和欣赏学生。

【主持人】生命教育作为一种区别于普通教育的课程,目前整体的课程开发情况怎么样？相关的专业教师队伍建设是否能及时配套？

曹专：随着生命教育受到重视，生命教育课程开发呈现出增多的态势，我们也开发了从小学到高中的《生命教育——成长必修课》课程和大学生生命教育网络公益直播课。我个人感觉当前的生命教育课程基本上都采用了整合的模式，开发者依据教育部相关文件、学生的生命需求和成长问题，整合了"安全教育""健康教育""心理教育""生涯规划教育""生态文明教育"等专题教育内容。它的优点是博采众长，比较系统。缺点是生命教育的特色与气质不明显，尤其是经典的生命教育课程资源不多。面面俱到的弊端就是难以独当一面，缺乏直抵人心的力量。

生命教育专业教师队伍建设目前来看是不足的，许多地方和学校都是由班主任、道德与法治教师、心理教师承担生命教育课程教学，少数地方走在了全国前列，如四川省、石家庄市等在省培和市培计划里专门设计了生命教育培训项目，也期待生命教育早日成为"国培计划"项目。

【主持人】2020年热映的电影《送你一朵小红花》是一部很有生命教育意义的电影，主人公一航爸爸说，你的生命不仅属于你自己也属于我们。一航妈妈说，我们都害怕失去，抗击失去最好的办法就是过好每一分钟。您觉得作为家长该如何向孩子解释"死亡"，让孩子认知、接纳、释然呢？

曹专：我也看了这部电影，很感人，尤其是刚才这个片段。从生与死这个视角，生命教育会出现两种取向，一种是趋向生命教育，目标群体是青少年，核心内容是学会生存、学会生活、学会生长等；一种是趋向死亡教育，也有人叫生死教育，目标群体是成年人、老年人，核心内容有学会应对重大疾病、学会临终关怀、学会有尊严的告别等。我个人更愿意研究和推广第一种取向的生命教育。因为青少年朝气蓬勃，心地纯洁，对世界和生命有天然的热爱与好感。这个阶段的生命教育不宜过分展示沉重的人生问题，与其费尽心思对他们谈死亡，不如对他们谈人生理想与生涯规划，谈人际交往与情绪管理，谈生命的困顿与挫折……

当然，也不是说对死亡的话题视而不见，避而远之。不管一个人对死亡是否认知、接纳和释然，它都是存在的，它都是生命的一个部分。对于青少年而言，不必强调对死亡的认知有多么的广博和深刻，而是要通过对死亡的了解，学会感恩与怀念，我们要感恩和怀念先人，这也是清明节的一个作用；学会珍惜与创造，我们要珍惜活着的每一天，创造一些东西，才不会虚度此生；学会爱与传承，每个人都会死亡，但爱可以传递，家族和人类的生命会生生不息。有人说，我们了解钢琴，并不需要知道钢琴有多少个零件以及这些零件是如何构成的，我们只要能能弹出美妙的音乐；我们了解死亡，也不一定要获得多少关于死亡的知识，而是要学会感恩与怀念、学会珍惜与创造、学会爱与传承，让自己活得更有价值，更有意义、更加灿烂。

【主持人】在中国传统的教育观念里，"死亡"这个话题在很多家庭中是选择避而不谈的。您觉得家庭在生命教育中起到了什么样的作用？

曹专：家庭中不谈死亡的影响并不大，但家庭在生命教育中的作用是非常大的。第一，家风和家庭中的价值观会影响人的精神生命，一个家庭看重什么、追求什么会潜移默化影响和塑造家庭成员的精神生命；第二，家庭的交往圈子和待人接物的方式会影响人的社会生命，一个人能接触到谁以及如何与人相处往往受家庭的影响很大；第三，家庭的生活习惯和生活方式会影响人的自然生命，比如许多人连好好吃饭和好好睡觉的习惯都没有，导致身体出现各种各样的问题，这往往也能从家庭中找到根源。托尔斯泰说"幸福的家庭都是相似的，不幸的家庭各有各的不幸"，幸福的家庭都是呵护并促进生命的，而不幸的家庭却以不同的方式戕害甚至摧毁生命，让人想逃离家庭。

【主持人】生命教育是一种全人教育，既关乎人的生存与生活，也关乎人的成长与发展，更关乎人的本性与价值。生命教育的核心目标，是通过生命管理，让每一个人都成为"我自己"，都能最终实现"我之为我"的生命价值。洞察时代，"育见"未来，欢迎收看本期节目，咱们下期再见。

附录 2　生命教育实验出版成果

　　生命教育实验是北师大生命教育项目团队、北京生命教育科普促进会、生命教育网联合开展的全国性科研项目，该项实验已历经近二十年，承担了教育部专项课题，编写了人教版《生命教育》教材，出版了《生命教育：朝向幸福的努力》等多部专著。实验的宗旨是"为学生的幸福人生奠基，为教师的美好生活添彩"，实验内容包括生命教育校园文化建设、校本课程开发、生命课堂建设等，《人民日报》《中国教育报》《人民教育》等媒体都对该项实验进行过报道。

　　2005年，第一套《生命教育》教材由人民出版社出版，肖川担任主编。

　　2008年12月，肖川、曹专主编的国内首部生命教育家庭著作《守护孩子的生命》出版。

　　2010年2月，肖川、曹专主编的《生命教育系列读本》由岳麓出版社出版。

　　2011年9月，《大学生生命教育》教材由人民出版社出版，肖川担任主编，曹专担任副主编。

　　2013年9月，第二套《生命教育》教材由人民教育出版社出版，肖川担任主编。

　　2013年，肖川、曹专主编的《生命校园：中国生命教育的实践探索》由岳麓书社出版。

　　2014年4月，《生命教育引论》由天津教育出版社出版，肖川、曹专为主要创作者。

　　2014年11月，《为生命而教》由岳麓书社出版，该书汇聚了全国优秀教师的生命教育课堂教学案例。

　　2016年1月，《生命教育教师班会活动指导手册》由岳麓书社出版，该书汇聚了全国优秀班主任的生命教育案例。

　　2016年7月，肖川、曹专主编的《生命教育的实践探索》由九州出版社出版，收录了全国生命教育典型学校开展生命教育的经验成果。

　　2017年8月，第三套《生命教育》教材由中国大百科全书出版社出版，肖川担任主编，曹专担任副主编。

　　2020年12月，肖川、曹专主编的《生命教育——成长必修课》由北京师范大学出版集团安徽大学出版社出版，含小学、初中、高中、中职四册。

　　2020年9月，肖川、曹专创作的《生命教育：朝向幸福的努力》由新华出版社出版。

　　2021年11月，肖川、曹专创作的《人生才是最重要的作品》由新华出版社出版。

　　生命教育网公众平台（zgsmjyw）是北师大生命教育团队指导，北京生命教育科普促进会运营，全国生命教育实验学校联盟共建的生命教育专业平台。著名教育家顾明远教授为"生命教育网"亲自题词,近 1 000 000 人次携手生命教育网共同成长。生命教育网累计发表原创文字作品 1110 多篇,视频作品 100 多个,音频作品 500 多个,研发课程 200 多门,组织开展了生命教育公益大讲坛、生命教育年会、生命教育创新论坛、生命教育国庆诗会等深受好评的品牌活动。